Das große Ideenbuch
Garten und Terrasse

256 Seiten voller Ideen und praktischer
Tipps – von modern bis klassisch

Text Gisela Keil

Fotografie Modeste Herwig, Jürgen Becker

Inhaltsverzeichnis

I Pflanzideen und grüne Impulse — 6

Ein Kapitel voll gepflanzter Inspirationen. Dabei stellen Pflanzen, die poetischen Stimmungsträger im Garten, ihre ungewöhnlich vielseitigen und reizvollen Gestaltungspotentiale zur Schau.

II Designstarke Gartenelemente — 50

Mut zur Kreativität beweisen diese Kleinarchitekturen und andere bauliche Komponenten der Gartendramaturgie.

III Originelle Blickfänge und Akzente — 106

Von Fantasie beflügelt ist das facettenreiche Repertoire großer und kleiner Attraktionen. Die inszenierten Einzigartigkeiten sind ästhetische Lockmittel fürs Auge in allen Stilrichtungen.

IV Feinsinnige Spiele mit Farben, Formen und Texturen — 156

Dieses Kapitel widmet sich malerischen Kombinationen von Pflanzen und Materialien. Dabei illustriert es harmonische Gleichklänge ebenso wie spannungsreiche Dualismen und Kontraste.

V Schmeichelndes für die Sinne — 216

Das gestaltete Miteinander von Farben, Formen, Düften, Klängen und Licht erfüllt diese originellen Gartenbeispiele mit einer verdichteten Sinnlichkeit und macht sie zu wahren Gärten für Genießer.

VI Anhang — 246

Pflanzideen und grüne Impulse

Natürlich soll es im Garten verführerisch blühen und duften. Dass Pflanzen aber noch vieles mehr können, möchte dieses Kapitel vor Augen führen. Da gibt es gepflanzte Lösungen, die kleine Gärten größer erscheinen lassen oder größeren Gärten Struktur und Pfiff verleihen. Da gibt es Pflanzen in ungewöhnlichem Einsatz oder spektakulären Präsentationen sowie Gehölze, die ein origineller Schnitt oder eine bezwingende Idee in ausgefallene grüne Skulpturen oder Kleinarchitektur verwandelt. Dabei bedarf es gar nicht vieler und aufwändiger „Zutaten". Wie im immergrünen Beispiel rechts, das sich mit Efeu (Hedera helix), Buchskugeln und Bergenien-Akzenten begnügt, zeigt sich immer wieder, dass inspirierende Gestaltung mit Pflanzen nicht unbedingt große Mengen in üppiger Vielfalt benötigt, sondern dass es vielmehr auf Fantasie, Originalität und natürlich auch auf gute Pflanzenkenntnisse ankommt. Lassen Sie sich beflügeln durch einen Blick in faszinierende Gärten voller Ideen für die unterschiedlichsten Stile und Gartensituationen und durch eine Fülle praxisnaher Tipps zu Gestaltung und Ausführung.

Garten-Design: Arend Jan van der Horst, B
Garten: Anneke und Job Meinhardt, B
Foto: Jürgen Becker

Schwingende Schnitthecken

Vergessen Sie die herkömmliche Optik von Schnitthecken, die ohne vorgepflanzte Auflockerung den Garten mit strenger Statik wie eine Mauer unterteilen oder eingrenzen. Unser Beispiel beweist, dass solch grüne Architektur eine bewegte Eigendynamik entwickeln kann. Da genügt es bereits, wenn die Oberkanten der Hecke nicht schnurgerade verlaufen, sondern mit sanftem Auf und Ab einen wiegenden Rhythmus in den Garten tragen. Der renommierte niederländische Gartendesigner Piet Oudolf verstärkt in seinem Privatgarten diesen Effekt um ein Mehrfaches, indem er schwingende Eibenhecken nicht als Gartenbegrenzung nutzt, sondern sie in vierfacher Staffelung hintereinander wie die Kulissen eines Heckentheaters zu einem Blickfang und Höhepunkt seiner Gartenanlage macht.

Immergrüne Schnittwunder

Eiben (*Taxus baccata*) zählen aufgrund ihres langsamen Wuchses zu den teuren Koniferen. Sie sind jedoch sehr schnittverträglich und bieten gerade für kleine Gärten den unbezahlbaren Vorteil, dass sie sich bei richtiger Pflege auf eine Breite von nur 40 cm trimmen lassen, ohne löchrig zu werden. Ohne große Platzansprüche gewähren Eibenhecken rund ums Jahr gleichmäßigen Sichtschutz, der darüber hinaus als dunkler Hintergrund saisonale Blütenspiele aufs Schönste in Szene setzt. In Anja und Piet Oudolfs Garten verleihen die Eibenkulissen dem charmanten Blütenwirrwarr wildhafter Stauden einen ordnenden Rahmen. Sogar aus der Distanz heben sich im August die weinroten Ähren des Kerzen-Wiesenknöterichs (*Bistorta amplexicaulis*), die länglichen Knöpfchen des Großen Wiesenknopfs (*Sanguisorba officinalis* 'Red Thunder') und die violetten Blüten der Knolligen Kratzdistel (*Cirsium tuberosum*) vom Schwarzgrün der Eibenhecken ab.

So kommen Sie zu einer schwingenden Eibenhecke:

- Beste Pflanzzeit ist September oder das Frühjahr.
- Heben Sie einen 40–50 cm ebenso breiten wie tiefen Graben aus und setzen Sie die Eiben mit 60–80 cm Abstand.
- Bringen Sie die Hecke in den ersten Jahren nur an den Fronten in Form, das fördert ihre Verzweigung. Erst wenn sie die gewünschte Höhe erreicht hat, können Sie sie auch oben in Wogen schneiden.

Tipps zu Eibenhecken in kleinen Gärten

Eibenhecken mit ihrem dunklen Grün schlucken viel Licht und wirken schnell düster. Vor allem kleine und mittelgroße Gärten sollten Sie nie komplett mit ihnen einrahmen.

Garten-Design: Piet Oudolf, NL
Garten: Anja und Piet Oudolf, NL
Foto: Jürgen Becker

Immergrünes Wolkenbeet aus Buchs

An aneinander geschmiegte, grüne, daunige Kissen erinnert dieses immergrüne Beet, das sich auch im Winter von Raureif oder Schnee überzuckert im Garten anmutig-flauschig präsentiert.

Buchs in gefälliger Modellierung

Über viele Jahre wurde hier Buchs zu lebenden Skulpturen gezogen nach dem Vorbild der so genannten informellen Hecken, wie sie in Belgien und England sehr beliebt sind. Dort pflanzt man gerne immergrüne Gehölze wie Buchs (*Buxus sempervirens*), Eiben (*Taxus baccata*), Thujen (*Thuja occidentalis*), Stechpalme (*Ilex aquifolium*), Kirschlorbeer (*Prunus laurocerasus*) oder Liguster (*Ligustrum vulgare*), die dann zu bauchigen Fantasiegebilden getrimmt werden. Durch regelmäßigen Schnitt entwickeln sie sich dabei zu behäbigen, dichten Heckengebilden von bis zu über 2 m Breite, die sich gerade im flachen Land und an der Küste auch als malerischer Windschutz erweisen. Voraussetzung dafür ist natürlich ein großzügiges Platzangebot.

Der duftende Saum

Im vorliegenden Garten erfüllt ein informelles Heckensegment gleich eine doppelte Funktion als Raumteiler und als Beet-Hintergrund. Parallel zum Haus säumt das dralle Grün den Weg. Von der Gartenseite her gibt es als frischgrüner, beruhigender Hintergrund dem Blumenbeet dauergrüne Rückendeckung. Ebenso großzügig wie das Grün verteilte der Gartenbesitzer Violett. So filigran die einzelnen Blüten der Katzenminze (*Nepeta × faassenii*) sind, zu mehreren beetfüllend gepflanzt, erweisen sie sich als aromatisch duftender Blütenteppich und ausgewogenes Gegengewicht zum imposanten Buchsgrün. Wenn Sie die aromatischen Stauden relativ eng pflanzen, stützen sich selbst höhere Sorten, wie 'Six Hills Giant' (50 cm hoch) oder 'Walkers Low' (bis 60 cm) gegenseitig. Katzenminzen, von denen es noch viele Arten und Sorten gibt, sollten in keinem Garten fehlen, denn die robusten Anfängerstauden locken Bienen und Schmetterlinge zuhauf ins grüne Idyll und lassen sich vielseitig mit Rosen, Stauden und Kräutern kombinieren. Schneidet man sie nach der Blüte handbreit zurück, bleiben sie im Wuchs kompakt und blühen kurz darauf erneut.

Der runde Überbau

Unsere Gartenszene spielt ideenreich mit den rundlichen Buckelformen der Buchsformationen. Wir erahnen sie im Rondell des Blumenbeets ebenso wie höhenversetzt im zurückgeschnittenen Kugel-Trompetenbaum (*Catalpa bignonioides* 'Nana') oder in den mächtigen Holzkübeln mit ihrer Bepflanzung.

Garten-Design: Avantgarden, B
Garten: Luk Logist, B
Foto: Jürgen Becker

Formgehölze im Farbenspiel der Jahreszeiten

Der meisterliche Einsatz von nur zwei Gehölzarten macht diese gusseiserne Bank zu einem unvergleichlichen Blickfang. Während die streng formierte Hecke aus Hainbuchen (*Carpinus betulus*) den Sitzplatz nach hinten abschirmt und mit ihrem im Herbst verbräunenden Laub und dem zartgrünen Austrieb im Frühling den Wandel der Jahreszeiten erleben lässt, flankieren die Buchsskulpturen wie kleine Wächter mit dauerhaftem Immergrün die Bank.

Des Pudels Form

Wer die grünen Kugelmännchen selbst heranziehen möchte, benötigt viel Geduld. 10–15 Jahre beansprucht der Skulpturenaufbau, wenn Sie mit einer mittelgroßen Buchskugel beginnen. Die wesentlich schnelleren, aber auch kostspieligeren Alternativen bestehen darin, dass sie in Baumschulen gleich fertige Figuren erstehen oder riesige Kugeln kaufen, aus denen Sie bereits nach dem Pflanzen und Anwachsen die erste und zweite Halbkugel heraustrimmen können. Dann müssen Sie nur noch die dritte oberste Form heranziehen.

Eine besonders innige Beziehung zu den Pflanzen ergibt sich jedoch zweifellos, wenn Sie sie selbst modellieren. Ganz egal, ob Sie den Buchs zu übereinandergelagerten Kugeln (im Fachjargon heißt die Form „Pudel"), Halbkugeln (wie im vorliegenden Beispiel) oder zu Scheiben mit einer krönenden Kugel trimmen, die Vorgehensweise ist unabhängig von der Form stets die gleiche.

Tipps zum Formieren

- Verwenden Sie hochwüchsigen Buchs wie *Buxus sempervirens* var. *arborescens*, die dichtwüchsige Sorte 'Faulkner' oder die schnellwüchsige Sorte 'Pyramidalis'. Besonders leicht lassen sich „Pudel" aus Gehölzen mit einem ausgeprägten Mittelstamm formen, wie Thuje (*Thuja occidentalis*), Wacholder (*Juniperus communis*), Eibe (*Taxus baccata*) und Scheinzypresse (*Chamaecyparis lawsoniana*).
- Wählen Sie die Pflanzstelle mit Bedacht. Geformte Gehölze sollten immer einen Platz erhalten, an dem sie für Aufsehen sorgen.
- Bauen Sie für die unterste Figur einen Rahmen aus Maschendraht in der gewünschten Form und Größe und schneiden Sie alle darüber hinauswachsenden Triebe ab. Sparen Sie dabei den Leittrieb aus.
- Formen Sie aus den Verzweigungen des Haupttriebs dann eine kleinere Zweit(halb)kugel. Damit sie gleichmäßig wird, können Sie sich beim Schnitt mit einer Schnur behelfen, die um den Mittelstamm gebunden wird und in der gewünschten Länge als Radius die Kugel abzirkelt. Abermals dabei den Haupttrieb nicht kappen.
- Nun auf die gleiche Weise die dritte Halbkugel herausarbeiten.

Garten: Kasteel Wijlre, NL
Foto: Jürgen Becker

Sonnige Dächer als Pflanzengalerie

Neu ist der Gedanke nicht, die Hauswurz (*Sempervivum tectorum*), eine Überlebenskünstlerin unter den Pflanzen, auf Dächern zu kultivieren! Bereits im Mittelalter pflanzte man sie auf stroh- oder ziegelgedeckte Dächer in dem Glauben, diese dadurch vor Blitz und Feuer zu schützen. So kam die Staude auch zu ihren volkstümlichen sprechenden Namen Dach- oder Donnerwurz. Was wie Aberglaube anmutet, entbehrt jedoch nicht einer gewissen botanischen Realität. Die dekorativen Rosettenpflanzen zählen nämlich zu den Sukkulenten, die in ihren fleischigen Blättern Feuchtigkeit speichern können. Dies befähigt sie nicht nur in wenig Substrat lange Trocken- und Hitzeperioden zu überstehen, sondern hat wohl auch so manchen Funken auf bepflanzten Dächern gelöscht.

Easy-gardening mit Dachwurz

Dem Pflanzenliebhaber steht heute ein riesiges Sortiment an winterharten Arten, Sorten und Hybriden zur Verfügung, das durch die Vielfalt von Form, Farbe, Größe und Behaarung der Rosetten fasziniert. Darüber hinaus zeigen die genügsamen Stauden zu jeder Jahreszeit andere Nuancen. Ob rote, blau- oder gelbgrüne, hell- oder dunkelgrüne Sorten, die meisten erreichen ihre intensivste Färbung zwischen April und Juli und werden nach der Blüte unscheinbar. Auch wenn die Stauden nur langsam zu dichten Polstern heranwachsen, so pflanzen sie sich doch beständig durch Rosetten fort, die nach der stets auf einem Schaft sitzenden Blüte absterben. Hier wurden sie kombiniert mit ebenso robusten Sedum-Arten, wie Colorado-Fetthenne (*Sedum spathulifolium*, rechte Mulde, Mitte), Weißem Mauerpfeffer (*Sedum album*, mittlere Mulde, vorne) und Steinbrech (*Saxifraga*, rechte Mulde, vorne und mittlere Mulde, Mitte).

Die grafische Schönheit der sonnenhungrigen Pflanzen, die Sie weder gießen noch düngen sollten, verführt einfach zum Sammeln, zumal sie an den unwirtlichsten Plätzen gedeihen. Bezaubernd sieht zum Beispiel eine Sammlung unterschiedlichster Rosetten auf dem nur leicht geneigten Dach eines Tonnen- oder Vogelhäuschens aus. Nur 5–10 cm durchlässiges Substrat (je ein Teil Kies, Sand, Humus) genügen um die Rosetten darauf zu betten. Dies geschieht am besten im Frühling. Wer hingegen bewurzelte Topfpflanzen kauft, kann sie auch im Herbst mit flachgedrücktem Wurzelballen pflanzen.

Alternative Gestaltungsmöglichkeiten

Zum Blickfang, der keinerlei Pflege bedarf, werden auch von Hauswurz nestartig überwucherte Zaunpfosten, gemauerte Pfeiler oder Mauerkronen und -fugen in voller Sonne. Aber auch flache Schalen, Tröge, Taschenamphoren, ein Kiesbeet oder Tuffsteine mit Mulden eignen sich als Minigärten, in denen die Hauswurz lange Jahre bezaubert, sofern sie nicht durch Nässe oder Dünger umkommt.

Garten-Design: Elienne Veldkamp, NL
Garten: Veldkamp, NL
Foto: Jürgen Becker

Dekorativ und schnell begrünte Pflasterflächen

Im Zufahrtsbereich, vor oder neben dem Haus, auf weitläufigen Terrassen und Sitzplätzen, aber auch in kleinen Gärten, die auf Rasen verzichten, wirken größere, einheitliche Pflasterflächen schnell öde. Lockern Sie sie doch durch ein Höhenelement auf, wie hier zum Beispiel durch einen Baum. Hochstämmige und schlanke, klein- oder kugelkronige Gehölze beanspruchen wenig Platz und behindern auch nicht die Zufahrt zu Haus oder Garage. Vor allem aber tupfen sie mit ihrer frischgrünen Ausstrahlung, mit Blüten, Früchten, Herbstfärbung oder mit ihrer kahlen Gestalt zu allen Jahreszeiten lebendige Akzente in das baulich geprägte Areal.

Ideenreiches Bodendesign

Gute Gärten zeichnen sich dadurch aus, dass alle Gegebenheiten durchgestaltet sind. Hier blieb deshalb auch die Baumscheibe innerhalb der Pflasterfläche nicht brach liegen, sondern wurde wie ein grüner Flokati zu einer gefälligen grünen Insel ausgerollt. Wunderschön bringen deren unregelmäßig rundliche Konturen eine fließend-schwingende Bewegung in die statisch-rechteckige Pflasterfläche und bezaubern als horizontaler Blickfang mit schönstem Naturdesign.

Dazu wurde das Pflaster über die Pflanzstelle hinaus im vorgesehenen Grundriss ausgespart. Stabilität erhält es an den Rändern durch das mindestens 20 cm tief in Beton eingelassene 35 cm hohe Stahlblech, von dem 15 cm das Pflaster überragen. Sobald der Beton mit dem eingelassenen Stahlblech ausgetrocknet ist, kann sandig-lockere, nicht zu nährstoffhaltige Pflanzerde oder ein gut durchlässiges Gemisch aus Blähton und Erde aufgefüllt werden.

Sedum-Matten

Den pflegeleichten Teppich aus Mauerpfeffer (*Sedum album, Sedum acre, Sedum sexangulare*) können Sie natürlich durch das Setzen einzelner Pflanzen ausbreiten. Im Nu ist er jedoch ausgelegt, wenn Sie in Gärtnereien, die sich auf extensive Dachbegrünung spezialisiert haben, fertige *Sedum*-Matten oder *Sedum*-Platten beziehen. Es handelt sich dabei um Pflänzchen, bei denen verschiedene Arten und Sorten gemischt auf unterschiedlichen Trägergeweben wie Kokosmatten, Kunststoffgewebe oder -vlies vorkultiviert wurden und bereits miteinander verwachsen sind.

■■ Tipps für Gestaltungsalternativen

Mit solchen Matten lassen sich übrigens auch Tonnenhäuschen und Garagendächer, deren Tragfähigkeit und Abdichtung zuvor unbedingt geklärt werden muss, schnell begrünen.

Garten-Design: Jos v. d. Lindeloof, NL
Garten: Ton van Bergen, NL
Foto: Modeste Herwig

Ein Wasserbecken als Blickachse

Kunstvoll gestaltete Gärten faszinieren nicht nur durch vielfältige Elemente und herrliche Pflanzen in malerischem Zusammenspiel. Sie lassen sich auch die Chance nicht entgehen, den Blick geschickt durch Achsen und Bahnen zu lenken, um das Auge letztendlich mit Höhepunkten zu verwöhnen, auf denen es befriedigt länger verweilt. Gestaltungskniffe dieser Art bescheren dem Garten eine intensive Ausstrahlung, so dass er in verstärktem Maße geordnet, erlebnisreich und ausdrucksstark erscheint.

Die Kunst den Blick zu lenken

Im Gartenbeispiel rechts wurde dieses Gestaltungsprinzip auf besonders sinnliche Weise umgesetzt. Während üblicherweise Wege, Beete, Hecken, Alleen und Laubengänge die Blickachsen vorzeichnen, übernimmt hier ein längliches Wasserbecken diese Funktion. Wasser wirkt in jedem Garten wie ein glitzerndes Kleinod, da es den Garten mit einer ganz eigenen Flora und Fauna bereichert und ihm mit seinen glitzernden Spiegelungen eine ätherische Aura verleiht. Hier dient es darüber hinaus als stimmungsvoller Wegweiser, der über die drei Stationen der Schaumsprudler den Blick auf den dahinter mittig installierten Höhepunkt, den weißen Obelisken, lenkt. Damit aber nicht genug: Wer Blickachsen im Garten inszeniert, sollte auch die Rückbezüglichkeit der Blickführung bedenken. Dies bedeutet, dass auch vom Obelisken aus dem Auge ein malerischer Blickpunkt geboten wird. Die Dramaturgie der Blickführung ist gerade in großen Gärten unerlässlich. Denn das Spiel mit Achsen und Blickfängen vernetzt das Areal mit einer Struktur und überzieht es mit einem optischen Beziehungsgefüge.

■■ Tipp für illusionistische Spielereien mit der Perspektive

Was sich bei geraden Achsen großer Gärten von selbst einstellt, können Sie in kleinen Gärten inszenieren. Der Garten erscheint tiefer und größer, wenn sich Wasser- oder Wegbahnen leicht verjüngen. Die gleiche Wirkung erzielt man hier durch die raffinierte Bepflanzung sich wiederholender Leitpflanzen, die durch gestaffelte Abfolge und formenreiches Hintereinander die Illusion räumlicher Tiefe erwecken. Klar konturierte Gehölze, wie die kleinkronigen Kugel-Trompetenbäume (*Catalpa bignonioides* 'Nana'), die sich nach hinten perspektivisch verkleinern, aber auch die parallele Randbepflanzung mit ihren sich rhythmisch wiederholenden Stauden aus gelbblühendem Frauenmantel (*Alchemilla mollis*) und silberner Edelraute (*Artemisia*) gaukeln weite Distanzen und damit einen größeren Garten vor.

Garten-Design: Arend Jan van der Horst, B
Garten: Familie de Groot, NL
Foto: Modeste Herwig

Fabelwesen als immergrüner Heckenzauber

Nicht nur Tierfreunde dürften über einen solch archaischen Gartengenossen begeistert sein, zumal er im Reich der Flora und nicht der Fauna heimisch ist. Ob Sie sich dabei einen Verwandten Nessis, einen Mammutfisch, eine elegante Riesenschlange zum Haustier wählen oder Heim und Garten von einem Drachen, einem liegenden Hund oder Löwen aus immergrünen Gehölzen bewachen lassen, bleibt ganz Ihnen und Ihren Schnittkünsten überlassen.

Das grüne Fabelwesen, das sich hier am süßen Duft der Narzissen berauscht, ist eine schulterhohe Buchshecke (*Buxus sempervirens*), die 10–15 Jahre benötigt, um diese Ausmaße zu erreichen. Als frischgrüner Blickfang hebt sie sich vom dunkelgrünen Hintergrund der Eibenhecke ab, während davor Blumen oder ein Blumenbeet helfen, Verbräunungen und Lücken an der Basis zu kaschieren. Doch Variationen sind erlaubt. Die originelle Idee lässt sich auch auf andere kleinlaubige, immergrüne Schnittgehölze (siehe Auflistung) übertragen. Und wer schnelleren Erfolg sucht, kann mit weniger aufwändigen, halbhohen Tierhecken innerhalb des Gartens beginnen, die zum Beispiel in aufgerichteten Köpfen enden, oder mit noch niedrigeren Beeteinfassungen.

Immergrüne Gehölze für fein strukturierte Schnitthecken
- Japanische Stechpalme (*Ilex crenata*), wächst langsam, bis 1,6 m
- Liguster (*Ligustrum vulgare* 'Atrovirens'), bis 2,5 m
- Scheinzypresse (*Chamaecyparis lawsoniana*), bis 4 m
- Leyland-Zypresse (× *Cupressocyparis leylandii*), bis 5 m
- Wacholder (*Juniperus communis*), bis 3 m
- Eibe (*Taxus baccata*), wächst langsam, bis 5 m
- Thuje (*Thuja occidentalis*), bis 5 m

Immergrüne Gehölze mit größeren Blättern

Gehölze wie Stechpalme (*Ilex aquifolium, Ilex × meserveae*) oder Lorbeerkirsche (*Prunus laurocerasus*) eignen sich ebenfalls, wenn Sie keine feinen Modulationen und Konturen herausgearbeiten möchten. Grundsätzlich ist bei ihnen der Schnittaufwand jedoch größer. Da bei einem Schnitt mit der elektrischen Heckenschere die angeschnittenen Blattränder unschön verbräunen, können Sie sie höchstens für den groben Formschnitt benutzen und müssen hinterher (wenn nicht gleich von Anfang an) mit der Handheckenschere nacharbeiten.

Garten: Ambleville, F
Foto: Modeste Herwig

Lauschiger Sitzplatz unter Dachplatanen

Wortwörtlich „mitten im Grünen" sitzt man auf dieser extravaganten, aus Pflanzen gestalteten Freiluftoase. Was meist Sonnenschirm oder Sonnensegel, eine dicht begrünte Pergola oder eine Markise übernehmen, nämlich einen Sitzplatz vor Blicken und Sonne zu schützen, vollbringt hier das verwobene, dichte Blätterdach von Platanen (*Platanus × hispanica*). Damit aber nicht genug, denn als zusätzliche Beigabe verwöhnen sie darunter sitzende Gartengenießer mit stimmungsvollem Licht und wohliger Kühle, aber auch vor Zugluft und aufsteigender Bodenkühle am Abend ist man an diesem Refugium geschützt. Eine halbhohe „grüne Mauer" aus sorgfältig geschnittenem Buchs wehrt bis in Sitzhöhe Unbilden ab, ohne den Blick auch nur im Geringsten zu verbauen, und schenkt dem rundum freigestellten Sitzplatz emotionale Geborgenheit.

Ein Sitzplatz als Blickfang

Der Bau eines solchen Sitzplatzes empfiehlt sich inmitten eines größeren Gartens, wo er selbst zum Blickfang wird und mit seiner Größe in einem ausgewogenen Verhältnis zur Grundfläche steht. Sparen Sie in der quadratischen oder rechteckigen Pflasterfläche jeweils genügend große Rechtecke von den Ecken nach innen versetzt aus. Hier werden massive Haltepfosten eingeschlagen, die Platanen eingesetzt und schattenverträgliche Blattschönheiten, wie Storchschnabel (*Geranium*, im Foto), Purpurglöckchen (*Heuchera*), Funkien (*Hosta*) oder Frauenmantel (*Alchemilla*) gepflanzt.

Tipps zur Formierung eines Grünen Daches

Platanen mit ihrem ahornähnlichen Laub eignen sich besonders gut für diese in den Niederlanden beliebte Form, da sie sich bis ins hohe Alter gut schneiden lassen und immer wieder frisch austreiben.

- Lassen Sie die Platanen (*Platanus × hispanica*) so lange natürlich heranwachsen, bis ihr Stamm die gewünschte Höhe erreicht hat.
- Bauen Sie dann aus Stangen ein großes rechteckiges Gerüst, das Sie der Länge und Breite nach mehrfach unterteilen. Es sollte die Sitzplatzfläche samt Buchseinfassung überdecken.
- Das Gerüst über die Kronen legen und – bei Bedarf – mit mehreren nach unten abstützenden Stangen an jedem Stamm fixieren.
- Gleichzeitig biegen Sie die Triebe der Platanen in die Horizontale und fixieren sie am Gerüst.
- Zur Entwicklung eines dichten Daches müssen die heranwachsenden Triebe regelmäßig kontrolliert und fixiert werden. Nehmen Sie nach Jahren alte Äste heraus und ziehen Sie neue nach.

Garten-Design: Piet Oudolf, NL
Foto: Modeste Herwig

Ein Rasenbeet als Zentrum

Ein modernes Gartendesign, das wie unser Beispiel auf das Mittel der Reduktion setzt, erzielt seine besten Wirkungen in einem ebenfalls zeitgenössischen Umfeld oder in einem separaten eigenen Gartenteil. Wer seinem modernen-minimalistischen Haus einen ebensolchen Garten beigesellen möchte, wer Freude am Experimentieren und an ungewöhnlichen Gestaltungen hat und dafür eine am Haus gelegene abgezirkelte Nische zur Verfügung hat, aber auch wer Gartengestaltung wie abstrakte Kunst angeht oder mit wenig Aufwand seinen Garten immer wieder mal anders „einkleiden" möchte, der kann in diesem „kleinen Garten der Kanten und Ecken" inspirierende Aspekte finden.

Das Rechteck im Rechteck – kubistisches Design

Wie ein modernes Bild „schwebt" das Rasenquadrat 15 cm erhöht über dem mit Mosaikpflastersteinen aufgeschütteten Bodenlevel und wird in seinem blaugerahmten „Bett" zum Mittelpunkt des Gartens. Während in der traditionellen Gartengestaltung Rasen meist als „dienender", ruhiger Hinter- und Untergrund Gehölzen und Beeten zum großen Auftritt verhilft, wird ihm hier die Hauptrolle zuerkannt. Neben dieser Umkehrfunktion prägt Kubismus mit streng abgezirkelte Rechtecken und Quadern den gesamten Gartenteil, in dem selbst die Gräser pulkartig zur Schau gestellt werden. Halbhohe versetzte Schnitthecken bringen wie Bausteine die Vertikale ins Spiel und kontrastieren dabei mit der horizontalen Rasenfläche.

Das Rasenbeet im „Pflanzkasten"

Einfach aufgesetzt auf die Pflasterwürfel ist dieses schnelle Rasenbeet. Dazu genügt es, die Unterseite eines stabilen Rahmens aus Holz oder Stahl mit engem Maschendraht zu überziehen. Diesen „Pflanzkasten" stellt man nun auf die Pflastersteine und legt ihn komplett mit wasser- und luftdurchlässigem Vlies aus. Es verhindert, dass Erde auf die Steinunterlage unschön ausgeschwemmt wird und die Pflanzen bei Regen an Staunässe zugrunde gehen. Auf das Vlies nun Erde ausbringen, den Rollrasen auslegen, leicht andrücken und alles gut angießen.

Ein Thema mit Variationen

Die Idee des Pflanzkastens können Sie für ganz beliebige Formate aufgreifen und dabei auch die Bepflanzung nach Wunsch schnell verändern. So werden Trockenheit liebende Steppen- und Steingartenpflanzen im mobilen „Pflanzkasten" genauso prächtig gedeihen wie farbenfrohe Polsterpflanzen oder Sommerblumen.

Garten-Design: Christopher Bradley-Hole, GB
Chelsea Flower Show, GB
Foto: Modeste Herwig

Pflanzenpracht auf zwei Etagen

Ein kleiner Garten oder Vorgarten liegt meist nah am Haus, so dass sich all seine Details fast ständig im Blickfeld befinden. Hier kommt es darauf an ihn komplett durchzugestalten, um jegliche „Störquelle" für das Auge auszuschalten. Und zugleich sollten Sie bei allen Bestrebungen ans „Doppeln" denken, das heißt mit jedem Gestaltungskniff möglichst zwei positive Effekte erzielen.

Gehölze für die Raumbildung

Ein Musterbeispiel für gestalterisches Doppeln führt dieser Patio mit seiner aparten Bepflanzung vor Augen. Damit der von hohen Mauern umgebene Innenhof seinen beengenden Schachtelcharakter verliert, lockern ihn Bäume mit kleinen luftigen Kronen räumlich auf. Eine ähnliche Wirkung erreichen Sie auch mit anderen begrünten Höhenelementen wie Obelisken, Säulen oder Bögen.

Dauerhafte Unterpflanzung

Und natürlich wird unter den Höhenelementen auch die Grundfläche dekorativ genutzt. Da gibt es die Gartenelemente wie Weg, Bank und Beeteinfassungen aus hellem Kies oder gleichfarbigem Haddonstone (englischem Sandsteinguss), die sich als farbliches Ensemble geschlossen von den dekorativen Schmuckbeeten abheben. Von bemerkenswerter Ausdruckskraft sind die extravagant bepflanzten Baumscheiben, die sich mit ihrer geometrischen Form und Einfassung perfekt ins formale Konzept des kleinen Gartenraums einfügen. Sie gewinnen ihre Farbigkeit nicht durch vergängliche Blüten, sondern durch bis zum Frost beständige Laubtöne zweier Pflanzen: durch das Silbergrau der zu flachen Pyramiden geschnittenen Zwerg-Edelraute (*Artemisia schmidtiana* 'Nana') und durch den rotbraunen Rahmen der Kleinen Blutberberitze (*Berberis thunbergii* 'Atropurpurea Nana'). Ein Bepflanzungstrick, der vermeidet, dass auf den so markant präsentierten Beeten unschöne „Löcher" durch abgeblühte oder einziehende Stauden entstehen.

Damit eine solche Bepflanzung der Baumscheiben ihre ganze Pracht entfaltet, sollten Sie die Standortfaktoren gründlich bedenken. Zwerg-Edelraute und Kleine Blutberberitze vertragen Formschnitt und Stadtklima mit trockener Luft und stauender Hitze bestens. Ja, sie wünschen sogar volle Sonne. Erst dann entfaltet sich der metallische Silberlook der Edelraute, während der Neutrieb der Blutberberitze in leuchtendem Rot erstrahlt. Liegen Innenhof und Baumscheiben jedoch wie so oft im Schatten, empfiehlt sich eine andere Pflanzenwahl. Diese würde dort kümmern und vergrünen.

Garten-Design: Simon Scott, GB
Chelsea Flower Show, GB
Foto: Modeste Herwig

Spalierbäume als Sicht- und Windschutz

Immer wieder führen ausladende Bäume an den Grundstücksgrenzen zu Streitigkeiten mit dem Nachbarn, dem die heranwachsenden Gehölze zu hoch und schattenwerfend geworden sind. Meist stößt dieser Unmut auf den Wunsch des Gartenbesitzers nach lauschiger Abgeschirmtheit und nach einem Sichtschutz, der auch Blicke von oben ausgrenzt. In kleinen Gärten erübrigen sich allerdings mächtige Gehölze, weil sie sie noch kleiner erscheinen lassen. Dennoch muss man nicht überall, wo wenig Platz zur Verfügung steht, auf einen grünen Paravent verzichten.

Baumbänder auf Stelzen

In den Niederlanden kann man dafür elegante Lösungen entdecken: Spalierbäume, deren Triebe nur in einer vertikalen Ebene flächig gezogen werden und die nicht breiter als eine Mauer sind. Sie bieten gleich mehrfache Vorteile:

- Sie verschonen die Nachbarn vor lästig überhängenden Trieben.
- Sie beschatten den Garten nicht völlig wie eine Hecke, sondern filtern das Licht auf malerische Weise.
- Die sommergrünen Gehölze sind zu der Zeit blickdicht, in der sich das Leben im Garten abspielt. Im Frühling und Winter dagegen, wenn die Sehnsucht nach Licht am größten ist, gewähren ihre kahlen Zweige den Sonnenstrahlen freien Durchgang.
- Bereits durch einen einzelnen Spalierbaum können Sie Sichtlücken schließen. Mit aneinander gereihten Bäumen, wie rechts, haben Sie gar die Möglichkeit eine ganze Mauer nach oben zu verlängern.
- Darüber hinaus lassen sich Spalierbäume wunderbar unterpflanzen, da sie den Pflanzbereich nur bedingt schattieren.

Barriere in zwei Ebenen

Während man meist Linden (*Tilia cordata*) und Platanen (*Platanus* × *hispanica*) zu Baumspalieren zieht, nutzt das nebenstehende Beispiel den schmalen Platz zwischen Wasserbecken und Grundstücksmauer für Baumspaliere aus Feldahorn (*Acer campestre*) und ein bezauberndes Blumenbeet zugleich. Die Gehölze pflanzt man mit einem Abstand von etwa 2 m und fixiert ihre Triebe, die man etwas formgerecht ausdünnen kann, an vier- oder dreieckigen Bambusgerüsten. Diese gewinnen zusätzliche Stabilität durch die unterteilenden Zwischenstäbe, an denen die noch weichen Äste in verschiedenen Etagen in die Horizontale gelenkt werden.

Das anmutige Blumenbeet wurde höhengestaffelt arrangiert mit Fingerhut (*Digitalis purpurea*) und Fenchel (*Foeniculum vulgare* 'Atropurpureum') im Hintergrund, während Bartiris (*Iris-barbata-Hybriden*), Frauenmantel (*Alchemilla mollis*), Storchschnabel (*Geranium*), orangefarbende Nelkenwurz (*Geum*-Hybride), Schattenglöckchen (*Heuchera*), Ziergras und Wolfsmilch (*Euphorbia*) den Mittel- und Vordergrund beleben.

Garten-Design: Mark Gregory, GB
Chelsea Flower Show, GB
Foto: Modeste Herwig

Bauerngärtchen im Miniaturformat

Süße Trauben und knackig frisches Gemüse umgeben von einer heiter-bunten Blumenwiese – dieser Traum lässt sich auch in einem kleinen Garten oder Vorgarten verwirklichen. Wer sich solch ein ländliches Idyll in ein städtisches Umfeld holen möchte, sollte jedoch die Umgebung sorgfältig ausblenden. Den Charme des Ursprünglichen besitzen vor allem Flechtzäune aus Weide, die man mit nur wenigen Grundkenntnissen selbst anfertigen kann (siehe Seite 70). Im Fachhandel werden aber auch komplett geflochtene Elemente angeboten, die sich zu einer geschlossenen Front zusammensetzen lassen. Eine etwas weniger rustikale Ausstrahlung geht von Sichtschutzmatten aus Borke, Weide oder Heide aus. Welches Naturmaterial Sie auch wählen, Flechtzäune, Sichtschutzmatten und -elemente haben den Vorteil, dass sie in verschiedenen Höhen erhältlich sind und nicht mehr Platz als ein Zaun beanspruchen.

Schritt für Schritt zum Gartenglück

Beginnen Sie nach dem Zaun mit der internen Ausgestaltung des Gartens. Stecken Sie die Gemüsebeete (zum Bespiel vier Beete mit einem Wegkreuz) in der Mitte des Areals ab. Legen Sie auch den Weg um die Beete an und lockern Sie die Erde zwischen Weg und Flechtzaun. Hier werden nun als Erstes die Halterungen für die Weinstöcke, dann die Pflanzen selbst eingesetzt. Besonders hübsch sieht es aus, wenn Sie sie linear an aneinander gereihte Bögen oder einander gegenüber zu einem Rebengang oder einer Laube pflanzen. Es genügt jedoch auch ihre heranwachsenden Ranken wie im Weinberg an schulterhoch gespannten Drähten entlangzuführen. Wenn Stützen und Reben ihren Platz gefunden haben, sollten Sie den Boden nochmals lockern und dann die Samen der einjährigen Sommerblumen aussäen. Hier entschied man sich für eine Mischung aus orangefarbenem Kalifornischem Mohn (*Eschscholzia californica*), gelb-weißen Wucherblumen (*Xanthophthalmum coronarium*) und leuchtend blauem Bienenfreund (*Phacelia campanularia*). Beste Zeit für Pflanzung und Aussaat ist übrigens April oder Mai.

Dekorative Mischkultur

Für Gemüsebeete kleiner Küchen- und Bauerngärten empfiehlt sich eine Bepflanzung in Mischkultur. Diese Methode entzieht dem Boden weniger einseitig Nährstoffe und Sie können dabei auch enger, vielseitiger und ertragreicher pflanzen. Und obendrein werden die Beete – wie hier mit Porree und Mangold – zur reinen Augenweide.

Garten-Design: Kate Frey, GB
Chelsea Flower Show, GB
Foto: Modeste Herwig

Gepflanzte Bordüren an schmalen Passagen

Weder an engen Garageneinfahrten noch an geteerten oder gepflasterten Zugängen zum Haus, weder an Pflasterwegen in den Garten entlang der Grundstücksmauer noch an anderen zusammengedrängten Durchgängen müssen Sie auf die lebendige Frische von Pflanzen verzichten.

Erhöht gebaute Pflanzenbeete

Immer da, wo es schmal ist, wo Gehbereich oder Fahrbahn von Pflanzen freigehalten werden soll und der Boden obendrein verschlossen ist, eröffnen Hochbeete die vielseitigsten Möglichkeiten. So können Sie auf schmale gemauerte Sockel einfach schöne Pflanzkästen postieren, Sie können aber auch schmale Pflanztaschen mauern oder sie in ländlichem Ambiente aus Natursteinen, halbhohen Rundhölzern oder der Länge nach fixierten, farbig gestrichenen Brettern errichten. Wer das bauliche Umfeld noch intensiver begrünen möchte, sollte zusätzlich einen Zaun oder eine Mauer im Hintergrund nutzen. Einjährige Kletterpflanzen und Klettergehölze werden alles schon bald überziehen. Die meisten benötigen dafür Rankhilfen wie Spaliere oder Spanndrähte, Haftkletterer wie Efeu (*Hedera helix*) oder der kletternde Spindelstrauch (*Euonymus fortunei* var. *radicans*) halten sich hingegen von allein am Untergrund fest.

Geflochtene Pflanztaschen und Wände

Einen ganz andere Form der Verkleidung wählt der Mustergarten rechts. Hohe Weidenflechtelemente verbrämen Zaun und Mauer, können aber bei solider Verankerung im Boden sogar beide ersetzen. Niedere Steckelemente aus geflochtener Weide davor bilden eine dekorative Beeteinfassung und ermöglichen ein erhöhtes Pflanzbeet. Darin erheben sich Buchen, die schmal formiert und in die Breite gezogen werden. Und um keinen Platz zu verschwenden unterpflanzte man sie mit schattenverträglichen Stauden, die durch ihre apart gefärbten und geformten Blätter die ganze Saison hindurch brillieren, wie Funkien (*Hosta*), rotlaubiges Purpurglöckchen (*Heuchera*-Hybride) und Storchschnabel (*Geranium*).

Das ungewöhnliche Pflanzarrangement erfordert beträchtlichen Pflegeaufwand. Damit bei starkem Regen keine Erde auf den Weg geschwemmt wird, sollte es nicht auf versiegeltem Boden, sondern über offener Erde errichtet werden. Die Flechtelemente müssen im Abstand von 5–8 Jahren ausgetauscht werden und die noch zierlichen Pflanzen sollten Sie jährlich ausdünnen oder versetzen, denn jede entwickelt sich schon nach einem Jahr zu einem filligen Horst.

Design: Hartley Botanic Ltd. GB
Chelsea Flower Show, GB
Foto: Modeste Herwig

Alte Gehölze im neuen Blütengewand

Wieso sich die Mühe machen einen vergreisten Obstbaum oder einen überalterten Großstrauch aus dem Garten zu entfernen? „Begrünen statt Roden" lautet die Devise, die nicht nur viel Arbeit erspart, sondern den Garten auch um ein romantisches Highlight bereichert. Zahlreiche Ramblerrosen tolerieren Halbschatten und sind wie geschaffen dafür, mit ihren weichen, biegsamen Trieben in Bäume zu klettern oder Sträucher zu überspinnen.

Blüten- und Hagebuttenschmuck

Viele Sorten tragen zierliche Blüten in großen Büscheln, die zwar nur einmal erscheinen, aber Bäume und Sträucher überreich mit einem Meer dauniger Blütenvorhänge und Girlanden überziehen. Im Herbst entzückt so manches dieser artistischen Blühwunder dann ein zweites Mal mit kleinen Hagebutten, zum Beispiel *Rosa longicuspis, Rosa helenae,* 'Wedding Day', 'Seagull', 'Lykkefund' oder 'Francis E. Lester'. Daneben gibt es aber auch Rambler, die öfter blühen, wie 'Rosendorf Steinfurth '04', 'Super Excelsa', 'Super Dorothy', 'William Allen Richardson', 'Ghislaine de Féligonde' oder 'Paul Noel'. Am Rande dieser malerischen Staudenrabatte verströmt die weiße Ramblerrose 'Francis E. Lester' einen betörenden Duft, während sie das Blühen am alten Apfelbaum, der ihr als Stütze dient, durch ihre nachfolgende Blütezeit verlängert.

So wird gepflanzt

Wenn Sie eine Ramblerrose wie hier direkt am Baumstamm hochleiten möchten, graben Sie etwa 60 cm vom Stamm entfernt ein 60 x 60 x 60 cm großes Pflanzloch und reichern Sie den Aushub reichlich mit Kompost an. Ist die Erde sehr verbraucht, wird die Rose auch in gekaufter Rosenerde, die Sie mit lehmiger Beeterde vermengen, wunderbar gedeihen. Setzen Sie die Rose mit einer Wurzelsperre (zum Beispiel durch eine spezielle Plantex-Matte oder einen bodenlosen Eimer) ein. Dies schützt sie vor dem Wurzeldruck des Baumes und der Konkurrenz um Wasser und Nährstoffe. Die am Stamm emporgeführten Triebe werden sich schnell im Geäst verteilen und auf der Suche nach Licht die Baumkrone überziehen oder in Girlanden herabhängen.

■■ Tipps zur alternativen Pflanzung von Ramblerrosen

Ramblerrosen können auch über Hecken, in alte Thujen oder tiefwurzelnde Koniferen wie Lärchen oder Kiefern klettern. Bei solchen stark schattierenden Bäumen mit dichter Krone pflanzt man die Rose jedoch weit weg vom Stamm außerhalb der Kronentraufe (auf keinen Fall in den Tropfbereich der Krone). Ihre Triebe werden dann über ein leiterähnliches Klettergerüst nach oben geführt.

Garten-Design: Ann de Witte, B
Garten: Hoge Roker, B
Foto: Jürgen Becker

Schattenplatz mit Blattschmuck-Kollektion

Funkien (*Hosta*-Arten, -Sorten und -Hybriden) bringen Leben und Schwung in diesen schattigen Gartenhof und beweisen: Grün in Grün ist alles andere als langweilig. Mit ihren markant geaderten, schmalen bis breit-herzförmigen Blättern zählen die Funkien mit zu den attraktivsten Blattschmuckstauden. Sie sind ein Glücksfall für schattige Beetpartien. Aber auch vor oder unter Gehölze, deren Wurzeldruck sie unbeeindruckt lässt, in den Schatten oder Halbschatten von Mauern, Gebäuden und Gartenecken sowie an beschattete Uferränder oder in lichtarme Steingärten zaubern sie üppiges Grün.

■■ Tipps zum Überwintern von Funkien in Gefäßen

Kultivieren Sie die im Spätherbst einziehenden Stauden in frostfesten Gefäßen und stellen Sie sie auf Styroporplatten oder Holzlatten geschützt und schattig am Haus auf. In rauen Regionen die Töpfe zusätzlich in Kokosmatten oder Noppenfolie einwickeln und mit Reisig abdecken. Wichtig: Bei Trockenheit an frostfreien Tagen gießen!

Mobile Multitalente

Dass die robusten Stauden auch prächtig in Gefäßen gedeihen, macht sie unabhängig von Beeten und zu Allroundern für alle schattigen Bereiche. So können sie in Kübeln einen nach Norden gelegenen Hauseingang ebenso herrschaftlich flankieren, wie eine Schattenbank, einen schattig-windgeschützten Dachgarten ebenso mit frischem Grün beleben wie eine Veranda, eine Nische oder einen Balkon im Schatten. Gerade in Sitzplatz- und Hausnähe können Sie auch ihre an aufrechten Schäften stehenden glocken- oder röhrenförmigen Blüten und deren Duft genießen.

Die optimale Wirkung erzielen Sie, wenn Sie, wie in diesem Innenhof, die Blattschönheiten vor einer dunklen Schnitthecke präsentieren. Hier kommen in einer Sammlung auch ihre unterschiedlichen Größen und die verschiedenartigen Blattfarben und -zeichnungen am besten zur Geltung. Sie haben die Wahl zwischen Funkien mit einfarbig grünem, gelblichem oder blaugrünem Laub sowie mit dekorativ gezeichneten Blättern, sei es ein weißer oder gelber Rand, sei es eine weiße, gelbe oder blaue Innenzeichnung. Die dunklen Eiben, die exakt zu Hecke und Bogen getrimmt wurden, grenzen nicht nur den Innenhof platzsparend und formprägnant ein, sie bilden auch den optimalen Hintergrund für die je nach Sorte von Juni bis August erscheinenden weißen oder violetten Blüten. Damit aber nicht genug: Im Herbst ziehen viele Sorten erneut alle Blicke auf sich, wenn sich ihr Laub in sattes Goldgelb verfärbt.

Garten-Design: Ann de Witte, B
Garten: Hoge Roker, B
Foto: Jürgen Becker

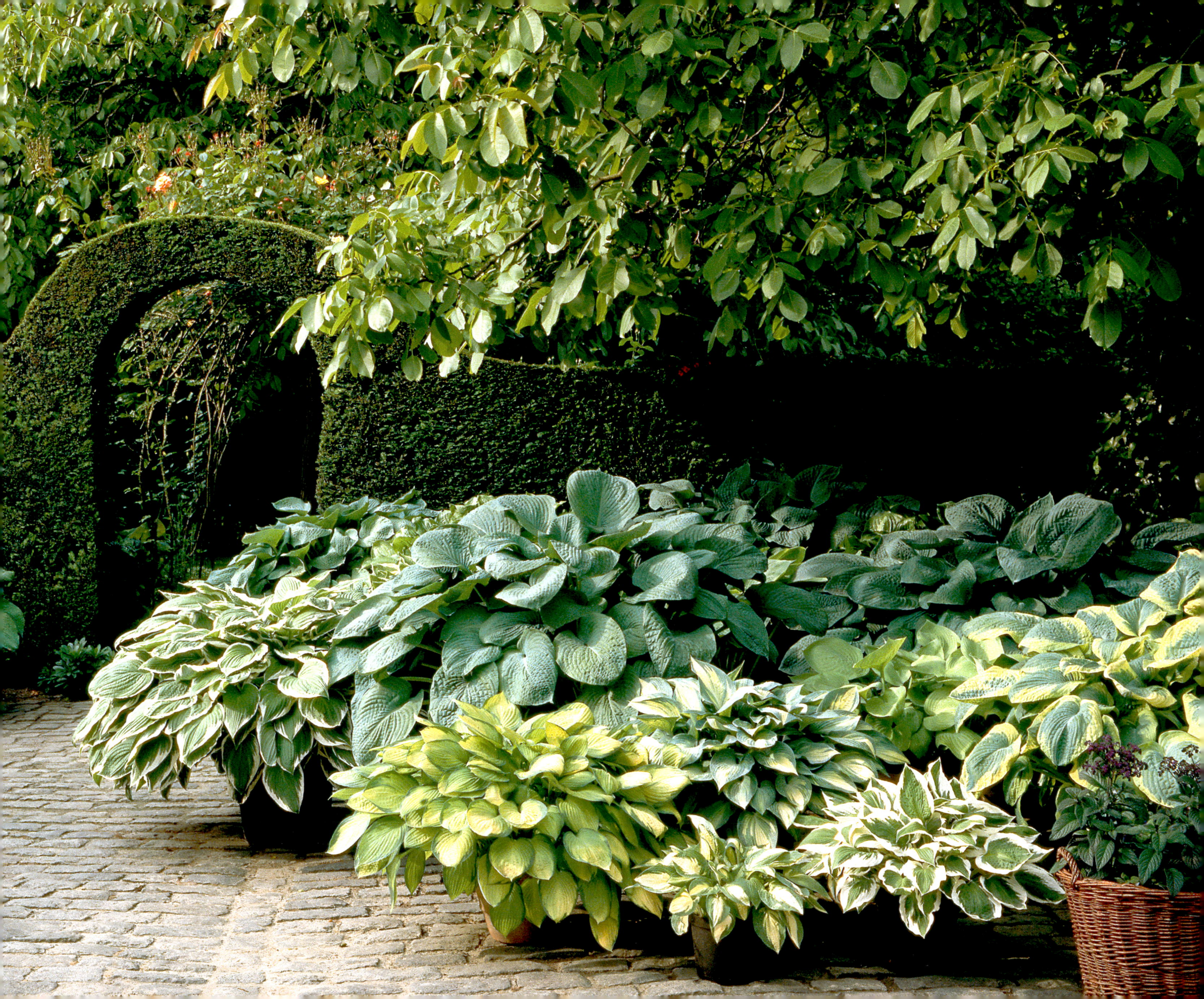

Kugelrobinien als Raumteiler

Wie eine Pergola zieht sich das Stakkato der lindgrünen Kugel-Robinien (*Robinia pseudoacacia* 'Umbraculifera') quer durch diesen großen Garten. Sie unterteilen damit den Garten ohne den Durchblick auf die herrlichen Staudenrabatten zu verwehren. Gleichzeitig unterbricht die markante Baumreihe optisch die große Rasenfläche und bereichert sie als vertikale Höhenelemente. Die Robinienkette verhindert aber auch, dass der Blick des Betrachters auf einem eintönigen Rasenzentrum zum Stillstand kommt. Stattdessen spornt sie ihn an dem ungewohnten Hintereinander und der vertikalen Erscheinung der Gehölze in die Tiefe des Gartens zu folgen. So bringt diese einseitige Allee Dynamik in den Garten und verleiht ihm zugleich Struktur, Spannung und Räumlichkeit.

Die regelmäßig mit 2 m Abstand gepflanzten Kugelbäume sind ein ähnlich luftig-transparentes und regelmäßiges Element wie einholmige Pergolen. Sie erweisen sich als gute Alternative, da sie auch ohne Schnitt eine strenge Wuchsform behalten. Ihre anfangs kugelrunden, im Alter eher flachrunden Kronen sind auf schlanke, 3–4 m hohe Stämme veredelt und scheinen wie Pompons über dem Rasen zu schweben. Im Unterschied zur reinen Art blühen und fruchten die Kugelbäumchen nicht. Im Herbst jedoch färben sich ihre Fiederblätter wunderschön goldgelb, bevor sie abfallen. Aber selbst im Winter sind die Gehölze eine repräsentative Erscheinung, da ihr Kronenaufbau dicht und gleichmäßig ist.

Tipps zum Pflanzen

- Spannen Sie eine Pflanzschnur, an der Sie die Stämme ausrichten, und markieren Sie die Pflanzlöcher im Abstand von 2 m.
- Setzen Sie den Wurzelballen so ein, dass er etwa 5 cm über die Pflanzgrube hinaussteht, denn er sackt nach dem Einschlämmen tiefer ein.
- Nun am Ballen den Spanndraht des Drahtgeflechts und das Jutetuch oben öffnen. Beide nicht entfernen, da sie verrotten.
- Rundum Erde auffüllen und antreten.
- Schlagen Sie zu beiden Seiten des Stammes Haltepfähle ein und fixieren Sie den Stamm nach beiden Seiten mit Achterschlingen.
- Legen Sie dann einen etwa 15 cm hohen Gießrand um die Pflanzstelle und gießen Sie reichlich an.
- Erst nach 3 Jahren können Sie die Haltepfähle entfernen. Dabei auch die Baumscheibe einebnen und bis auf einen kleinen Steinring verkleinern. Die Restfläche mit Rasen begrünen.

Garten-Design: Irene Küchler, NL
Garten: Cleen Lelie, NL
Foto: Jürgen Becker

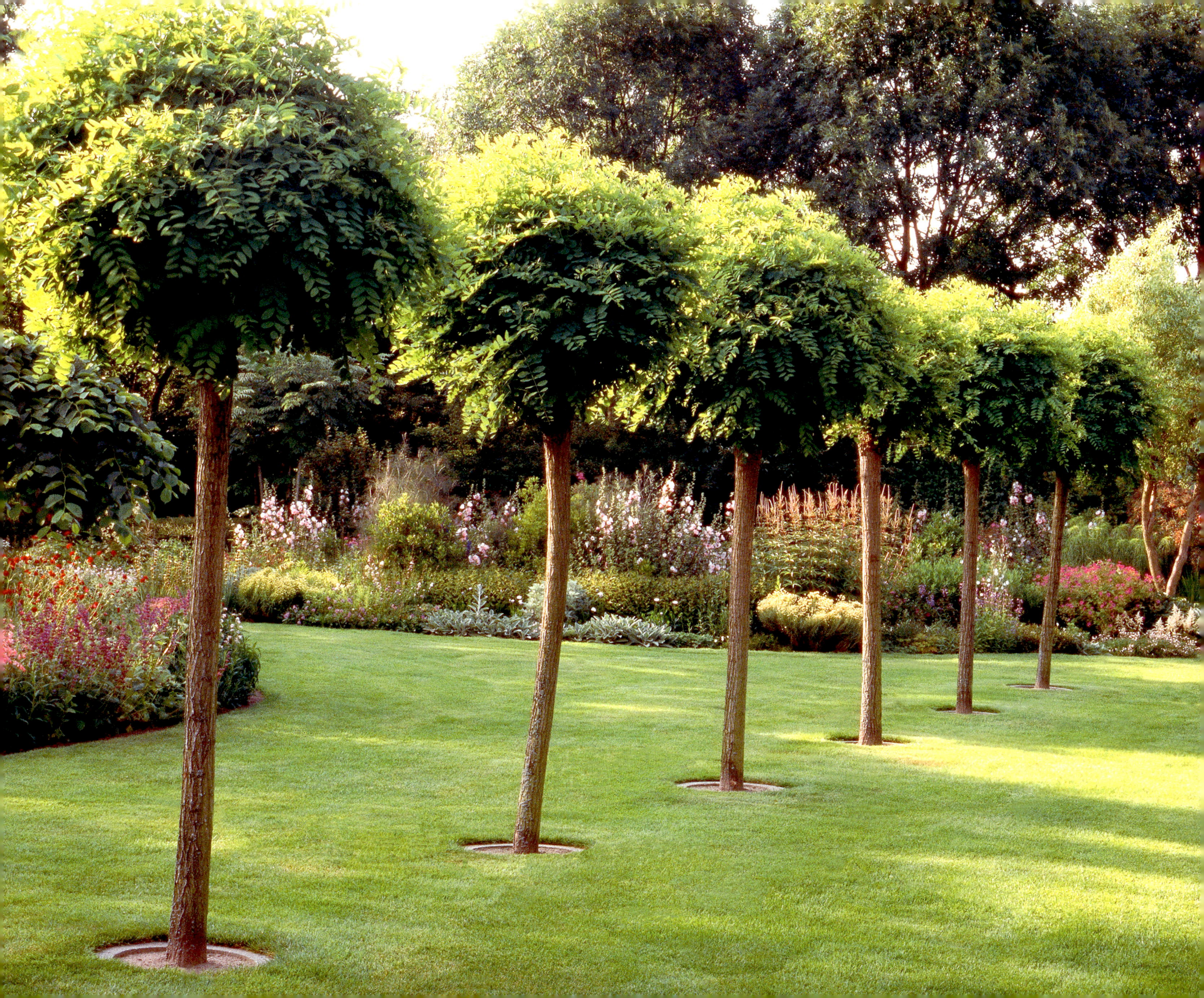

Laubenartiges Flechtrondell

Als laubenähnlicher Sitzplatz, als Girlanden um ein rundes Wasserbecken, als grüner Tempietto über einem Blumenbeet, als Blickfang in einem parkähnlichen Garten, als Überraschungsmoment in einem eigenen Gartenteil oder als Ecklösung in einem kleineren grünen Reich – die Möglichkeiten, ein Flechtrondell in den Garten zu integrieren sind vielfältig. Obendrein können Sie die Gestaltungsidee noch modifizieren und die Gehölze in geradem Verlauf als Flecht- oder Stelzenhecke an der Gartengrenze entlangziehen. Bau und Pflege solcher Hecken erfolgen nach dem gleichen Prinzip wie das Lindenrondell.

Bau des Lindenrondells

Die Gartenbesitzer zirkelten als erstes einen Kreis von 6 m Durchmesser ab und ließen dann in geichmäßigem Abstand acht 3,5 m lange T-Profile 60 cm tief in betonierte Punktfundamente ein. Nach deren Austrocknen schweißte ein Fachmann in jeweils 2 und 2,5 m Höhe waagrechte Stahlstäbe an, die die Stützen miteinander zum Rundbau verbanden. Zur Verstärkung der Stabilität wurden außerdem noch dekorative s-förmige Metallteile als Winkelträger angelötet. Erst nach Abschluss aller Bauarbeiten konnte mit dem Pflanzen begonnen werden. In diesem Garten entschied man sich für die Kaiserlinde (*Tilia* × *vulgaris* 'Pallida'), die man auch bei uns in einigen Baumschulen, vor allem aber in den Niederlanden, bereits als vorkultivierte Spalierbäume erhält. Für die Rotunde genügten vier Bäume, deren Seitentriebe nach dem Einpflanzen horizontal fixiert wurden. Parallel zum grünen Band der Kronen fasste man abschließend die Basis des Rondells mit Buchs ein.

Erziehung und Pflege

Alle Triebe, die sich nicht ins Konzept einfügen, am Ansatz entfernen, damit keine unschönen Stummel stehen bleiben. Dies sollte im Frühjahr (März) und Frühsommer (Juni) geschehen. Wer will, kann um dieses Rondell ein zweites mit 1–1,5 m Abstand ziehen und beide mit quer verschweißten Stahlstäben überdachen, so dass die Linden gleichzeitig auch zu einem Laubengang formiert werden. Alternativ können Sie aber auch den Kreis nach innen zu wie einen grünen Pavillon überdachen.

Weitere geeignete Gehölze für Flechtrondells und Flechthecken

Wählen Sie drei- bis vierjährige Gehölze mit geradem, kräftigem Stamm; am besten Hochstämme oder vorkultivierte Spalierbäume von Platane (*Platanus* × *hispanica*), Rotbuche (*Fagus sylvatica*), Hainbuche (*Carpinus betulus*) oder Feldahorn (*Acer campestre*).

Garten-Design: Jan Opstal, Jo Willems, NL
Garten: De Heerenhof, NL
Foto: Jürgen Becker

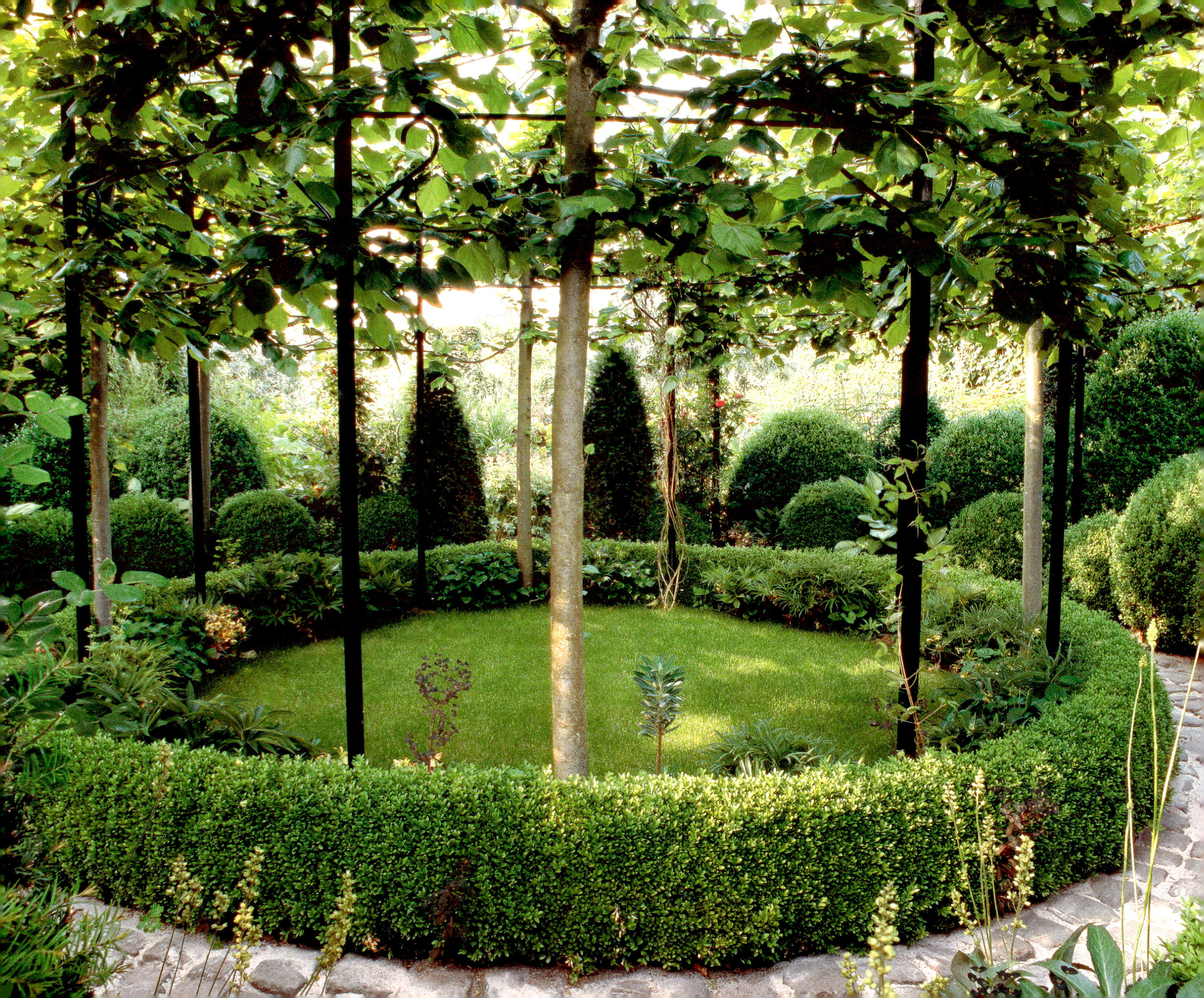

Buchenlaube im Heckenverbund

Sogar in einen kleinen Garten passt noch ein weiterer Sitzplatz, wenn man ihn, wie in diesem Beispiel, in die den Garten begrenzende Hecke einbezieht. Noch länger als bei dieser Hecke aus Rotbuche (*Fagus sylvatica*), die gerade herbstliches Goldgelb anlegt, bleiben die trockenen, rotbraunen Blätter der Hainbuche (*Carpinus betulus*) bis ins Frühjahr hinein haften. Beide Gehölze sind äußerst schnittverträglich und formbar, eignen sich für sonnige wie schattige Standorte und tolerieren nahezu alle Böden. Lediglich Staunässe und andauernde Trockenheit bereiten ihnen Probleme.

So pflanzen Sie eine Hecke mit Apsis

Spannen Sie eine Schnur, die den Heckenverlauf markiert und stecken Sie die rechteckige oder rundliche Ausbuchtung für die Laube ab. Fehlt der Spielraum für die Apsis hinter der Hecke, können Sie eine Sitznische auch allmählich aus der Hecke herausarbeiten, indem Sie sie über die Jahre sehr breit heranziehen, um sie dann an der gewünschten Stelle durch Schnitt konkav auszuhöhlen. Vor dem Einpflanzen dann entlang der gespannten Schnur Rasensoden und Unkraut gründlich entfernen und für die Flachwurzler einen 60 cm breiten Pflanzstreifen umstechen, lockern und mit Kompost anreichern. Setzen Sie die Buchen dann in einer Linie mit 60–70 cm Abstand. Gießen Sie die Pflanzung gründlich an und mulchen Sie den Boden. Damit sie sich auch unten gut bestocken, sollten die Jungpflanzen gleich um ein Drittel zurückgeschnitten werden. An windigen Standorten empfiehlt es sich entlang der Hecke Drähte auf 2–3 Höhen zu spannen, an denen man die Pflanzen fixiert, damit sie aufrecht und ebenmäßig heranwachsen.

So formen Sie den Laubenbogen

Sobald Sie an die Ausgestaltung der Sitznische gehen, installieren Sie darin einen massiven Rosenbogen, der in 40–50 cm tiefen Betonfundamenten ruht. Wichtig ist es die Buchen an seiner Rückseite zu einer geraden Wand zu trimmen. Spannen Sie dann an der Rückwand des Bogens feste Drähte auf verschiedenen Höhen, an denen Sie die Buchentriebe fixieren. In Zukunft dann bei jedem neuen Heckenschnitt die Triebe, die durch die Drähte nach vorne hindurchwachsen, durch Schnitt kappen, um eine schmale Heckenwand heranzuziehen, die mit den Jahren nach oben hin mit dem Bogen abschließt. Am Bogen selbst die vorderen Buchentriebe emporleiten und befestigen, bis sie sich am Scheitelpunkt verbinden.

Garten: De Wiersse, NL
Foto: Jürgen Becker

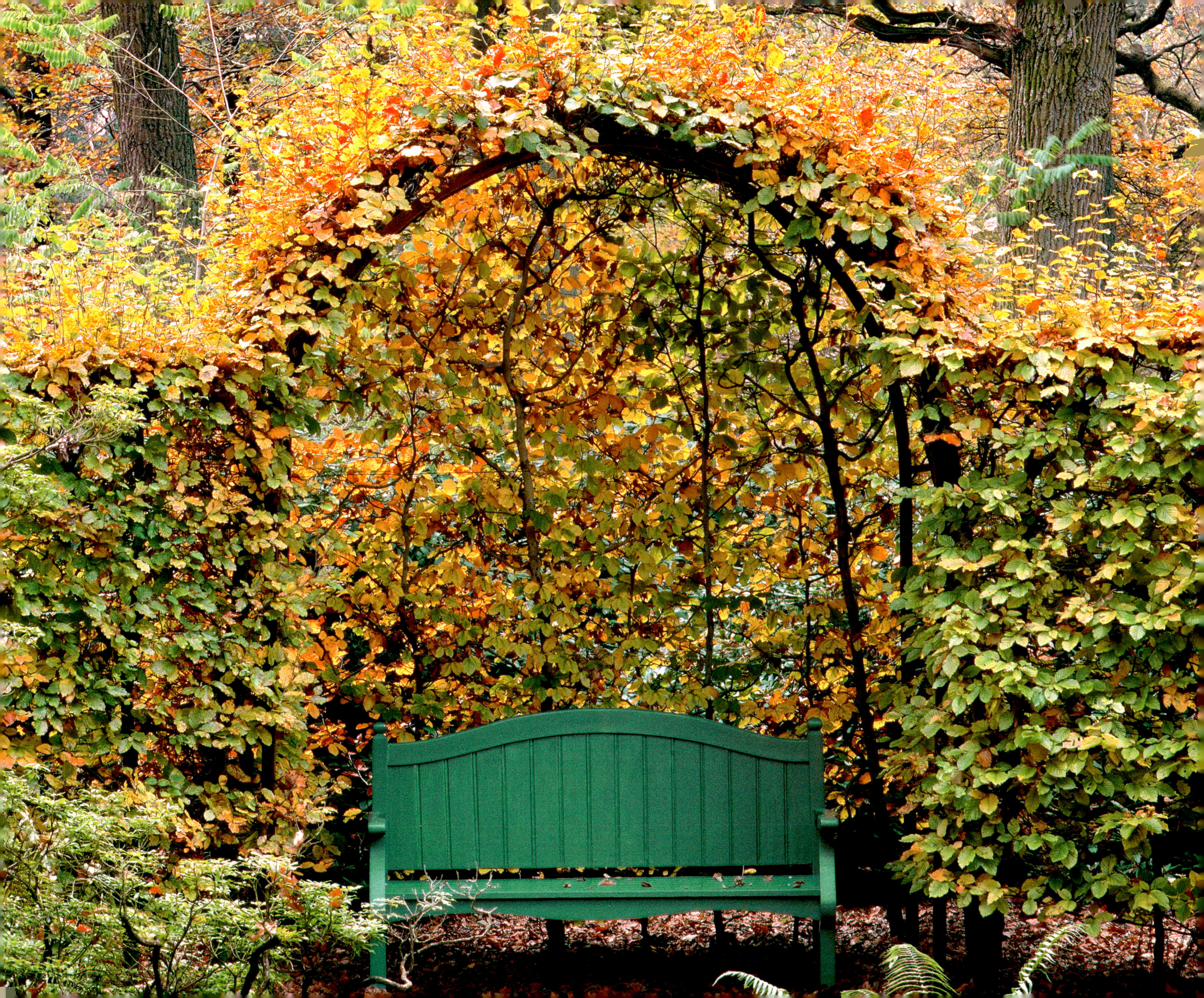

Von der Laubenulme zur Ulmenlaube

Zwei Bäume genügen, um den Garten mit einem extravaganten, stimmungsvollen Element zu bereichern und sich selbst ein Refugium zu erschaffen, das kühlen Schatten spendet und Mußestunden in weltabgekehrter Idylle verspricht.

■ Tipps zum Bau der Laube

Errichten Sie als Erstes eine Pergola mit fünf massiven Pfosten, die 60 cm tief in ein Punktfundament einbetoniert werden. Im Foto gegenüber sind sie aus stabilem Eisen. Achten Sie darauf, dass die Pfostenhöhe nach dem Fixieren im Boden leicht unterhalb der Kronenverzweigungen bleibt. Ihr Abstand sollte in der Tiefe mindestens 1,2 m, besser jedoch mehr betragen, damit herabhängende Zweige beim Sitzen nicht behindern. Die Breite kann zwischen 2,5–3,5 m beliebig variieren. Ein fünfter in der hinteren Mitte installierter Pfosten verhindert, dass sich die aufliegenden Trägerbalken unter dem Gewicht der aufliegenden breit-schirmförmigen Krone durchbiegen. Sobald die quer verbindenden Reiter im Abstand von 40–60 cm befestigt sind, können Sie die beiden Ulmen genau zwischen die Pfosten einpflanzen.

Umfeld und Standort

Zwei Laubenulmen (*Ulmus glabra* 'Pendula'), die sich lässig über eine Pergola räkeln, machen am Teichrand ihrem Namen alle Ehre. Um als solch eindrucksvoller Baldachin wie in diesem Garten zu brillieren gehört jedoch auch ein passendes Umfeld dazu, das die grüne Kleinarchitektur ins rechte Licht setzt. Während verwunschene oder rustikale Lauben ganz mit der Pflanzenwelt verschmelzen können, benötigt dieser repräsentative Sitzplatz wie ein herrschaftlicher Pavillon einen gewissen Freiraum und eine ruhige Basis, um seine Wirkung zu entfalten. Laubenulmen mit ihrem malerischen Wuchs kommen deshalb auch als Solitäre am stillen Ufer eines Teiches besonders gut zur Wirkung. Den stillen Fond, den dort die Wasseroberfläche bildet, repräsentiert in diesem Gartenbeispiel der grüne Rasen. Ein Kleinod wie diese Laube entfaltet deshalb erst in mittelgroßen und großen Gärten seinen ganzen Zauber.

Genauso wichtig wie die Optik ist in so dominanter Präsentation auch ein Standort, der die Bedürfnisse der Gehölze erfüllt. Denn Pflanzen überzeugen auch in raffiniertester Gestaltung nicht, wenn sie kümmern und sich nicht prachtvoll entwickeln. Die besten Voraussetzungen für Laubenulmen bietet ein feuchtkühler Standort, zum Beispiel in Wassernähe, sowie ein gut durchlüfteter, humos-nährstoffreicher und kalkhaltiger Boden.

Garten: Van Glabbeek, B
Foto: Jürgen Becker

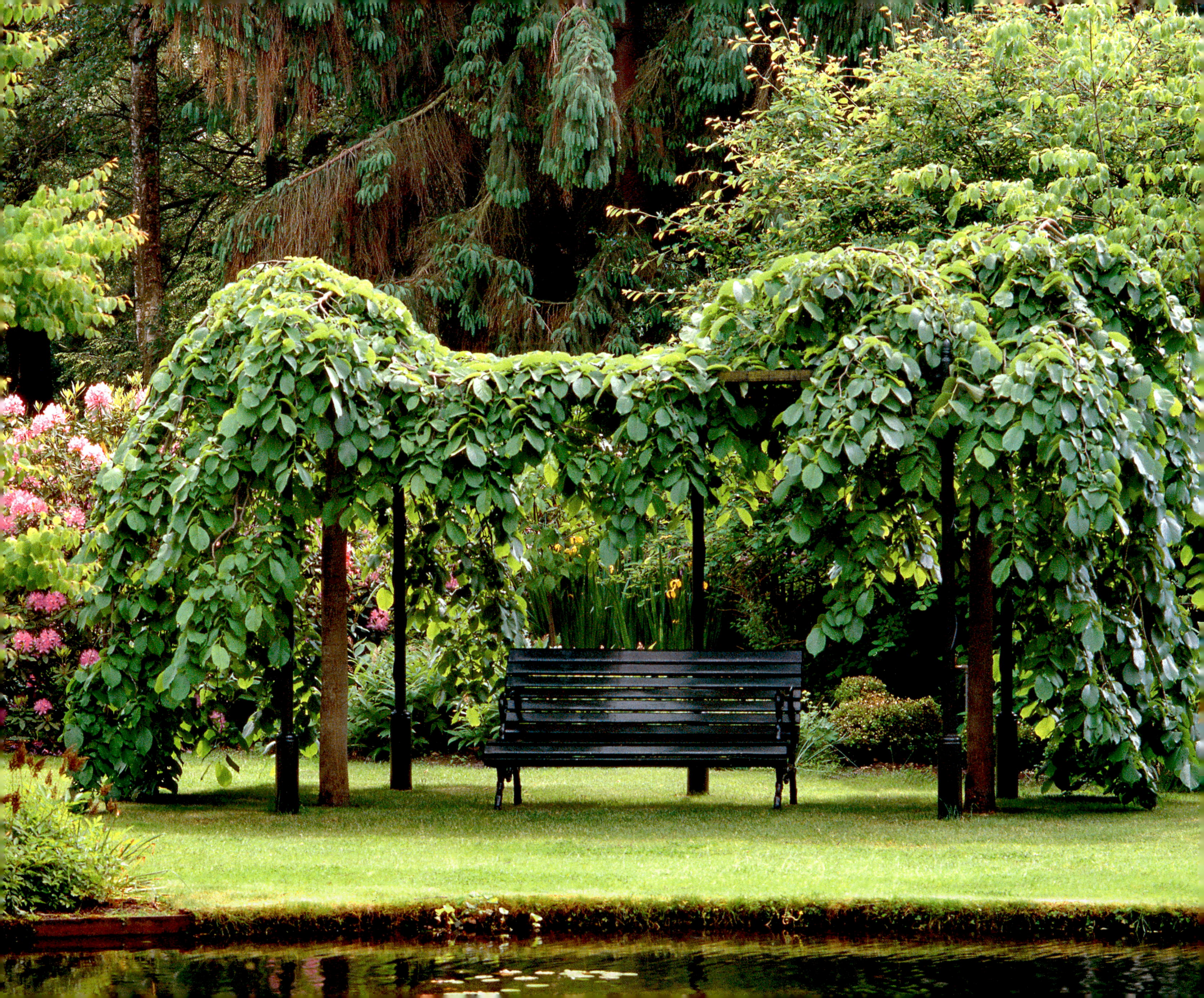

Säulen und Bögen statt Heckenmonotonie

Wie extravagant man mit den gleichen Gehölzen eine Schnitthecke rund um den Garten auflockern kann, wenn sie zu hohen Säulen getrimmt wurden, beweist die Gartensituation rechts. Hier finden sich runde Eibensäulen zu einer ausgefallenen Eckgestaltung ein, die zugleich den Sichtschutz verbessert. Überall in Randbereichen des Gartens können Sie mit rund oder rechteckig formierten Säulengehölzen einen solch exklusiven Sichtschutz errichten, sei es in Hecken oder freistehend in Solitärgruppen. Trutzig wie Wächter beherrschen Sie die Gartenszene ohne dabei ihre Funktion als ruhiger Hintergrund für vorgepflanzte Blumen zu verlieren. Selbst so filigrane Blüten wie die von Akeleien (*Aquilegia*-Hybriden) und Iris (*Iris-Barbata-Elatior*-Hybriden) heben sich farbleuchtend vom kräftigen Grün der Eibenhecke und Eibensäulen ab.

Varianten der Auflockerung

Die eintönigen Fronten langer Schnitthecken bedürfen generell der Auflockerung. Dabei stehen Ihnen reizvolle Möglichkeiten zur Wahl:

- Sie können die Hecken durch formierte Säulen unterbrechen.
- Auch Bögen und Durchgänge bilden eine Zäsur in monotonen „grünen Mauern" und machen gleichzeitig neugierig auf den dahinter liegenden versteckten Gartenpart. Die Mutmaßung eines weiteren Gartenteils lässt ihn insgesamt größer erscheinen.
- Eine ähnliche Wirkung erzielen Sie durch in die Hecke eingeschnittene Fenster, die Durchblicke nach außen gestatten. Auch sie wecken die Vorstellung von einem größeren Garten.
- Diese Illusion sollten Sie gerade in Miniaturgärten nutzen. Wenn Sie dort in die ausgeschnittenen Fenster oder den Durchgang einer Schnitthecke einen Spiegel installieren, gaukeln die Spiegelungen dem Auge einen Ausblick und damit räumliche Weite vor.
- Sie können große Schnitthecken an verschiedenen Stellen auch durch begrünte und/oder farbig gestrichene Sichtschutzwände, Rankgitter oder Zaunelemente unterbrechen, die wie Versatzstücke die Heckenmauer interessant und wirkungsvoll gestalten.

Gehölze, die sich zu Säulen trimmen lassen

- Eibe (*Taxus baccata*)
- Thuje (*Thuja occidentalis* 'Smaragd' oder 'Fastigiata')
- Hainbuche (*Carpinus betulus*)
- Irischer Säulen-Wacholder (*Juniperus communis* 'Hibernica')
- Schmale Stechpalme (*Ilex aquifolium* 'Pyramidalis')
- Scheinzypresse (*Chamaecyparis lawsoniana* 'Columnaris')

Garten-Design: Charlotte und Jacob Zwaan, NL
Garten: 't Hof Overwellingen, NL
Foto: Jürgen Becker

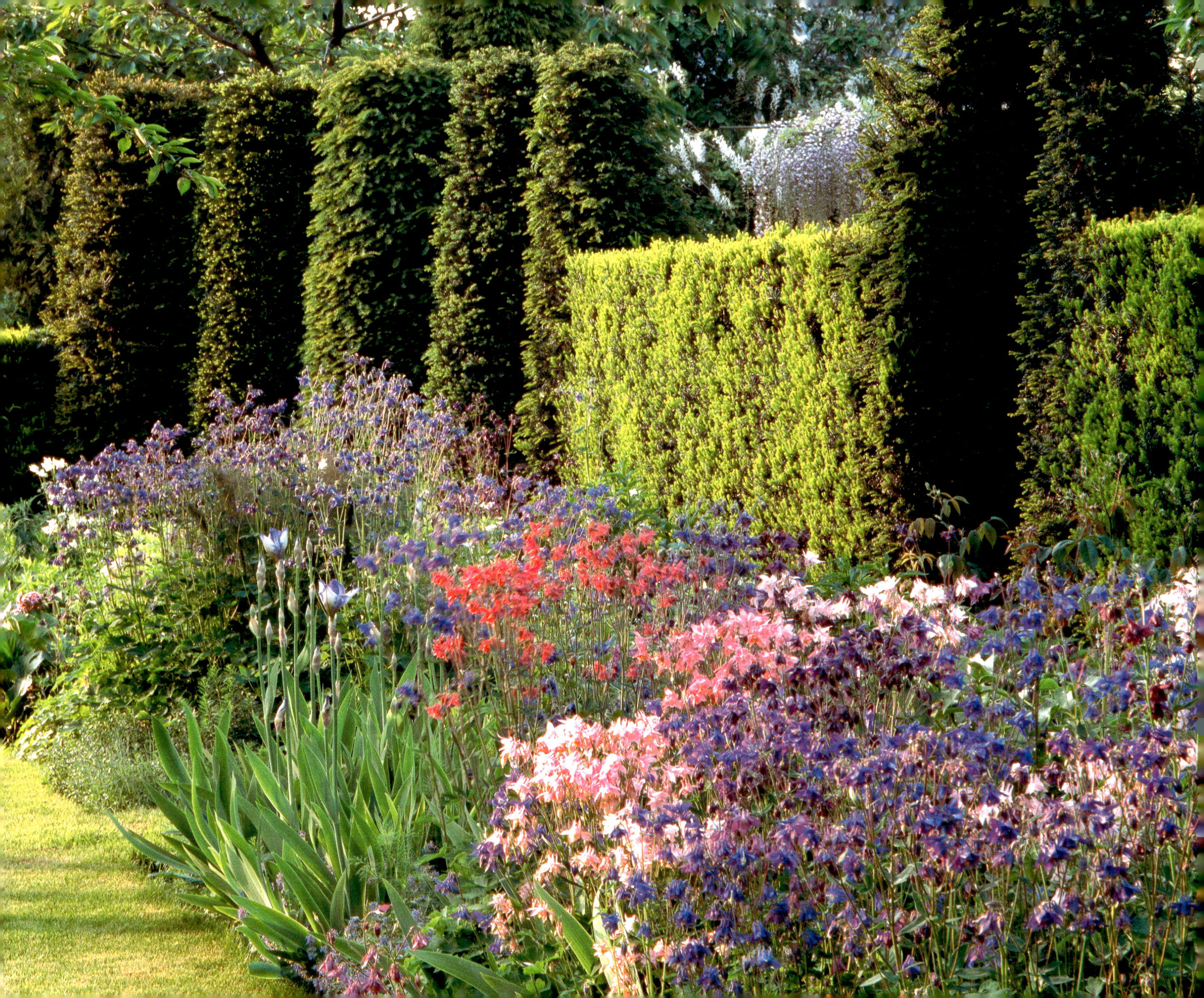

Staudenrabatte in vitalen Grundfarben

Von erhöhten Beeten und Rabatten oder gar auf Stützmauern angelegten Beeten geht eine besondere Suggestivkraft aus, da sich die dort angesiedelten Pflanzen mit ihren Blüten und Blättern in sonst ungewohnter Augen- und Nasenhöhe präsentieren. Gärten am Hang profitieren notgedrungen davon. Aber auch in mittelgroßen oder größeren Gärten besteht die Möglichkeit, einen Sitzplatz abzusenken und mit einem Ring von terrassenförmigen Beeten zu umgeben. Drei klassische Kriterien der Beet-Gestaltung erfüllt dieses Beispiel vorbildlich:

Höhengestaffelter Aufbau

Beete und Rabatten, die nur von einer Seite eingesehen werden, sollten nach hinten höhengestaffelt konzipiert werden. Als hohe Repräsentanten fungieren in dieser Gartenszene von links nach rechts rosa Wiesenraute (*Thalictrum aquilegifolium*), Waldgeißbart (*Aruncus dioicus*), blauer Rittersporn (*Delphinium*-Hybriden), zwei gelbe Kerzen der Junkerlilie (*Asphodeline lutea*) und nochmals Waldgeißbart. Im Mittelbereich tummeln sich rote und rosa Sorten der Bunten Frühjahrsmargerite (*Tanacetum coccineum*), während sich vorne gelbes Heiligenkraut (*Santolina chamaecyparissus*) und Katzenminze (*Nepeta × faassenii*) mit würzigem Duft neben blauviolettem Prachtstorchschnabel (*Geranium × magnificum*) über die Mauerbrüstung lehnen.

Farbkonzept

Noch vor der Pflanzenauswahl sollte man die beabsichtigte Wirkung vor dem inneren Auge erstehen lassen. Während Kombinationen aus einer Farbe, aus Pastelltönen oder benachbarten Farben still und harmonisch wirken, entstehen durch Arrangements mit volltonigen Grund- oder Komplementärfarben sehr vitale und spannungsreiche Gartenbilder. In diesem Fall bestimmen die drei reinen Grundfarben Rot, Gelb und Blau die Gestaltung, wobei vereinzelte Violetttöne spielerisch eingetupft sind. Bei der Pflanzenwahl achtete man außerdem sehr genau darauf, dass die Farben etwa gleichwertig auf Pflanzen in allen Höhenstufen verteilt wurden.

Formenwechsel

Die Pflanzen einer Rabatte sollten sich auch in ihren Blüten- und Wuchsformen harmonisch ergänzen. Den rundlichen, kleinen Blüten und den rundlichen Pulks von Storchschnabel und Heiligenkraut stehen hier die schlanken, kerzenförmigen Blütenstände von Rittersporn, Fingerhut und Junkerlilien ebenso gegenüber wie die grazilen Rispen des Waldgeißbarts.

Garten: Packwood House, GB
Foto: Modeste Herwig

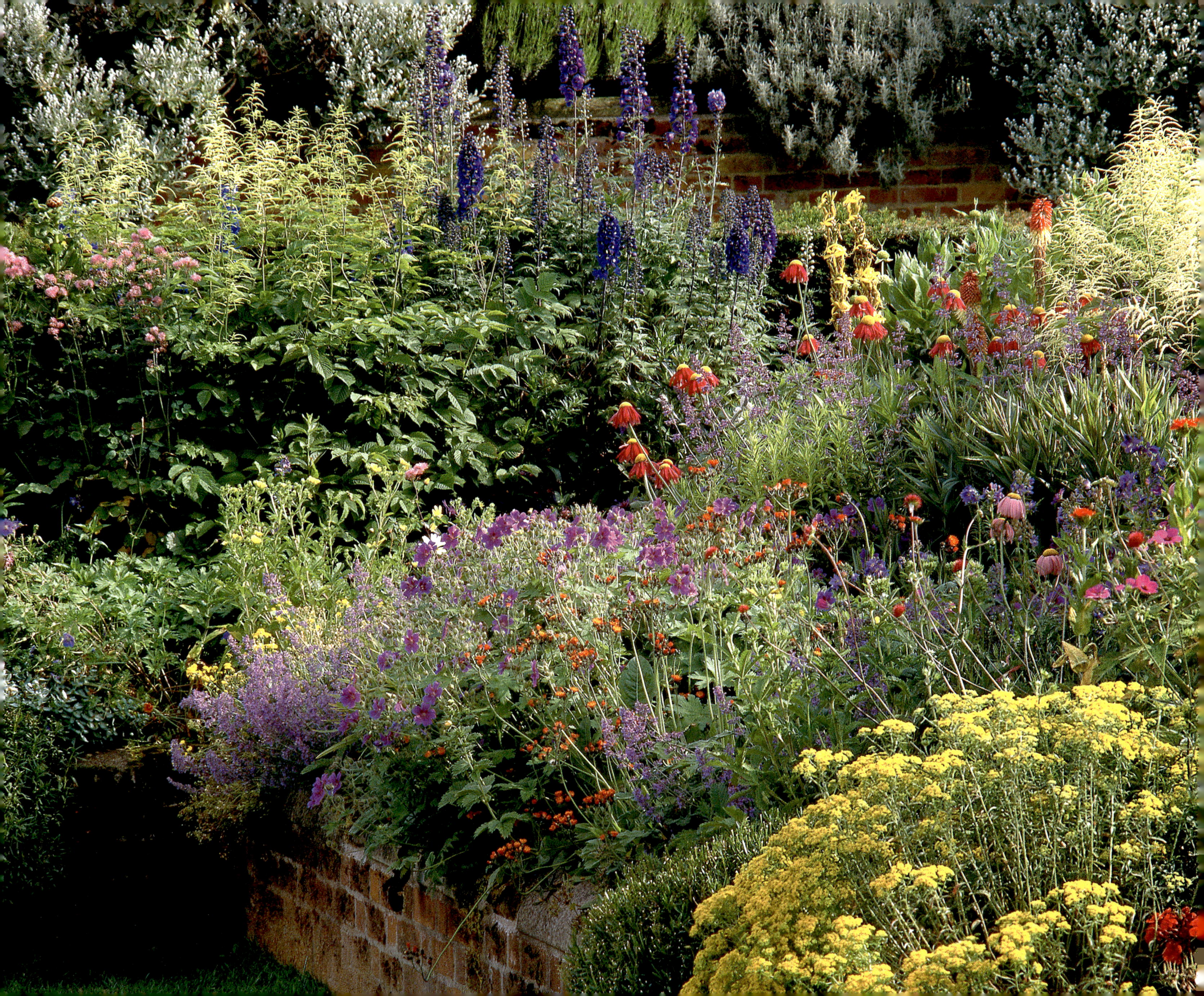

Designstarke Gartenelemente

Gartenelemente bilden bei der Ausgestaltung des Gartens die Gegenwelt zu den Pflanzen und doch sind beide in gegenseitiger Abhängigkeit aufeinander angewiesen. Was wären Mauern, Bögen, Treppen, Zäune, Pavillons, Sitzplätze, Pergolen, Terrassen und Kunstobjekte ohne Floras Vielfalt? Und was wäre ein grünes Refugium, das darauf verzichten müsste? Die Platzierung dieser Elemente prägt den Garten ganz maßgeblich, ebenso wie ihr Stil. So reizvoll und vielfältig das Angebot ist, vermeiden Sie ein Stil-Wirrwarr ebenso wie eine Überladung des Gartens.

Wohl überlegte Auswahl lautet die Devise, ein Motto, das so manchen Gartenfreund in Entscheidungsnöte bringen kann, zumal in den letzten Jahren neue Materialien die Gestaltungsmöglichkeiten laufend erweiterten. Neben den traditionellen Baustoffen wie Naturstein, Beton, Ton, Eisen und Holz bereichern nun Gartenelemente aus rostigem Cortenstahl (siehe Gefäße), aus wetterfestem Kunstfasergewebe (siehe blaue Sichtschutzbespannung), aus neuen Metallverarbeitungen (siehe Mobiliar), aus Kunststoffen wie Plexiglas oder aus Glas den Garten mit farbiger Leuchtkraft, neuen Formen und Einsatzmöglichkeiten.

Garten-Design: Andy Sturgeon, GB
Chelsea Flower Show, GB
Foto: Modeste Herwig

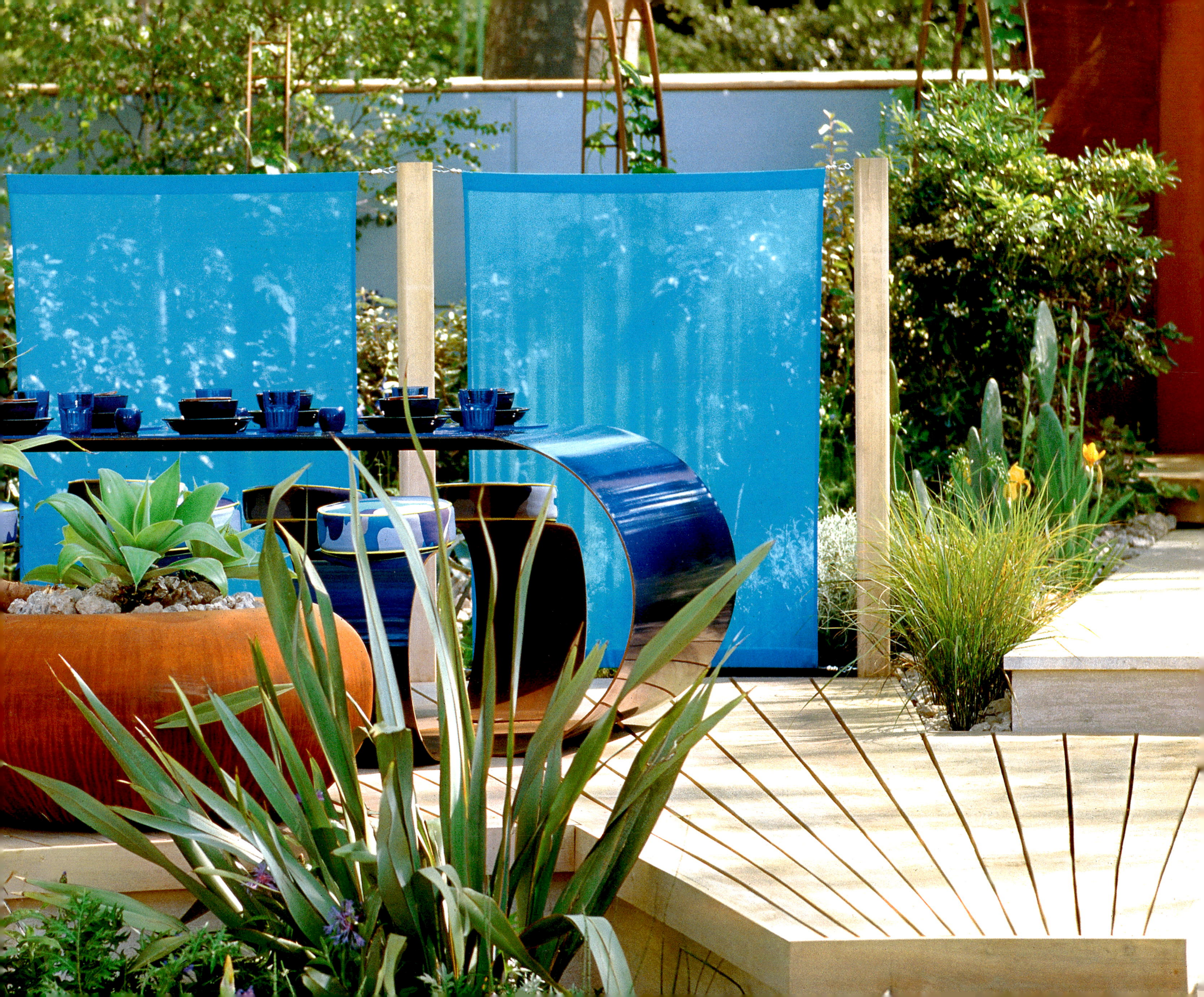

Dachgarten für Genießer

Der alte Menschheitstraum von einem Ort, an dem Milch und Honig fließen und die Trauben in den Mund wachsen, stand möglicherweise Pate beim Entwurf dieser Kombination von terrassierten Beeten und fest installierten Sonnenliegen. Durch Einbezug der Höhe nutzt diese Vernetzung von Beeten und Wohnambiente den knappen Platz auf geradezu geniale Weise. Ein sonniger Dachgarten, ein Innen- oder Gartenhof sowie eine Terrassenecke am Haus sind mögliche Orte, an denen Sie Wohnen im Freien auf solch genussvolle wie komprimierte Weise inszenieren können.

Baumaßnahmen

Zumindest eine Mauer oder Wand sind nötig, an die sich das rückwärtige Beet dieses Minigärtchens anlehnen kann. Ein etwa 60 cm hohes und ebenso breites betoniertes Pflanzbeet, in das zum Schutz der Mauern eine Kunststoffwanne eingelassen werden kann, dient mit einem Edelstahlrohr gleichzeitig als Träger der Edelstahlschienen, auf denen die Bretter der Holzliegen befestigt sind. Wie bei jedem Ausgestalten eines Gartens beginnt man auch hier erst mit dem Bepflanzen, sobald die baulichen Konstruktionen fertig sind. In diesem Fall zählen dazu auch die technischen Vorrichtungen für die Wasserrinne sowie deren Bau und der übrige Plattenbelag. Die Pflanzflächen rund um die Liegen müssen zu diesem Zweck ausgespart werden.

Bepflanzung

Damit die Erde im Pflanzbeet nicht verdichtet und verstockt, sollte man ein gutes strukturstabiles Substrat für Balkon- und Kübelpflanzen wählen und die Pflanzwanne zuunterst mindestens 30 cm hoch mit grobem Blähton füllen. Erst darauf die Erde verteilen, Bambus, Stauden und Gräser setzen. Dabei bewährt sich eine höhengestaffelte Anordnung, der die Mauer als Hintergrund und Windschutz dient.

Während rückwärts eine reine Zierpflanzung den Liegeplatz grün vernetzt, wächst zu Füßen der Liegen ein kleiner Gourmet-Garten mit Salaten und Kräutern, ja sogar mit einem Weinstock an der seitlichen Hauswand. Von dieser sollte die Rebe jedoch mit mindestens 30 cm Abstand gesetzt werden. Dem Gemüsebeet, das Platz sparend in Mischkultur bepflanzt wurde, verleiht nach vorne eine Buchseinfassung Rahmen und Schutz. Um Unkraut zu unterdrücken, mulchte man die Buchsbeete mit feinem Kies, was zugleich auf dekorative Weise verhindert, dass Erde Platten und Wasserrinne verunreinigt.

Garten-Design: Paul Martin, GB
Chelsea Flower Show, GB
Foto: Modeste Herwig

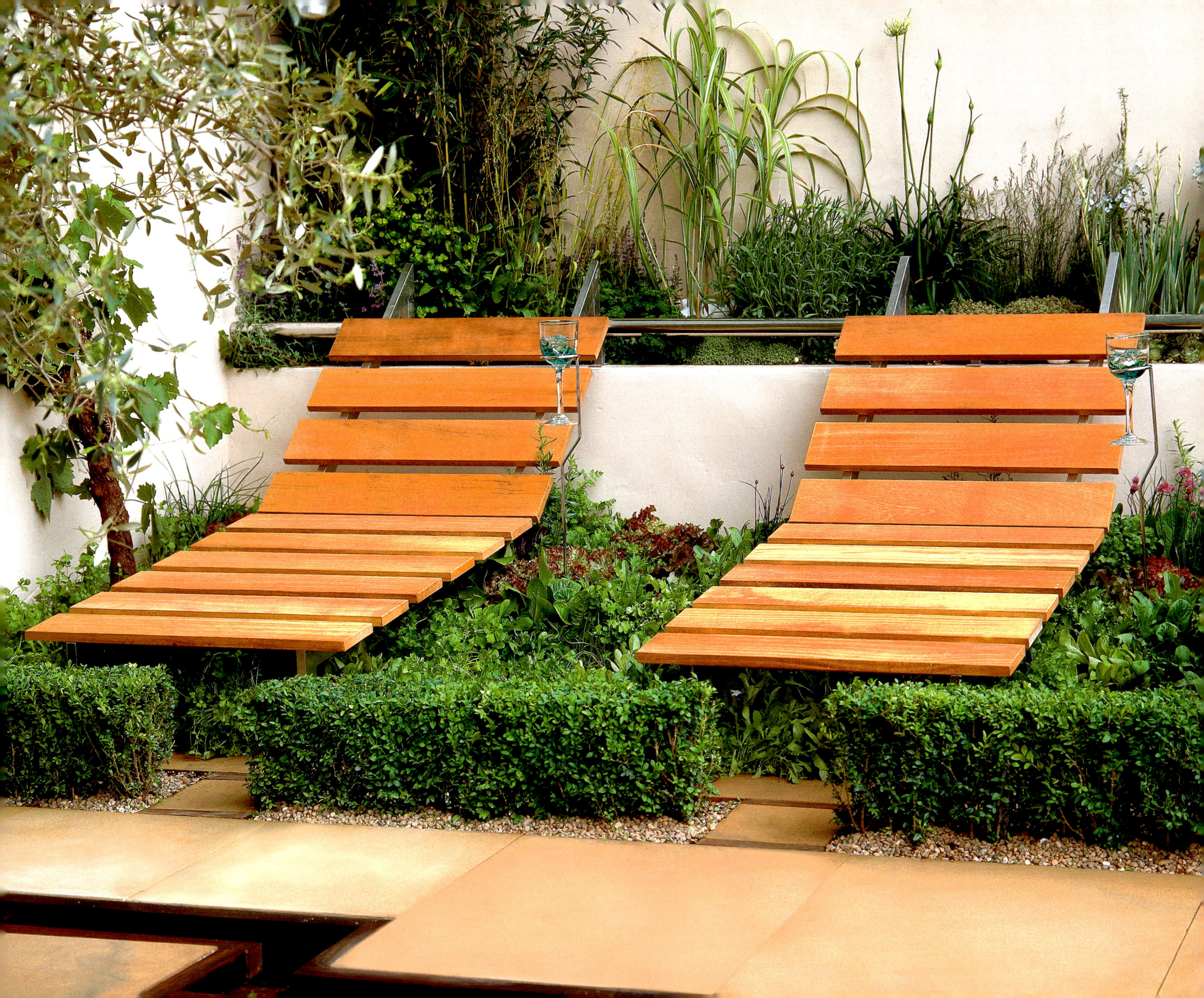

Elegante Wassertreppe am Hang

Damit der Garten am Hang nicht nur herrliche Ausblicke in die Ferne gewährt, verwandelten ihn die Gartenbesitzer in einen Schauplatz ästhetischer Sinnesfreuden. Von der erhöht am Haus gelegenen Terrasse ergießt sich Wasser plätschernd und funkelnd über Treppen hinab, um knapp vor einer mit Wildem Wein (*Parthenocissus tricuspidata*) überwucherten Mauer in einem dreieckigen Becken zum Stillstand zu kommen. Von dort wird es auf die Terrasse zurückgepumpt um sein munteres Spiel erneut zu beginnen.

Entwurf und Ausführung

Als Erstes springt die markante Ausführung der Wassertreppe ins Auge. Massive Platten rahmen nicht nur die einzelnen Becken und Treppen, sondern ebenso die flankierenden Beete mit der zauberhaften Sibirischen Wieseniris (*Iris sibirica*), die auch nach der Blüte bis zum Winter mit ihrem eleganten Laub einen dekorativen Anblick bietet. Durch all dies wird bewusst der Eindruck eines natürlichen Wasserfalls vermieden zugunsten eines architektonischen Wasserkanals, der ein wenig an maurische Gärten erinnert.

Die Gestaltung und Umsetzung einer solchen Wassertreppe sind diffizil und gehören unbedingt in die Hand eines Fachmannes. Unabhängig vom Gefälle des Hanges darf das Wasser nicht in zu mächtigen Mengen und zu schneller Geschwindigkeit zu Tal rauschen. Dies würde eine laute Geräuschkulisse und eine beunruhigende, hektische Atmosphäre erzeugen. Vielmehr sollte das Wasser mit sanfter Fließgeschwindigkeit über die Treppen gleiten um in den gestaffelten Auffangbecken fast als unbewegte, spiegelnde Wasserfläche zu stagnieren. Die Drosselung des Durchflusses bewirken auch die relativ hohen, steilen Wasserstufen, die zugleich an das Gefälle des Hanges angepasst werden mussten. Gleichzeitig war im Entwurf zu berücksichtigen, dass auch beim Abstellen der Pumpe das Wasser in den einzelnen Becken als glitzernder Spiegel angestaut bleibt. Auf diese vernetzte, vielschichtige Konstruktion, das Volumen der Becken, die Breite des Durchflusses, die Höhe der Treppen und die Größe des Auffangbeckens war letztendlich auch die Leistung der Wasserpumpe genau abzustimmen.

Zwei Erscheinungsformen von Wasser

Die zwei Erscheinungsformen von Wasser führt die Gestaltung dieser Wassertreppe kunstsinnig vor Augen. Von der Terrasse aus gesehen liegen die stillen Wasserspiegel im Blick, während vom unteren Logenplatz aus das über die steilen Stufen herabrinnende quirlige Nass, also Wasser in Bewegung, zu beobachten ist.

Garten: Barbara Weisser, D
Foto: Jürgen Becker

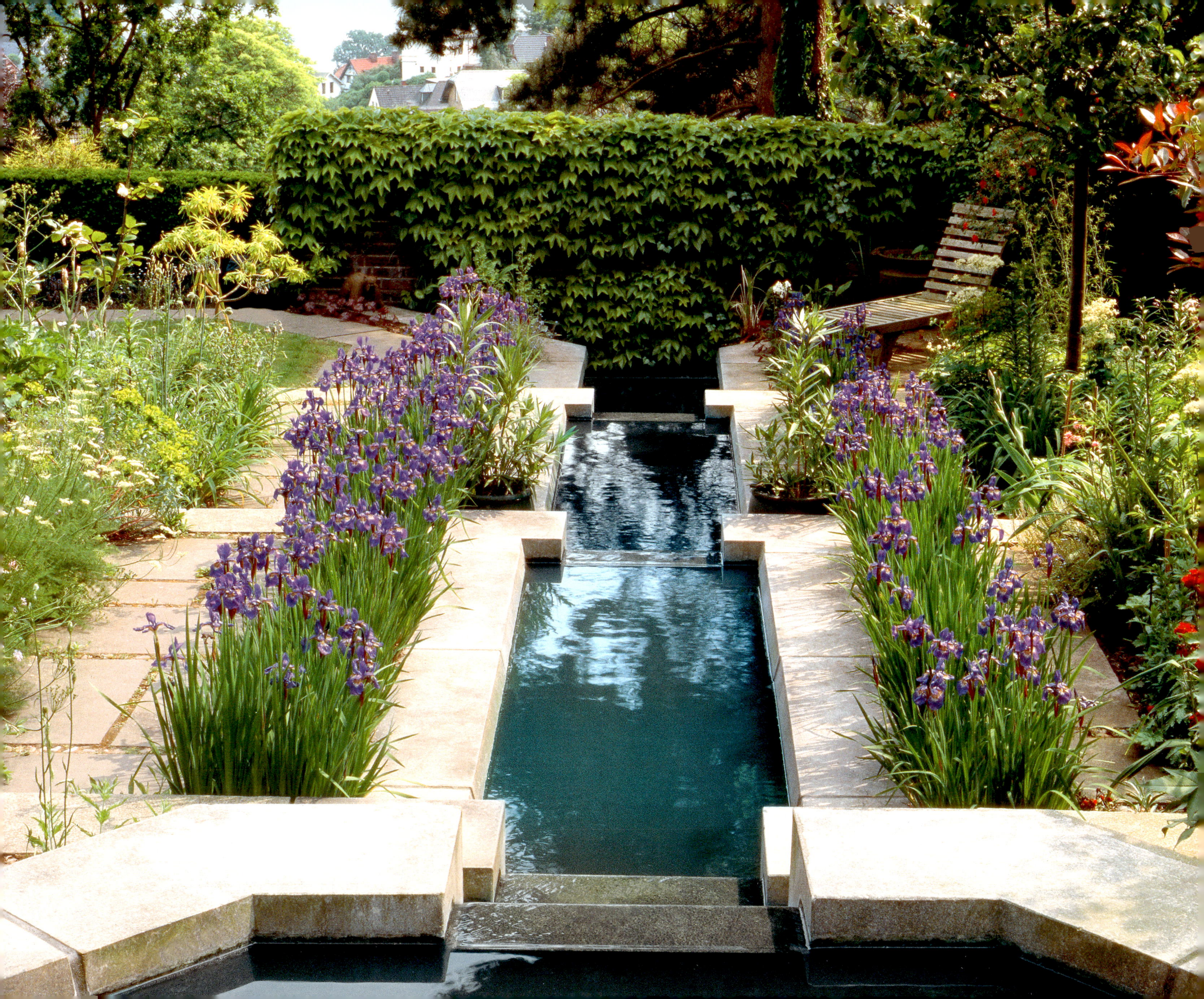

Luftschaukel zum Tagträumen

"Elevation", also "Erhöhung", nannte der Gartendesigner diesen kleinen, runden Garten. Kein Wunder, schwebt man doch in diesem ausgefallenen Liegemöbel wie schwerelos zwischen Himmel und Erde. Wer sich ein solch großes und formprägnantes Element wie diese freistehende Hängematte in den Garten holt, benötigt viel Platz um sie herum. In großen Gärten erzielt man deshalb die beste Wirkung und den schönsten Genuss, wenn man sie am Ufer eines Teichs oder Pools unter einem hohen Baum – oder auf einer Rasenfläche neben Beeten, Sträuchern oder unter Gehölzen platziert.

Der Kreis als Motto

"Swinging summer" ist mit dieser Hängematte angesagt, die keine Bäume als Aufhängevorrichtung benötigt und sogar in diesen kleinen Garten passt, weil dessen Gestaltung optimal auf sie abgestimmt ist. Die designstarke runde Form des Holzgestells machte der Gartengestalter kompromisslos zum Prinzip und gestaltete auch den kleinen Garten ohne Ecken. Selbst der Bodenbelag greift mit seinen runden Holzplanken in konzentrischen Kreisen Material und Form des Gestells der "Schwebeliege" auf. Angeschmiegt ans Rondell des "Sitzplatzes" umläuft ein mit Stauden und Gehölzen bepflanztes Beet ringförmig das hölzerne Deck. Hier tummeln sich wildhafte Stauden wie Purpurglöckchen (*Heuchera*), burgunderrote Knautie (*Knautia macedonica*), weiße Sterndolde (*Astrantia major*), blaue Ochsenzunge (*Anchusa azurea*) und blauer Himalaja-Storchschnabel (*Geranium himalayense* 'Gravetye') und lassen sich ganz nah aus luftiger Höhe genießen. Mit ihrem lockeren und etwas wirren Wuchs tragen sie einen Hauch ungezähmte Natur in das designstarke, von stilistischer Absicht geprägte Ensemble. Die gleichförmige, rund umlaufende weiße Mauer unterstreicht noch den Kontrast der freiwüchsigen Pflanzen, die sich wie ein Ring floraler Freiheit und Üppigkeit inmitten minimalistischer Geometrie behaupten. Zur Auflockerung unterbricht ein kreisrundes "Fenster" die Mauer und rahmt wie eine Linse den Blick in die Außenwelt.

Der Garten als Globus und Mikrokosmos

Ein Garten wie dieser sperrt die Welt vorübergehend aus und lädt ein zum Tagträumen, zum Abspannen oder Meditieren. Wer im Liegen, Schweben und Schaukeln der Schwerkraft ein Schnippchen schlagen möchte, findet derzeit ähnliche rundgebaute Hängematten, die mit über 4 m Länge auch eine beidseitige Nutzung gestatten, unter anderem bei Herstellern wie Unopiu und Teak & Garden.

Garten-Design: Erik de Maeijer, Jane Hudson, GB
Chelsea Flower Show, GB
Foto: Modeste Herwig

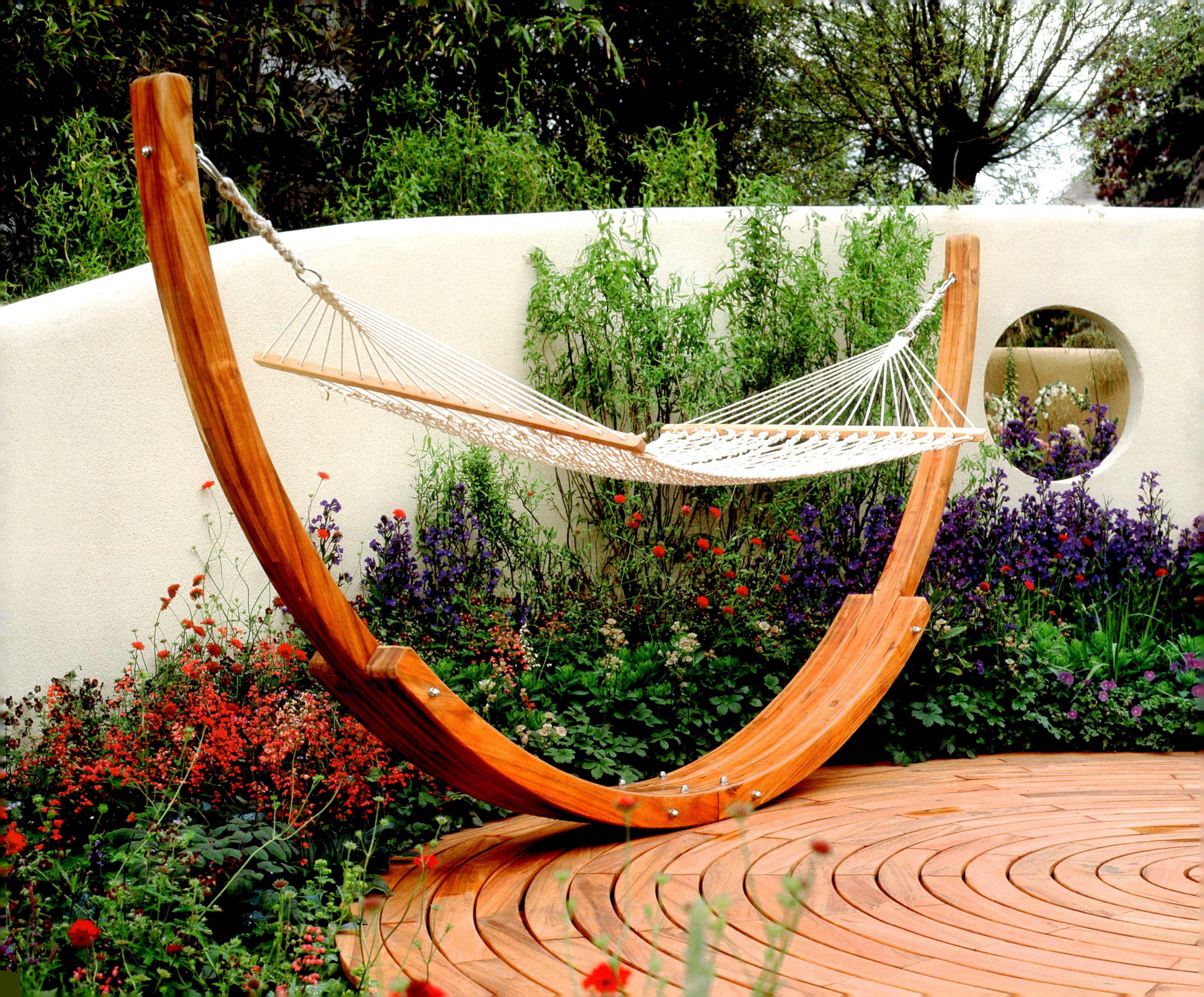

Trittsteine am Teichrand

Trittsteine dürfen einen großen Teich an beliebigen Stellen (nicht jedoch genau in der Mitte) überqueren. Sie unterteilen dabei die Wasserfläche und werden selbst markanter Teil ihrer Gestaltung. Deshalb ist es sehr wichtig, dass sie in Größe, Form und Anordnung zum Teich passen. Die Mindestgröße beträgt 45 cm².

Formale Trittsteine

Sie können runde und rechteckige Steinplatten, Paneele oder Baumscheiben in linearer oder geometrischer Form mit gleichmäßigen Abständen verlegen. Damit erzielen sie eine architektonische Wirkung, die meist sehr gut in moderne Gärten und Teiche in Hausnähe passt.

Frei gestaltete Trittsteine

Fernöstliche Gärten inspirieren hingegen zu leicht s- oder z-förmig geschwungenen, unregelmäßigen Formationen aus abgerundeten Steinen, kantig behauenen Steinblöcken oder Quadern. Das Ensemble der Trittsteine kann sogar aus einem Mix unterschiedlicher Materialien und Formate bestehen, wobei jedoch das Unregelmäßige meist Gestaltungsprinzip bleibt. Unterschiedliche Steingrößen und Steinabstände sollen den Rhythmus des Gehens und Betrachtens bewusst machen. Ein weiter Abstand verführt zu schnellerem, ein enger zu langsamem Gehen, eine Ansammlung mehrerer Steine gar zum Stehenbleiben und Schauen.

Überquerung von Teichen

Bei kleinen Teichen (wie rechts) kann man Trittsteine nicht quer durch das Wasser führen, da die massigen Steine die Proportionen der Wasserfläche sprengen würden. Wer dennoch nicht auf das reizvolle Element verzichten möchte, setzt sie am Teichrand entlang. Je nachdem, wie Sie die Teichfolie und die Kapillarsperre einbauen, können die Trittsteine eine Zäsur zwischen einem Steil- oder einem Flachufer und einem angrenzenden Sumpfbeet oder einem Beet am trockenen Teichrand bilden. In unserem Beispiel durchlaufen die Trittsteine ein gemäßigtes Steilufer. Dafür zieht man Schutzvlies und Teichfolie, die mindestens 30–40 cm überstehen sollten, über große L-Steine oder Rundhölzer und führt sie dann als Kapillarsperre vertikal nach oben, damit die angrenzende Beeterde nicht Wasser aus dem Teich ziehen kann. Im Wasser selbst, knapp am Ufer, werden dann auf einem dicken Schutzvlies die Steinquader platziert. Da sie 5–10 cm über den Wasserspiegel herausragen sollten, stimmen Sie noch vor dem Bau Höhe der Steinquader, Teichtiefe und Wasserstandshöhe am Ufer aufeinander ab.

Garten-Design: Inez und Franz Arnolds, NL
Garten: Arnoldshof, NL
Foto: Jürgen Becker

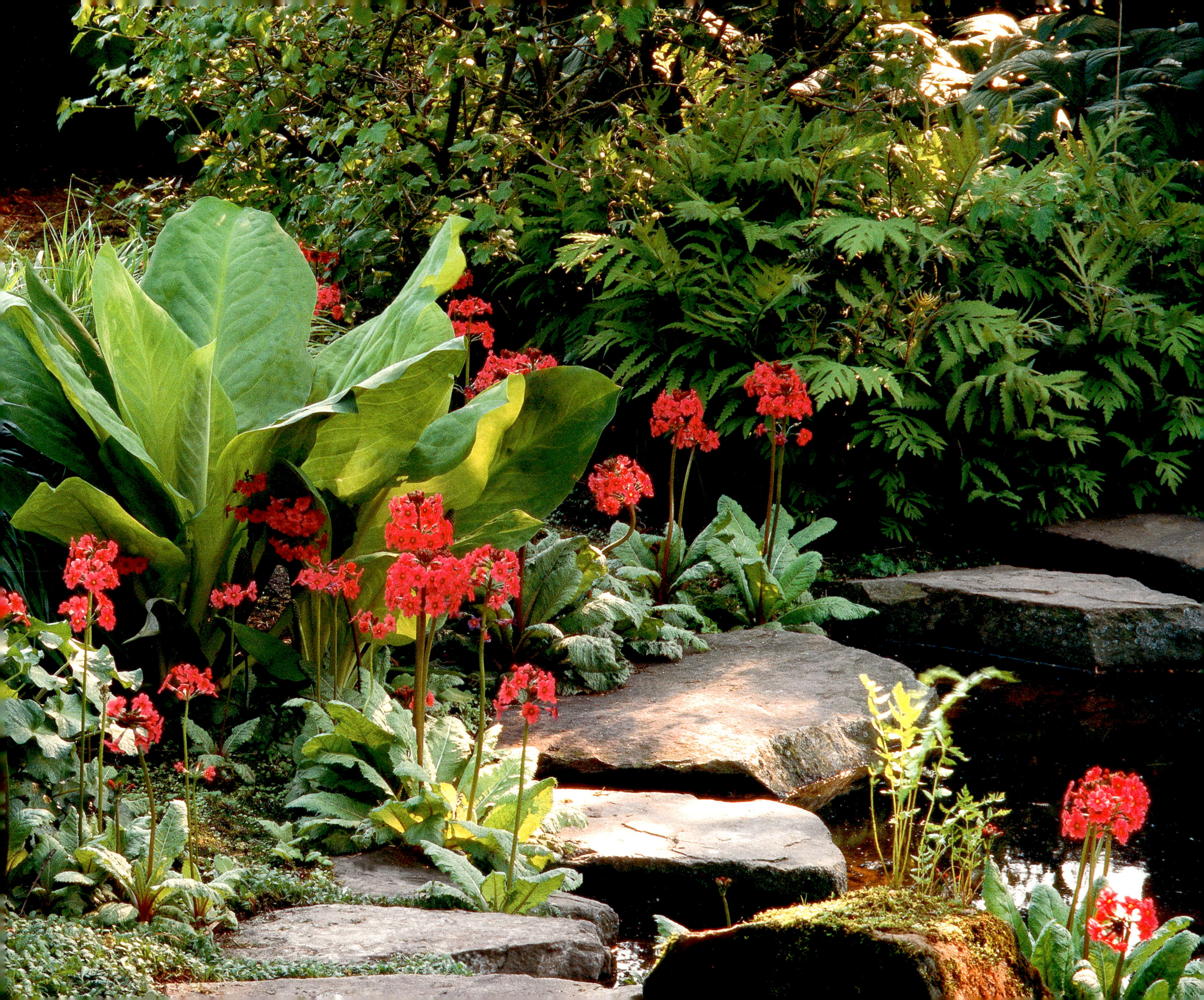

Was schmale Gärten breiter macht

Längliche Minigärten benötigen Querachsen, die sie optisch verbreitern und kontrastiv beleben. Vorbildlich gelungen ist dies in diesem 100 m² großen Stadtgarten, der an ein Reihenhaus anschließt und auch an den drei restlichen Seiten von Mauern umgeben ist. Fantasievoller Planung gelang es, seine Begrenztheit zu überspielen. Wer nun von der Terrasse aus den Blick in den Garten genießt, glaubt kaum, dass er nur 4,5 m breit und 22 m lang ist. Die hier verwirklichten Gestaltungsideen zeigen praktikable und Erfolg versprechende Lösungen für jede kleine, schmale Parzelle auf.

Ein Wasserbecken als Querriegel

Ein solches Becken belebt den Handtuchgarten. Um die Wasserfläche zu vergrößern, erweiterten sie die Gartenbesitzer im rechten Winkel und gewannen in der ausgesparten Ecke einen kleinen Sitzplatz am Wasser dazu. Da das Becken vor der Terrasse die ganze Breite des Grundstücks beansprucht, ermöglicht ein kleiner Abenteuer-Steg die hinteren Gartenpartien zu erreichen.

Bodenbeläge

Sie stemmen sich mit ihrem Muster gegen die Längsrichtung des Gartens. Auch wenn die Planken des Stegs zur Sicherheit quer gerieffelt sind, tragen die feinen Linien doch auch optisch eine gegenläufige Bewegung in den Garten und unterstreichen die Breite. Noch viel deutlicher unterbrechen jedoch die rund verlegten Klinkerbeläge der kleinen Sitzplätze die schmale Länge.

Drei quer errichtete Pergolen

Die Pergolen, die das Areal auch in der Höhe unterteilen, bringen wie Paravents vier hintereinanderliegende Gartenzimmer hervor. Da sie jeweils nur drei Viertel der Grundstücksbreite überspannen, konnten die Pergolen seitlich versetzt angeordnet werden, so dass ihre Durchgänge nicht auf einer Achse liegen. Das Ergebnis ist eine lebendig gewundene, mal überdachte, mal freie Passage, die auf raffinierte Weise die Neugier weckt, da man die Tiefe des Gartens eher erahnt als auf einen Blick erkennt.

Kletterpflanzen in Hülle und Fülle

Eine solche Bepflanzung ermöglicht ein Gärtnern in der Vertikalen. So winzig die Gartenfläche ist, Mauern und Hausfassade bieten jede Menge Platz zum Begrünen. Kletterrosen, Clematis, Efeu, Geißblatt und Kletterhortensie überziehen Wände und Pergolen, so dass die engen Grenzen des Gartenraums nicht mehr zu sehen sind. Der Garten wird grün belebt, beginnt optisch zu schwingen und erscheint durch seine abwechslungsreiche Vielfalt größer.

Garten-Design: Janny und Frits Duijnhouwer, NL
Garten: Duijnhouwer, NL
Foto: Jürgen Becker

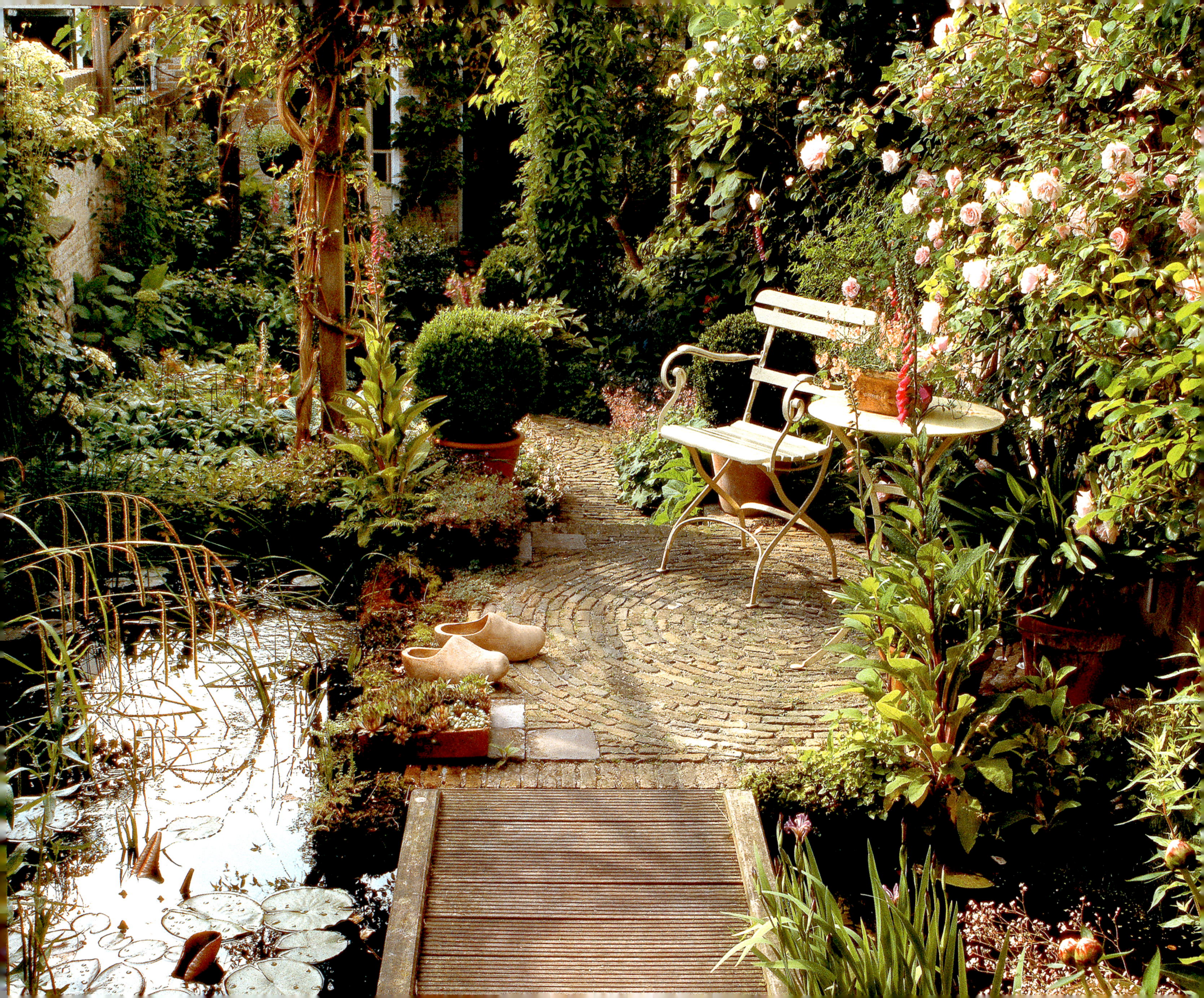

Insel-Hopping im eigenen Garten

Nahezu unerreichbar von der Außenwelt schenkt der Sitzplatz auf diesem Holzdeck malerische Ausblicke auf Teich und Garten, die an langen Sommerabenden von den dekorativen Schwimmleuchten in stimmungsvolles Licht getaucht werden. Nur mächtige Trittsteine aus verschiedenen Richtungen weisen über Abenteuerpfade den Weg zum Inselglück. Da die Plattform auf dem Wasser immer stark im Blickfeld liegt, sollte sie auch ohne Mobiliar attraktiv aussehen. In diesem Beispiel fügen sich acht Holzpaneele, die durch ein Lattenkreuz zusätzlich Struktur erhalten, zu einem ornamentalen Bodenmuster zusammen.

Wer eine Kombination aus Trittsteinen und Holzdeck selbst bauen möchte, erleichtert sich die Arbeit, wenn der Wasserstand 20–30 cm nicht überschreitet. Dann können nämlich die Natursteinblöcke ohne weitere Träger direkt in einem Mörtelbett auf der Teichfolie eingelassen werden. Klären Sie deshalb noch vor Beginn der Arbeiten am Teich die Wünsche aller Beteiligten, denn Trittsteine und Inseln sollten immer gemeinsam mit dem Teich geplant und gebaut werden. Erst dann sollten Sie einen maßstabsgerechten Plan anfertigen.

Tipps zum Bau von Trittsteinen und Inseln im Teich

- Wenn Sie einen großen Teich mit Trittsteinen und einem kleinen Eiland auf relativ weichem Untergrund anlegen möchten, müssen nach dem Aushub und noch vor dem Verlegen der Folie Betonfundamente für jeden einzelnen Trittstein sowie für die Träger der Insel genau an der richtigen Stelle in den Boden eingelassen werden. Sie sollten bodeneben mit der Teichsohle abschließen. Darüber werden dann Schutzvlies und Teichfolie verlegt, wobei man die Stellen der Stützfundamente auf der Folie markiert. Hierauf können Sie dann das Mörtelbett und die Naturblöcke oder mit einem weiteren untergelegten Schutzvlies die Trägersteine für die „Insel" platzieren.
- Ist der Teichuntergrund fest und verdichtet, kann man auf ein Fundament unter der Folie verzichten und Steine oder Träger gleich auf der Folie (wie oben beschrieben) auslegen. Hier entfällt die komplizierte Ausrichtung auf ein durch die Folie überdecktes Bodenfundament.
- Wer sich allerdings erst nachträglich für Trittsteine oder eine Insel entscheidet, muss zuvor den Teich trockenlegen und die Pflanzen vorübergehend an anderer Stelle unterbringen.

Garten-Design: Konrad Wittich, D
Foto: Jürgen Becker

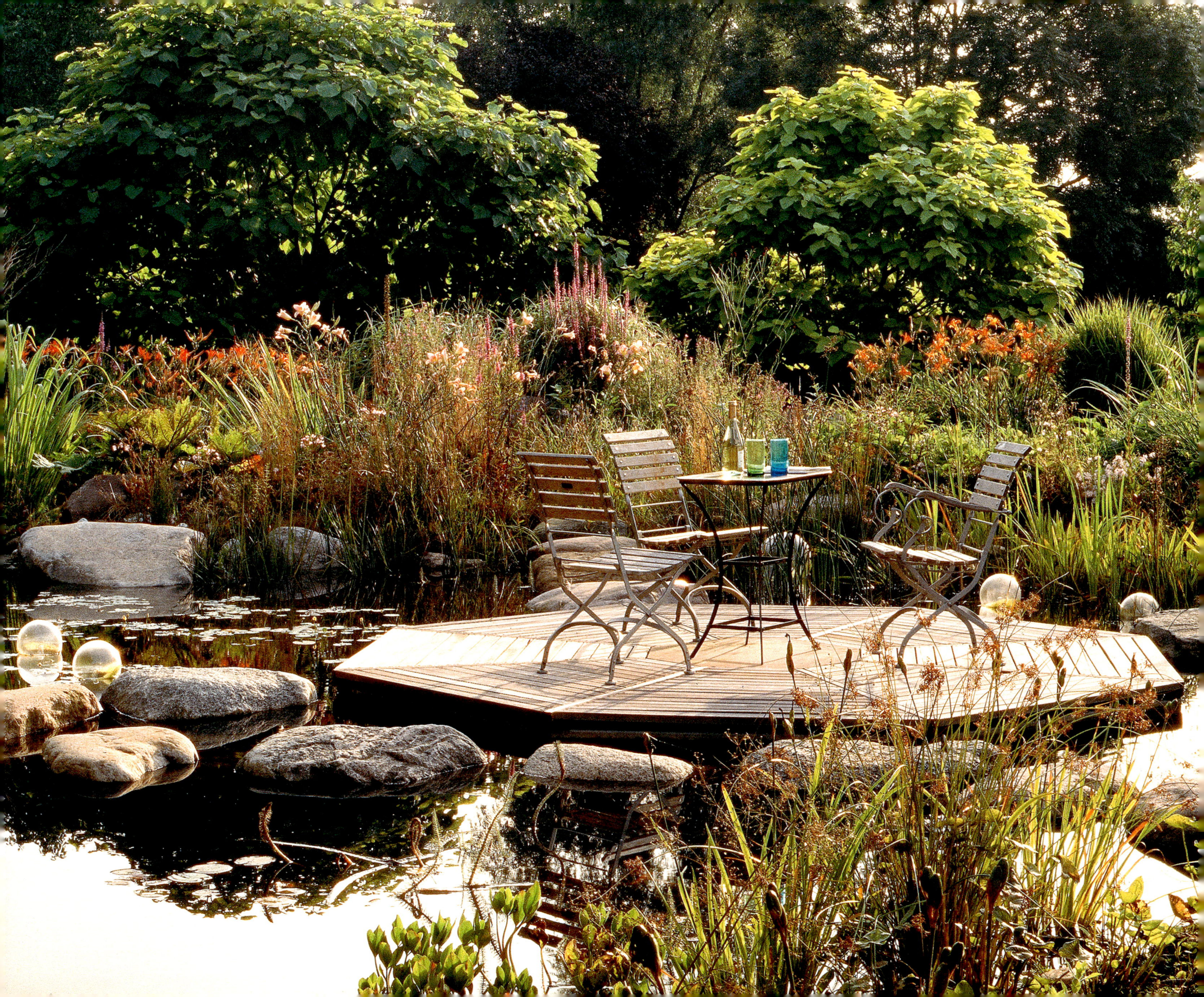

Wellness-Oase mit mediterranem Flair

Ein vollsonniger Gartenteil oder ein Dachgarten bieten eine herrliche Voraussetzung, um exklusive südliche Lebensart einzufangen, wie es diesem Pool mit Farben, Form und Umpflanzung gelingt. Sichtlich inspiriert vom mediterranen Licht und Meer ist das Azurblau seiner Beckenfarbe und der sonnige Sandton der griffig gespachtelten Außenwände. Gleichzeitig aber illustriert dieser kleine Garten, dass sich weder Pool noch Zierbecken auf die allseits beliebten geometrischen Formen, wie Quadrat, Rechteck, Kreis oder Oval, beschränken müssen. Mit schwingendem Verlauf, unregelmäßigen Buchten und kantigen Ecken breitet er sich im kleinen Refugium aus ohne darin als massiger Fremdkörper zu dominieren. Drei gestalterische Kunstgriffe helfen dabei dies zu verhindern.

Hochbecken

Zierbecken und Pools können Sie komplett oder zur Hälfte in den Boden einlassen oder aber ganz erhöht konstruieren. Hier entschied man sich für die Zwischenlösung, also ein leicht in den Boden versenktes Aufsatzbecken, das gerade durch Formgebung und abwechslungsreiche Farbigkeit seiner Wände zu einem eigenständigen architektonischen Element wird. Dabei nutzte man sie gleichzeitig als markanten baulichen Farbträger für den sonnigen Ockerton, der zur bestimmenden dritten Farbe wird, mit der sowohl Pflanzen wie Natursteinplatten perfekt korrespondieren.

Abgesenkter Wasserspiegel

Der Wasserspiegel, der nicht wie meist bei Pools oder Zierbecken mit der Beckenrandhöhe abschließt, sondern tiefer, in etwa auf Bodenniveau liegt, unterstreicht noch die bauliche Wirkung des Beckens. Ein randhoher Wasserspiegel hingegen würde optisch mit dem Becken verschmelzen und es im kleinen Umfeld als klobigen Korpus erscheinen lassen.

Rundum-Bepflanzung

Da alle Einbuchtungen und Ecken des Beckens bepflanzt sind, wirkt es harmonisch mit dem Garten verknüpft. Passend zum mediterranen Stil wählte man Sonne und Trockenheit liebende Pflanzen wie Lavendel (*Lavandula angustifolia*), silbriges Heiligenkraut (*Santolina chamaecyparissus*) und Agaven (*Agave americana*), die – da sie im Haus überwintert werden müssen – mit dem Kübel in einem Kiesbeet versenkt werden. Dieses grüne Ambiente zeichnet sich nicht nur durch eine dekorative Optik, aromatische Düfte und Pflegeleichtigkeit aus, sondern verunreinigt auch das Wasser kaum, da die Pflanzen immergrün sind, so dass der Wind wenige Pflanzenteile hineinwehen kann.

Garten-Design: Geoffrey Whiten, GB
Chelsea Flower Show, GB
Foto: Modeste Herwig

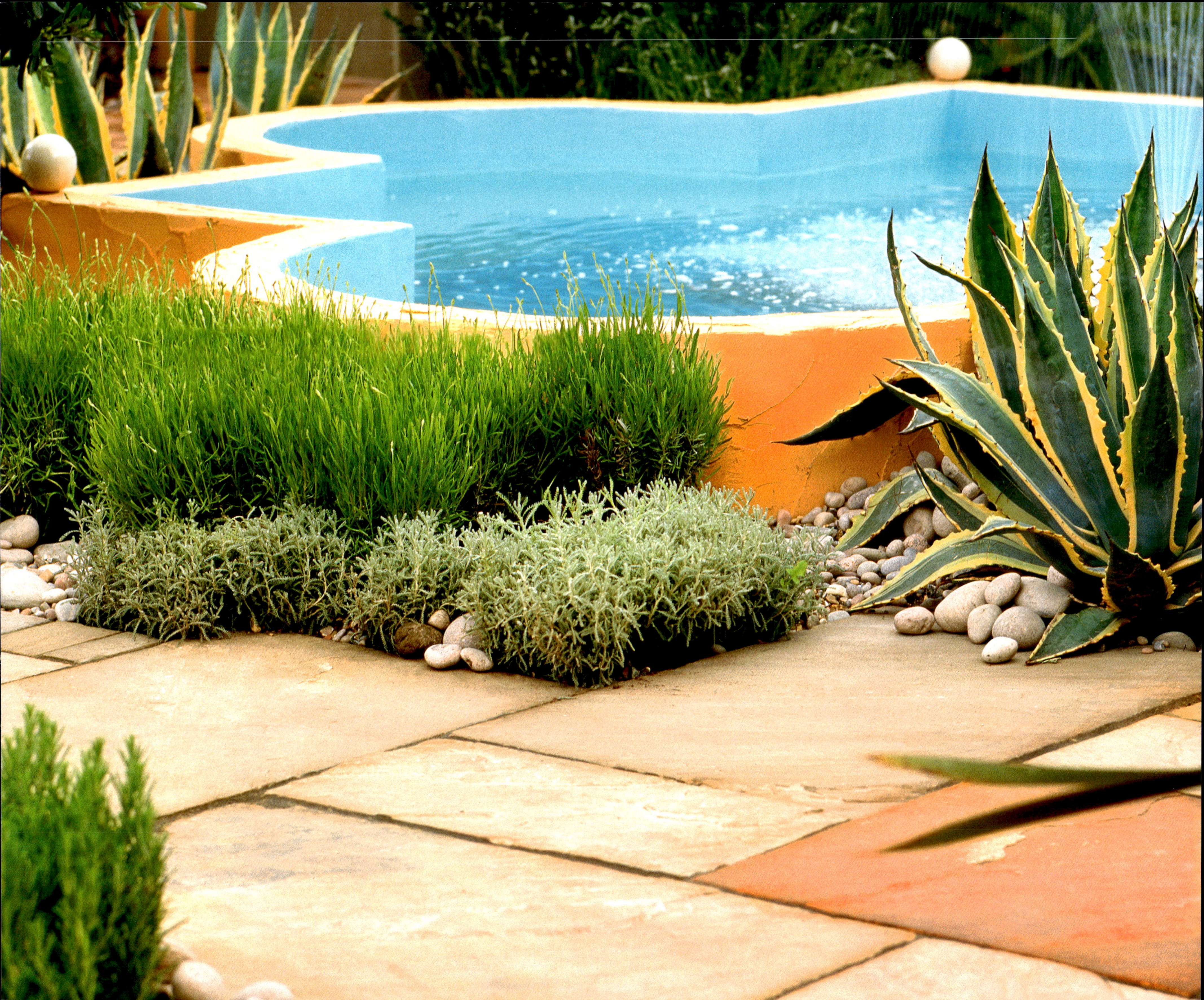

Brunnen als farbiger Blickfang

Gartenelemente sind umso wertvoller, je mehr Aufgaben sie erfüllen. Vor allem in kleinen und mittelgroßen Gärten verdichten sie das Szenario, wenn es ihnen gelingt gleich mehrere Funktionen, wie eine ansprechende optische Gestaltung mit nützlichen und genussvollen Qualitäten, zu verbinden. Ein Musterbeispiel dafür ist dieser Brunnen, der den Garten gleich dreifach bereichert.

Sinnlicher Genuss

Mit seinem Wasserspiel schenkt er dem Garten mit funkelndem Glitzern und plätschernder Wassermusik ein neues, faszinierendes Element.

Blickfang

Durch ausdrucksvolle Form- und Farbgebung lassen sich schattige Gartenecken aufwerten. Hier erfüllt dies der eigenwillige Brunnen. Unterstrichen wird seine Funktion als Blickfang noch durch den frontal auf ihn zu führenden Weg, der als Achse Auge und Fuß lenkt. Die großen Kugeln bilden dabei nicht nur einen aparten Formkontrast, sondern akzentuieren Stationen des Weges, den sie obendrein durch ihre lineare, nach innen versetzte Aufreihung verschmälern und dadurch tiefer und länger erscheinen lassen.

Sichtschutz

Durch beidseitige Einbindung in Wände bietet der Brunnen neben sinnlicher Wasserlust auch Sichtschutz. Verlaufen diese Wände gebogen oder geknickt, eignet sich das Element sogar als Ecklösung am Gartenrand. Umgekehrt können Sie aber auch eine Mauerecke durch eine diagonale Wasser speiende Wand, Steinplatte oder Figur (mit Becken) zu einem Brunnen umfunktionieren.

■■ Tipps zur Vernetzung mit dem Garten

Streng architektonische Gartenelemente bedürfen in einem frei gestalteten oder naturnahen Garten einer wohlüberlegten Einbettung, damit sie nicht wie ein Fremdkörper wirken. Dies gelingt am besten, wenn Sie zwischen Element und Garten Bezüge und Verknüpfungen herstellen, wie in diesem Beispiel:

- Verwobenheit mit Pflanzen. Pflanzen umspielen die Kanten der Kleinarchitektur und wachsen sogar in ihrem Wasserbecken.
- Verzahntes Formenspiel. Mächtige Kugeln bereiten als Formelemente in konisch zulaufender Anordnung das Auge auf die Baulichkeit des Brunnens vor und ziehen es in den Gartenraum herein.
- Farbkorrespondenzen. Der Brunnen ist mit dem Garten durch das Grün der Pflanzen und die orangefarbenen Blüten der Nelkenwurz (*Geum*-Hybriden) verknüpft, die seine Farbe aufgreift.

Garten-Design: Andrew Duff, GB
Chelsea Flower Show, GB
Foto: Modeste Herwig

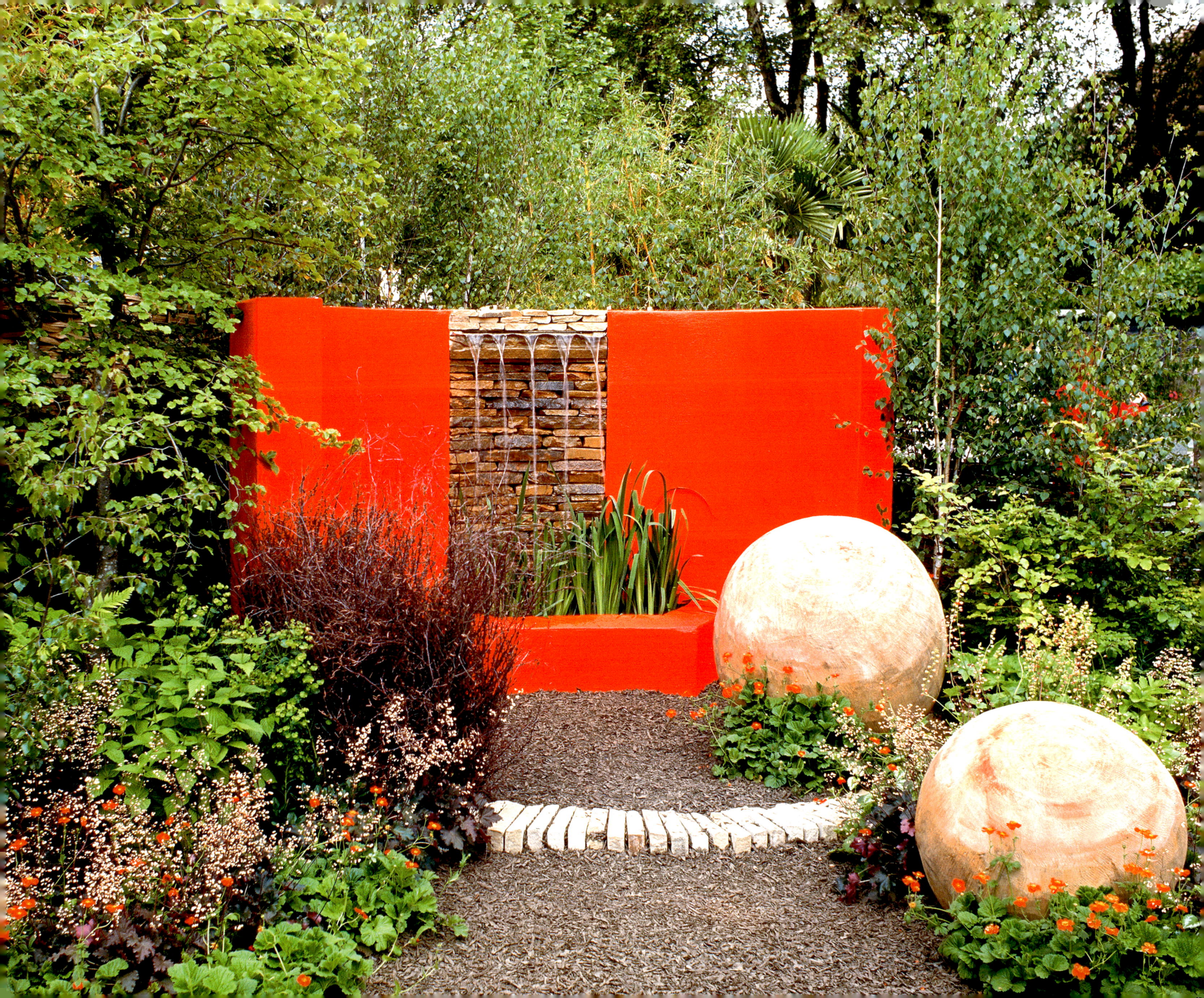

Schattenweg mit Pflasterspielereien

Wege haben die Aufgabe trockenen Fußes durch den Garten zu führen und dabei unterschiedliche Bereiche miteinander zu verbinden. Zugleich sind sie wichtige Gestaltungselemente, die den Garten strukturieren und sein Gerüst langfristig und auf recht unterschiedliche Weise festzulegen vermögen.

Verlauf und Einfassung

Wege können das Grün als scharfkantig eingefasste, schnurgerade Bänder unterteilen, wie dies in formalen Anlagen üblich ist. Sie können sich aber auch mit hineinschwingenden Pflanzen, unregelmäßiger Breite und gewundenem Verlauf durch ihn hindurchschlängeln, was in frei gestalteten oder naturnahen Gärten bevorzugt wird. Aber auch durch wohlüberlegtes Kombinieren verschiedener Stilrichtungen lassen sich aparte, ungewöhnliche Resultate erzielen.

Beläge

Auch der Belag macht Wege zu einem gestalterischen Element mit starker Eigenwirkung. Im vorliegenden Beispiel durchzieht ein sanft geschwungener Weg einen frei gestalteten schattigen Gartenteil, der beweist, dass dekorative Effekte nicht immer kostspielig oder aufwändig sein müssen. Wie zu einem Schmuckband fügen sich Naturmaterialien wie polygonale Porphyrplatten und große Kiesel aneinander. Als helle Einsprengsel beleben die Kiesel den Schattenpfad und setzen ihm dekorative Glanzlichter auf. Die Platten hingegen garantieren mit ihren griffigen Oberflächen die nötige Trittsicherheit, was besonders in Bereichen, in denen sich die Feuchtigkeit lange hält, wichtig ist. Damit aber auch die Kieselpartien begehbar sind, sollten sie beim Verlegen mit einer Messlatte exakt auf gleiche Höhe gebracht werden. Verzichten Sie in Schattenpartien auf gehobelte Holzbeläge, da sie bei anhaltender Feuchte schnell rutschig werden. Sicherer werden Planken durch eine Quarzsandbeschichtung oder eingefräste Rillen, die man quer zur Gehrichtung verlegt.

■■ Tipps für Beläge im lebhaften Material-Mix

Beläge wirken umso lebhafter, je unregelmäßiger das Material und je größer seine Fugen sind. Eine großflächige und großblättrige Bepflanzung, wie hier mit Funkien (*Hosta*, links) sowie Hortensien (*Hydrangea*) und Farnen auf der rechten Seite, wird dadurch attraktiv aufgelockert. Bei einer vielfältigen oder kleinteiligen Bepflanzung zu beiden Seiten des Weges sollten Beläge hingegen Großzügigkeit und Ruhe ausstrahlen um nicht mit dem Mosaik der Pflanzen zu konkurrieren. Dies bewirken zum Beispiel Wege in einem gleichmäßigen Pflasterverband.

Garten-Design: Arend Jan van der Horst, B
Garten: van de Meer, NL
Foto: Modeste Herwig

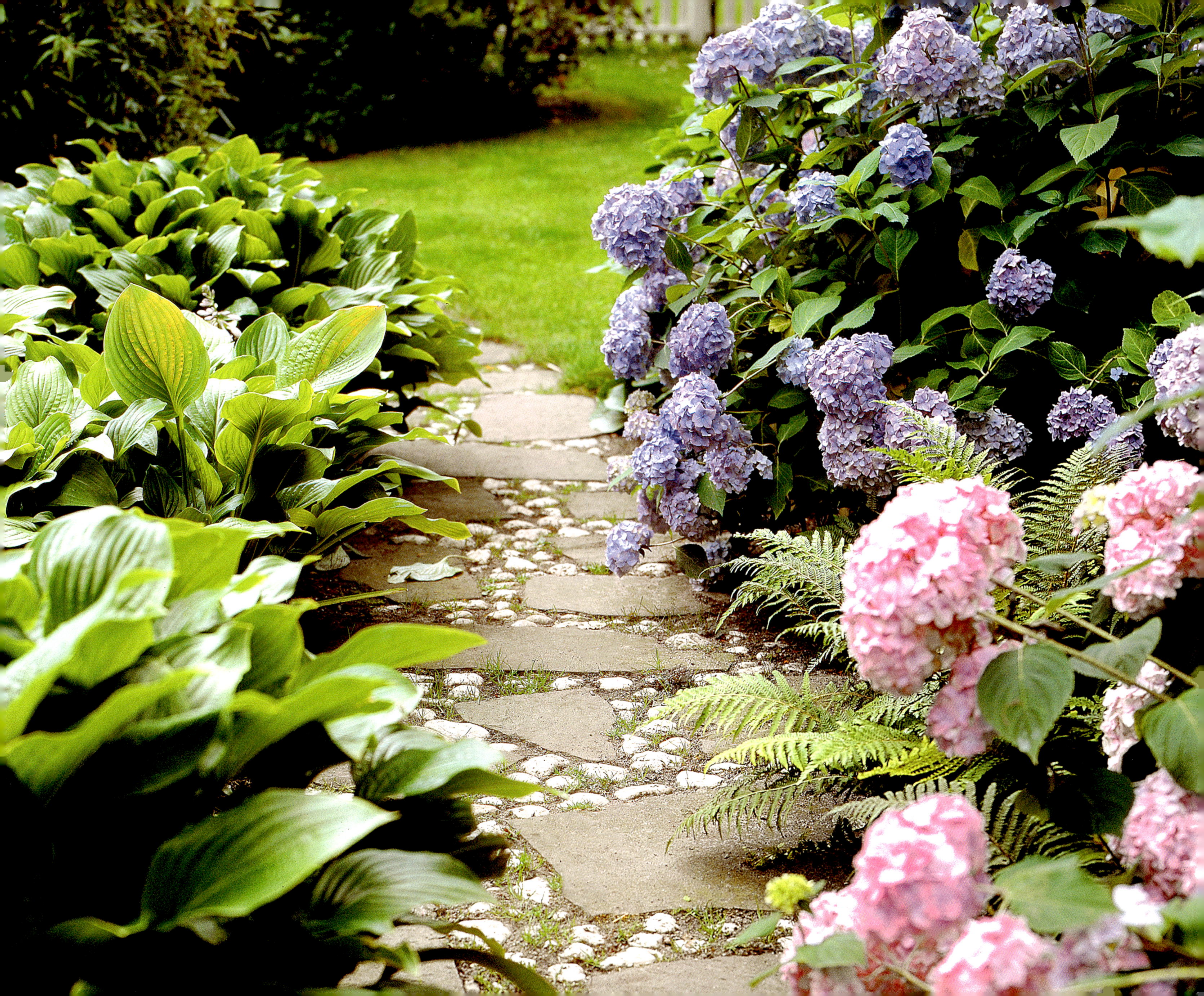

Naturgeschenk – Flechtzaun am Hang

Eine regelrechte Renaissance haben in den letzten Jahren die traditionsreichen „toten" (also nicht austreibenden) Flechtzäune erlebt, die schon auf mittelalterlichen Buchmalereien zu sehen sind. Dass man heute ihre Vorzüge wieder schätzt, ist nur allzu verständlich:

- Sie sind extrem schmal und eignen sich gleichermaßen als Einfriedung und Sichtschutz selbst für kleinste Gärten, wie auch zur inneren Unterteilung größerer Areale.
- Mit ihrer natürlichen Ausstrahlung passen sie gut in naturnahe Gärten, zu Bauern-, Cottage- oder Kräutergärten, in ländliche Bereiche, ja sogar in ein Ambiente im modischen Landhausstil.
- Das Naturmaterial ist preiswert und kann auch von Laien verarbeitet werden. Meist handelt es sich um kräftige senkrechte Pfosten, die möglichst aus Hartholz wie Eiche oder Robinie sein sollten, um die biegsame Ruten der Weide (zum Beispiel von *Salix alba*, *Salix cinerea*, *Salix purpurea*, *Salix triandra*, *Salix viminalis*) oder der Hasel (*Corylus avellana*) meist waagerecht gewunden werden.
- Selbst an steigendes oder fallendes Gelände passen sich die blickdicht verwobenen Zäune an, die in zwei Varianten gebaut und installiert werden können.

Verbundener Flechtzaun am Hang (Beispiel rechts)

Stecken Sie im Abstand von 30–80 cm starke Pfosten in den Boden. Je kürzer die Ruten sind, desto kürzere Abstände empfehlen sich. Um die Pfosten möglichst lange vor dem Verrottungsprozess im Boden zu schützen, kohlen Sie sie dort, wo sie Erdkontakt erhalten, im Feuer an. Nun die Ruten einzeln oder zu mehreren waagerecht über 1 unter 1 durch die Pfosten ziehen. Abschließend diese oben anschrägen, damit das Wasser abfließen kann. Das nebenstehende Beispiel zeigt, dass ein solcher Sichtschutz Pflanzen auch als Stütze dient und sie mit seinem ornamentalen Flechtmuster wunderschön zur Geltung bringt, seien es Kletterrosen, blaue Säckelblume (*Ceanothus*), Clematis oder hochwüchsiger Rittersporn (*Delphinium*-Hybriden).

Mobile Flechtelemente

Einfacher ist es den Hang stufig zu terrassieren, wobei die Breite der einzelnen „Etagen" mit fertig erhältlichen Flechtelementen korrespondieren sollte. Diese Horden sind oft 1–1,5 m lang und werden an ihren zugespitzten Pfostenenden lückenlos aufgereiht in den Boden gedrückt und mit Ruten oder Draht aneinander fixiert. Solche Flechtelemente gibt es auch in niedrigen Versionen als Beeteinfassungselemente.

Chelsea Flower Show, GB
Foto: Modeste Herwig

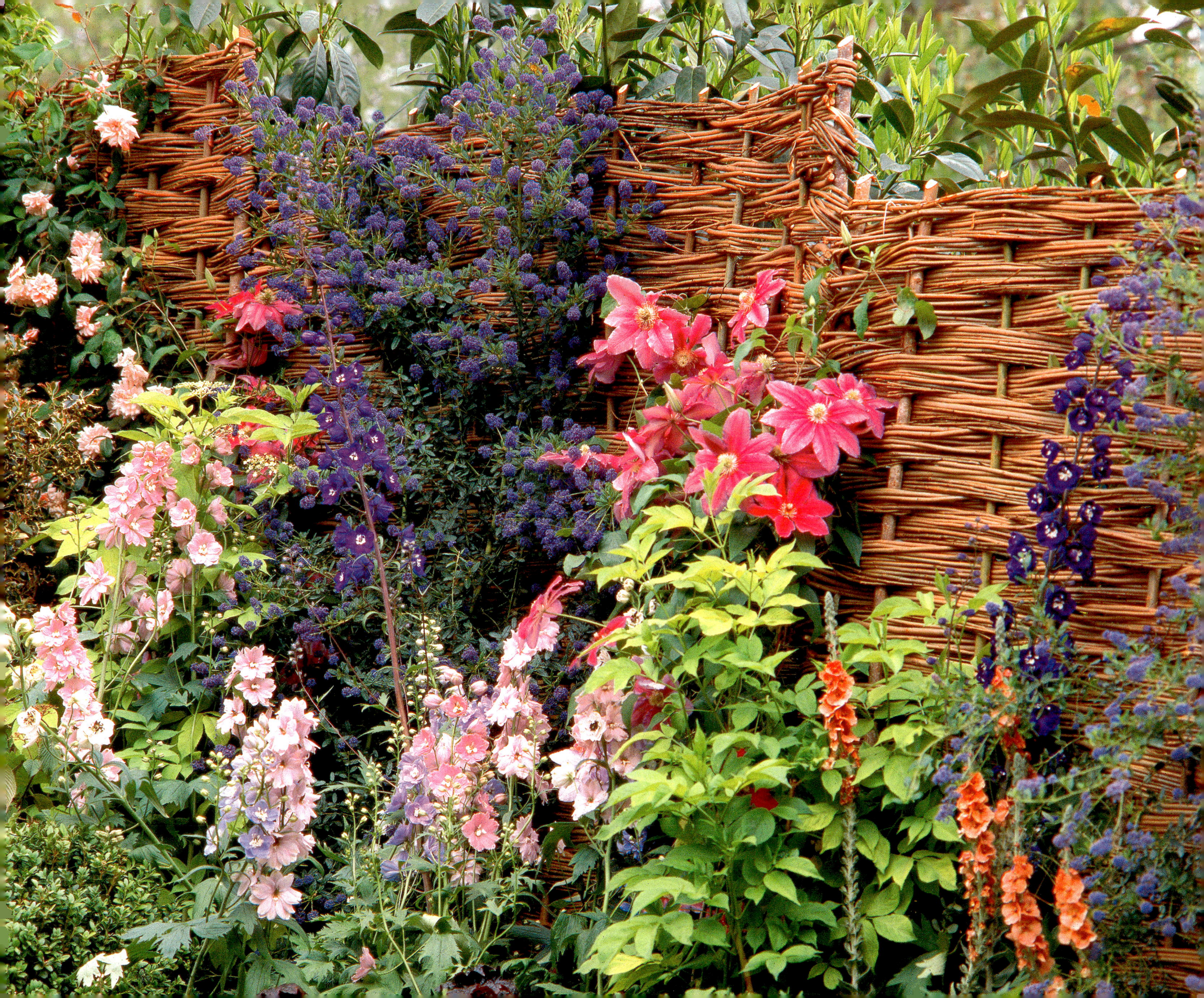

Trockenmauer aus alten Betonplatten

Gärten in Hanglagen gestatten oft faszinierende Ausblicke auf den Garten oder die Umgebung, die jedoch nur dann zu genießen sind, wenn begradigte Partien lauschige Sitzplätze und bunte Beete ermöglichen. Je nach Neigung des Hanges lassen sich dem Areal durch stufenartige Terrassierung mit Stützmauern solche ebenen Flächen abgewinnen, die den Garten in verschiedene Bereiche untergliedern und um reizvolle Gestaltungsmöglichkeiten bereichern. Zugleich aber beleben Sie ihn um ein neues Biotop, wenn Sie die Stützmauern ohne Bindemittel als Trockenmauer errichten.

Zwei Formen der Trockenmauer

In der Regel baut man Trockenmauern aus Natursteinen der Region. Verwendet man dafür unbearbeitete Steinbrocken in verschiedenen Größen, ergeben sich größere Fugen, in die Sie bereits beim Errichten der Mauer Trockenheit liebende Pflanzen einsetzen können. Auch heimische Tiere wie Igel, Eidechsen, Kröten, Ringelnattern und viele Insekten können hier ein Heim finden. Hingegen entstehen bei mehr oder weniger stark bearbeiteten Steinen kleinere Fugen. Unser Beispiel zeigt, dass man auch von dieser Regel abweichen kann ohne auf die natürliche Optik zu verzichten. Alte Betonplatten wurden zerschlagen und mit der rauen Bruchkante nach vorne zu einer Stützmauer aufgeschichtet. Wie man sieht, fühlt sich die wuchernde Zypressen-Wolfsmilch (*Euphorbia cyparissias*) auf der Mauerkrone so wohl, dass sie bereits Fugen durchwurzelt und auch schon den Fuß der Mauer neben dem einjährigen Mandelröschen (*Clarkia unguiculata*) erobert hat.

■ ■ Tipps zum Bau einer stützenden Trockenmauer

- Die Breite des Mauerfußes beträgt stets ein Drittel der Höhe.
- Das Fundament muss in den gewachsenen Boden hineinreichen. Meist genügt ein Untergrund von 30–40 cm aus Schotter oder Beton. Die Breite des Fundaments sollte mindestens 20 cm über beide Seiten des Mauerfußes hinausreichen. Als Fundamentsteine große Steine verwenden, die 5 cm ins Fundament eingelassen werden.
- Die Mauer verjüngt sich mit zunehmender Höhe um 10–15 cm zum Hang hin, das heißt sie wird bei 1 m Höhe um 10–15 cm schmäler.
- Ein Drittel der Steine sollte die ganze Mauertiefe durchkragen.
- Die Steine so verlegen, dass weder Kreuzfugen noch durchgehende Stoßfugen entstehen. Für die Mauerkrone große Steine über die ganze Tiefe verwenden.
- Nach jeder Steinlage die Mauer mit Schotter oder Kies hinterfüllen.

Garten-Design: Riet Bloem, NL
Garten: De Rietbloem, NL
Foto: Modeste Herwig

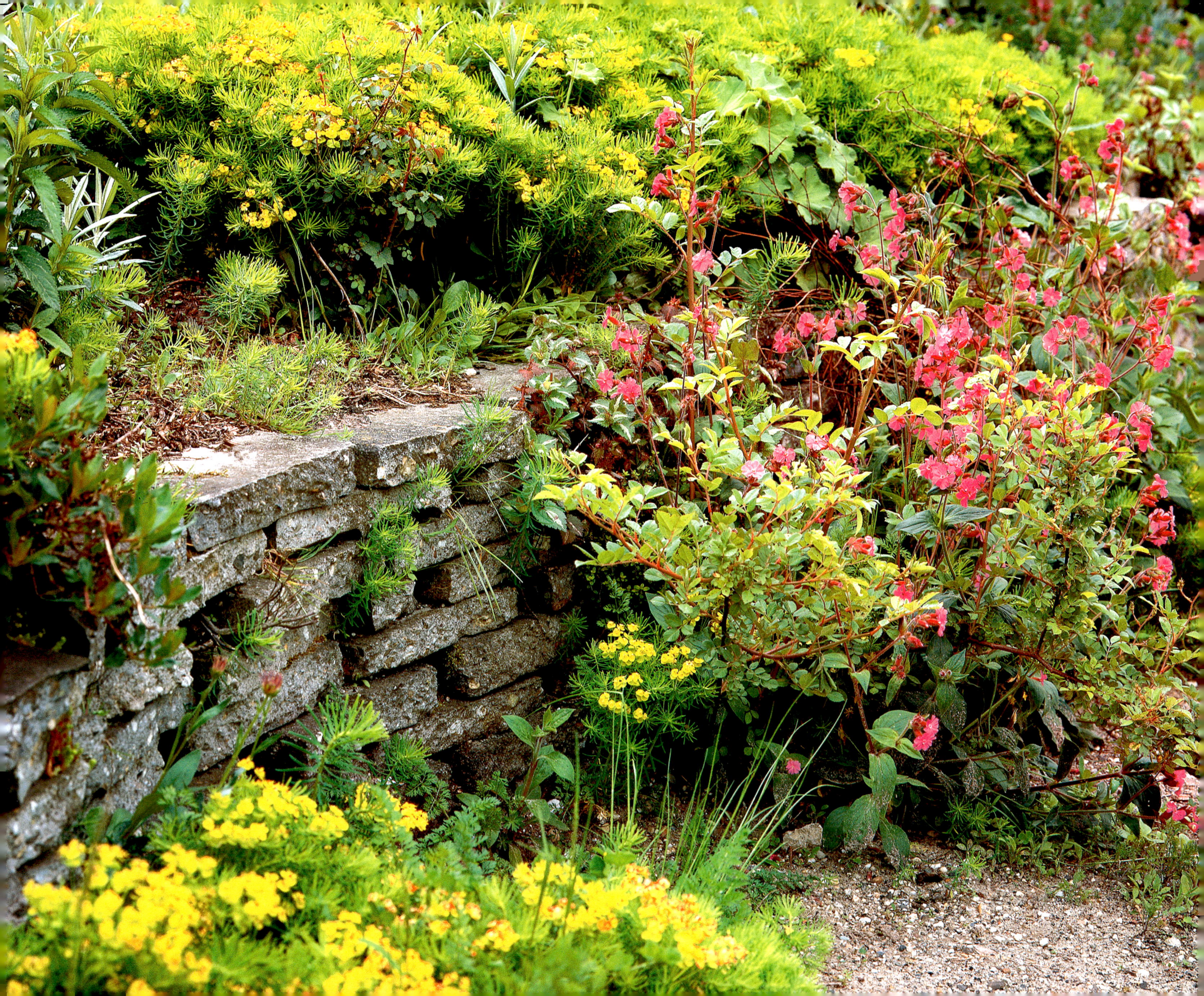

Brunnen mit glasklarem Wasserschwall

Schnörkellosigkeit und Purismus kennzeichnen diesen freistehenden Brunnen, der als kompakter Gestaltungsbaustein große und kleine moderne Gärten, aber auch Vorgärten oder Innenhöfe mit optischen und akustischen Wasserimpressionen beleben kann. Die Wasser speiende Wand führt zusammen mit dem direkt anschließenden Auffangbecken ein zirkulierendes Wasserspiel vor Augen, das sich überall im Garten installieren lässt, da es ohne Wasseranschluss auskommt. Durch die ähnliche Farbigkeit von Klinkerwand und Beckenrand-Verkleidung verschmelzen beide Teile zu einem Ensemble, ein Effekt, den auch gleiche Materialien bewirken. Sogar der glasklare Wasserschwall aus dem Mauerschlitz unterbricht durch seine Transparenz diese optische Einheit nicht.

Die glatte, durchsichtige Kaskade

Das Wasser ergießt sich prasselnd aus einer aus der Mauer etwas hervortretenden, breiten und flachen Rinne aus gebürstetem Edelstahl. Diese moduliert durch eine leicht abgeschrägte oder abgerundete Austrittskante das Wasser zu einem transparenten Vorhang. Anteil an dieser Wirkung hat die Pumpe, deren Stärke eine größere Wassermenge transportieren sollte. Wälzt sie geringere Wassermassen um, muss an der Unterseite des Gießrandes eine Rille verhindern, dass sich der dünne Wasserfilm daran zurückzieht. Wer will, kann aber auch alternative Wasserbilder kreieren, indem man das Wasser durch einige Speirohre in eleganten parallelen Wasserstrahlen oder über eine wellige Austrittskante in mehreren funkelnden Rinnsalen ableitet.

■■ Tipps zur Technik

Soll die Einfassung des Beckens so plan wie in diesem Beispiel mit dem Pflasterbelag abschließen, muss das Becken um die Höhe der Einfassungsplatten im Boden versenkt werden. Damit nach langen Regenfällen der hoch stehende Wasserspiegel nicht den Garten oder benachbarte Grundstücke überflutet, befindet sich knapp unter der Oberkante der Beckenwanne ein Abfluss, der über ein Rohr mit der Kanalisation oder einer Sickergrube verbunden ist. Ein zweiter, etwas tiefer gelegener Abfluss zieht das Wasser über einen Filter zur Pumpe ab, die in der Mauer verborgen ist und das Wasser durch ein Rohr nach oben pumpt. Entscheidend ist die richtige Stärke der Pumpe. Holen Sie dazu den Rat eines Fachmannes ein, damit nicht ein zu mächtiger Schwall so klatschend laut aufschlägt, dass er von Ihnen oder den Nachbarn als störend empfunden wird.

Garten-Design: Goedegebuure, NL
Garten: Haartsen, NL
Foto: Rob Herwig

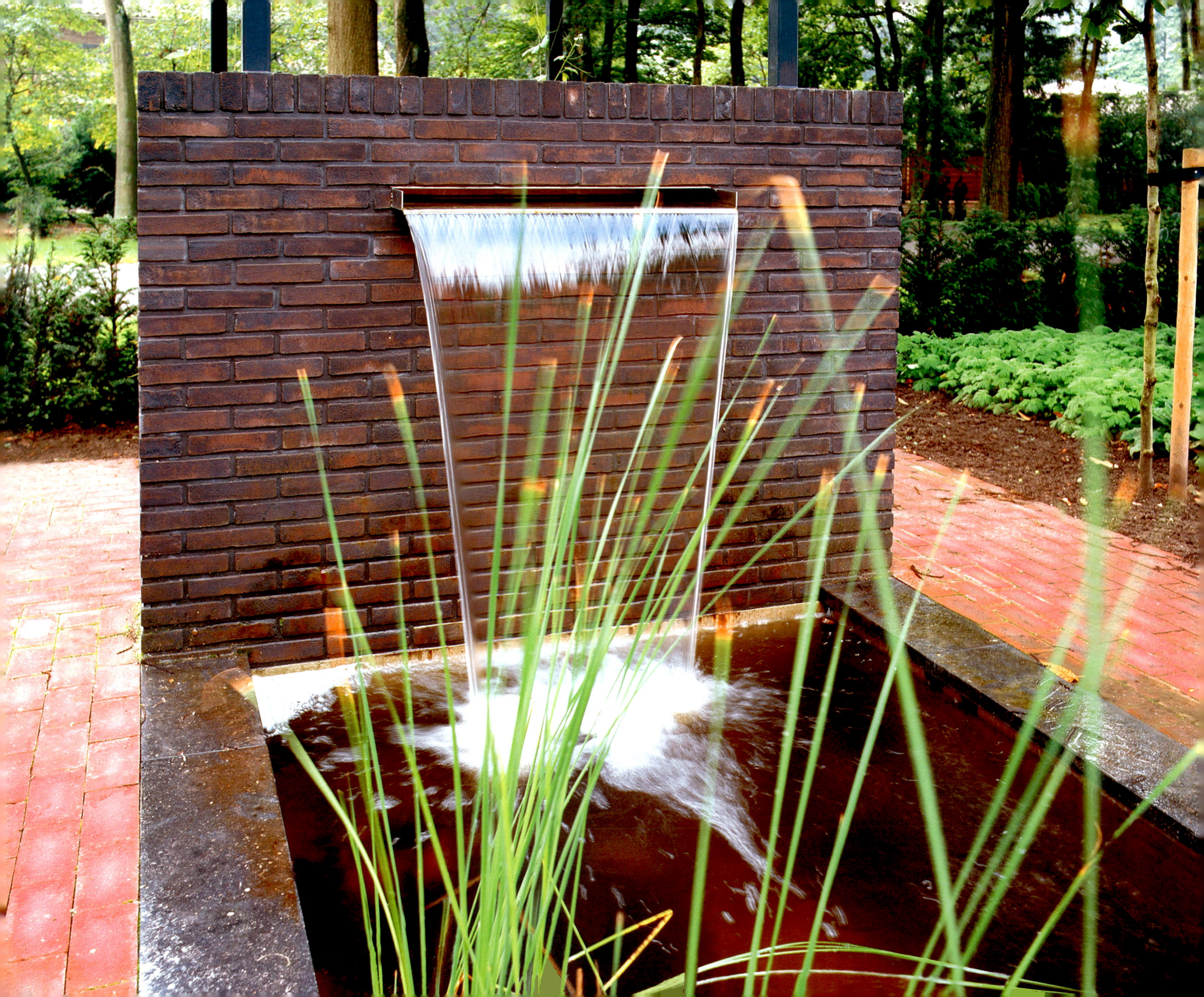

Kitchenette mit Kräutergarten

Stilvoll Wohnen im Garten mit allerlei sinnlichen Genüssen ist der aktuellste Trend im grünen Paradies. Mit einer ebenso ungewöhnlichen wie brillanten Idee kommt diese violette „Küchenzeile" dem Zeitgeist entgegen. Denn immer mehr begeisterte Gartenfreunde richten sich ihren Garten oder die Terrasse als Freiluftzimmer ein, in dem – solange es die Temperaturen erlauben – gekocht, gegrillt, entspannt und Geselligkeit genossen wird.

Die im Halbrund gemauerte Rückwand

Die Wand verlängert sich im Original-Entwurf von Amanda Delaney zu einem Oval, das nach vorne zu bis auf Bodenhöhe abfällt. An ihrer maximalen Höhe im hinteren Teil ermöglicht sie den Einbau einer Küchenzeile mit Wasseranschluss und Becken, Arbeits- und Abstellflächen. Verlängert man die halbrunde Wand nach links, so können dort Grill, Holzkohleofen, Kühlschrank und andere wichtige Utensilien für die Freiluftküche untergebracht werden. Eine Alternative zur geschlossenen Front der Küchenbar bieten offene Regale, in denen Flaschen und Geschirr untergebracht werden können.

Partyraum im Garten

Wer das Halbrund der Küchenstation großzügig bemisst, kann im vorderen Teil zwischen den flacher werdenden Schenkeln einen Sitzplatz unterbringen. Dadurch entsteht eine eigene Welt der Geselligkeit innerhalb des Gartens, die den Vorteil einer Wohnküche bietet: ein Refugium der kurzen Wege, das durch ein legeres Miteinander von Kochen und Genießen beflügelt.

Kräuter- und Gourmetgärtchen

Rings um die Mauer wurde Erde fast bis auf Mauerhöhe aufgeschüttet. Dort können Kräuter wie Petersilie, Basilikum, Dill sowie Gemüse und lukullisches Dekor (wie Taglilien) ihren Duft verströmen und zur gartenfrischen Ernte verführen.

Tipps zur Gestaltung

- Wählen Sie – damit die Pflanzen gedeihen – einen sonnigen Platz.
- Damit die Außenwand der Mauer, die rundum Erdkontakt hat, nicht durchfeuchtet, sollten Sie sie in Erdhöhe mit einer Isolierfarbe streichen und zusätzlich mit einer Teichfolie verkleiden.
- Statt Erde aufzuschütten, können Sie das nach hinten an Höhe gewinnende Ensemble auch in einen Hang einschneiden.

Garten-Design: Amanda Delaney, GB
Hampton Court Palace Flower Show, GB
Foto: Modeste Herwig

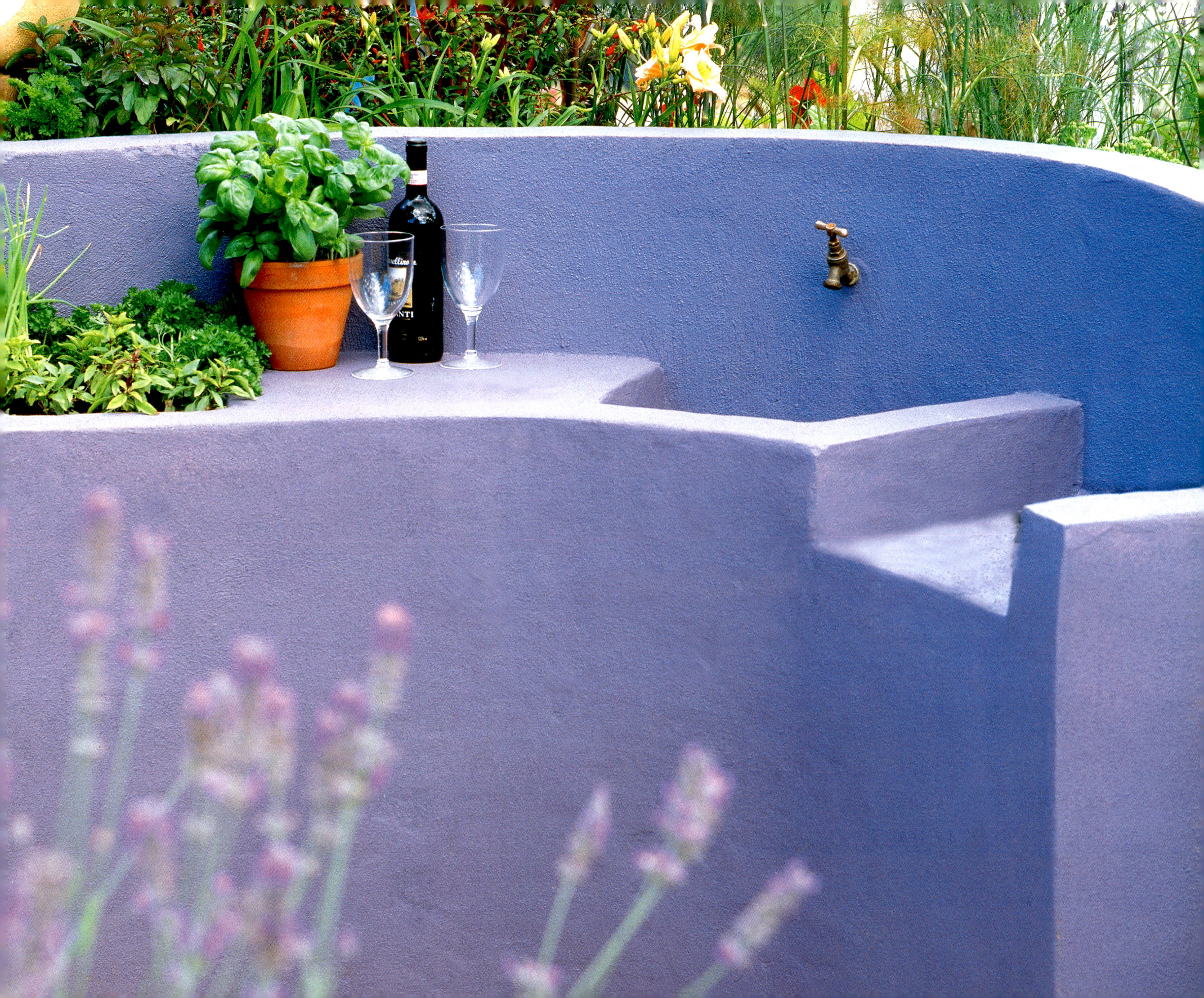

Laubengang mit elegantem Dekor

Bei der Benennung langer, begrünter Durchgänge herrscht oft eine gewisse Unsicherheit. In der Regel gilt als Pergola eine von Stützen getragene Kleinarchitektur, die einen lockeren Aufbau aus Längs- und Querbalken trägt. Ein Laubengang hingegen weist zusätzliche Streben in der überdachenden Konstruktion und/oder auch seitlich auf, was den Tunnelcharakter verstärkt. Als Bogengänge wiederum bezeichnet man Laubengänge, denen eine rundliche oder geschweifte Überdachung anmutige Beschwingtheit verleiht.

Material und Stil

In kleineren Gärten sollten die Rankbauten zierlich sein und ihr Korpus einheitlich aus Metall, Rund- oder Kanthölzern bestehen. Während Rundhölzer rustikal erscheinen, muten Kanthölzer klassisch bis elegant an. In modernen Gärten experimentiert man erfolgreich auch mit Stahlrohren und Stahlgewebe. Steht hingegen viel Platz für eine größere Konstruktion zur Verfügung, nutzt man gerne zwei oder mehr Materialien, wobei man die Pfosten sehr dekorativ ausführt, da sie beim Durchschreiten besonders ins Auge fallen. Sie können aus Gusseisen, Ziegeln, Beton, Fiberglas, Stein oder Stahl zu eckigen Pfeilern oder runden Säulen verarbeitet sein.

Funktion und Ästhetik

Jeder Laubengang verleiht als Höhenelement dem Garten Räumlichkeit und unterteilt ihn als Achse, die die Blicke auf sich zieht. Soll er beim Durchschreiten zudem als idyllischer Schattenspender fungieren und romantische Blütenfülle in Augen- und Nasenhöhe präsentieren, wird man ihn dicht mit Klettergehölzen, wie Ramblerrosen, Glyzinen, Clematis usw. beranken. In diesem Fall verzichtet man oft auf aufwändige Verzierungen, da sie nur im kahlen Winter sichtbar würden. Soll jedoch die edle Architektur der Passage den Garten dauerhaft bereichern, umspielt man sie – wie im Beispiel rechts – primär nur im unteren Bereich mit Pflanzen.

Ornamentaler Feinputz

Strahlendes Weiß unterstreicht die Architektur dieses Laubenganges und lässt ihn aus der Fülle der Pflanzen hervortreten. Zugleich nutzte man weitere Kunstgriffe, um ihn herauszuputzen. So verleihen ihm zwischen den Pfosten sich zum Halbkreis ergänzende Winkelstreben mit floralem Blattmuster zusätzliche Stabilität und die Optik eines Bogenganges. Und ihre schmälere Holztiefe, die sich als Linienmuster von den dickeren Pfosten und aufliegenden Pfetten absetzt, sowie die dekorativen Abschlussprofile der quer aufliegenden Reiter machen ihn vollends zu einem Schmuckstück.

Garten-Design: Riet Bloem, NL
Garten: De Rietbloem, NL
Foto: Modeste Herwig

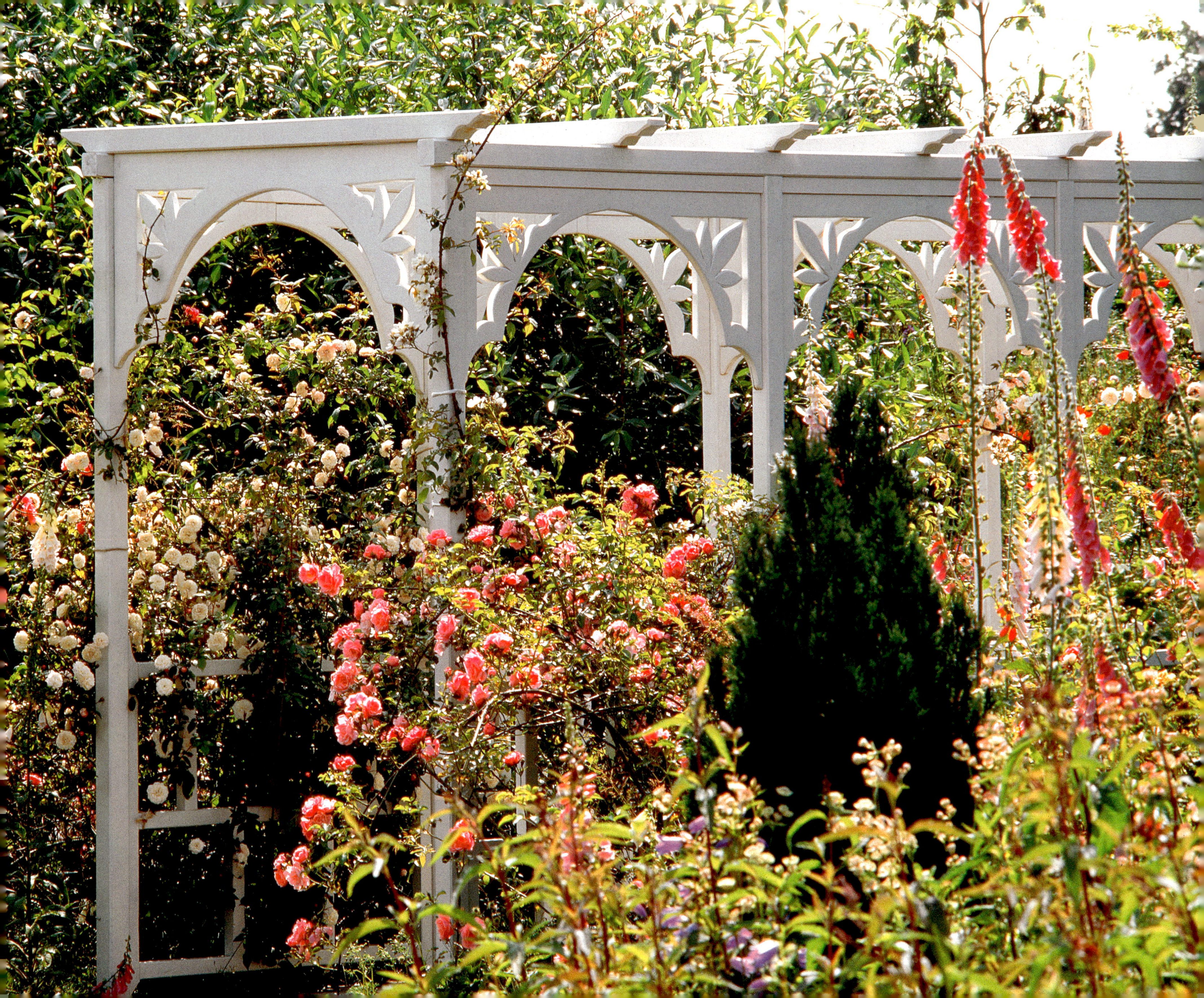

Schwedenhäuschen mit Veranda und Seeblick

Blaues, nordisches Flair umgibt dieses türen- und fensterloses Gartenkabinett, das mit seiner kleinen, übers Wasser reichenden Terrasse idyllische Stunden am Teich verspricht und durch seine markante Positionierung selbst zum pittoresken Blickfang wird. Das Beispiel illustriert eine alte Gestaltungsregel, die besagt, dass sich die Wirkung von Gartenhäuschen, Lauben oder Pavillons potenziert, wenn sie von Freiraum umgeben sind – eine Voraussetzung, die ein Teich im Vordergrund immer erfüllt. Das Domizil selbst krönt die Wasserfläche, in der es sich romantisch spiegelt, mit einem malerischen Höhenakzent, Und natürlich gewährt es dem Naturfreund ganz besondere Gartenfreuden, lässt sich doch von dort aus der Zauber des Wassers mit seinen Pflanzen und Tieren in entspannenden Mußestunden aus nächster Nähe genießen.

Bau des Häuschens

Kern der Konstruktion sind die vier Eckpfosten, die auf frostfesten Punkt- oder Streifenfundamenten am Ufer ruhen. Auf ihnen liegen die Pfetten auf, an denen die Giebelkonstruktion befestigt wird. Als Hinterwand des Häuschen können Bretter oder dicke Pressspanplatten eingezogen werden. Der Giebel wird mit übereinander liegenden Brettern verschalt, die so weit nach unten überstehen, dass sie bogig ausgeschnitten werden können. Durch ihr schuppenartig-gleichmäßiges Überlappen ergibt sich allein durch das Spiel von Licht und Schatten ein senkrechtes Farbmuster, das das Geländer der Veranda wiederholt. Soll das Häuschen mit Ziegeln eingedeckt werden, benötigt es einen richtigen Dachstuhl.

Bau der Veranda

Das etwas übers Wasser hinausreichende Holzdeck kommt ohne Stütze im Wasser aus, wenn es sehr stabil gebaut ist und den Teich nicht mehr als 30 cm überragt. Besonders idyllische Blicke aufs Wasser ergeben sich bei größerer Wassertiefe, das heißt, wenn der Teich unter dem Deck an einem Steilufer ausläuft. Solche Ufer bedürfen allerdings einer speziellen Abstützung zum Beispiel durch eine Mauer, Palisaden oder U-Steine, über deren senkrechte Wände dann Schutzvlies und Teichfolie gezogen werden, wobei auch die Kapillarsperre nicht vergessen werden darf.

Soll die Holzterrasse den Teich weiter überspannen, muss sie auf kleinen stützenden Trägersäulen im Teich ruhen. Dafür eignen sich U-Steine oder aufgeschichtete Platten, die auf puffernden Schutzvliesen einfach auf die Teichfolie aufgesetzt werden können.

Garten-Design: David Domoney, GB
Hampton Court Palace Flower Show, GB
Foto: Modeste Herwig

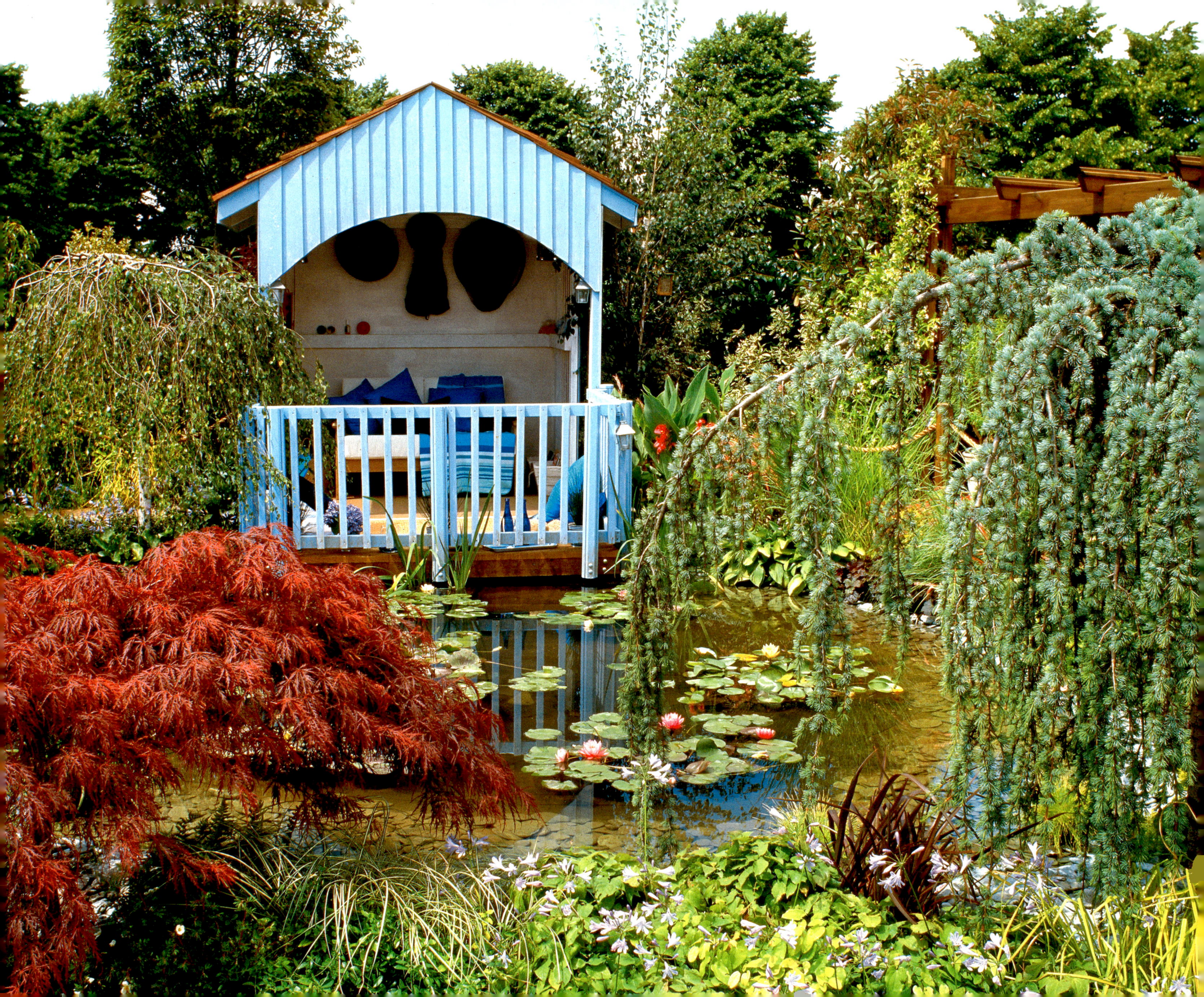

Mäuerchen als Pflanzen-Highboard

„Aus Alt mach' Neu", lautet eine Devise, die oft zu schönsten Ergebnissen im Garten führt. Dabei bedarf es nur ein wenig Know-how, Freude am Gestalten, Fantasie und altes Baumaterial um ein heiteres, farbenfrohes Frühlingsbild entstehen zu lassen.

Vorteile niedriger Mauern

Eine kniehohe Mauer eröffnet als partielle Terrasseneinfassung herrliche Gestaltungs- und Pflanzmöglichkeiten nahezu zum Nulltarif, wenn dafür ausrangiertes Baumaterial zur Verfügung steht. In unserem Beispiel konnte man sich großzügig an alten Betonplatten bedienen. Ohne Binder wurden sie zu einer niedrigen Mauer aufgeschichtet, die ihre Stabilität durch das versetzte, Kreuzfugen vermeidende Auflegen und das Eigengewicht der Platten erhält. Solche Mäuerchen verleihen Terrassen schnell ein Gefühl von Geborgenheit. Allerdings sollten sie als strenge lineare Zäsur nie ganz durchgezogen werden, da sie sonst die Terrasse vom Garten optisch abtrennen. Steht viel Platz zur Verfügung wie in diesem Garten, können halbhohe Mauern auch ein Hochbeet vor oder auf der Terrasse einfassen. Immer handelt es sich um ein Höhenelement, das das „Planspiel" des Gartens mit unterschiedlichen Höhenstufen belebt. Auch ein halbhohes Wasserbecken, das durch Auskoffern des Fundaments an Tiefe beliebig gewinnen kann, erzielt eine ähnliche Raumwirkung, auch wenn es natürlich wasserdicht gemauert sein muss. Besonders in Hausnähe werden sich diese strengen, formalen Mauern Hochbeete und Wasserbecken wunderbar einfügen, da sie mit dem baulichen Charakter von Gebäuden harmonieren.

Bepflanzungsmöglichkeiten

Auf kleinen Mauern lassen sich Pflanzen eindrucksvoll ins Szene setzen, da sie die Blüten dicht an Nase und Auge heranrücken. Vor allem können Sie mit Pflanzen in Gefäßen zu jeder Jahreszeit einen saisonalen Blütenreigen gestalten. Ob Sie sie Ton-in-Ton in ein farblich genau abgestimmtes Gefäß setzen (wie hier Stiefmütterchen, Tulpen und Zierlauch in weinroten Kübeln) oder kräftige Kontraste bevorzugen (wie die braunroten Tulpen und Stiefmütterchen in den sonnengelben Töpfen), kann jeder selbst entscheiden. Sehr malerische Bilder ergeben sich auch, wenn Hängepflanzen in üppigen Kaskaden aus Kästen oder Hochbeet über die Mauern herabrieseln oder Pflanzensammler ihre Schätze vor und auf solchen Mäuerchen liebevoll arrangieren.

Garten-Design: Jacqueline van der Kloet, NL
Keukenhof, NL
Foto: Modeste Herwig

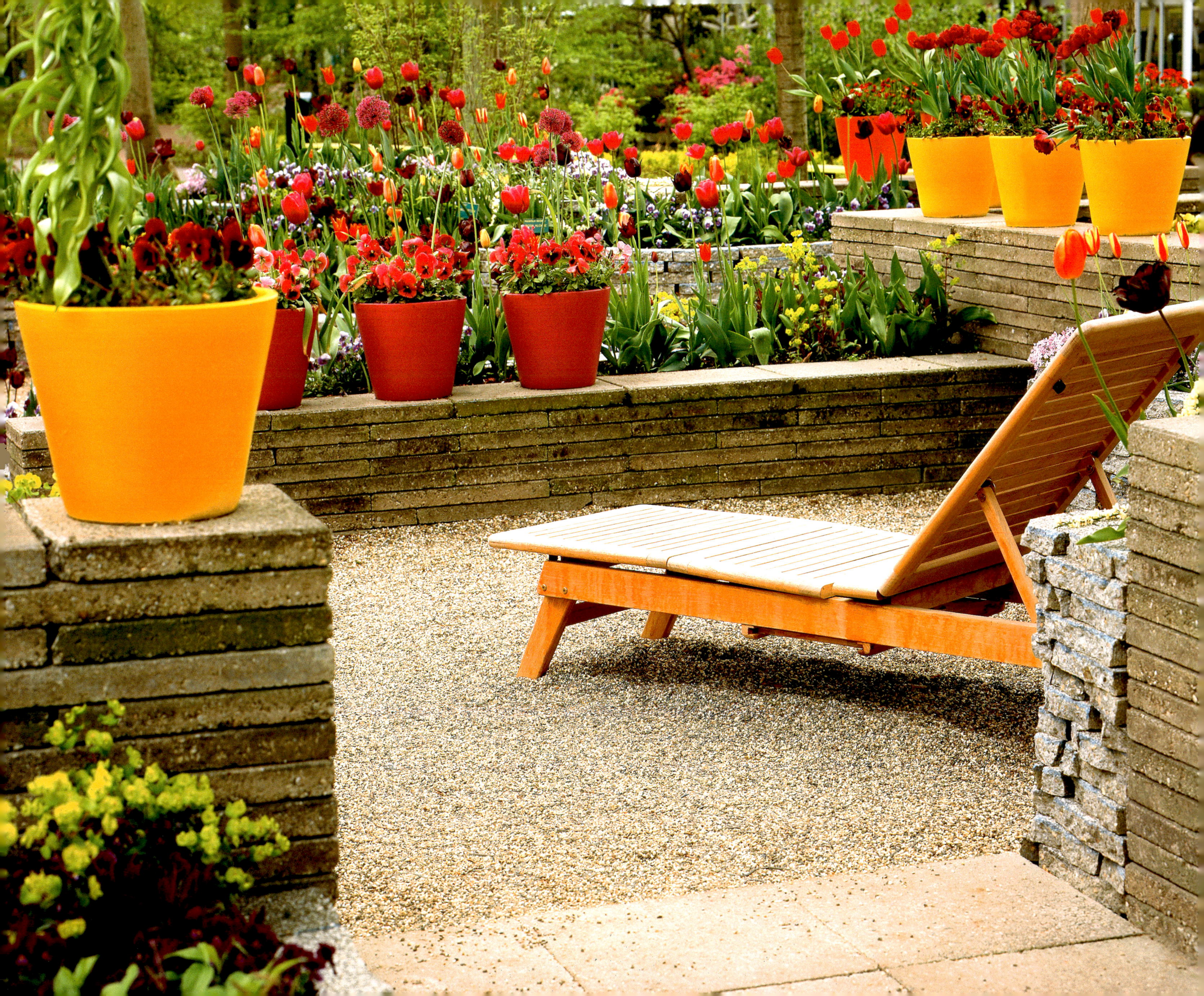

Sitzplatz in unkonventioneller Garbage-Art

Eine Gartenecke im leicht angeböschten Terrain wurde hier zu einem reizenden Zweitsitzplatz umgestaltet, der wie ein kleiner Logenplatz in den Hang eingelassen wurde. So entstand ein pfiffiges Musengärtlein, das durch drei Gestaltungsprinzipien zum Leben erweckt wurde:

Inszenierte Geborgenheit

Für den Sitzplatz wurde der Hang flächig „eingestanzt". Während eine Hang-Terrassierung für Beete meist ein lineares Abtragen und Abstützen von Bodenmaterial bedeutet, gewinnen Sitzplätze einen besonders lauschigen Charakter, wenn man den Hang dafür zu einem halbrunden oder rechteckigen Plateau abträgt. Darauf können ganze Sitzgruppen Platz finden oder – wie in unserem Beispiel – eine Eckbank eingebettet werden.

Resteverwertung als Prinzip

Genau das Richtige für den schmalen Geldbeutel sind die Baustoffe, bei denen es sich überwiegend um Altmaterial (garbage) vom Schrottplatz handelt, das nun durch originelles Recycling eine neue Funktion erhält. Neu zu kaufen waren lediglich die Gabionen. Diese massiven Drahtkäfige füllte man mit alten Ziegeln, Tonplatten und -töpfen, deren gemeinsame Erdfarbe die unruhigen Formen etwas ausgleicht und immer gut mit Pflanzen harmoniert. Nahtlos aneinandergefügt stützen sie die angestochene Böschung so sicher und exakt ab wie eine Trockenmauer oder Palisaden. Diese Drahtgitterkörbe sind in verschiedenen Formaten erhältlich und gewinnen noch an ornamentaler Ausdruckskraft und flächig-ruhiger Ausstrahlung, wenn man sie einheitlich mit Kieseln, Natursteinen, Schotter o. ä. füllt. Im vorliegenden Beispiel bieten sie durch ihre lockere Füllung auch vielen Kleintieren einen Unterschlupf. Auch die quadratischen Steinplatten und die aus altem Bauholz selbstgezimmerte Bank aus altem Bauholz mit den farbintensiven Plastiklehnen sind „Auslaufmodelle" und blicken schon auf mehrere „Leben" zurück.

Farbe im dialogischen Bezug

Zum Türkis der hervorstechenden Plastiklehnen passt das Blau und Grün der Rahmenbepflanzung ebenso wie der in die Plattenaussparungen eingesetzte Schopflavendel (*Lavandula stoechas*) mit seinem blaugrünen Laub. In diese farbliche Vernetzung fügt sich wie eine verspielte Fußnote das Dessin aus lichtblauen Glasfliesen (vom Flohmarkt) und kleinblättrigem Thymian, der zusammen mit dem Lavendel den Sitzplatz an heißen sommerlichen Tagen in zartwürzigen Duft hüllt.

Garten-Design: Claire Whitehouse, GB
Chelsea Flower Show, GB
Foto: Modeste Herwig

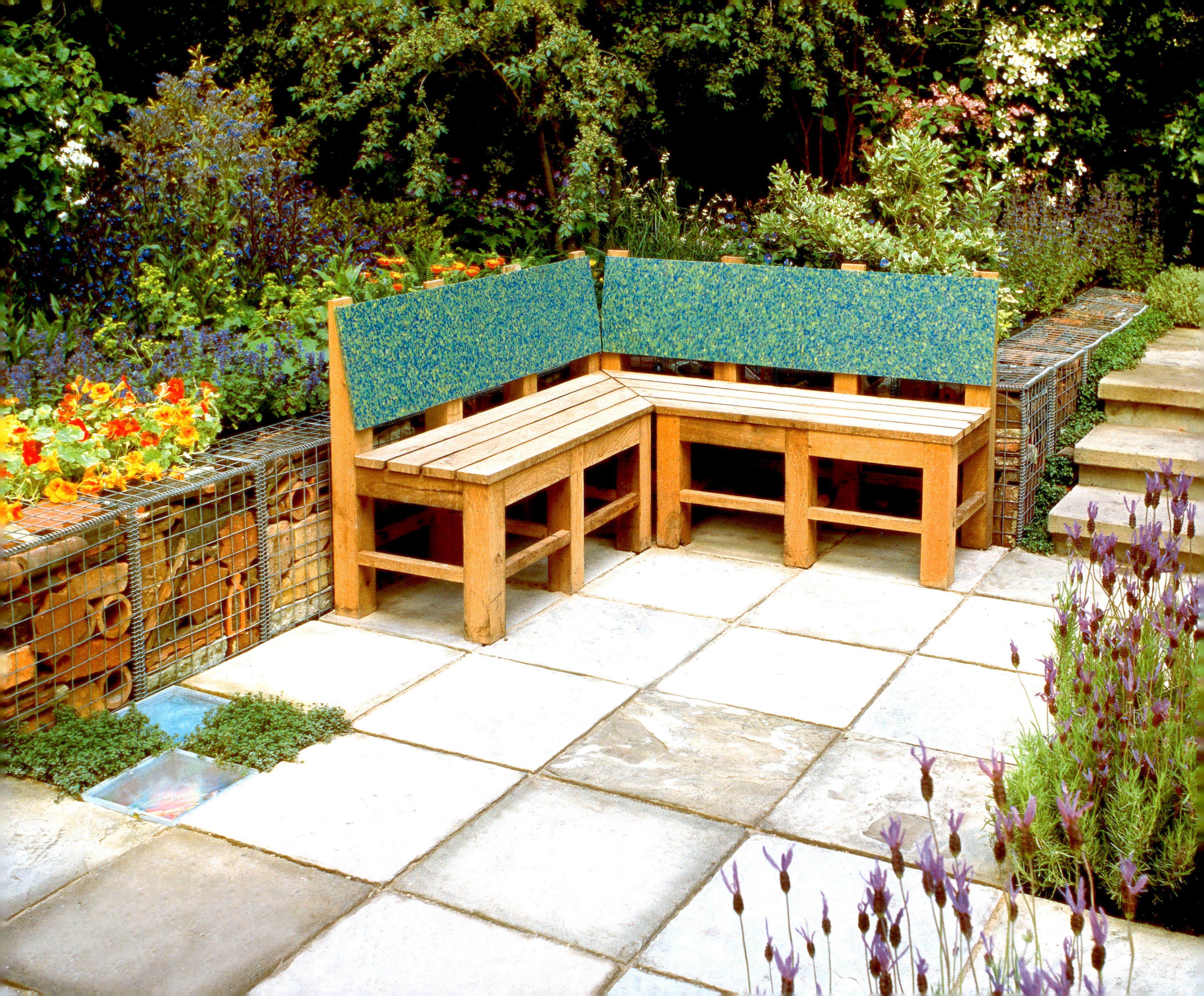

Erhöhter Sitzplatz am Wasser

Nach Art eines Holzdecks überragt dieser Sitzplatz wie eine abgerundete Landzunge eine kleine Wasserwelt. Seine erhöhte Position macht ihn zum Blickfang, ohne dass sich der dort Erholung Suchende schutzlos wie auf einem Präsentierteller fühlen müsste. Ein Bachlauf, der in mehreren plätschernden Stufen idyllisch in ein Becken mündet, eröffnet dem Sitzenden ein ganze Sinnenwelt aus Wassermusik und funkelnden Lichtreflexen und lädt den Genießer ein mit dem Auge dem Weg des quirligen Bächleins zu folgen.

Der Sitzplatz als Landzunge

Das Geheimnis dieses Ensembles lautet Bodenmodulation. Material, das beim Auskoffern von Bachlauf und Teich anfiel, wurde nicht nur geschickt genutzt zum Aufstocken der Sitzplattform, sondern auch zur höhenversetzten Anlage der Stufen des Baches. Seine „Quelle" liegt im Hintergrund des Sitzplatzes und auf gleicher Höhe mit ihm. Von da an umrahmt das Bächlein mit plätscherndem Gefälle das Rondell und gräbt sich dabei immer tiefer ein. Sitzplatz und Bachlauf entstanden so aus einem Guss – nicht nur was die Höhenmodulation des Geländes anbelangt, sondern auch bei der konkreten Ausführung. Die Teichfolie, die Bachlauf und Teich abdichtet, ist zwischen puffernden Schutzvliesen unter den Sitzplatz hineingezogen und wird nach vorne hin durch aufgemauerte Natursteine kaschiert. Die Pumpe, die den Wasserrücklauf zur Quelle sichert, liegt im Teichbecken, während ihre Zuleitung zur Quelle den kürzesten Weg unter dem Sitzplatz hindurch nutzen kann.

Integrationsmöglichkeiten im Garten und Wohnlichkeit

Die kleine Anlage ist eine Sinnenwelt, die sich wohl am besten in eine Gartenecke einfügt. Dort nämlich wirkt das erhöhte, sich nach vorne öffnende Ensemble besonders organisch eingebettet. Der Sitzplatz selbst ist ebenfalls ein Musterbeispiel für inszenierte Geborgenheit. Zur rückwärtigen Hälfte ist er aus einem Gürtel von verschiedenfarbigen Funkien-Sorten (Hosta) umgeben, über die sich höhengestaffelt Gehölze wie Fächerahorn (Acer palmatum), Blutberberitze (*Berberis thunbergii* 'Atropurpurea'), Hortensie (*Hydrangea macrophylla*) und Bambus (*Fargesia murieliae*) wie ein Kragen legen. Gehölze und Stauden also gewähren Rückendeckung und Seitenschutz und verleihen damit dem Sitzplatz Nischencharakter, während er durch schlichte, formschöne Liegestühle den nötigen Sitzkomfort erhält.

Dreiklang als Farbkonzept

Perfekt durchgestaltet ist auch die Farbgebung der Gartenszene. Keine Blüten bestimmen das dezente Farbspiel dieser Luftfeuchte liebenden Bepflanzung, sondern die feinen Grünnuancen der Blätter, die vor den einheitlichen Ockertönen von Natursteinen, Plattenbelag und Mobiliar umso deutlicher zum Tragen kommen. Den Dreiklang komplettieren die Kissen der Liegestühle, die mit ihrem Aubergine farblich einen Bezug zum Braunrot der Blutberberitze herstellen.

Garten-Design: Paul Dyer, GB
Hampton Court Palace Flower Show, GB
Foto: Modeste Herwig

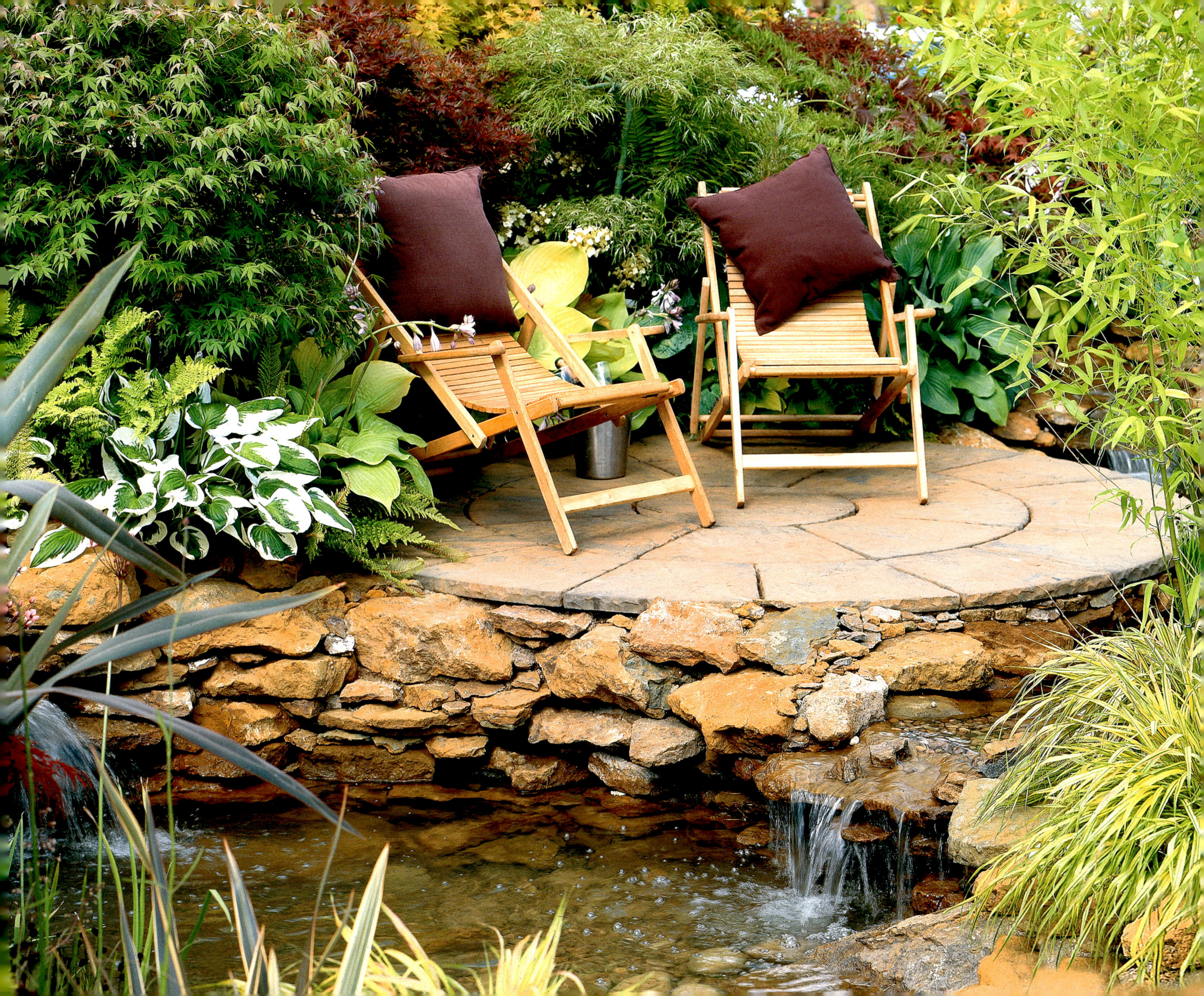

Minigarten voll raffinierter Ideen

Inmitten grauer Häuserfronten versprüht ein solch farbenfrohes Stadtgärtlein lebensfrohe Heiterkeit und bietet die herrliche Möglichkeit gesellig beieinander und doch ganz für sich zu sein. Dass aus Platzmangel auf hohe Gehölze verzichtet wurde, stört nicht, da ein anderes Höhenelement das kleine Refugium räumlich überbaut: eine blaue Pergola über dem gesamten Sitzplatz, die, falls man sie mit Segeltuch überspannt, zugleich Sonne und Blicke von oben aussperrt.

Sichtschutz und Verkleidung

Das prägendste Element dieses Freiluftdomizils ist die Holzwand, die als Sichtschutz oder Verkleidung unschöner Mauern dienen kann. In einem stabilen Rahmen mit breiter Überdachung und durchgehenden senkrechten Rippen stapeln sich exakt auf gleiche Breite geschnittene Eukalyptus-Baumscheiben zu einem natürlichen Mosaik. Zur Auflockerung baute man mit Anklängen an fernöstliche Gärten ein Fenster ein, das Ausblicke nach draußen gestattet und das Grün vor dem Garten einbezieht.

Sitzplatz mit Aufbewahrstation

Der rötliche Holzton wird auch von der Bankgruppe aufgegriffen, in deren Truhen sich Kissen und andere Gartenartikel unterbringen lassen. Dabei bieten die eingebauten Bänke mehr Sitzmöglichkeiten als Stühle. Auch ihre rechteckige Anordnung beansprucht weniger Grundfläche als ein runder Sitzplatz.

Farbbezüge

Das Gartendesign spielt mit drei Farben: dem Rotbraun des Holzes, dem linearen Blau der Lattenkonstruktionen und der Sitzkissen sowie den Grüntönen der Pflanzen. So wird Unruhe vermieden und gleichzeitig die pflanzliche Vielfalt akzentuiert.

Pflanzeneinsatz

Um in diesem ausgestalteten Gartenzimmer auch beim Sitzen die Pflanzen genießen zu können, wurden sie in eckiger S-Form um die Sitzecke herum in Hochbeete gepflanzt. Immergrüne Gehölze wie Buchs (*Buxus sempervirens*, Mitte) sowie silberlaubige Halbsträucher wie Lavendel (*Lavandula*) und Salbei (*Salvia*, links) oder der mediterrane, bei uns nicht frostharte, weiß blühende Silberbusch (*Convolvulus cneorum*, rechts vorne) und der Currystrauch (*Helichrysum italicum*, ganz rechts) bewahren in diesem australischen Garten rund ums Jahr ihre Struktur, während das Rasenstück wie ein Designerteppich mit seinem frischen Grün den Blick nach unten lenkt. Mit leiser Wassermusik untermalt ein kleiner Brunnen das Ensemble und erhöht dabei gleichzeitig die Luftfeuchte.

Garten-Design: Jim Fogarty, GB
Chelsea Flower Show, GB
Foto: Modeste Herwig

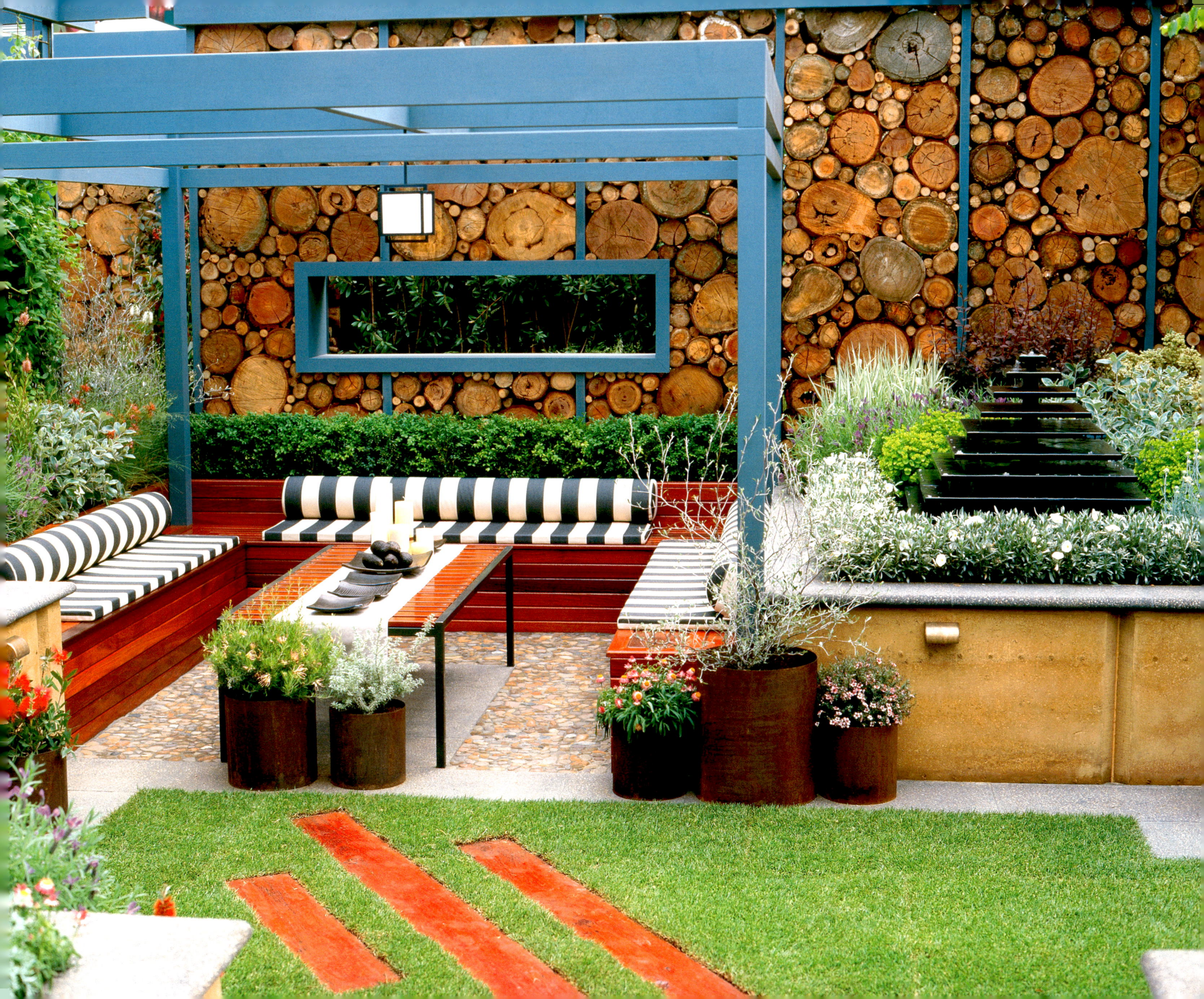

Sichtschutz und avantgardistische Raumteiler

Mit den immer kleiner werdenden Gärten wächst die Nachfrage nach originellen und schmalen Einfriedungen, die wenig Platz verschlingen und ein Höchstmaß an Sicht- und Lärmschutz mit edler Optik verbinden. Als vorbildlich empfindet man Zäune, die in Farbe, Form und Material zum Stil des Gartens passen. Ein gelungenes Beispiel stellt dieser kleine, moderne Garten vor, dessen geometrisch-grafische Lösungen für Außen- und Innenabgrenzungen perfekt mit seinem streng kubistischen Konzept harmonieren, das hochwüchsigen Bambusgruppen (*Phyllostachys iridescens*), Pfingstrosen und nur wenigen anderen Pflanzen freien Wuchs gestattet.

■ Gestaltungs-Tipp für Sichtschutz in kleinen Gärten

Rahmen Sie kleine Gärten ringsum niemals gleichförmig ein, da sie sonst leicht abgeschottet, bedrückend und eng wirken. Als besonders günstig erweisen sich Sichtschutz-Elemente, die geschlossene Fronten unterbrechen und sich variieren lassen. Die Inszenierung von Durchblicken, eine abwechslungsreiche Begrünung mit Kletterpflanzen oder Vorpflanzungen von Sträuchern und Blumen zählen zu den wichtigsten auflockernden Maßnahmen.

Drei Möglichkeiten zur Auflockerung einer Sichtschutz-Wand.

- Die weiße, durch horizontale Parallelen linierte Einfriedung wird, wie man ganz rechts erkennt, durch Umkehr in Negativstruktur weitergeführt. So bleiben Muster und Farbe zwar gleich, aber dennoch ändert sich die Wirkung des blickdichten Zaunes deutlich.
- Unterbrochen wird die langgezogene Fläche dieser Wand für das Auge auch durch Pflanzen, die in recht verschiedenen Abständen davor platziert wurden, wie die halbhohen Eibenblöcke oder die vertikal kreuzenden grünen Streben der hohen Bambushalme, die das Linienspiel der Sichtschutzwand aufgreifen.
- Als dritte Variante greift der Gartendesigner zu einem vorgebauten Versatzstück. Das große satinierte Glasrechteck ist jedoch kein befremdliches Unikat, sondern nimmt Bezug auf gleichartige Raumteiler innerhalb des Gartens, die den weißen Sitzplatz abgrenzen.

Glaswände als Raumteiler

Sie finden immer öfter Eingang in zeitgenössische Gärten. Gefrostetes satiniertes Glas bietet dabei den Vorteil, Wind und Blicke abzuschirmen, ohne das Licht völlig auszugrenzen. In diesem Garten löst das ausgesparte transparente Glasfeld wie ein Schlüsselloch einen Garten-Ausschnitt aus seinen Bezügen, so dass er völlig neu und mit großer Intensität wahrgenommen wird.

Garten-Design: Christopher Bradley Hole, GB
Chelsea Flower Show, GB
Foto: Modeste Herwig

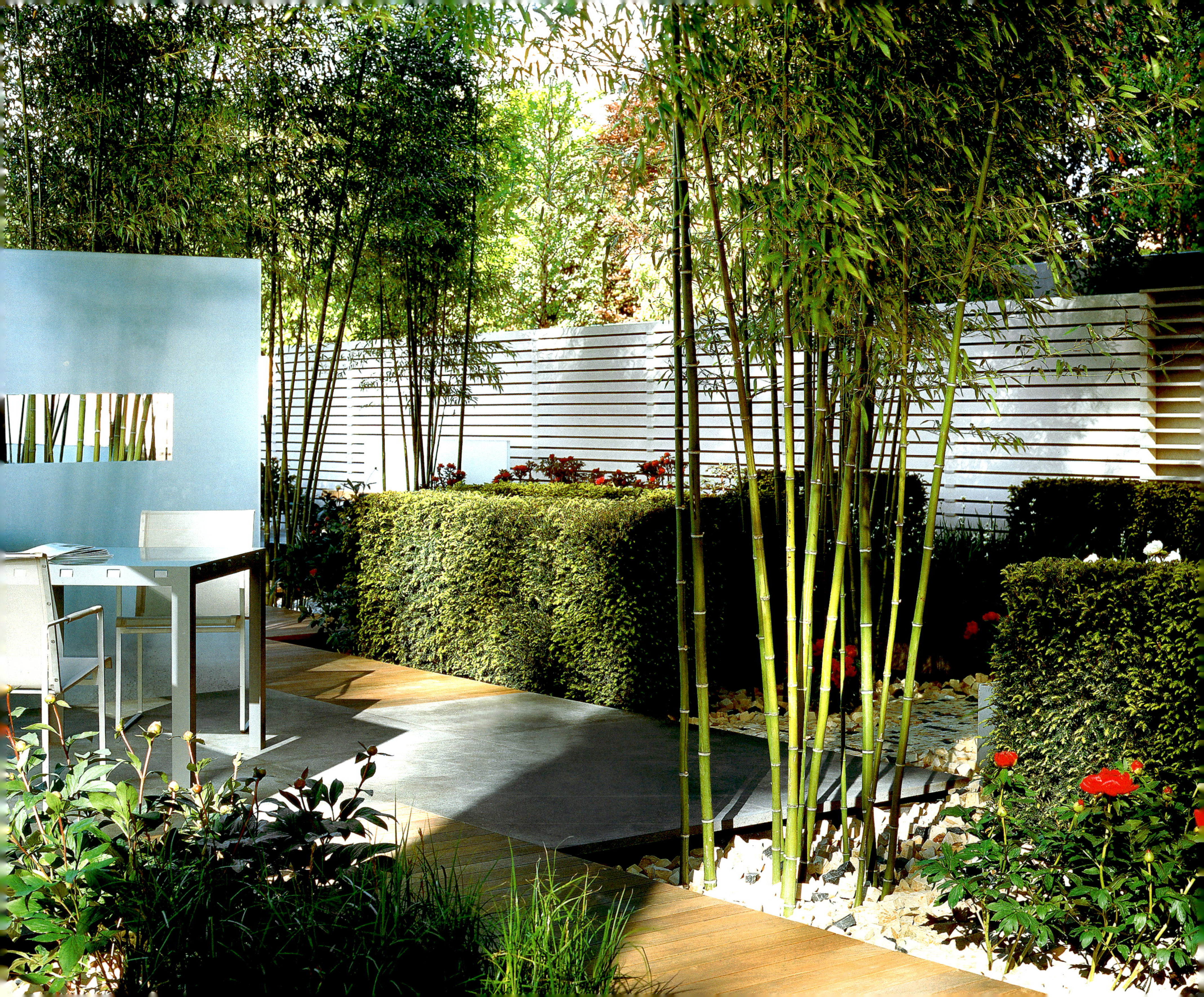

Die Terrasse als Wohnraum im Grünen

Terrassen bieten Lebensqualität für Seele und Sinne und können ganz unterschiedliche Wünsche erfüllen. Je nachdem, wie Sie Ihre gestalterischen Schwerpunkte setzen, können Sie sie verstärkt in die Welt des Gartens einbetten oder aber mehr dem häuslichen Bereich des Wohnens zuordnen. Deshalb vermögen Terrassen viele Funktionen zu übernehmen. Sie können ein Refugium für Pflanzensammler oder ein Kinderzimmer sein, geselliger Salon, mediterranes Urlaubsdomizil oder aber ein Ort des Atemholens und der Beschaulichkeit.

Pergola mit fruchtigen Schätzen

Die Gestaltung dieser großzügigen Terrasse betont den Aspekt des „Zimmers im Grünen". Dieser Sitzplatz am Haus will Wohnraum und Lebensbereich für die Familie und ihre Gäste sein. Signalträger hierfür ist die umlaufende einholmige Pergola, die den Blick auf den Garten wie durch Riesenfenster rahmt. Wie eine transparente Wand steckt sie den imaginären Raum der Terrasse ab und kreiert eine Vorstellung von Drinnen und Draußen. Dass der gleichmäßige Plattenbelag diese Maße in der Horizontalen nachvollzieht, verstärkt die Raumwirkung. Die Pergola selbst hingegen entpuppt sich zu jeder Jahreszeit als Kind der Natur, denn ihre Begrünung mit Weinreben (*Vitis vinifera* ssp. *vinifera*) lässt die Jahreszeiten sehr bewusst erleben. Dabei bildet das dekorative große Laub bis zum Herbst einen einheitlichen, ruhigen Rahmen vor dem Blütenreigen der Blumenbeete im Garten. Mit der Herbstfärbung der Blätter und der Traubenernte verabschiedet sich dann das Grün. Aber selbst im Winter kann die Pergola mit Lichterketten, Laternen oder hängenden Windlichtern den Blick aus dem Haus auf den stillen Garten mit stimmungsvollen Lichteffekten beleben.

Lauschig grüne Wände

Sobald die Pergola die Terrasse seitlich umläuft, werden die imaginären Fenster zu Wänden. Eine ausgepflanzte Buchenhecke durfte in sie hineinwachsen und wird seitdem auf Wandmaße getrimmt. Die Hecke verstärkt das beruhigende Grün auf der Terrasse, das Blicke, Wind und Lärm filtert und erst im Herbst das Goldgelb des Weinlaubs mit seinem Gelb- und Rotbraun untermalt.

■■ Pflanzentipp

Rotbuche (*Fagus sylvatica*) und Hainbuche (*Carpinus betulus*) sind sehr schnittverträglich und verwachsen zu blickdichten Hecken. Hainbuchen gewähren jedoch auch über den Winter hinaus Sichtschutz, da ihr Laub bis zum Frühjahr haftet.

Garten-Design: Modeste Herwig, NL
Garten: Modeste Herwig, NL
Foto: Modeste Herwig

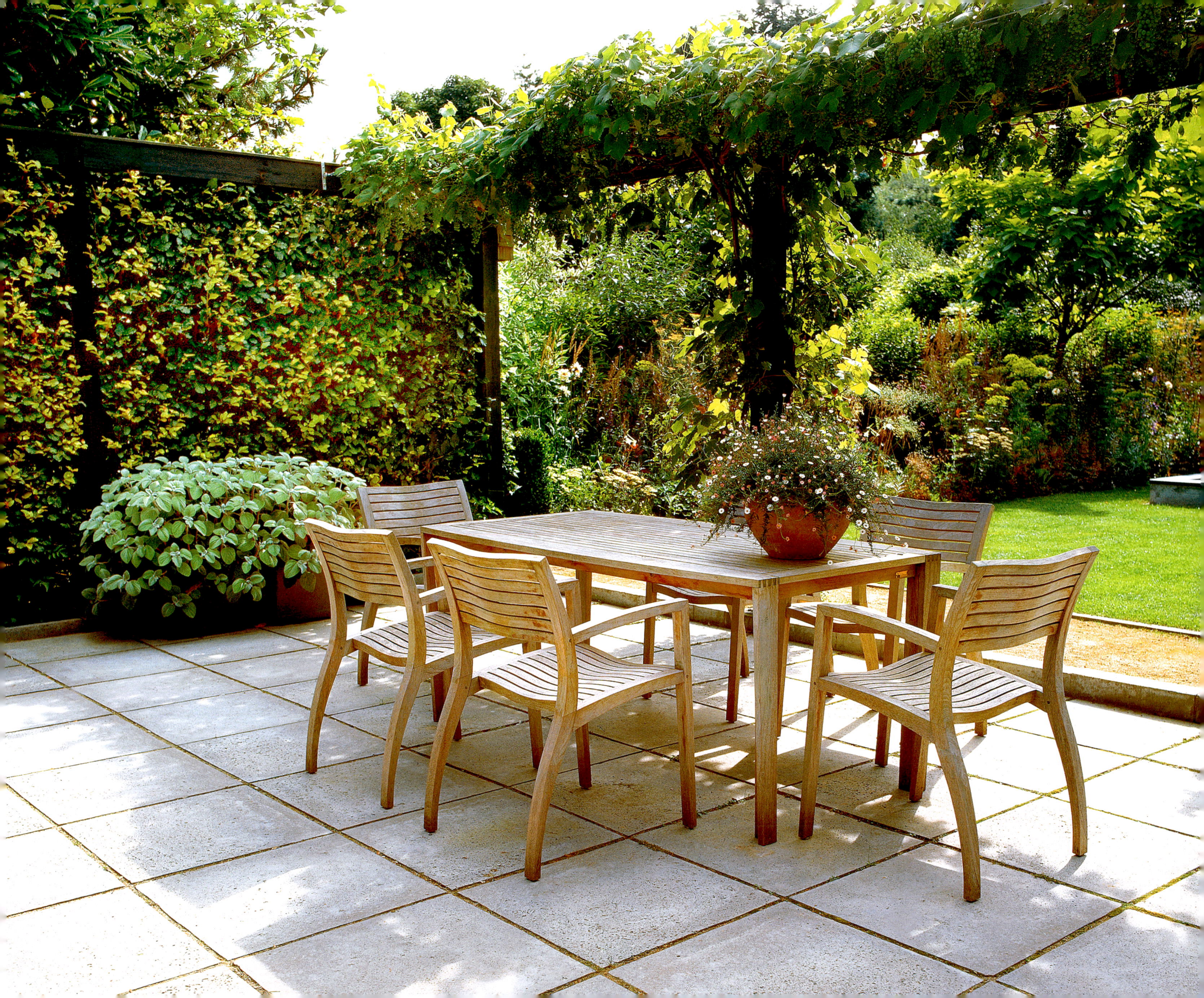

Stufige Plattformen über dem Wasser

Eine paradiesische Lösung für ein grünes Refugium an einem leicht abfallenden Ufer zeigt dieser Garten auf, der ganz auf die Wünsche von Pflanzenfreunden und Erholung Suchenden abgestimmt ist.

Holzdecks als Rasenersatz

In diesem Garten fallen weder Mäharbeiten noch das Entsorgen von Rasenschnitt an. Anstelle der üblichen Rasenfläche übernehmen stufig versetzt angeordnete Holz-Plateaus in einem eleganten Schwung die innere Strukturierung und legen damit Beete und Freizeitfläche fest. Dabei ist jede Etage so angeordnet, dass sie in Höhe und Ausrichtung einen etwas veränderten Blick auf Pflanzen und Wasser gewährt.

Holzdecks als Freizeitareal

Über dem Wasser zu sitzen oder zu liegen ist immer vom Zauber der sinnlichen Suggestivkraft dieses Elements oder gar von der Fiktion, sich mitten im Wasser zu befinden, umgeben. Die Plattformen und das in den Teich hineingezogene Holzdeck bieten reizvolle Sitz- und Liegeplätze, deren Charakter umso wohnlicher wird, je geschlossener sie wie hier zu beiden Seiten von Pflanzen am Ufer oder im Flachwasser umspielt werden. Auch Pflanzen in Kübeln verknüpfen sie mit dem Gartengrün und tupfen zugleich Höhenakzente ein.

Auswahl des Mobiliars

Damit Optik und Proportionen stimmen, sollten Gartenanlage und Sitzplatz in Größe und Stil aufeinander Bezug nehmen. So fügen sich in das organische Bild der naturbelassenen Holzdecks die schlichten Naturholzmöbel wie selbstverständlich ein. Aber auch filigranere Klappmöbel aus einem Mix aus Holz und Metall oder zierliche Flechtmöbel aus wetterfester Kunstfaser würden das natürliche, entspannende Fluidum dieses Gartens unterstreichen. Farbiges Mobiliar in Rot, Weiß oder Blau hingegen setzt frische bis freche Akzente. Wichtig ist, dass das Mobiliar nicht zu wuchtig ausfällt und mit der Deckgröße harmoniert.

Tipps zu Holz und Bau

Damit Sie viele Jahre Freude an einer anspruchsvollen, den Garten prägenden Deckanlage haben, sollte sie von einem Fachmann geplant und gebaut werden. Scheuen Sie auch nicht die höheren Kosten eines geeigneten Hartholzes der Dauerhaftigkeitsklasse 1 oder 2, wie Eiche, Robinie, Plantagenteak, Bongossi oder Bangkirai.

Foto: Modeste Herwig

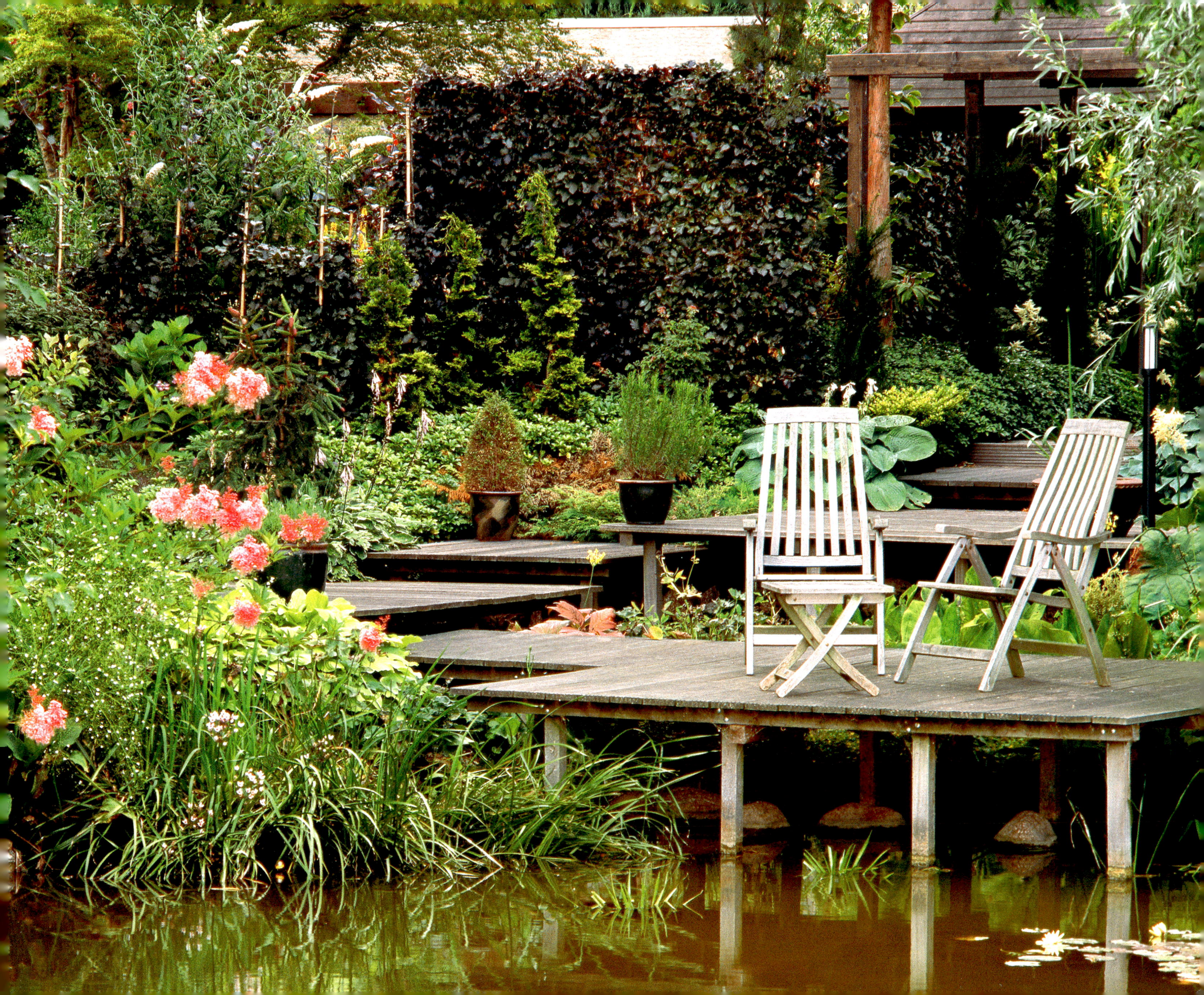

Sitzplatz mit fantasievoller Umgaukelung

Die Ausgangssituation in diesem Gartenbeispiel basiert auf einer ungegliederten, nur aus Brett und Holzklötzen bestehenden Bank vor einer kahlen Mauer. Ihre beschwingte Anmut gewinnt die Gestaltung erst durch ein verspieltes Ambiente, das die schlichten, schnörkellosen Formen von Bank und Mauer mit einfachsten Mitteln in eine kleine Oase voller Liebreiz verwandelt.

Der Trick mit dem Kontrast

Gegensätze entfalten stets ein lebendiges Miteinander voller Spannung. In dieser Gartensituation zieren die filigranen Blätter von Bambus und Euphorbien die anspruchslose Mauer ebenso wie die reizvollen Kieselstein-Ornamente den sonst eintönigen Boden. Gleichzeitig werden sie aber selbst nur durch die Schlichtheit ihres Untergrundes so perfekt in Szene gesetzt. Die gleiche Rückbezüglichkeit zeigt sich bei der Sitzbank. Das kleinteilig graziöse Umfeld umschmeichelt ihre schmucklose Schlichtheit und veredelt sie zum romantischen Ruhepol. Inspirierend ist auch die Idee, die signethaften dunklen Blütenmotive des Kieselstein-Belags an der Wand zu wiederholen. Tipps zum Verlegen der Kiesel-Ornamente finden Sie auf Seite 162.

Pflanzen als Rahmen für den Sitzplatz

Während der immergrüne Bambus die Bank rund ums Jahr beidseitig beschirmt, treten die Stauden hinter ihr wie auf einer Bühne im saisonalen Wechsel auf. So beleben im Juni die schlanken, roten Königskerzen (*Verbascum*-Hybriden), die rundlichen Tuffs des Iran-Lauchs (*Allium aflatunense*) und des Nickenden Lauchs (*Allium cernuum*) den warmen Sonnenplatz vor der Mauer. Sommerlang blühende Alternativen bieten Sommerblumen wie Kosmeen (*Cosmos bipinnatus*), Spinnenblumen (*Cleome hassleriana*) oder Stockrosen (*Alcea rosea*).

■ ■ Tipps für alternative Stauden im Halbschatten

Hohe Stauden mit unterschiedlicher Blütezeit können rund ums Jahr Rücken- und Seitenlehnen einer Bank floral ersetzen. Dabei sollten Sie standfeste Pflanzen mit robusten Stängeln auswählen, die auch mit den Licht- und Bodenverhältnissen am jeweiligen Standort auskommen. Für Sitzplätze vor Mauern und Hecken, die wenig Sonne erhalten, empfehlen sich Eisenhut (*Aconitum*), Herbst-Anemonen (*Anemone*-Japonica-Hybriden), Astilben, Kerzenknöterich (*Bistorta amplexicaulis*), Waldglockenblume (*Campanula latifolia*), Silberkerzen (*Cimicifuga*), Fingerhut (*Digitalis*), Ligularien, Schaublatt-Arten (*Rodgersia*) und Türkenbund-Lilien (*Lilium martagon*).

Chelsea Flower Show, GB
Foto: Modeste Herwig

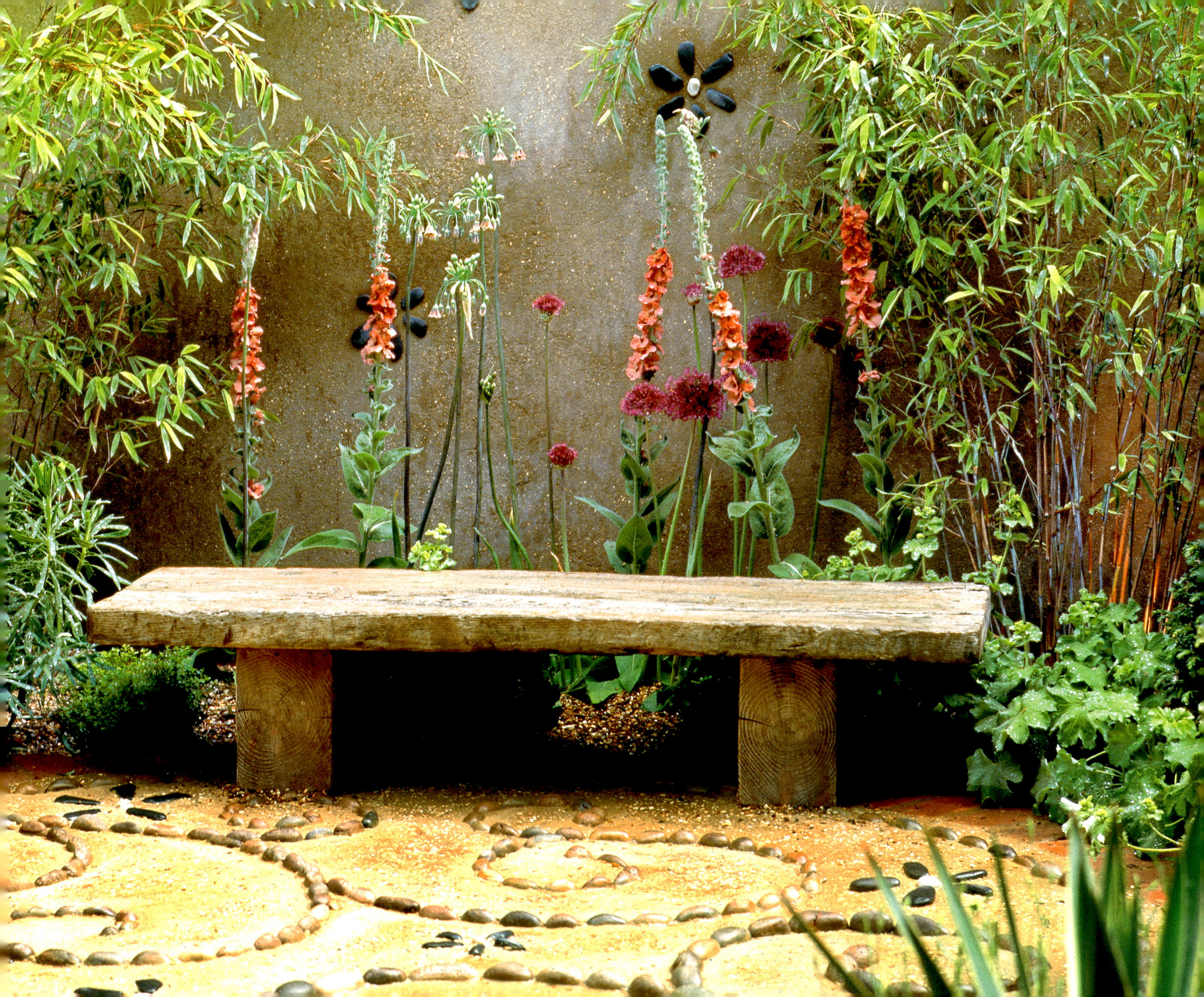

Abgesenkter Nischenplatz am Hang

Einen solch lauschigen Sitzplatz mit dem Wohlfühlcharakter eines Senkgartens gewinnen Sie, wenn Sie in einem Hang Nische und Grundfläche dafür abstechen. Das wallartig geschützte Freiluftdomizil erfüllt unser Urbedürfnis nach Rücken- und Seitendeckung und lässt Pflanzen ganz nah und aus neuer Perspektive erleben.

Schwingende Hangmodellierung

Damit Sitzplätze wie dieser auch erreichbar sind, muss der Hang als erstes durch genau geplante Wege und Treppen begehbar gemacht werden. Diese brauchen nicht allzu breit ausgeführt zu werden. In naturnahen Gärten genügen 60 cm. Schmäler sollten sie allerdings nicht ausfallen, damit auch noch Geräte oder eine Schubkarre transportiert werden können.

Die vorgesehene Grundfläche von 2 x 2 m für den Sitzplatz erweiterte man an beiden Seiten um je 40 cm um Platz für die Stützmauer zu gewinnen. Wenn Sie beim Abstechen als erstes das Unkraut entfernen, können Sie den unkrautfreien humosen Oberboden auf Baumscheiben oder unter Sträuchern verteilen. Der steinige Unterboden hingegen kann für Bodenmodellierungen an anderer Stelle dienen oder muss entsorgt werden. In unserem Beispiel trug man gleichzeitig rechts daneben den Hang für Stufen ab, so dass aus den Hangresten dazwischen eine Art Hochbeet entstand.

Bodenbelag und Hangabstützung

Im Bodenbelag des Sitzplatzes und in der um 15 Grad nach hinten geneigten Trockenmauer kommen alte Klinker mit der Patina vieler Jahre zu neuen Ehren. Da sie in einheitlichen Erdtönen den ganzen Hang und auch die Wangen der Stufen einfassen, tritt das erhöhte Rahmenbeet besonders ausdrucksstark hervor. Im Halbschatten der Mauerkrone tummeln sich neben einer riesigen Funkie (*Hosta*) auch andere Blattschönheiten wie Kaukasusvergissmeinnicht (*Brunnera macrophylla*) oder Farne.

■■ Tipp zum Berechnen des Platzbedarfs für einen Sitzplatz

Die benötigte Fläche lässt sich nach folgender Regel ermitteln:
Länge/Durchmesser des Tisches + 2 m (für Stühle und Spielraum)
x
Breite/Durchmesser des Tisches + 2 m (für Stühle und Spielraum).
Bedenken Sie auch, dass eine runde Sitzgruppe mehr Raum beansprucht als eine rechteckige. Auch bei besonders ausladendem, voluminösem Mobiliar sollten Sie Platz zugeben.

Garten-Design: Els de Boer, NL
Garten: Els de Boer, NL
Foto: Jürgen Becker

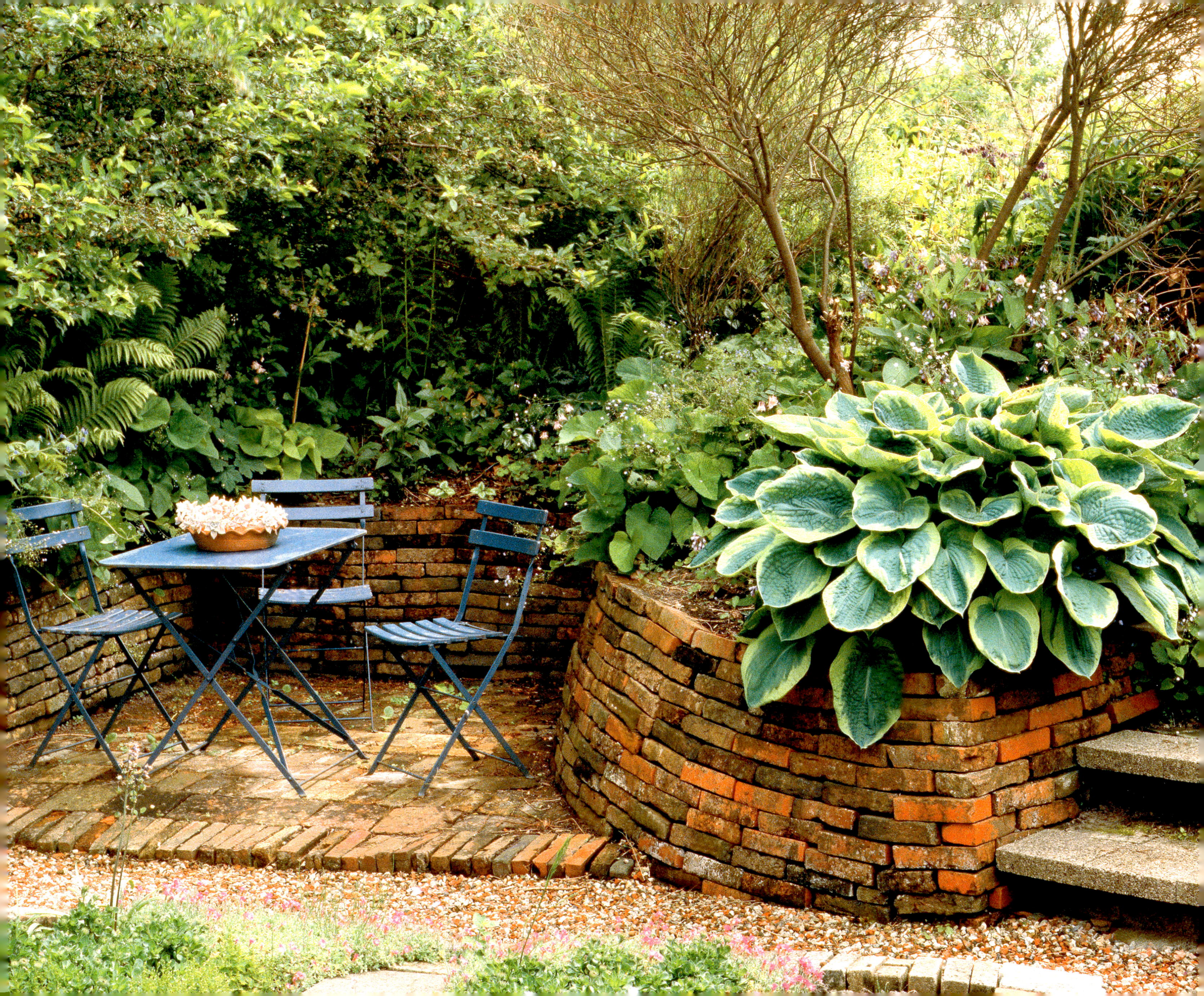

Wildromantische Laubenbank aus einem alten, großen Baum

„Aus dem Garten – für den Garten" lautet das Motto bei dieser überdachten Sitzbank, die an einem Tag fast zum Nulltarif gebaut wurde. Denn alle hölzernen Bestandteile kann ein gefällter großer Baum aus dem Garten abwerfen. Wem kein eigener Baum zur Verfügung steht, kann das benötigte Material aber auch bei Nachbarn oder Gärtnern, die einen Gartenservice betreiben, zusammensammeln. Da alles Holz frisch verarbeitet wird, können Sie sofort loslegen. Es ist nicht nötig, das Holz zuerst einem Lagerungs- und Trocknungsprozess zu unterwerfen, da es ja im gleichen klimatischen Umfeld bleibt. Für die tragenden Teile benötigen Sie fünf mindestens 10 cm dicke und mindestens 2 m lange Äste, die sich nach oben nicht allzu stark verjüngen. Für die auf ihnen ruhende Überdachung aus zwei längs verlaufenden Pfetten und kurzen, quer aufliegenden Reitern können Sie hingegen die weniger kräftigen Seitenäste nutzen. Der Hauptstamm des Baumes findet zersägt in Brettern, die zusätzlich gehobelt werden, eine neue Funktion als Rücken- und Seitenlehnen sowie als Sitzfläche, die den üblichen Bodenabstand von 40–45 cm erhält.

Laubenbänke erhalten ihre intime Verwunschenheit erst dann, wenn sie raunende Blätterwände und duftende Blüten umranken. An sonnigen Plätzen ist die Auswahl an Pflanzen groß. Einjährige Schlingpflanzen wie Japanischer Hopfen (*Humulus japonicus*), eine der vielen Prunkwinden (*Ipomoea*) oder die Schönranke (*Eccremocarpus scaber*) benötigen jedoch Spanndrähte oder einen Maschendraht, an denen sie die Laube schnell einspinnen. Die Kapuzinerkresse (*Tropaeolum majus*) mit ihren weichen, sehr brüchigen Trieben ist dafür weniger geeignet, verwandelt aber den Love-Seat in einen malerischen Blickfang, wenn sie sich wie hier auch auf der Sitzfläche ausstrecken darf. Natürlich können auch langlebige Klettergehölze wie Kletterrosen, Clematis oder Geißblatt die Bank umhüllen. Einjährige Kletterer haben jedoch den Vorteil, dass die Laube von Herbst bis Frühjahr pflanzenfrei bleibt, so dass ihr Holz in dieser Zeit austrocknen kann, was wiederum ihre Lebenszeit verlängert.

■■ Fünf Maßnahmen, die die Langlebigkeit der Laubenbank erhöhen

- Behandeln aller Holzteile mit Imprägnierungsmittel.
- Traditionelle Isolierung der dicken Pfostenenden, auf denen die Bank später steht, gegen aufsteigende Bodenfeuchtigkeit, indem man sie in Teer taucht oder über einem Feuer ankohlt.
- Schälen aller Holzteile. Entrindetes Holz hält länger. Wer diese Mühe auf sich nimmt, hat länger etwas von der Bank. Allerdings löst sich an vielen Ästen mit der Zeit die Rinde auch von allein.
- Fixierung der Holzteile mit rostfreien Versenkkopfschrauben. Sie sind zugfester als Nägel, mit denen viele „grüne Holzarbeiten" üblicherweise ausgeführt werden.
- Sonnig und luftig aufstellen, damit Regen und Feuchtigkeit schnell abtrocknen. Es bewahrt das unbehandelte Holz vor schnellem Moder und Zerfall.

Garten: Merriment, GB
Foto: Modeste Herwig

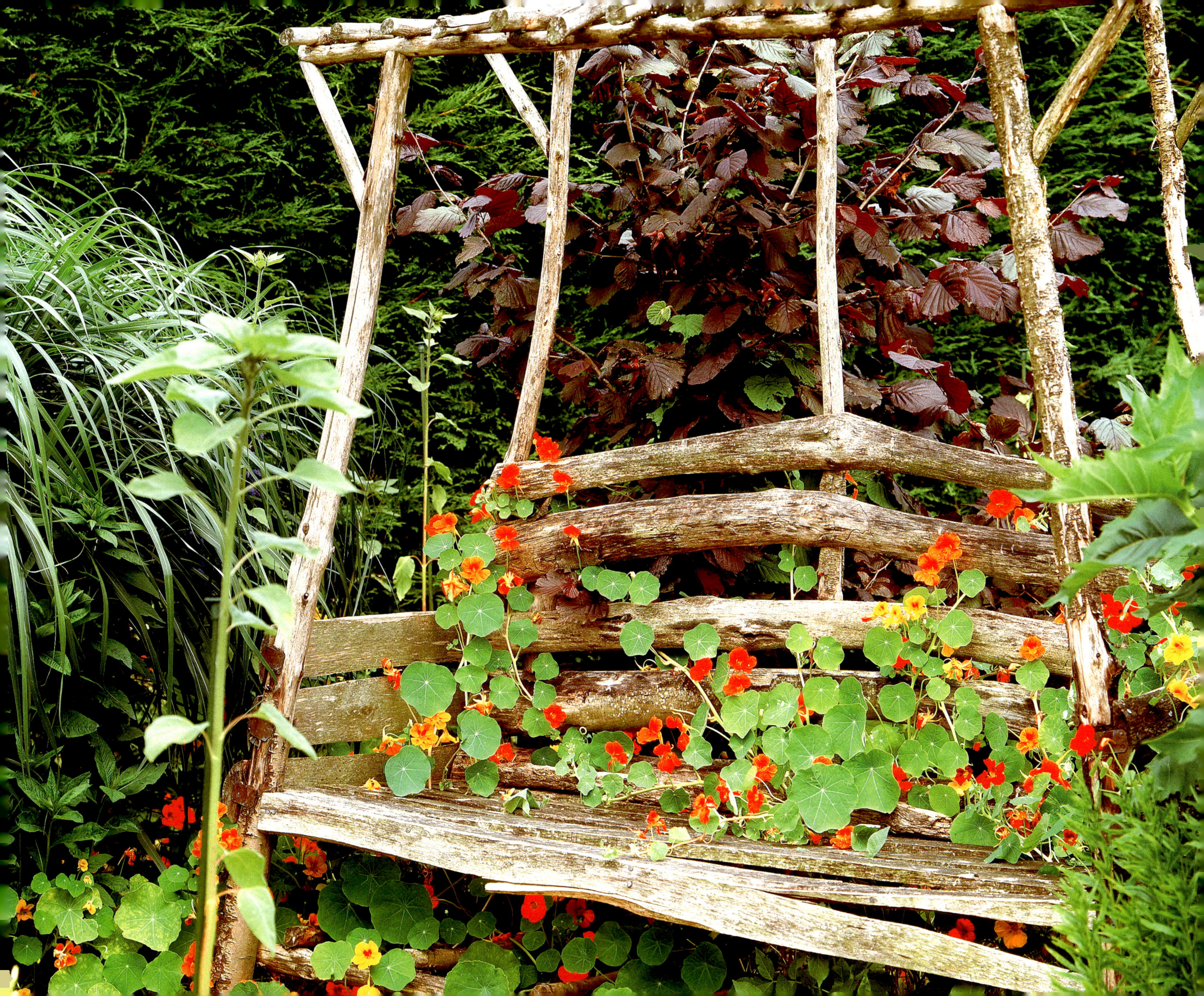

Schneller Zweitsitzplatz an der Gartengrenze

In durchgestalteten kleinen Gärten passt oft kein Sitzplatz mehr in den Innenraum des Gartens, sondern nur noch an seine Grenzen. Dies muss jedoch kein Nachteil sein, denn damit verwandelt man ein bislang häufig stiefmütterlich behandeltes Abseits in ein wohnliches Domizil. Aber auch in großen Gärten liegen stille Ecken in Grenzbereichen oft brach und verlottern vor sich hin. Ein originelles Beispiel, wie Sie abgelegene Winkel besonders schnell und stilvoll gestalterisch erschließen, führt dieser Garten vor Augen. Unter den vielfältigen Gestaltungsmöglichkeiten mit Drahtgitterkörben entschied man sich hier für ein halbrundes Konzept mit gleichartiger Abschottung, das wie eine Tafelrunde auch als Grill- oder Feuerplatz bestens genutzt werden kann.

Die Optik von senkrechtem Pflaster

Drahtgitterkörbe sind in den vielen Großformaten erhältlich und lassen sich auf sehr unterschiedliche Weise füllen. Wichtig ist, dass das Füllmaterial unverrottbar ist und ein gewisses Eigengewicht besitzt, wenn die Gabionen, wie hier, zu einer hohen Sicht- und Lärmschutzwand aufeinandergesetzt werden sollen. Stabilität verleihen solchen Stapelwänden zusätzliche Drahtverbindungen, wobei großformatige Quader obendrein durch interne Abstandshalter in Form gehalten werden. Der ungewöhnliche Reiz dieser Kombination aus Sichtschutzwand und halbrunder Sitzbank besteht darin, dass die Granitpflastersteine zwar wie in einem regelmäßigen Kreuzverband, aber nicht – wie es das Auge gewohnt ist – als horizontaler Bodenbelag verlegt wurden, sondern vertikal zur Wand gestapelt sind. Da die changierenden Grautöne des Granits das graue Maschennetz der Gitterkörbe weitgehend neutralisieren, tritt das feine Dessin der Steine umso stärker hervor.

Gabionenbank in Bogenform

Längliche Drahtgitterkörbe lassen sich auch zu einem weiten Bogen biegen, wenn das Material klein genug ist oder beliebig aufgefüllt werden kann. Genau angepasst ist allerdings die aus mehreren Einzelstücken zusammengesetzte Holzauflage, die versierte Heimwerker wohl auch selbst zimmern können. Wählen Sie dafür unbedingt wetterfestes Hartholz.

■ ▢ Tipps zur Gestaltung

Der geschlossene Eindruck dieser Sitzplatzes lässt sich noch intensivieren, wenn die Bank auf einem gepflasterten Rondell ruht, in das ein ebenfalls rundes Wasser- oder Feuerbecken eingelassen ist.

Garten-Design: Liz Robinson & Phil Kaye, GB
Chelsea Flower Show, GB
Foto: Modeste Herwig

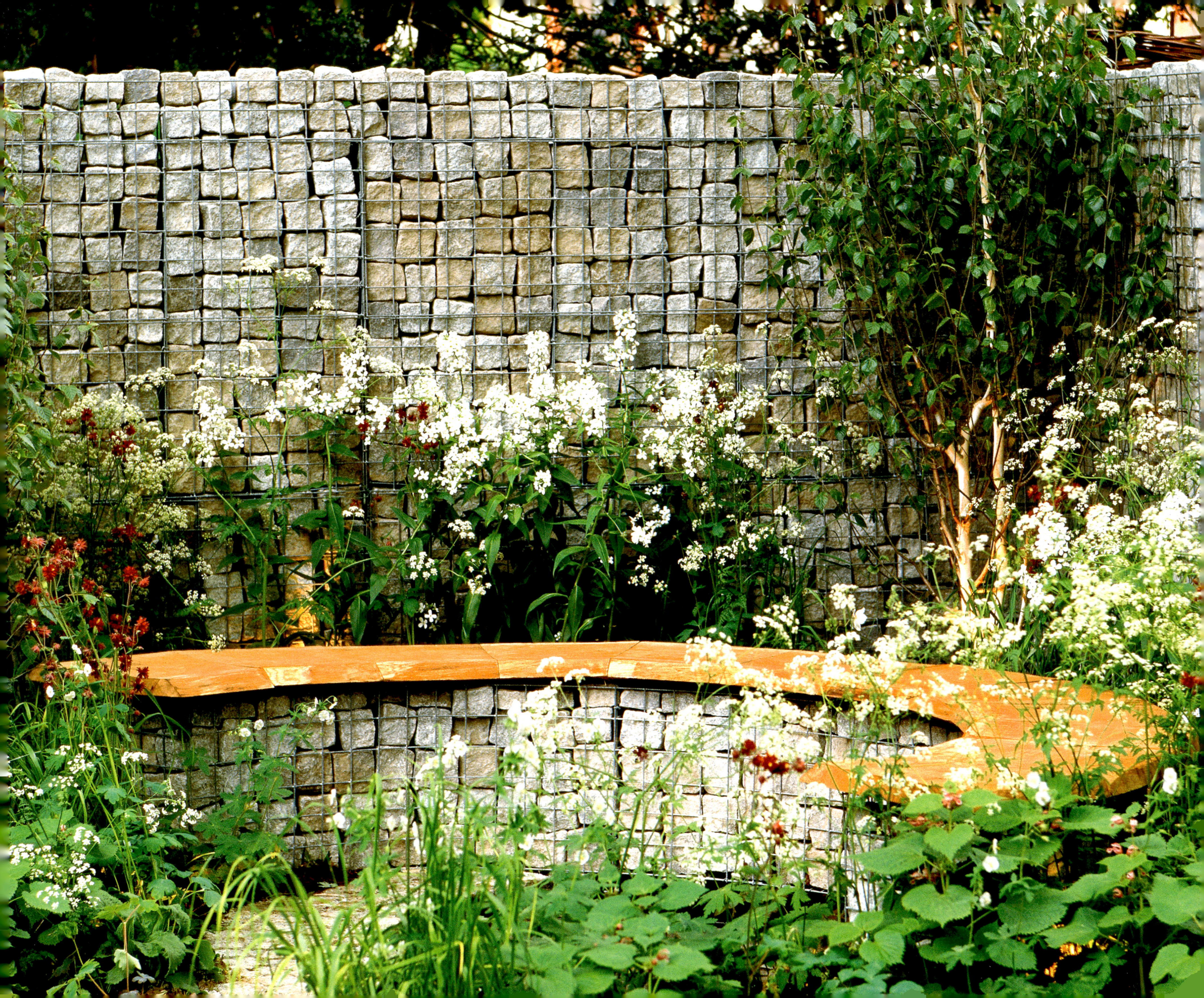

Stufen im grünen Streifen-Look

Die Besitzer und Gestalter dieses Gartens ließen sich bemerkenswerte, inspirierende Lösungen einfallen um ihre erhöht liegende Terrasse harmonisch zwischen Haus und Garten einzubetten.

Pflanzen als grüne Vermittler

Die alte Regel, dass der Garten über die Terrasse zum Haus auslaufen soll, so dass statt abrupter Zäsuren fließende Übergänge entstehen, wurde hier feinsinnig beherzigt. Zahlreiche Kletterpflanzen tummeln sich an der Hauswand hinter der Terrasse, eine Topfgalerie mit saisonalen Tulpen und Stauden, seitliche Bepflanzungen sowie die Begrünung der Stufen vereinen die Welten aus Menschenhand und Natur.

Seitenschutz und Stufen

Bei erhöht liegenden Terrassen muss der Zugang zum Garten durch Stufen erschlossen werden. Besitzen auch Sie eine Terrasse, die über dem Gartenlevel liegt, sollten Sie zwei entscheidende Gartenelemente besonders attraktiv gestalten:

- Dies ist zum einen ein seitlicher Wind- und Sichtschutz, der das private Leben nach außen abschirmt. Dazu stehen hohe Barrieren zur Verfügung, wie berankbare Mauern, Sichtschutzwände, Rankgitter, Geländer oder Brüstungen, Blütengehölze, wie duftende Strauchrosen, robuste hohe Stauden oder immergrüne Gehölze. Oft genügt von der Lage her jedoch auch nur ein mäßig hoher angedeuteter Rahmen, um ein Gefühl von Geborgenheit und Einfriedung aufkommen zu lassen. Die Besitzer dieses Gartens entschieden sich links für eine halbhohe, architektonisch getrimmte Buchseinfassung, während die Terrasse an der gegenüberliegenden Seite von Gehölzen, Stauden und Kletterpflanzen frei überwuchert werden darf, wobei nostalgisches Ambiente wie Eisenbank und Vogeltränke romantisches Flair beisteuert.
- Der zweite Schwerpunkt liegt auf der Ausgestaltung der Stufen. Sie gewinnt noch an Bedeutung, wenn die Stufen nicht an der Seite, sondern wie hier frontal zum Garten hinabführen. In perfekter Einheit mit der Terrasse führte man sie im gleichen Klinkerbelag und in ebenfalls rechteckiger Form aus. Da sich die Treppe zum Garten hin noch verbreitert, wirkt sie besonders großzügig. Als primärer Blickfang erweist sich der grüne Wein (*Parthenocissus quinquefolia*), dessen Ranken durch gärtnerische Kleinarbeit gebändigt werden. An Schattenplätzen kann diese Aufgabe Efeu (*Hedera helix*) übernehmen. Alternativ können Sie in sonnigen Treppenfugen aber auch Polsterstauden ansiedeln, wie Steinbrech (*Saxifraga*), Seifenkraut (*Saponaria*), Gänsekresse (*Arabis caucasica*) oder Mauerpfeffer (*Sedum album*).

Garten-Design: Jan Opstal, Jo Willems, NL
Garten: De Heerenhof, NL
Foto: Jürgen Becker

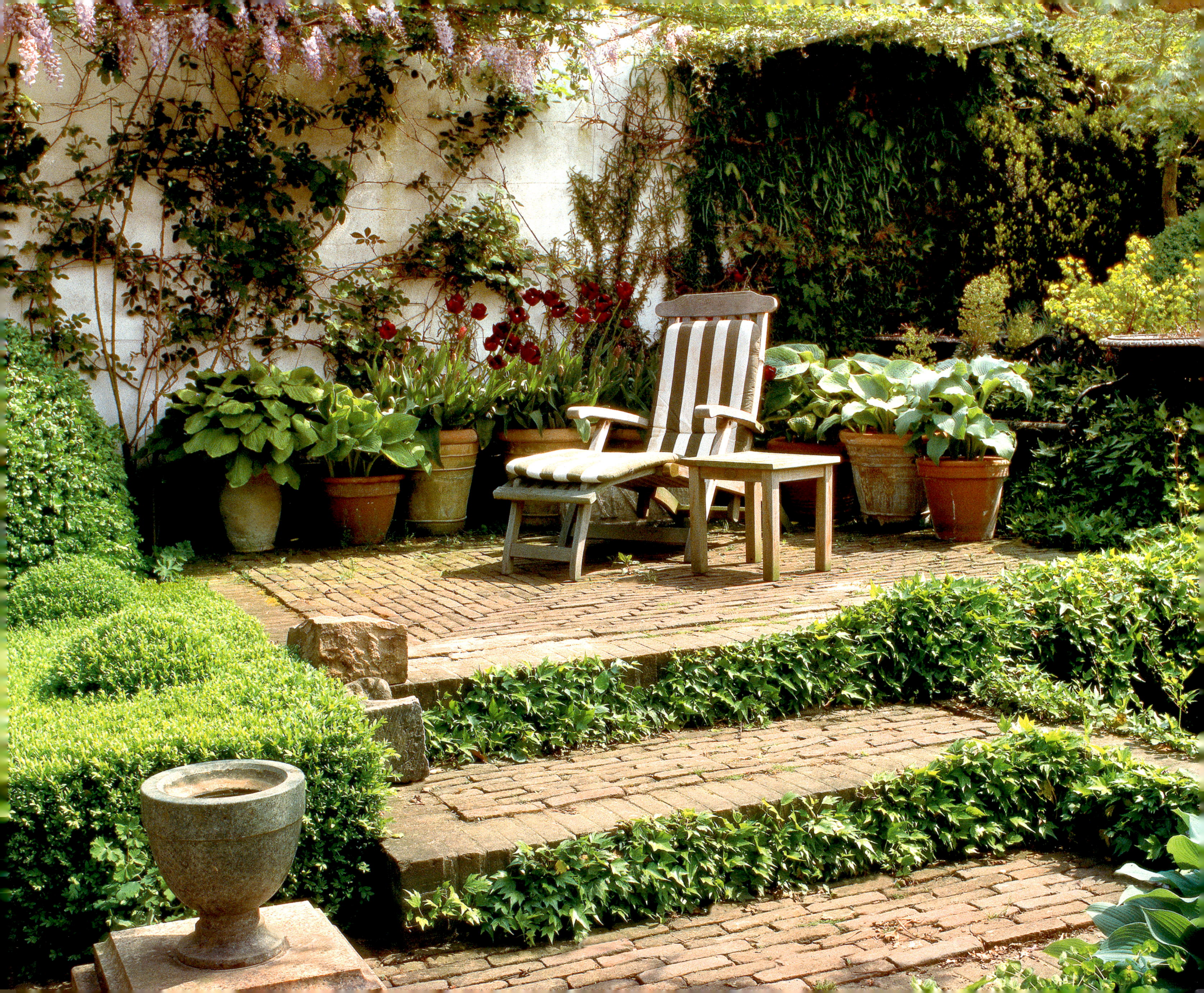

Originelle Blickfänge und Akzente

Blickfänge und Akzente leben vom Kontrast und einer gewissen Einzigartigkeit, mit der sie sich von ihrer Umgebung abheben. Ihr in diesem Rahmen ungewöhnliches oder überraschendes Aussehen fesselt das Auge und fasziniert. Vieles kann zum Blickfang werden, zum Beispiel Kleinarchitekturen wie Rosenbögen oder Pavillons, Mobiliar wie diese farbleuchtenden Sitzpolster am Wasserrand, aber auch Pflanzen, Steine oder Wurzeln und natürlich allem voran Gartenschmuck und dekorative Elemente.

Ob Pflanzen, Elemente und Accessoires allerdings für das Auge eine suggestive Anziehungskraft entfalten, hängt von ihrer Farbe und Form ab, vor allem aber von ihrer dramaturgischen Platzierung im Garten. Geschickt ausgewählt und in Szene gesetzt werden sie nicht in seinem Grün untergehen, sondern als Glanzlichter brillieren. Gleichzeitig vermögen sie mit ihrem Auftritt ganze Gartenbereiche in das Fluidum ihrer Ausstrahlung zu tauchen – ganz gleich, ob sie ihnen eine moderne, klassische, humorvolle, ländliche, verspielte oder extravagante Note verleihen.

Garten-Design: Dan Pearson, GB
Chelsea Flower Show, GB
Foto: Modeste Herwig

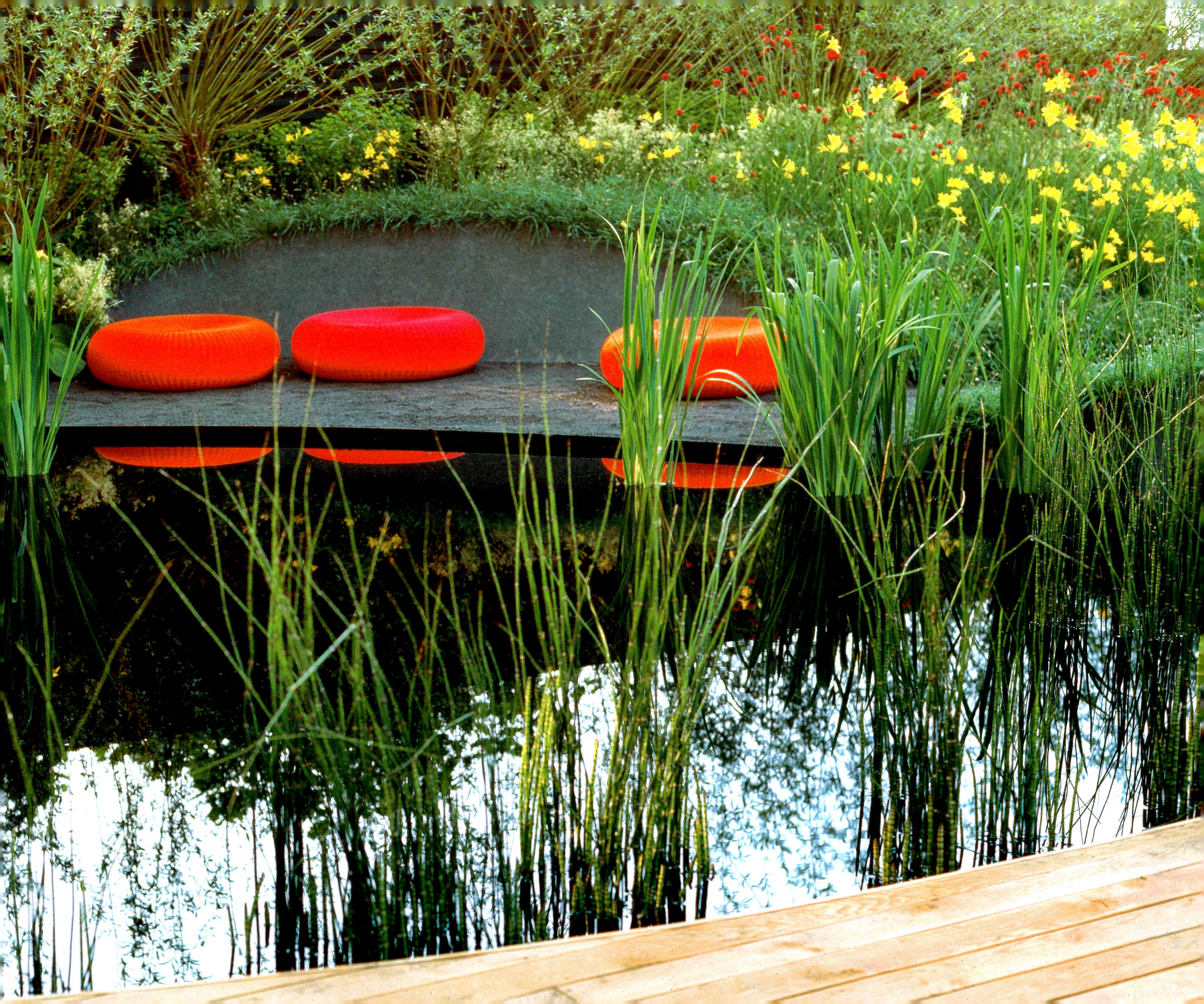

Winterliches Grün für schattige Terrassen und Innenhöfe

Kleine Innen- und Hinterhöfe leiden darunter, aber auch so manche nach Norden ausgerichtete oder von Bäumen schattierte Terrasse: Der Mangel an Licht lässt nur wenige bunte Blüten leuchten und die oft nah aufgerückten Nachbarfassaden noch grauer erscheinen. Hinzu kommt, dass der durch Platten oder andere Beläge verschlossene Boden den Gärtner auf Töpfe und Kübel verweist. Aber Not macht erfinderisch – und so geht es in solchen Situationen eigentlich nur darum, ein Grundsortiment von Pflanzen ausfindig zu machen, das vier Kriterien gleichzeitig erfüllt:

- durch immergrünes Laub den Freiluftbereich rund ums Jahr zu beleben
- Schatten oder Halbschatten zu tolerieren
- wenig Platz zu beanspruchen
- und im Kübel zu gedeihen.

Die Pflanzen

Ein solches Grundsortiment ist hier versammelt und belebt, wie man sieht, selbst die winterliche Terrasse zauberhaft, wobei zu den restlichen Jahreszeiten saisonaler Blumenschmuck noch beliebig ergänzt werden kann. Zwei immergrüne Klettergehölze sind wie geschaffen kahle Hauswände und Grundstücksmauern im Schatten oder Halbschatten großflächig zu begrünen. Da ist zum einen Efeu (*Hedera helix*) mit vielen dekorativen Sorten, der durch seine Haftwurzeln keinerlei Rankhilfen benötigt. Da sich diese jedoch schlecht wieder vom Untergrund lösen lassen, bevorzugen viele als Alternative die Immergrüne Geißschlinge (*Lonicera henryi*), die allerdings ein Spalier zum Klettern braucht. Ein elegantes Kleinod, das den schachtelförmigen, rechteckigen Raum der meisten Terrassen und Innenhöfe beschwingt auflockert, ist die Kugel. Sie zieht den Blick magisch auf sich, belebt und strukturiert das Areal ohne es durch ausladenden Wuchs völlig zu vereinnahmen. Getrimmte Buchskugeln sind wohl die erste Lösung für ein solches Ambiente, aber auch Efeu, der im Hintergrund über ein entsprechendes Gerüst gezogen wird, macht sich malerisch in Gefäßen. Beide überstehen darin den Winter problemlos, wenn sie an frostfreien Tagen gegossen und keiner austrocknenden Sonne ausgesetzt werden.

Die Präsentation

In hohen Gefäßen oder als Kugelbäumchen gewinnt die runde Natur-Art noch an Suggestivkraft, wird zum schwerelosen Ballspiel und ermöglicht Arrangements auf unterschiedlichen Höhen. Damit die Buchskugeln prächtig und ohne den hohen Flechtkörben zu schaden gedeihen, pflanzt man sie nicht direkt hinein, sondern in frostharte Tontöpfe. Den Körben selbst verleiht man durch zuunterst eingelegte große Steine Standfestigkeit und füllt darüber Styropor oder Styroporchips auf. Sie isolieren gleichzeitig von unten den darauf platzierten Untersetzer und Pflanztopf. Den Kugelreigen schließt eine Flechtkugel ab, durch deren Ranken im Frühling und Sommer Blütenstängel gezogen werden können, während sie im Winter mit ihrer unterbrochenen Form zum Blickfang wird.

Garten-Design: Linda und Adrian Joziasse, NL
Garten: Linda und Adrian Joziasse, NL
Foto: Jürgen Becker

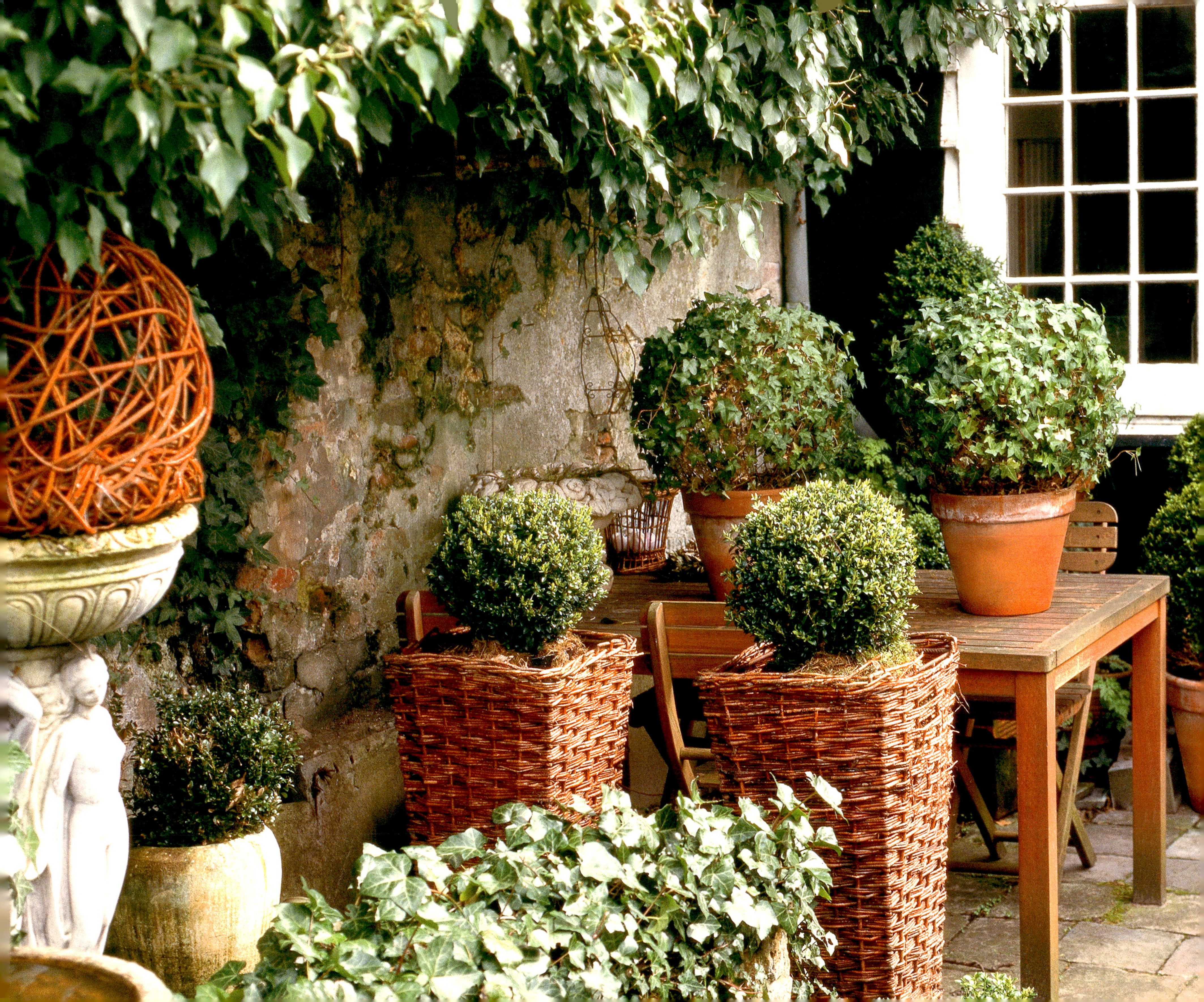

Ein Fabelreich aus Torfzement am Schattenhang

Ganz gleich, ob es sich um einen Garten an einem natürlichen Hang handelt oder um ein Grundstück, das durch eine Lärmschutzböschung begrenzt wird, immer steht der betroffene Gartenbesitzer vor der Aufgabe diese „Rahmenbedingung" reizvoll in seinen Garten zu integrieren. Das vorgestellte Beispiel zeigt gleich zwei ebenso originelle wie stimmungsvolle Lösungen, die einen abgelegenen Schattenhang im Randbereich aus dem Dämmerschlaf erwecken und mit Gartengeistern märchenhaft beleben.

Als wolle ein mächtiger Erdgeist im Tageslicht Gestalt annehmen, so tritt das Konterfei des grünen Riesen aus dem Hang hervor. Er ist das geniale Werk der Gartenbesitzerin, die die Kopfwölbung ausdrucksstark aus Torfzement modellierte und zugleich perfekt dem Abhang anschmiegte. Und damit der Zyklop auch zum Leben erwacht, verpasste ihm die kreative Gärtnerin eine grüne, pflegeleichte Kurzhaarfrisur aus Seggen (*Carex*) und gesellte ihm zwischen bemoosten Tuffsteinen einen kleinen Hofstaat schattengenügsamer Pflanzen zur Seite: Prachtspieren (*Astilbe*), rotbraunen Schlitzahorn (*Acer palmatum* 'Dissectum Garnet'), Farne sowie die bezaubernde Ramblerrose 'Veilchenblau'.

Geschickt rangiert daneben gleich ein zweites Highlight: ein moosumgrüntes Auffangbecken mit einem Löwenkopf als Wasserspeier. Der Hang erhielt dazu eine Stützmauer aus Steinen und Beton, die dem Löwenkopf Halt gewährt und die entsprechende Technik birgt. Während mythische Wasserspeier wie der Löwe aus frostfestem Steinguss im Fachhandel erhältlich sind, hat die findige Gartenbesitzerin den Wassertrog selbst gebaut. Er besteht aus Torfzement und wurde nach dem Abtrocknen innen wasserdicht beschichtet. Ein solches Becken sieht aus wie Naturstein, weist jedoch ein geringeres Gewicht auf, setzt schnell Moos und Patina an und ist absolut frostfest und langlebig.

■ Tips zum Bau eines Beckens oder Pflanzgefäßes aus Torfzement

- Stellen Sie eine Verschalung oder Gussform aus Holzlatten her. Bei Gefäßen kann als Kern auch ein mit Brettern ummantelter Styroporblock dienen. Bei großen Becken muss zusätzlich eine Armierung aus Eisen beim Eingießen des Betons eingebracht werden.
- Den Torfzement im Verhältnis von 2 Teilen gesiebter Torf zu 3 Teilen grober Sand zu 2 Teilen Zement vermengen. Durch Zusatz von Betonfarbe können Sie den Beton auch an regionalen Naturstein anpassen.
- Ist der Trog noch weich, aber soweit ausgehärtet, dass er standfähig ist, die Schalung entfernen und die Kanten unregelmäßig abrunden.

Garten-Design: Evi Meier, D
Garten: Evi Meier, D
Foto: Jürgen Becker

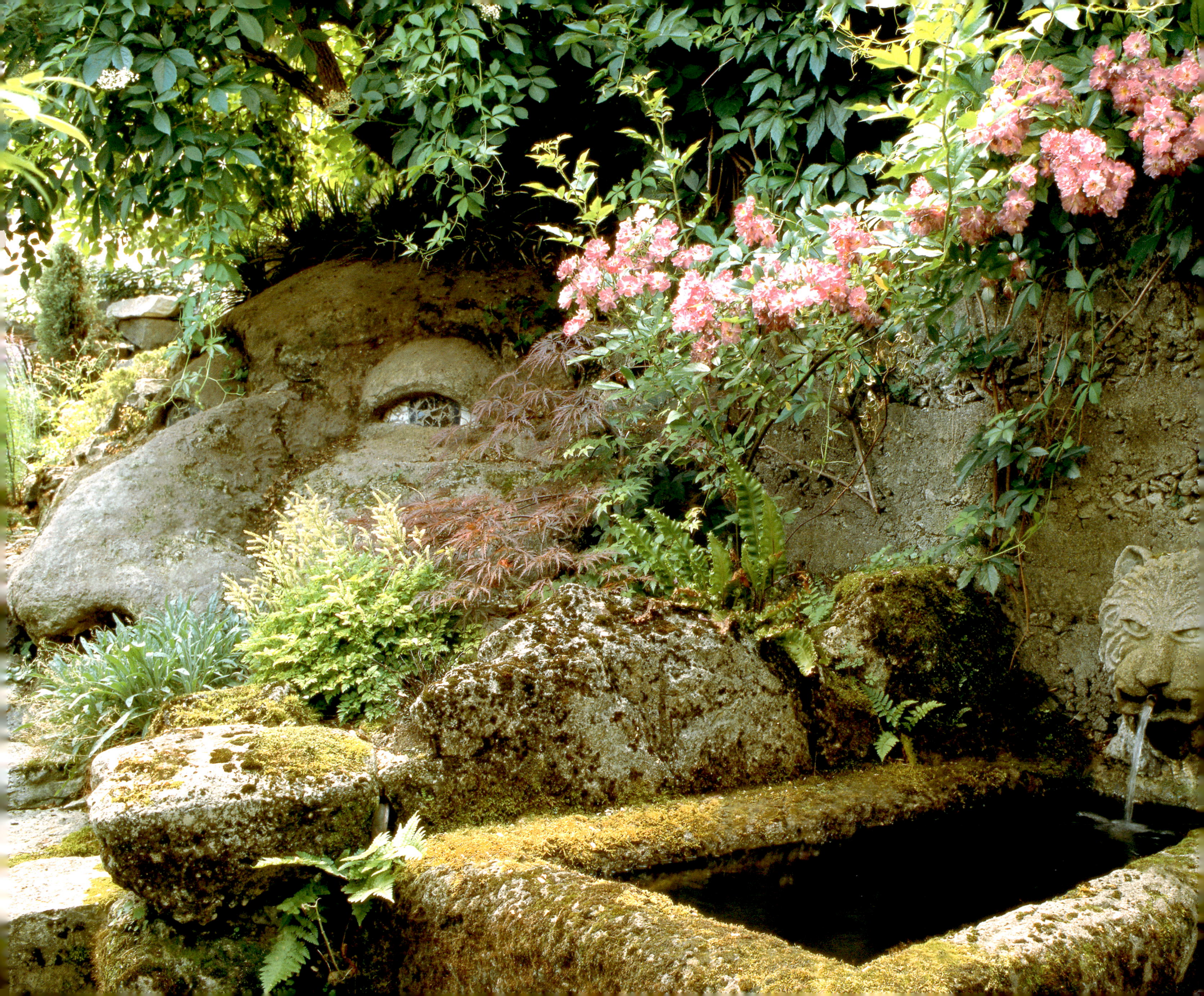

Buchs-Staccato auf der Treppe

Akzente können nicht nur Blicke auf sich ziehen und damit auf sich selbst verweisen, sondern auch wie diese kleine Buchs-Allee durch eine doppelte Aufreihung den Verlauf einer Treppe oder eines Weges betonen.

Mobile Akzente als Doppelkontrast

Gefäße sind das Outfit der Pflanzen. Ein formschönes Gefäß verleiht ihnen den Touch des Besonderen, vor allem, wenn sie in Einzelstellung nicht mit anderen konkurrieren. Selbst einfachste Pflanzen können deshalb in einem ausgefallenen, in einem edlen oder besonders farbenprächtigen Gefäß unvergessliche Eindrücken hinterlassen. Hinzu kommt, dass die Pflanzebene in einem Gefäß immer über dem Beetniveau liegt, so dass selbst halbhohe Pflanzen in Topf oder Kübel leicht zu einem hervorstechenden Höhenelement werden. In diesem Garten erhält jede Buchskugel genügend Freiraum um sich herum um nichts von ihrer Wirkung als Einzelobjekt einzubüßen. Diese Wirkung geht aus dem Kontrast hervor zwischen dem formprägnanten grünen Buchs-Dekor und der dichten, ineinander übergehenden Bepflanzung der Beete zu beiden Seiten der Treppe.

Der zweite Kontrast beruht auf dem Richtungswechsel der imaginären Achse, den die Buchsallee intoniert. Während alle formalen Elemente dieser Hangpartie wie Buchshecke und Stufendesign horizontal zum Hang verlaufen, unterstreicht die getopfte Kugel-Allee den vertikalen Treppenverlauf.

■ ■ Tipps zur Gestaltung

Skulpturen aus formiertem Buchs wie diese Kugeln, Hochstämmchen und klein bleibenden Koniferen sollten große, frostfeste Gefäße erhalten, da sie auch im Winter dauerhaft attraktiv sind.

Weitere Möglichkeiten, eine Treppe zum Blickfang zu machen

Sie können einer Treppe auch einen verstärkten räumlichen oder korridorartigen Charakter verleihen, indem Sie zusätzlich noch ausgeprägtere Höhenelemente zu beiden Seiten der Treppe am oberen und unteren Ende – oder gar entlang der Treppe positionieren. Zum Beispiel:

- Säulen oder Podeste mit bepflanzten Töpfen und Schalen
- Amphoren oder Figuren
- Spiralbäumchen, Hochstämme oder zu Kegeln getrimmte Immergrüne
- begrünte Obelisken, Bögen oder gar Bogengänge

Garten-Design: Arend Jan van der Horst, B
Garten: Bader/Hemskerk, NL
Foto: Jürgen Becker

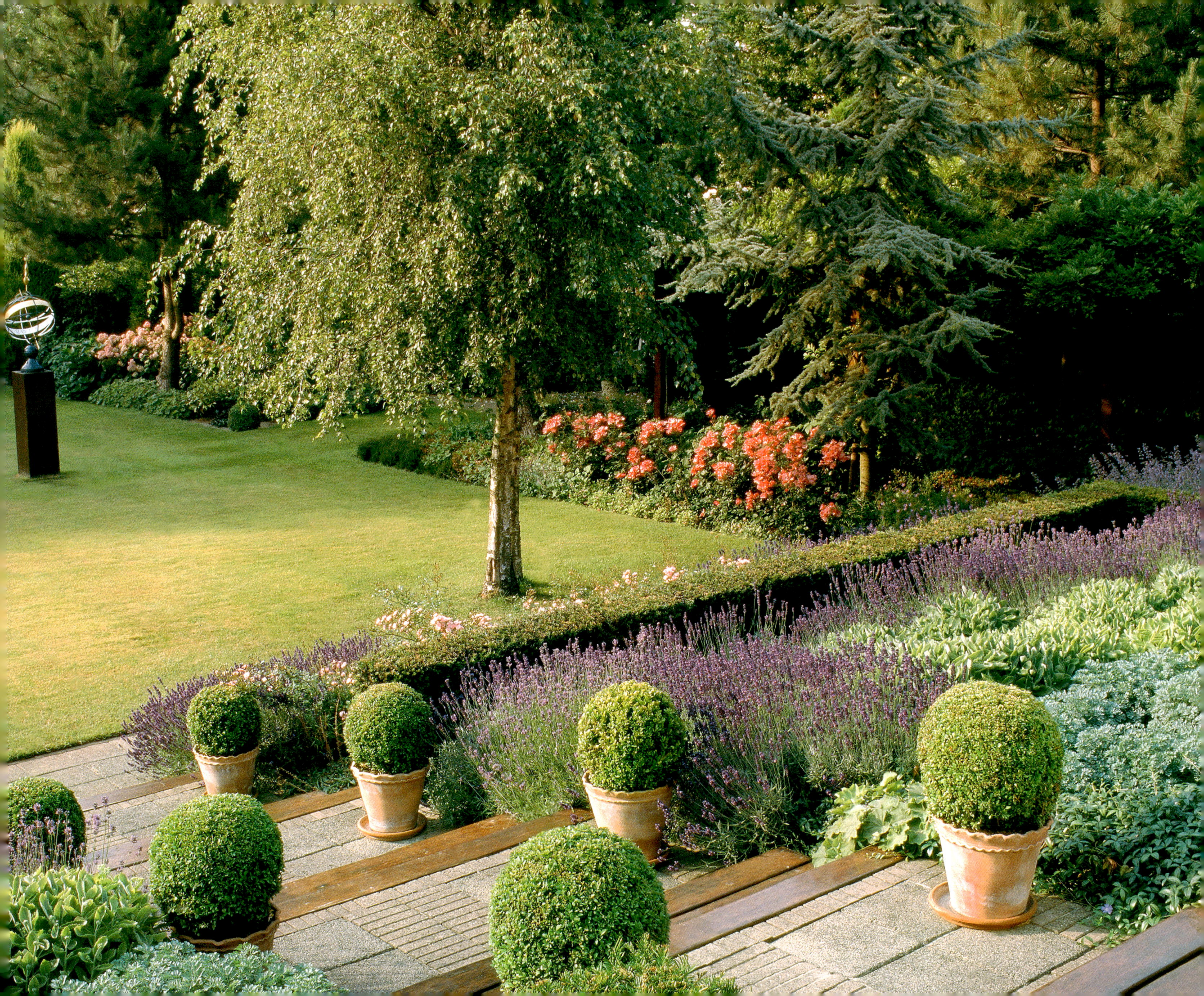

Wasserspiele vor rotem Planquadrat

Mit unübersehbarer Signalwirkung zieht das große, rote Rechteck die Blicke auf sich. Dass es auch die Quellstation eines Brunnens darstellt, offenbart sich erst bei genauerem Hinsehen. Aber das ist Absicht. Die Gestaltung setzt darauf, dass große, einfarbige Flächen auch im Kontext mit Pflanzen eine Suggestivwirkung entfalten, da sie durch ihre massive Geschlossenheit die filigranen, duftig-unregelmäßigen Pflanzenstrukturen dominieren.

Brunnen, Becken, Wasserrinnen

Meist wird Wasser im Garten schon fast kultisch zelebriert und in Szene gesetzt. Kein Wunder, kann es doch mit vielfältigen optischen und akustischen Impressionen bezaubern. Doch davon macht dieser Brunnen nur sehr beschränkten Gebrauch. Aus den seitlichen Schlitzen eines verschlossenen Edelstrahlriegels ergießt sich das Wasser fast unsichtbar in kristallklarem Schwall in eine große Auffangwanne. Diese ist jedoch weitgehend durch ein Gitterrechteck abgedeckt, das auf stabilen Stützen im Becken ruht. Freie Sicht auf horizontales Wasser erlauben nur randlich umlaufende Gitteraussparungen, die durch die Konstruktion wie Wasserrinnen aussehen. Dort, wo das Wasser unsichtbar ist, übernimmt das Material Stahl seine Wirkung. Die Kanten der Wanne sind mit Holz verkleidet und fungieren optisch gleichzeitig als Einfassung der angrenzenden Beete, in denen links Birken mit Farnen und Fingerhut (*Digitalis purpurea* 'Alba') unterpflanzt sind, während sich im rechten Beet rotlaubiges Purpurglöckchen (*Heuchera*-Hybride), gelbgrüne Gold-Wolfsmilch (*Euphorbia polychroma*), weißes Tränendes Herz (*Dicentra spectabilis* 'Alba') und Sternkugel-Lauch (*Allium christophii*) tummeln.

Mobile Variante

Der gleiche Entwurf bietet auch die Möglichkeit die Beete in gleichhohen Pflanzwannen wie das Wasserbecken anzulegen, so dass die hölzerne Verkleidung beide Wannenkanten zugleich abdeckt. Das Ensemble aus Brunnen und Rahmenbepflanzung kann damit bei gleicher Optik auf verschlossenem Boden errichtet werden, zum Beispiel auf einer Terrasse, in einem Atriumgarten oder Innenhof oder auf einem Dachgarten. Ein Brunnenkomplex, der wie dieser das Gewicht auf architektonische Strukturen legt, von denen sich die Lebendigkeit des funkelnden Wassers erst sekundär abhebt, passt sicher nicht in jeden Garten. Sein stimmiges Umfeld findet er in urbanen oder minimalistischen Gärten, wo er sich als vitaler statischer Blickfang erweist, der sehr zurückhaltend und kunstvoll mit der Dynamik bewegten Wassers spielt.

Garten-Design: P. Clarke, P. Wynniatt, GB
Chelsea Flower Show, GB
Foto: Modeste Herwig

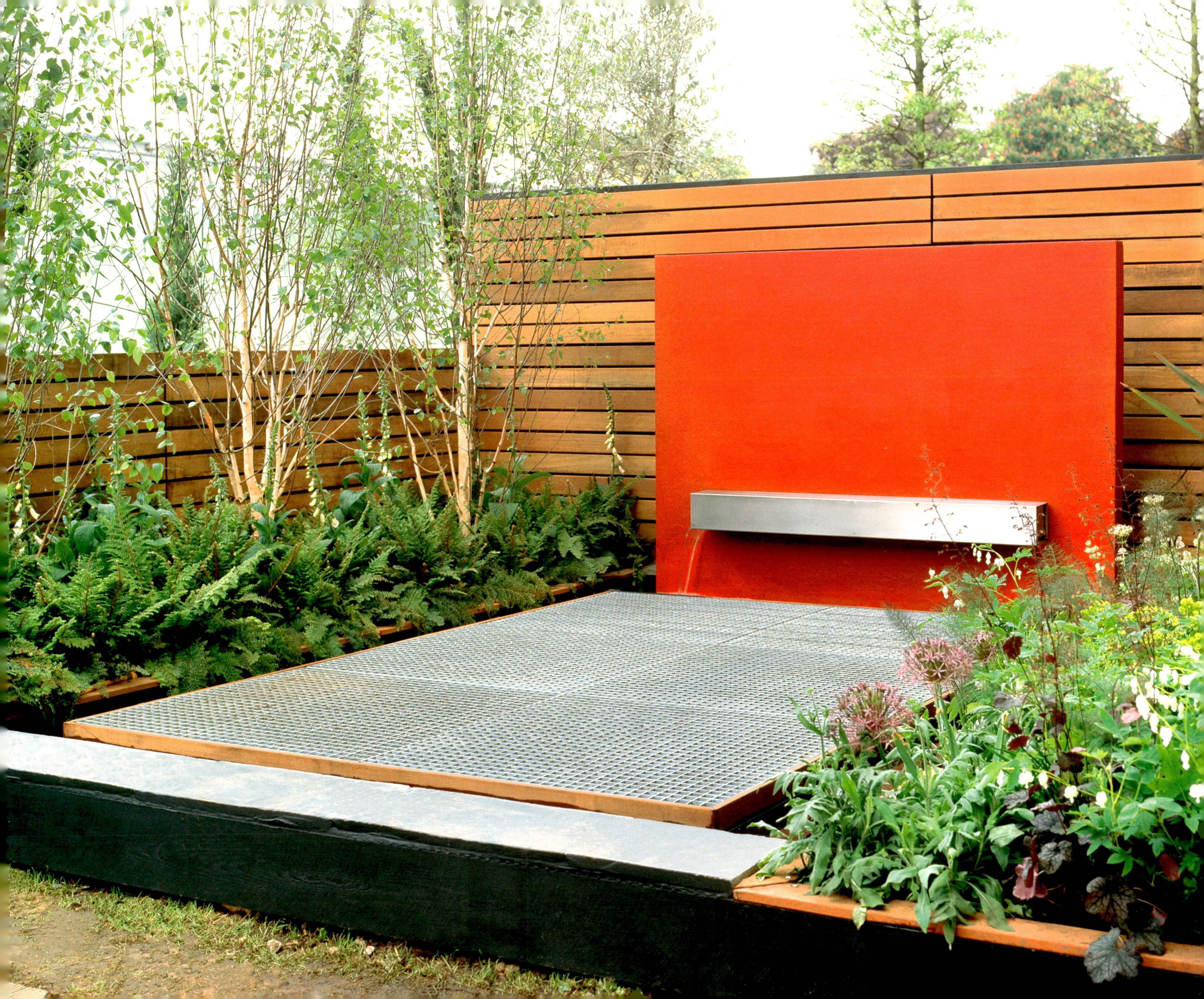

Kontrastfarben fürs Lebensgefühl

Farben haben Signalwirkung und verwandeln wohnliches Ambiente sowie Gärten in atmosphärische Stimmungsbilder. Da sie sich Seele und Sinne auf direktem Wege mitteilen können, setzen Gartengestalter sie als emotionales Stilmittel ein, das sie befähigt, Stimmungen, aber auch Effekte zu erzielen. In unserem Beispiel verleiht die große, rotbraun gestrichene Garagenwand, Gartenmauer oder Haus-Fassade dem ganzen Sitzplatz ein bestimmtes Kolorit.

Farbe aus dem Hintergrund

Der Gegensatz aus Hintergrund und Mobiliar prägt diesen Sitzplatz, dessen blaue Sessel sich mit ihrem Form- und Farbdesign ausdrucksvoll von der warmen Wandfarbe abheben. Wieder einmal zeigt sich, dass mit der Reduktion von Farben und Mustern die Formen eines Ambientes umso stärker zur Wirkung kommen. Zugleich lebt diese Gestaltung von der emotionalen Ausdruckskraft der Farben. So wecken Terracotta- und erdige Rottöne Assoziationen an ein mediterranes Umfeld, an die Toskana oder an Mexiko, während die dunkelblauen, hochlehnigen Stühle und der schlichte Plattenbelag kühle, kompromisslose Moderne gegenüberstellen. In diesem dualistischen Spiel zwischen Hintergrund und Mobiliar inszeniert man meist die Sitzmöbel durch bewusste Auswahl ihrer Materialien, ihrer Farben oder Sitzkissen zu einem Blickfang. Dieses Gartenbeispiel belegt, dass Sie auch den umgekehrten Weg beschreiten können – wenn Sie sich zum Beispiel von lieb gewonnenen edlen Möbeln nicht trennen möchten. So genügt auch eine geschickte Farbwahl und das bloße Anstreichen einer Wand, damit die Objekte davor als Blickfang hervortreten.

Korrespondenzen und Bezüge

Ein weiteres wichtiges Gestaltungskriterium besteht darin, die prägende Farbe des Hintergrunds an anderer Stelle gezielt zu wiederholen. Dadurch verliert die kolorierte Wand ihre zweidimensionale Flächigkeit und erobert gewissermaßen den Raum. Sehr deutlich ist dies im vorliegenden Beispiel zu spüren, in dem die mächtigen Gefäße vorne rechts das Rotbraun der Wand über den ganzen Sitzplatz zu verbreiten scheinen.

Farbkorrespondenzen bestehen ferner auch zwischen Stühlen und Einfassungsbrett sowie im vernetzenden Grün der Pflanzen, die als Schnitthecke, als aufgereihte Buchskugeln oder im Laub des Baumes den Sitzplatz umrahmen oder ihn mit den grünen Linien der bewachsenen Plattenfugen grafisch unterteilen.

Garten-Design: Modeste Herwig, NL
Garten: Modeste Herwig, NL
Foto: Modeste Herwig

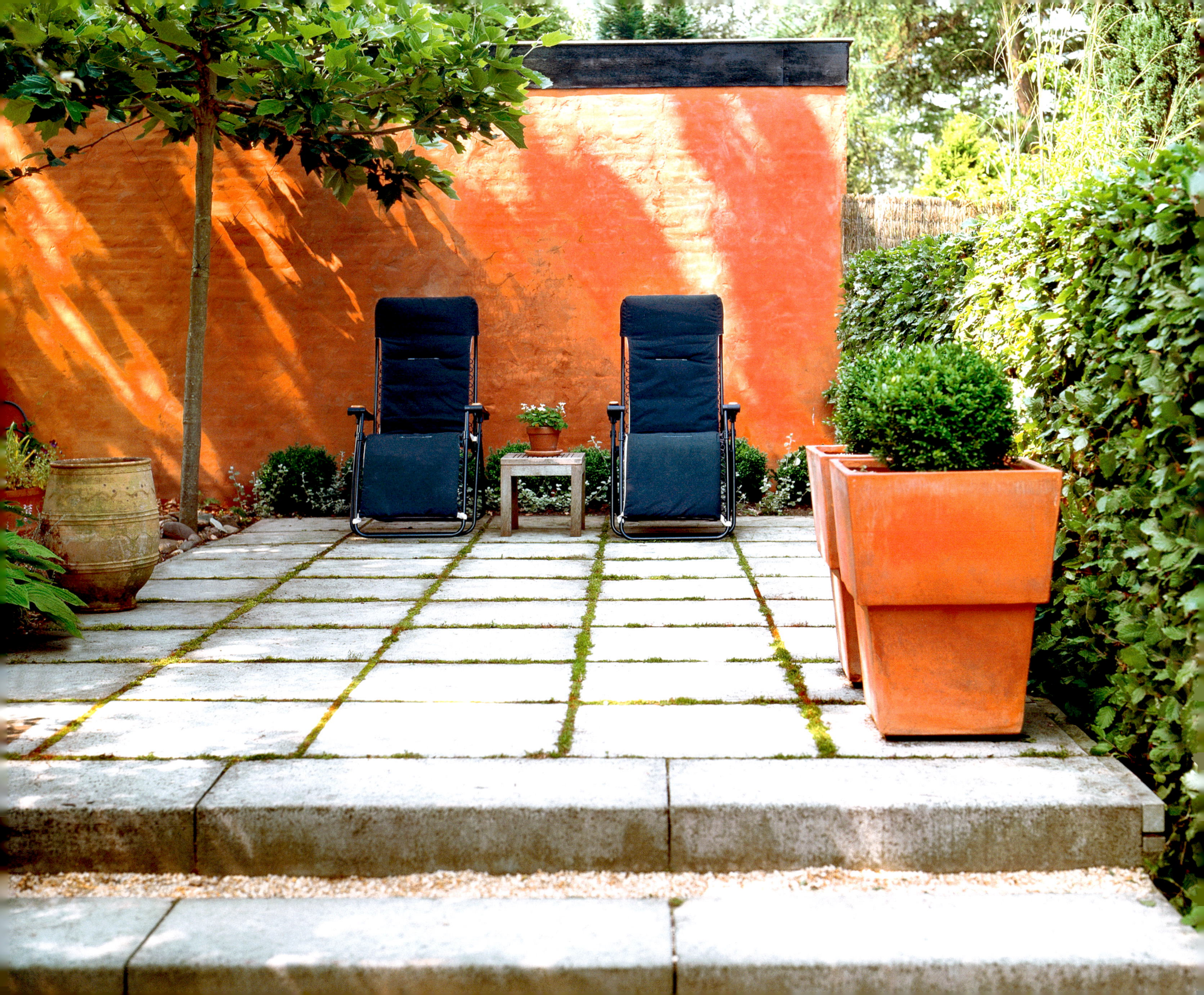

Schale in selbst gefertigter Mosaik-Optik

Kaum ein Gartenaccessoire passt besser in ein wohnliches Ambiente auf der Terrasse oder im Garten als ein kleines Werk aus eigener Hand. Hier haben Sie die Möglichkeit, Form und Größe genau passend auszuwählen sowie die Farben und Muster optimal auf Stil und Farbigkeit der Umgebung abzustimmen. Diese große Mosaik-Schale, die in Form und Größe genau in die Ausbuchtung der Pflasterfläche passt, belegt dies auch mit ihren Farbtönen, deren Blau-Grau wunderbar mit Boden und Wänden korrespondiert, während sich das eingesprenkelte Rot im Farbton der Gladiolen wiederfindet.

So wird's gemacht

Kaufen Sie eine schlichte, formschöne Tonschale und skizzieren Sie mit Bleistift das Muster auf, falls eines erwünscht ist. Wenn Sie nicht genug Porzellan- oder Keramikscherben für das Mosaik zur Verfügung haben, können Sie auf Flohmärkten preiswertes Geschirr erstehen. Zerschlagen Sie dieses zwischen zwei Kartons in Scherben und tragen Sie zur Sicherheit eine Arbeitsbrille, da immer wieder kleine Splitter abspringen. Bestreichen Sie dann einen Teil der Schale mit Montagekleber und legen Sie die Mosaikteile aus. Mit einem Seitenschneider können Sie Scherben noch passend zuschneiden. Da der Kleber relativ langsam abbindet, können Sie die Mosaikstücke nach dem Auslegen auch noch verschieben oder austauschen. Auf diese Weise nach und nach die ganze Schale bekleben und gut trocknen lassen. Nun die Fugenmasse weiß oder in einem beliebigen Farbton anrühren und mit einem Gummispachtel in die Fugen zwischen die Scherben einarbeiten. Die überschüssige Fugenmasse sofort mit einem feuchten Schwamm entfernen. Ist das Mosaik vollständig durchgetrocknet, sollten Sie die Schale noch mehrmals mit einem feuchten Tuch abwischen, um den Grauschleier vom Verfugen zu entfernen.

Variante: Bistro-Tisch mit Mosaik

Auf gleiche Weise können Sie auch die Platte eines hübschen Bistro-Tisches mit einem Mosaik zum Blickfang machen. Dafür entweder einen einfachen Tisch kaufen. Sie können sich aber auch eine runde oder rechteckige Sperrholzplatte als Tischplatte zurechtschneiden lassen und einen Fuß daran anbringen.

Variante: Brunnenbecken mit Mosaik

Auch die Außenwände selbstgemauerter Brunnen sehen mit einem Mosaik weit weniger einförmig und langweilig aus.

Garten-Design: Chris Perry, GB
Chelsea Flower Show, GB
Foto: Modeste Herwig

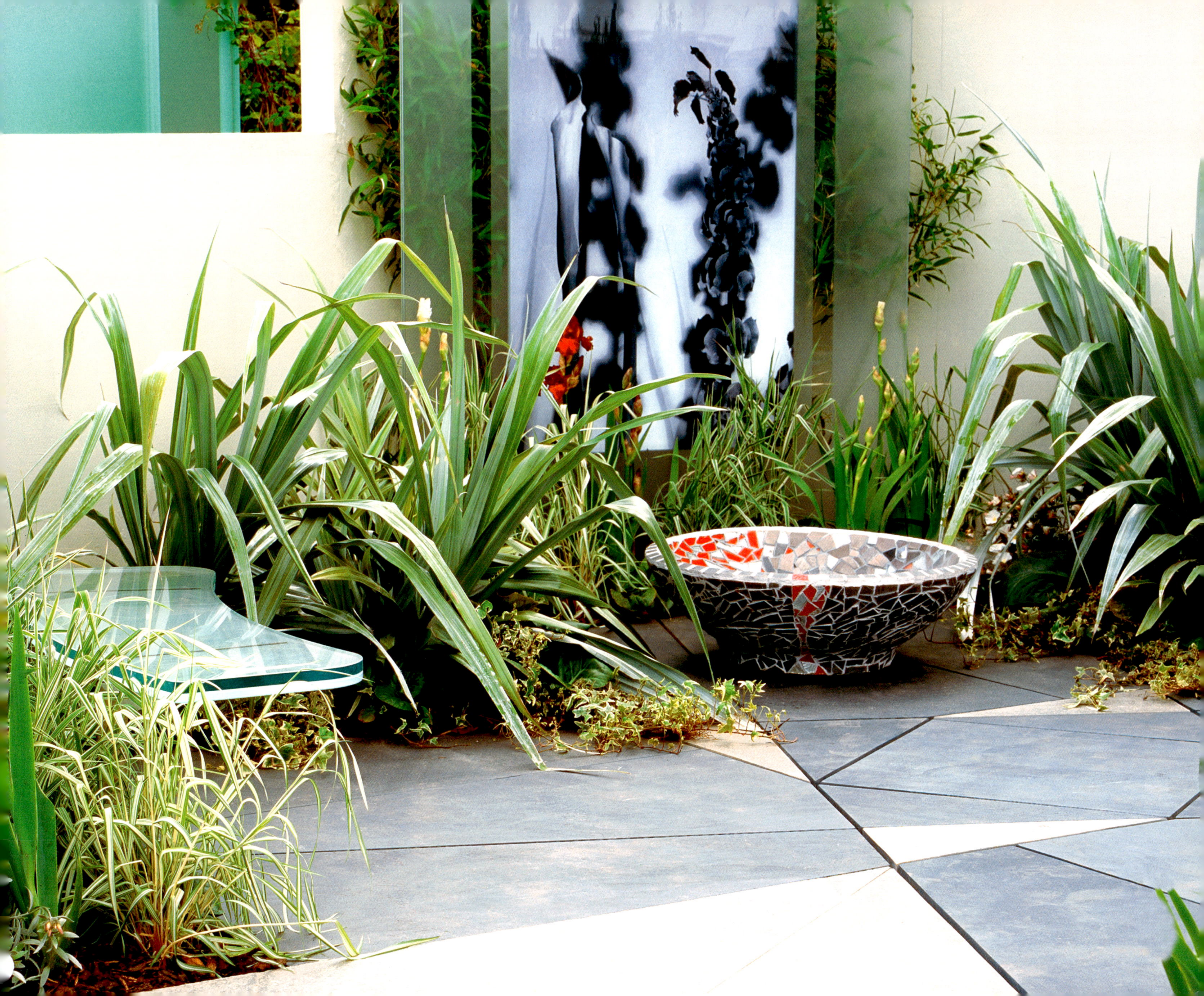

Plätschernder Solitärbrunnen mit Fabeltier

Freistehende Brunnen und Wasserspiele sind immer Zierelemente von starker Dominanz, die nie willkürlich im Garten aufgestellt werden dürfen. Ihre Wirkung als Akzent erzielen sie zum einen durch die Form von Brunnen und Speier, zum anderen durch das Design und die Klangwelt des Wasserstrahls. Während man Brunnen und Wasserspielen in formalen Anlagen meist im Zentrum eines Gartenbereichs oder am Ende einer Wegachse einen zentralen Standort zuweist, können sie in frei gestalteten und naturnahen Gartenbereiche auch im „Abseits" residieren. Hier beabsichtigt die Gestaltung nicht den Blick geradlinig zum Höhepunkt zu lenken, damit er dort verweilt. Das Auge wird vielmehr auf Entdeckungsreise geschickt und soll im Verborgenen kleine Höhepunkte aufspüren, die möglichst organisch in die Pflanzenwelt integriert sind.

Gemauerte Romantik

Der zwischen Funkien (*Hosta*), Taglilien (*Hemerocallis*-Hybriden) und Frauenmantel (*Alchemilla mollis*) eingebettete, moosbesetzte alte Klinkerbrunnen veranschaulicht einen solchen Akzent im verwunschenen Abseits. Besonders einfach können Sie solch ein Klinkerbecken selbst mauern, wenn Sie einen oder zwei Betonringe als Korpus verwenden, so dass die Klinker eher eine Verkleidung darstellen. In diesem Fall kann überschüssiges Regenwasser durch eine Rinne im Brunnenrand in eine Sickergrube oder ein Sumpfbeet geleitet werden. Die bauliche Alternative besteht darin den Brunnen doppelwandig zu mauern und ein Überlaufrohr unterhalb des Brunnenrandes unsichtbar zwischen die Wandungen einzumauern, das überlaufendes Wasser in eine Sickergrube oder in die Kanalisation leitet. Wichtig zum Reinigen des Brunnens ist auch ein Ablauf im Boden, der am besten gleichfalls in die Kanalisation führt.

Überlegungen zur Technik

Die einfachste Lösung, den kleinen Drachen oder andere Wasserspeier in Gang zu setzen, besteht darin, das elektrische Kabel der Tauchpumpe sowie ein Kupferrohr am Beckengrund durch die Brunnenwandung zu führen. Während das Kabel am besten mit einer im Boden verlegten Elektroleitung verbunden wird, können Sie das Zuleitungsrohr für den Wasserspeier an der hinteren Außenwand zum Drachen emporleiten. Die aufwändigere, aber elegantere Lösung sieht vor das Zuleitungsrohr in der Brunnenwand selbst zu verlegen. Wichtig: Tauchpumpen sollten im Becken immer erhöht (zum Beispiel auf einem Stein) ruhen, damit sie nicht lose Teile vom Bodengrund einsaugen und verstopfen.

Garten-Design: Inez und Franz Arnolds, NL
Garten: Arnoldshof, NL
Foto: Jürgen Becker

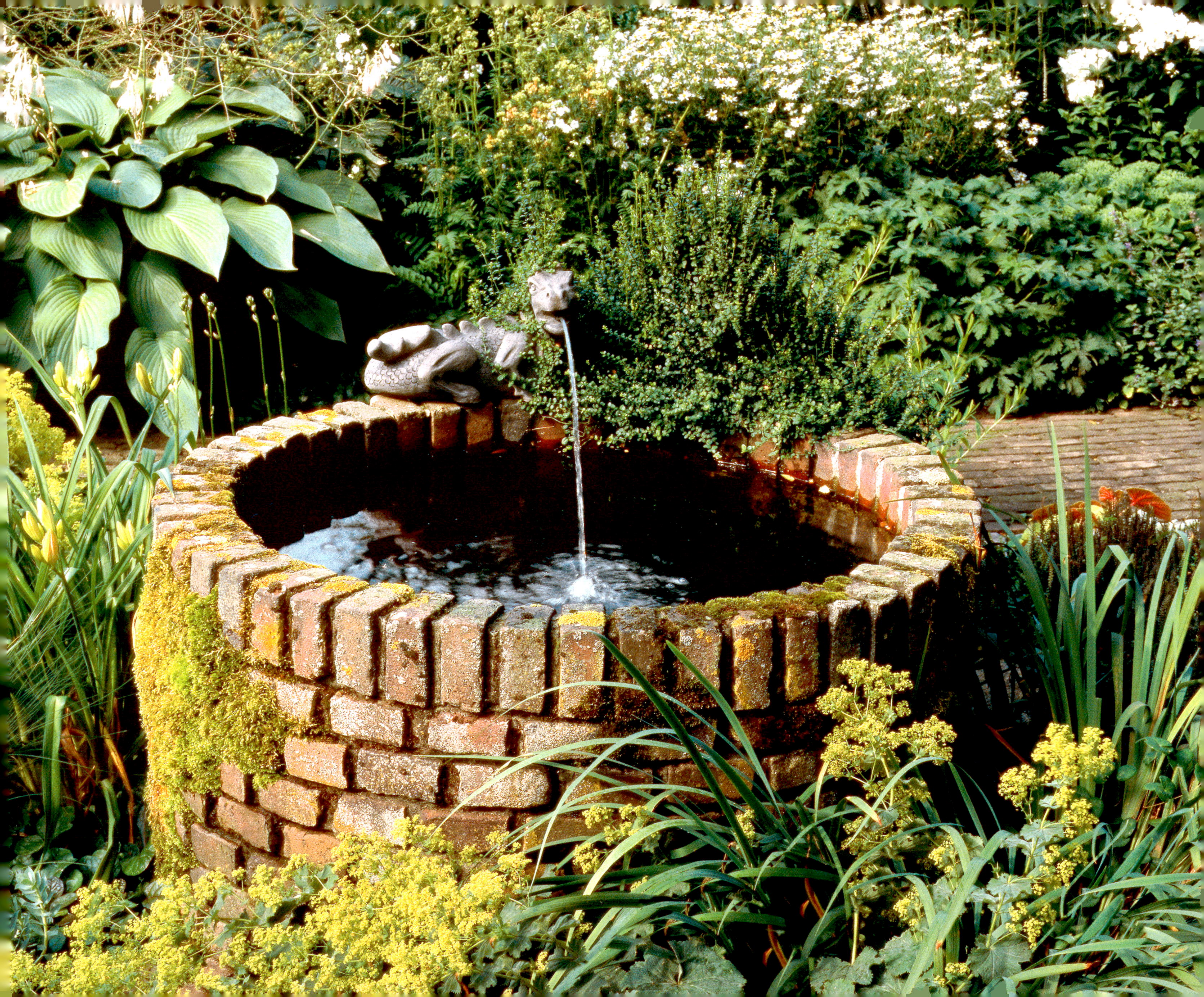

Sonnenuhr zwischen Heckenkulissen

Dieser englische Garten führt beispielhaft vor Augen, wie sich einzelne Bereiche eines großen Gartens abtrennen und zugleich durch einen zentralen Blickfang ins Szene setzen lassen. Die Inszenierung lebt vom spannenden Spiel zwischen Zeigen und Verbergen mit dem Ziel den Besucher neugierig zu machen und zu verführen, durch die Gartentore den axialen Mittelweg zu beschreiten um Einsicht in die sonst verborgenen Gartenteile zu erhalten.

Die Sonnenuhr als Höhenelement im Wegkreuz

Die Vorliebe ein Weggeviert durch ein zentrales Objekt (wie einen Brunnen, eine Vogeltränke, eine Sonnenuhr, eine Amphore, eine Skulptur) oder durch Pflanzen (wie Rosenhochstämmchen, Kletterpflanzen an einem Obelisken, einen kleinkronigen Baum oder Sommerblumen in einer Schale auf einem Podest) zu betonen, kann auf eine jahrhundertealte Tradition zurückblicken und hat sich bis heute in klassisch-formalen Gärten erhalten. Im Garten von Jenkyn Place entschied man sich für eine schlanke Säule mit Sonnenuhr. Um diesem Akzent inmitten der wuchtigen Schnitthecken mehr Gewicht zu verleihen, griff man zu zwei Tricks:

- Mit Pflanzen in Gefäßen betonte man die vier Ecken der Kreuzung und verlieh zugleich dem Fuß der Sonnenuhr ein grünes Gewicht.
- Aber auch das kleine Steinpodest in der Mitte der Kreuzung akzentuiert bereits die Basis der Sonnenuhr deutlich. Eine andere Möglichkeit besteht darin, ein zentrales Rondell im Pflaster auszusparen und mit strukturstabilen Pflanzen wie Thymian, Lavendel oder Iris zu bepflanzen. Spart man dabei die Mitte aus, findet zusätzlich noch ein schlankes Höhenelement darin Platz.

Die Sonnenuhr als Zentrum der Blickachse

Dieses Gartendesign verfolgt noch ein zweites Gestaltungsziel: Die seitlich wie Kulissen eingeschobenen Schnitthecken markieren nicht nur das Wegkreuz, sondern legen durch konsequente Einschnitte eine exakte Mittelachse frei. Auch im Zentrum dieses Korridors thront die Sonnenuhr als Blickfang. Zwei Gartentore mit filigranen Pfauenrad-Motiven, die den inneren Bereich abgrenzen, sind dabei so luftig-transparent gestaltet, dass sie die architektonische Ordnung der grünen Mauern nicht unterbrechen. Ein raffinierter Gestaltungstrick besteht darin, den mittleren Hecken-Durchgang zu verengen. Dadurch scheint sich die Mittelachse zu verschmälern, was dem Garten mehr Weite und Tiefe verleiht.

Garten: Jenkyn Place, GB
Foto: Modeste Herwig

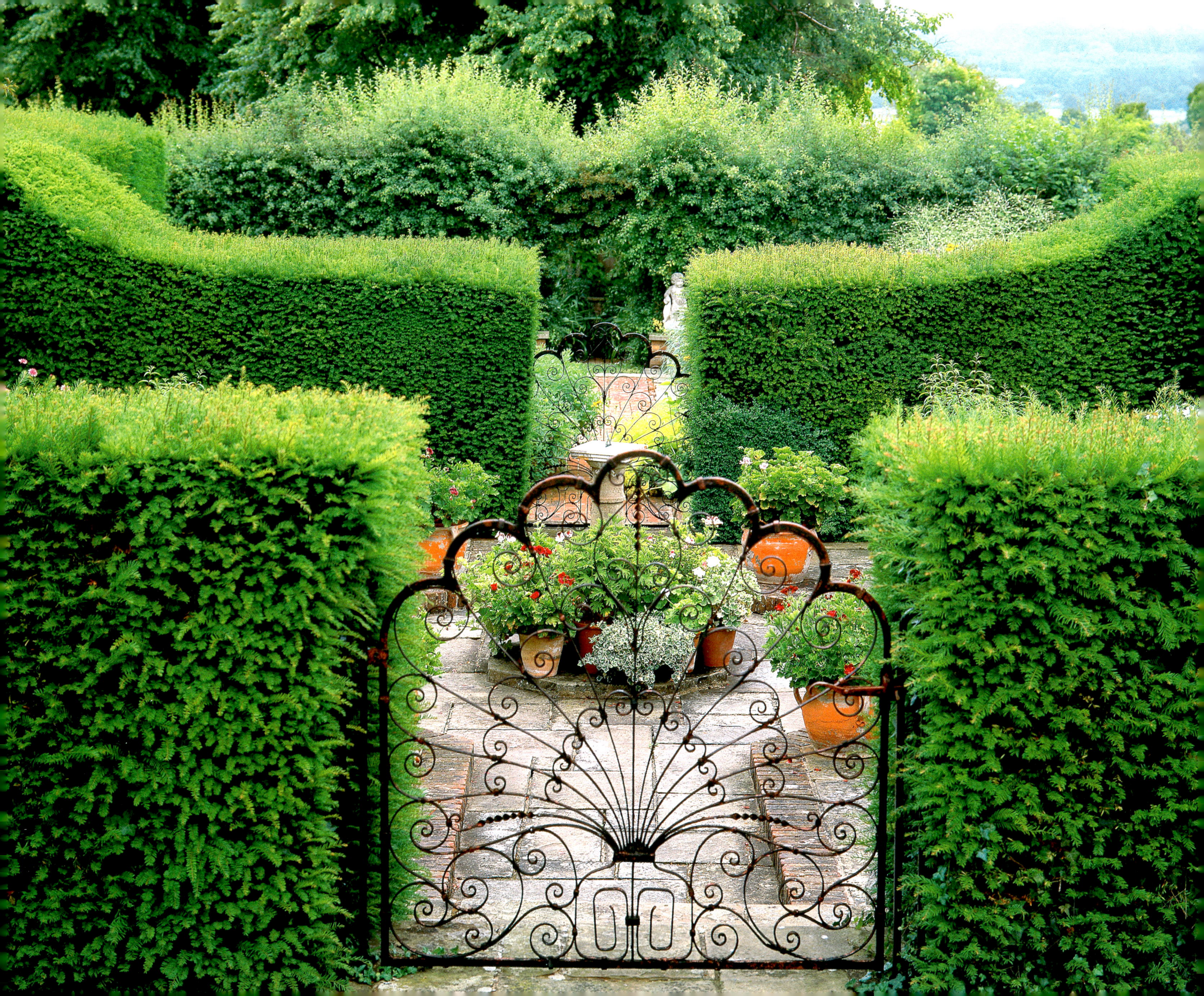

Ballsaison auf der Terrasse

Vom Frühjahr bis zum Herbst beleben frischgrüne Ballspiele diese Terrasse. Myrtenkugeln in verschiedenen Größen und Höhen wurden hier zu einer heiter-bewegten Gruppe arrangiert. Die formprägnanten Blickfänge beanspruchen nur wenig Platz, gedeihen auf Terrassen oder Balkonen in jeder Lage, müssen jedoch im Haus überwintern. Eingetopfte immergrüne, winterharte Gehölze dürfen im Winter nie sonnig platziert werden und die Stämmchen höherer Exemplare sollten in kalten Regionen außerdem einen besonderen Schutz aus Stroh, Reisig, Noppenfolie etc. erhalten.

■ Tipp! Weitere immergrüne Gehölze für Kugelbäumchen

Feuerdorn (*Pyracantha*-Hybriden)

Ionischer Liguster (*Ligustrum delavayanum*)

Myrte (*Myrtus communis*, muss im Haus überwintert werden)

Rosmarin (*Rosmarinus officinalis*, im Haus überwintern)

Diamant-Azaleen (*Rhododendron*-Hybriden)

Japanische Stechpalme (*Ilex crenata*)

Lavendel (*Lavandula angustifolia*)

Heckenmyrte (*Lonicera nitida*)

Handarbeit, die Spaß macht

Einen solch bezaubernden Kugelgarten kann jeder mit wenig Geld und viel Geduld selbst heranziehen. Dabei haben Sie die Möglichkeit die Höhen und Kugelgrößen genau auf Ihre Wünsche und Vorstellungen hin abzustimmen. Achten Sie schon beim Kauf der Pflanzen darauf, dass die Wuchsform Ihren Wünschen entgegenkommt. Für Kugelbäumchen ist ein kräftiger, durchgehender Trieb vorteilhaft, bodennahe Kugeln hingegen sollten sich weit unten gut verzweigen.

Mini-Kugeln

Für Mini-Kugeln (ganz rechts) empfiehlt es sich Stecklinge oder kleine Jungpflanzen zu kaufen, die dann durch häufiges Pinzieren und Trimmen zu dichter Verzweigung bei kleiner Kugelform angeregt werden. Je häufiger Sie dies tun, desto dichter wird die Kugel.

Halb- und Hochstämmchen

Für Halb- und Hochstämmchen eignen sich ältere, höhere Pflanzen, deren Triebe schon eine gewisse Länge aufweisen. Dies hilft Zeit sparen. Entfernen Sie bis auf einen kräftigen Haupttrieb alle Konkurrenztriebe. Den Haupttrieb stäben, die oberen Seitentriebe belassen, aber einkürzen, damit sie sich weiter verzweigen. Sobald der Stamm die gewünschte Höhe erreicht hat, wird er gekappt. Damit sich die Krone buschig aufbaut, die Seitentriebe laufend entspitzen.

Garten-Design: Petra Neschkes, D
Garten: Petra Neschkes, D
Foto: Jürgen Becker

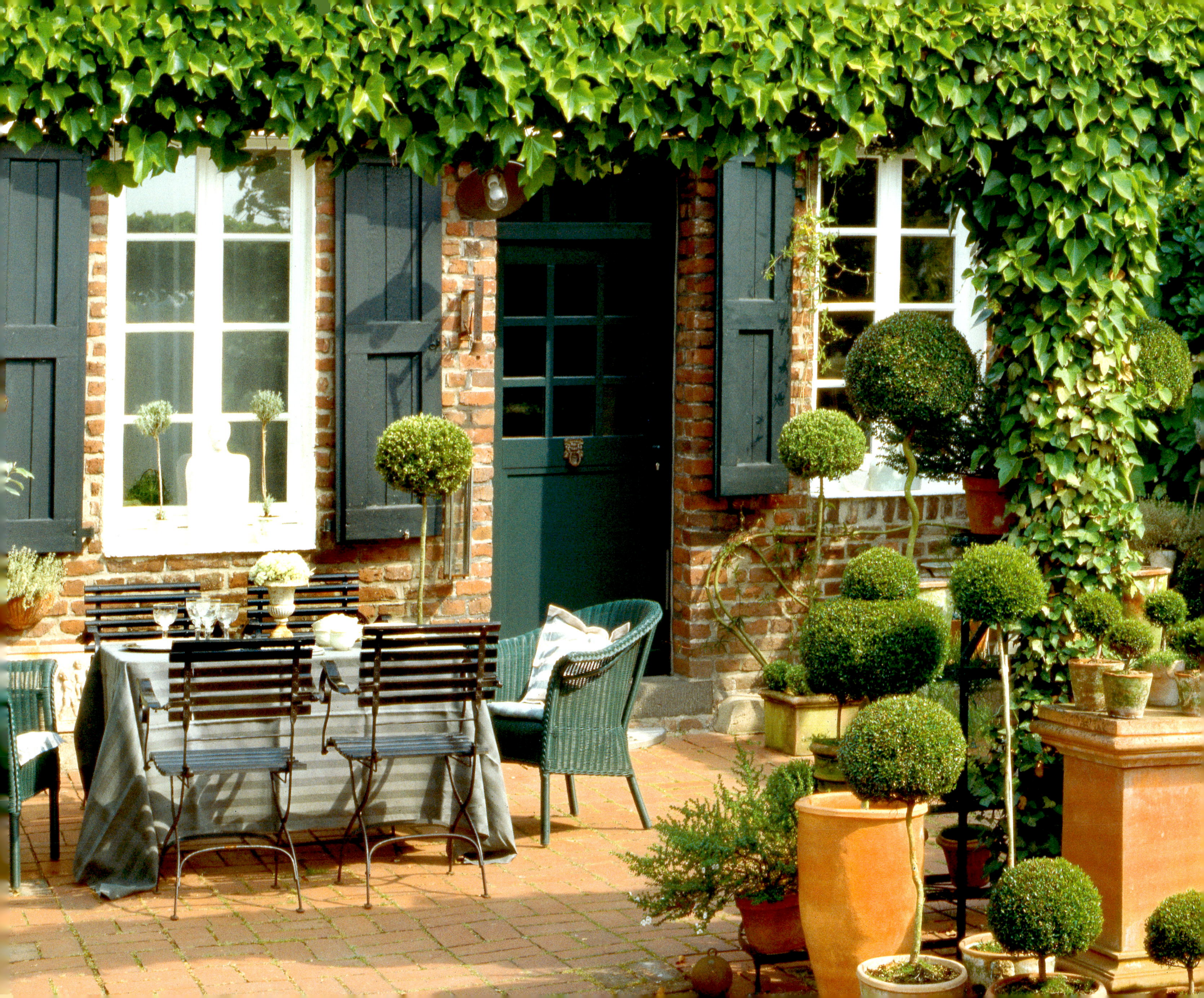

Dauergrünes Pflasterbeet

Ob als seitliche Randgestaltung einer Terrasse, als Raumteiler einer großen Freifläche oder als separates Beet am Haus, Buchskugeln heben sich in Form und Farbe von Pflasterflächen wie von diesem Klinkerbelag im Blockverband, aber auch von Plattenbelägen markant ab.

Ein Beet als Blickfang

Ein Beet zieht dann die Aufmerksamkeit auf sich, wenn es sich durch Einzigartigkeit innerhalb eines konträren Umfelds behauptet. Das vorliegende Beispiel illustriert dies anhand eines modernen minimalistischen Beets mit saisonal unabhängigem, gleichbleibendem Aussehen rund ums Jahr. Ein solches Beet fügt sich wunderbar in ein architektonisches Umfeld ein, zum Beispiel:

- in die Nähe eines modernen Hauses, wo es zum horizontalen Gegenpol wird
- in die Terrasse, da sich die Buchskugeln über die Ebene des Bodenbelags erheben
- oder an ein formales Wasserbecken, wo die grünen geschlossenen Formen als räumliche Akzente die schillernde Wasserfläche auflockern.

Weitere Ideen für ornamentale Buchs-Beete

Hohen Zierwert und dauerhafte Attraktivität bieten auch Beete mit großen, quadratischen Platten und Aussparungen wie auf einem Schachbrett, in denen Buchs in Würfeln oder Quadern ruht. Durch Farbe und Texturen der Platten können Sie sehr variable Effekte erzielen, ebenso, wenn Sie sie durch Kiesel oder Kies ersetzen.

Tipps zu Beetbau und Pflanzung

Damit den Buchskugeln in dem in die Pflasterung eingelassenen Beet genügend Erd- und Wurzelraum zur Verfügung steht, haben Sie mehrere Möglichkeiten einen rechteckigen, ovalen oder runden Bereich dafür freizuhalten. Setzen Sie bereits beim Bau der Terrasse in den Kiesuntergrund eine entsprechende nach unten offene oder durchlöcherte Wanne ein. Für runde Ausschnitte bieten sich Betonringe an, während sich ovale Beete auch durch Ausschlagen mit einer Rhizomsperre oder einem Metallblech vom umgebenden Kiesuntergrund freihalten lassen. Wichtig ist, dass die Pflanzhilfen nach unten durchlässig sind, damit sich nach starken Regenfällen nicht das Wasser darin staut. Und setzen Sie die Buchskugeln mit entsprechendem Abstand ein, da sie auch bei regelmäßigem Formschnitt ihren Durchmesser vergößern.

Garten-Design: Ann de Witte, B
Garten: Hoge Roker, B
Foto: Jürgen Becker

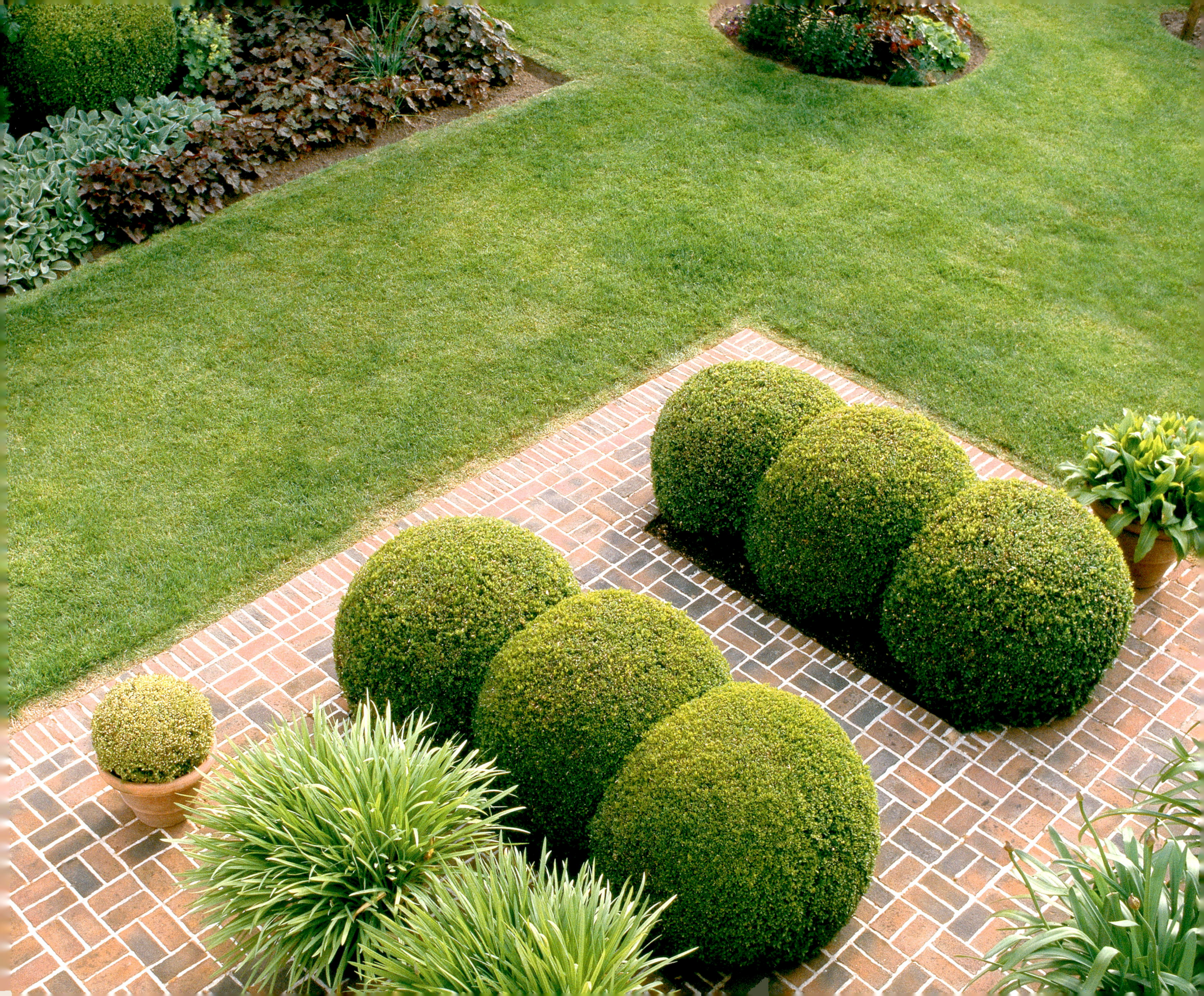

Blütenschale auf „hohem Niveau"

Dass diese reizende Blumenurne so eindeutig als zentrales Herzstück des kleinen Gartenteils wahrgenommen wird, liegt nicht nur an ihrem nostalgischem Charme und den kontrastiven Blütenfarben, sondern primär an der Dramaturgie des Gartenumfelds, das sie so vorbildlich in Szene setzt. Ähnlich wie ein Loch, das nur durch die umgebende Masse definiert wird, rückt auch erst eine wohlbedachte Gesamt-Konzeption ein Gartenobjekt in den Zenit der Wahrnehmung. In diesem Beispiel potenziert sich die Wirkung, weil die Blütenschale gleich zweifach als Höhepunkt brilliert.

Die Gestaltung des Umfelds

Die Blütenschale erweist sich einmal als perfekter Blickfang als Mittelpunkt eines Gartenzimmers. Geschickt zog man dafür eine Schnitthecke ein, die als grüne Wand durch eine überbaute Pergola noch an Höhe gewinnt. Daran stellt die Bourbonrose 'Blairi Nr. 2' Klettertalent und Blühfreude zur Schau und lockert gleichzeitig die formale Strenge der Hecke auf. Im neu gewonnenen Gartenraum selbst aber geben ebenmäßig-getrimmte Buchsquaderbeete ein Wegkreuz mit eingelassenem Rondell frei, über dessen rundgepflastertem Zentrum die Blumenschale graziös erstrahlt.

Der Blütenakkord avanciert außerdem zum Blickfang, weil er exakt in einer Blickachse liegt. Durch Aussparung eines rundbogigen Durchgangs in der raumteilenden Hecke kann das Auge ausschnittsweise in verborgene Gartenteile vordringen, die ebenso wie der Vordergrund durch dekorative Gartenelemente betont werden.

Die Gestaltung des Blickfangs

Skulpturale Objekte sollten in Größe und Form in ihr Umfeld passen. Hier erhöht eine umgedrehte Pflanzwanne die Säule und harmoniert als runder, schwerer Fuß vorbildlich mit dem im Kreis verlegten Pflaster. Dies hebt die Pflanzschale gleichzeitig eine Etage über die Buchsbeete. Ihre zierlichen Ornamente und die Blüten der saisonalen Bepflanzung heben sich kontrastreich von den ruhigen Buchsflächen ab. Umgekehrt sollte sich ein Blickfang vor kleinteiligen oder bunten Beeten durch schlichte, geschlossene Formen oder durch Einfarbigkeit auszeichnen. Alternativ bieten sich für mittelhohe Bepflanzungen auch kunstvolle Vogelbäder, hohe Amphoren mit eingelassenen Pflanzwannen oder Schalen tragende Figuren an – oder aber Kombinationen von Schalen, Körben oder Pokalen auf Säulen, Sockeln oder Postamenten aus gleichem Material. Aus Steinguss oder Glasfiber finden Sie dazu eine große Formenvielfalt zu günstigen Preisen.

Garten-Design: Iren Schmid, NL

Garten: Ireen Schmid, NL

Foto: Jürgen Becker

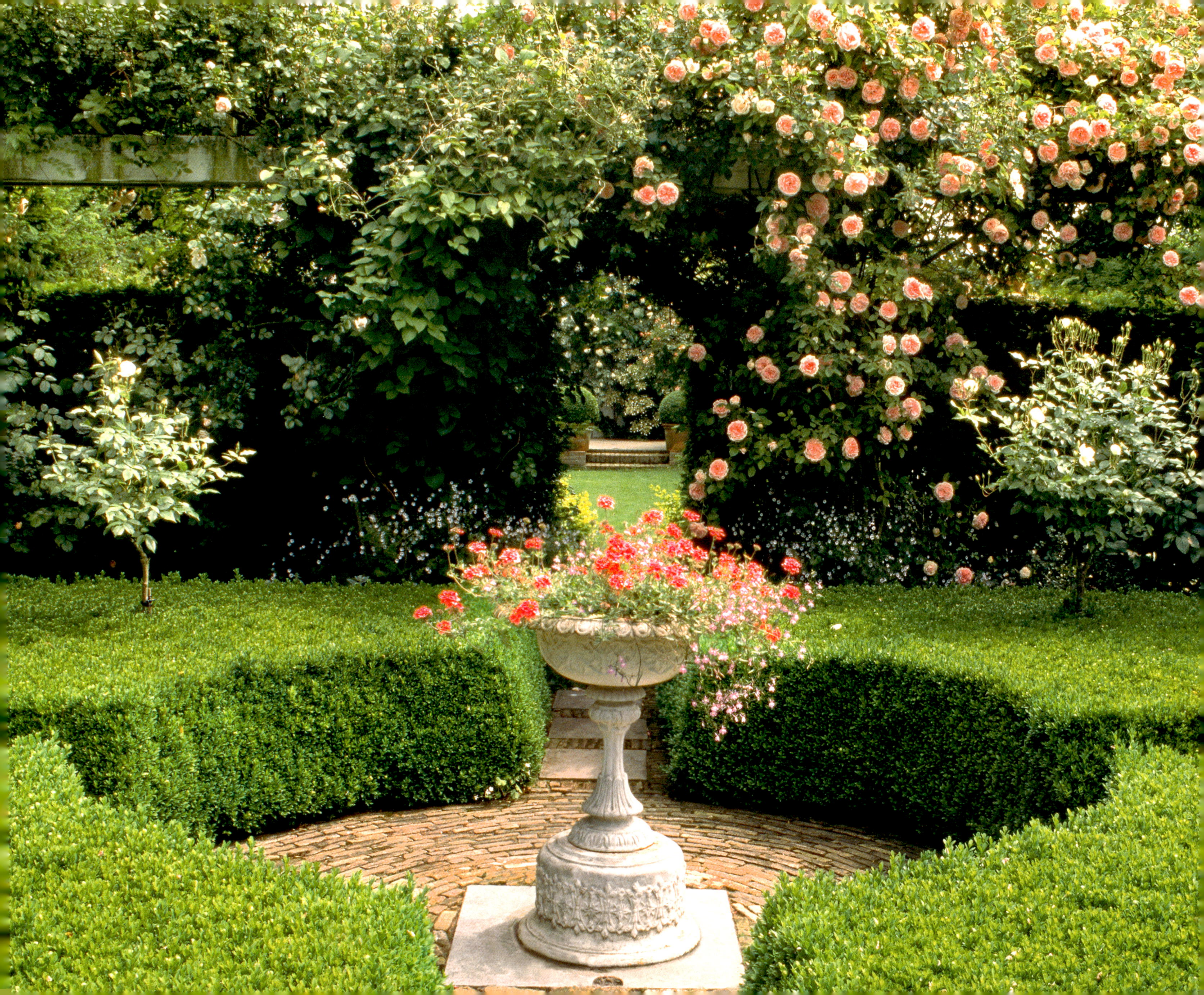

Zentrales Senkbecken mit Wasserspiel

Die Lage im Mittelpunkt eines formalen Gartens verleiht Zierbecken eine einzigartige Suggestivwirkung. Ein idealtypisches Beispiel ist dieses Rundbecken im Zentrum eines Beet-Gevierts, das mit seinem Schalenbrunnen, dessen funkelnden Wasserspielen und dem leisen Plätschern das streng formale Gärtlein belebt, ohne die plastische Wirkung der Beete und ihrer Buchsrahmen zu schmälern. Dies liegt zum Teil auch daran, dass der Zierteich im Boden versenkt wurde. Je nach Anlage können aber auch erhöhte Becken zum zentralen Blickfang werden. Unverzichtbar ist jedoch stets ein Sitzplatz, der bei abgesenkten Becken wie hier den Blick auf das Wasser gestattet.

Die Beckeneinfassung als Akzent

Unabhängig vom Beckenformat betonen bei abgesenkten Becken markante Einfassungen die Form der Wasserstelle und erfüllen damit die gleiche ordnende Funktion wie Buchsbordüren. Dabei sollten sie in Material und Form möglichst einen Bezug zu anderen Gartenelemente aufweisen. In diesem Beispiel entschied man sich für hochkant vermauerte Klinker, weil sie sich wunderbar zu einem harmonischen Kreis verlegen lassen. Da auch der Sitzplatz ein gepflastertes Rondell aus hochkant verlegten Klinkern aufweist und die Kanten der Buchsbeete ebenfalls auf diese Weise eingefasst sind, gewinnt der Garten elegante Einheitlichkeit. Für quadratische oder rechteckige Becken hingegen eignen sich auch großflächige Platten als Einfassung.

Unterschiedliche Wirkungen können Sie auch durch die Höhe des Beckenabschlusses erzielen. Im vorliegenden Beispiel ist das Becken bodeneben eingesetzt, so dass sich der aufgemauerte Rand leicht erhöht und plastisch wie die Buchsrahmen vom Kiesniveau der Wege abhebt. Diese kleine Barriere verhindert zudem, dass Kies von den Wegen ins Wasser rollen kann. Bei Pflasterwegen hingegen besteht diese Gefahr nicht. Setzt man das Zierbecken etwas unter Bodenniveau ein, kann die Einfassung bodeneben abschließen. Ein solcher Zierteich erinnert noch stärker als das Becken dieses Garten an eine in geheimnisvolle Tiefen reichende Zisterne.

Verzicht auf Randbepflanzung

Zierbecken treten noch weiter aus dem Gartengefüge hervor, wenn Sie wie hier Randbepflanzungen fernhalten oder nur einzelne Pflanzenakzente setzen. Dies unterstreicht gerade in formalen Gärten die intendierte strenge Linienführung.

Garten: Keukenhof, NL
Foto: Jürgen Becker

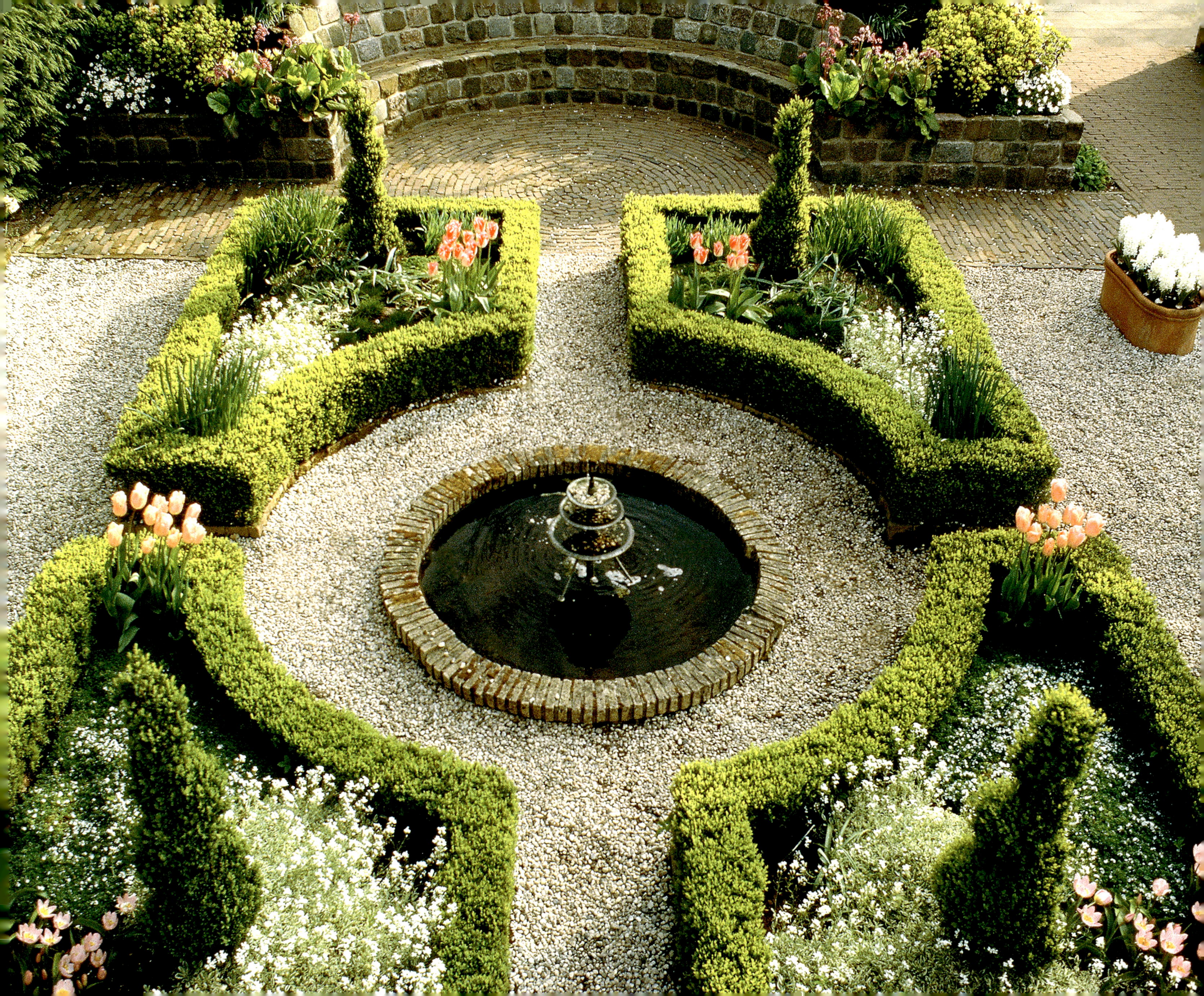

Buchs als Rahmen und Schimäre

Man sollte meinen, dass die Anhäufung gleich mehrerer Höhenelemente in dieser Bepflanzung dem Auge Rätsel aufgibt herauszufinden, welches wohl als zentraler Akzent gedacht ist. Zugegeben, das Aufeinandertreffen gleich mehrerer Highlights ergibt sich zum Teil aus Perspektive und Blickwinkel. Dennoch tritt eindeutig die grüne Buchsskulptur in der Beetmitte als Hauptakzent hervor, auch wenn gestalterisch ein von Clematis umsponnener Obelisk und ein anmutig mit Clematis umrankter Rosenbogen ebenfalls um die Aufmerksamkeit rivalisieren – und weitere Höhenelemente wie ein Ahornstämmchen links und der imposante Akanthus (*Acanthus hungaricus*) rechts den Grundsatz von der Singularität der Akzente ebenfalls unterlaufen.

Mit Biotektur gegen die Vielfalt

Formierte immergrüne Gehölze besitzen aufgrund ihrer Figürlichkeit eine enorme optische Dominanz. Auch in diesem vorwiegend aus kleinteiligen, flirrenden Blüten bestehenden Beet beweisen sie im Vorder-, Mittel- und Hintergrund Durchsetzungkraft und bewähren sich als die nötigen Ruhepole. Während im Hinter- und Vordergrund formierte Hecken die Bepflanzung wie Mauerwerk einfassen, ragt aus ihrer Mitte plastisch die immergrüne, hutähnliche Fantasieskulptur wie ein Souvenir aus Gullivers Reiseschatulle empor. Eigentlich ist es nicht verwunderlich, dass man sie schon aufgrund ihrer überragenden Körperlichkeit als Schwerpunkt auffasst. Hinzu kommt, dass formierte Buchs-Topiary durch ihre einfarbige Plastizität generell jedem graziösen Blütenreigen unangefochten Paroli bietet. Selbst der filigrane Obelisk mit Clematisblüten davor kann ihre Vormachtstellung nicht erschüttern.

Inszenierte Blickführung übers grüne Fensterbrett

Die kreative Buchs-Plastik erzielt jedoch ihre Wirkung als Blickfang nicht allein aus sich selbst. Unterstützung erhält sie durch eine breite Buchseinfassung, die mit nach beiden Seiten erhöhten volutenähnlichen Abrundungen und vorgesetzten Buchskugeln die Buchsskulptur im Beet exakt ins Visier nimmt. Durch eine solch leichte Formveränderung im Schnitt einer Buchseinfassung lässt sich also bereits eine derart wirkungsvolle Blickführung erzielen. Die Besitzer dieses Gartens intensivieren diesen Effekt noch durch die zwei getopften Buchskugeln im Vordergrund, die genau im Abstand der optischen Breite der Buchsskulptur platziert wurden und den Blick fast zwangsläufig über das Fensterbrett der Einfassung auf sie lenken.

Garten-Design: Bart und Cootje Schoenmaker, NL
Garten: Schoenmaker, NL
Foto: Jürgen Becker

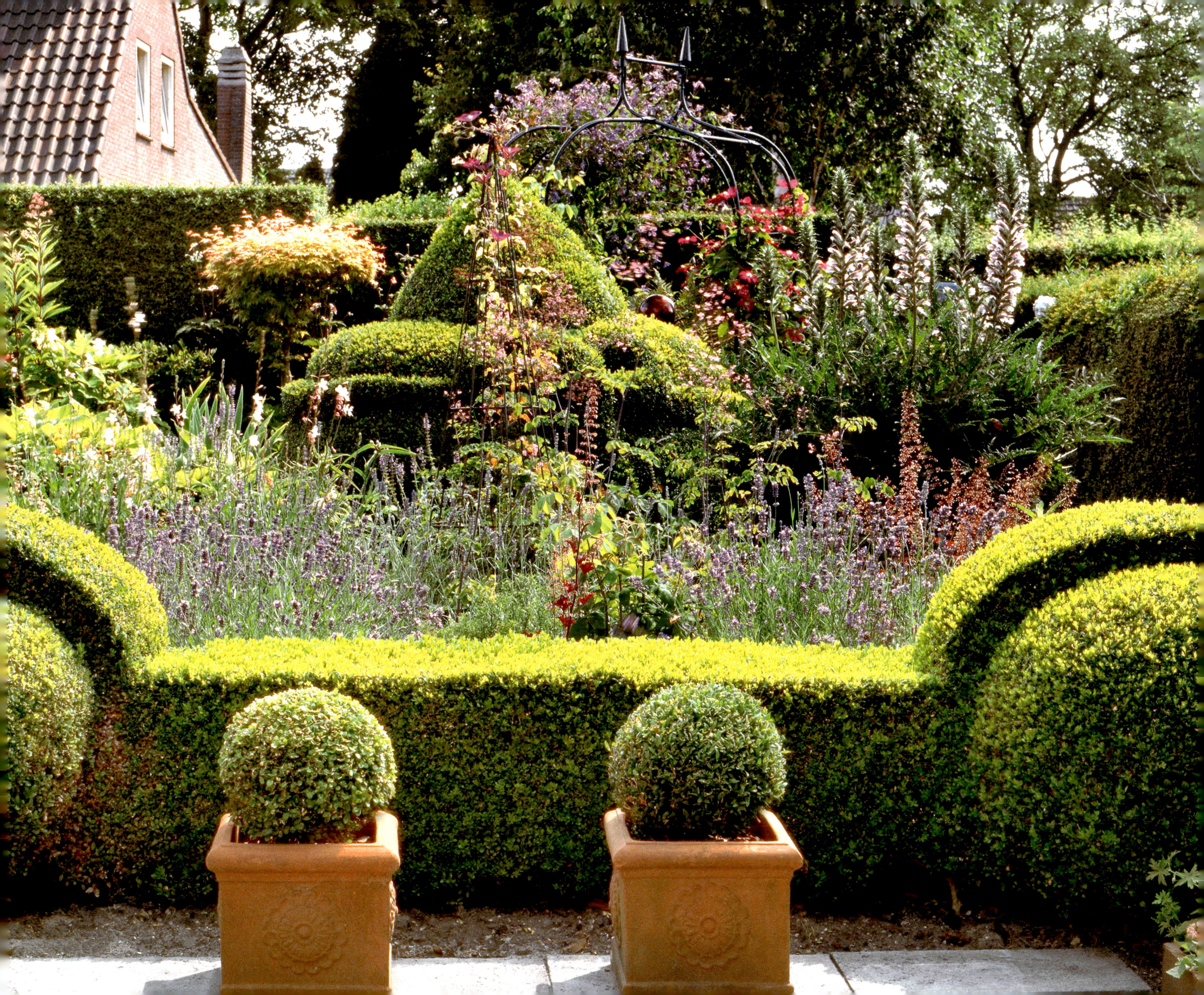

Blutroter Blütenakzent in stolzer Höhe

Dass sich auch niedrige oder auch nur halbhohe Blumen im wörtlichen Sinne als Höhepunkt behaupten können, zeigt das rechts abgebildete Beispiel aus dem weltbekannten Garten in Sissinghurst, den die Schriftstellerin Vita Sackville-West und ihr Mann Harold Nicolson seit 1930 zum vielleicht schönsten Garten Englands gestalteten.

Das klassische Vorbild
Vier mächtige getrimmte Säuleneiben bilden den Mittelpunkt des Cottage-Gartens, in dessen Zentrum ein alter Kessel aus Kupfer thront, der einmal zum Wäschewaschen gedient hatte. Seine schlichten Konturen greifen die Form des Rondells im Weg-Geviert auf und präsentieren die jeweils saisonale Blütenpracht erhoben wie auf einem Tablett. Rund ums Jahr sollte dieser Garten nach dem Willen seiner einstigen Besitzer in den Farben Gelb, Orange und Rot erstrahlen – ein warmtoniges Farbkonzept, von dem sich die dunklen, blaugrünen Eiben und der grünspanige Kessel besonders kontrastreich abheben. Vita Sackville-West verfolgte diesen Farbkontrast noch weiter, indem sie für die Frühlingsbepflanzung des Kessels die rote Tulpe 'Couleur Cardinal' wählte, weil deren besonders blaugrüne Blätter so gut mit dem Grünspan des Kessels harmonierten.

Gestaltungsstrategien zum Nachmachen
Im Nachvollziehen berühmter Gestaltungsvorbilder kann man stets grundsätzliche Prinzipien entdecken, die sich auch auf heutige Gärten übertragen lassen. So verhält es sich auch mit diesem Beispiel:

- Die Wirkung eines Blickfangs in einem Geviert können Sie noch verstärken, wenn Sie die Ecken der Beete oder Wege mit markanten Höhenelementen betonen.
- Zeichnen sich vertikale Seitenakzente durch beträchtliche Höhe aus, sollte auch der Blickfang in ihrer Mitte erhöht sein. Dabei ist es nicht nötig hochwüchsige Pflanzen auszuwählen, die gewünschte Höhe lässt sich auch durch das Gefäß oder eine Säule erreichen.
- Je größer und füller diese Höhenelemente sind, desto imposanter sollte auch das Pflanzgefäß im Zentrum sein. Hier korrespondiert der massige Kessel mit den bauchigen Fülle der Säuleneiben.
- Ein sehr geschlossenes Bild ergibt sich, wenn auch das Material oder die Farbe des Gefäßes mit den Höhenelementen harmoniert.
- Stimmen Sie bei der Pflanzenwahl die Farben auf das hohe Gefäß, aber auch auf die Hintergrundbepflanzung und das Umfeld ab. Durch die Auswahl großblütiger Pflanzen in leuchtenden Farben, vor allem auch durch einheitlich-gleiche Pflanzen können Sie die Fernwirkung des blumigen Blickfangs noch erhöhen.

Garten-Design: Vita Sackville-West, GB
Garten: Sissinghurst, GB
Foto: Jürgen Becker

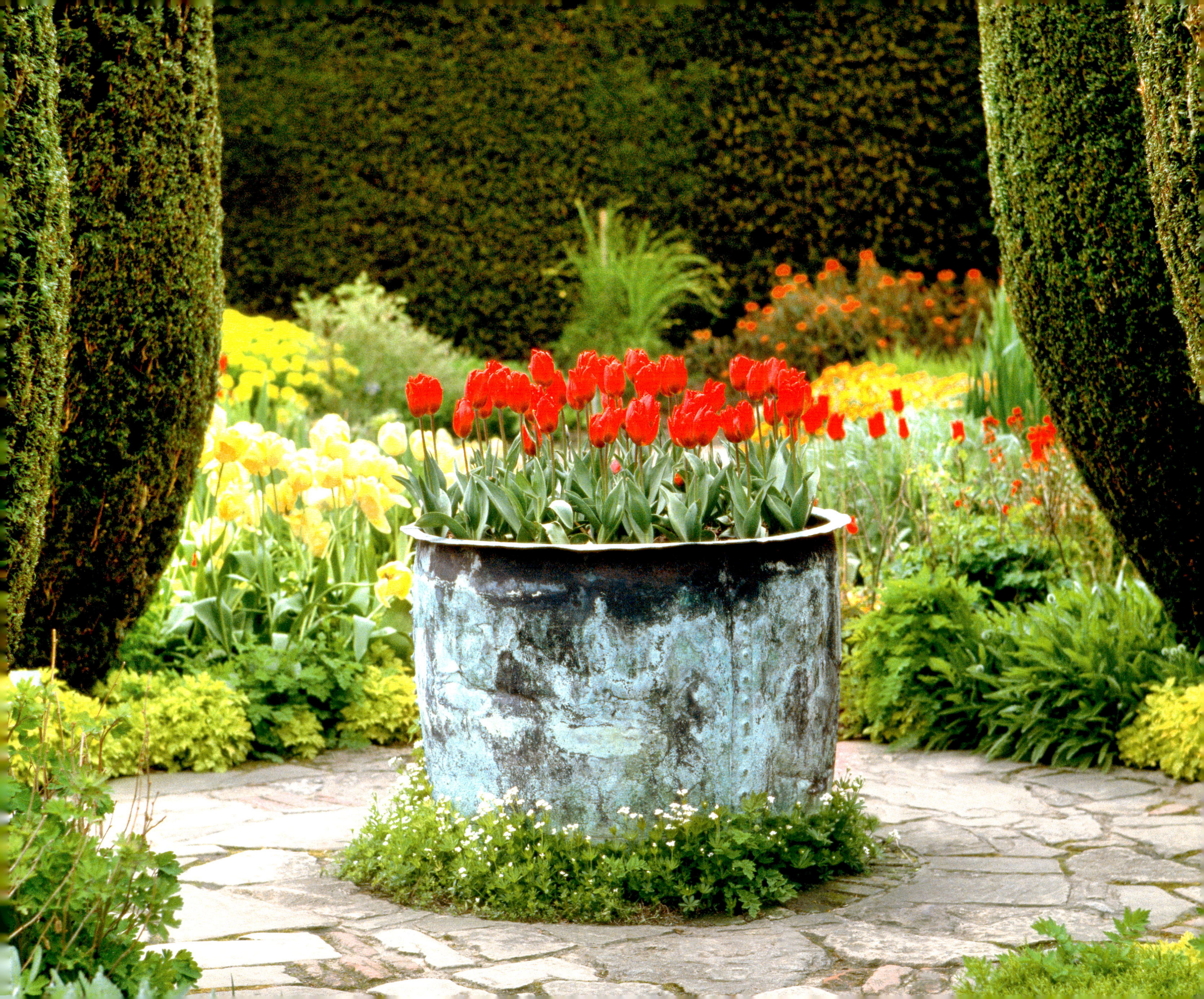

Rankpyramide als Höhepunkt im Beet

Eine freistehende Rankhilfe bietet Ihnen die Möglichkeit, Beete im Nu mit einem malerischen Akzent zu überbauen. Sie vervollkommnet Pflanzungen durch eine zu allen Jahreszeiten strukturstabile Attraktion, die, falls sie selbst farbig ist, in Kombination mit den Blütenfarben der Kletterpflanzen feinsinnige Farbkombinationen entwirft und im Winter für einen erfrischenden Farbtupfer sorgt.

Material und Form

Ob Sie einem wuchtigen, schlichten Holzgerüst wie dieser blauen Pyramide den Vorzug geben oder einer eleganten oder verspielten Rankhilfe aus schwarzem Stahlrohr oder Eisen, wird vom Gartenstil und von den Kletterpflanzen abhängen, die daran emporturnen sollen. Urwüchsig vitale Kletterer wie Kürbis oder Zucchini rechts brauchen für ihre saftig-brüchigen Triebe und die schweren Früchte einen sehr stabilen Halt. Im Unterschied dazu benötigen Clematis oder Wicken, die sich mit Blattstielen oder Ranken um ihre Halterungen winden, eher schlanke Gerüststäbe.

Aufbau und Bepflanzung

Die meisten Pyramiden und Obelisken aus Metall besitzen weit nach unten verlängerte Fortsätze, die einfach in den Boden gesteckt werden. Die Pfosten von Holzelementen fixieren Sie hingegen am besten in Metallschuhen oder speziellen Bodenverankerungen. Bei der Begrünung haben Sie die Wahl zwischen jährlichem Wechsel mit einjährigen Kletterpflanzen oder kletternden Nutzpflanzen, wie Bohnen, Kürbis, Kletterzucchini, oder aber Sie entscheiden sich für langjährige Beständigkeit durch Klettergehölze. Während man fast alle Kletterpflanzen außen an die senkrechten Streben pflanzt, setzt man Rosen in die Mitte der Rankgerüste und zieht ihre Triebe anschließend spiralig um das Höhenelement. Dafür eignen sich übrigens nicht nur Kletter- und Ramblerrosen, sondern auch lang- und weichtriebige Strauchrosen.

Weitere Gestaltungsmöglichkeiten mit Pyramiden und Obelisken

Viele reizvolle Gartenimpressionen ergeben sich durch Doppelakzente von Pyramiden oder Obelisken, die den Durchgang von der Terrasse in den Garten betonen, den Auftakt eines Weges markieren oder aber auch eine Bank oder eine Laube flankieren. Die Einsatzmöglichkeiten erweitern sich noch beträchtlich durch Aufsteckpyramiden und Obelisken, die etwas zierlicher gearbeitet sind und einfach auf Kübel aufgesteckt werden können. Damit können Sie übrigens nicht nur Hauseingang, Garagenzufahrt, Terrasse und Balkon mit attraktiven Höhenelementen zieren, aber auch „Löcher" im Blumenbeet dekorativ kaschieren.

Garten-Design: Van Weede, NL
Garten: Huis Bingerden, NL
Foto: Jürgen Becker

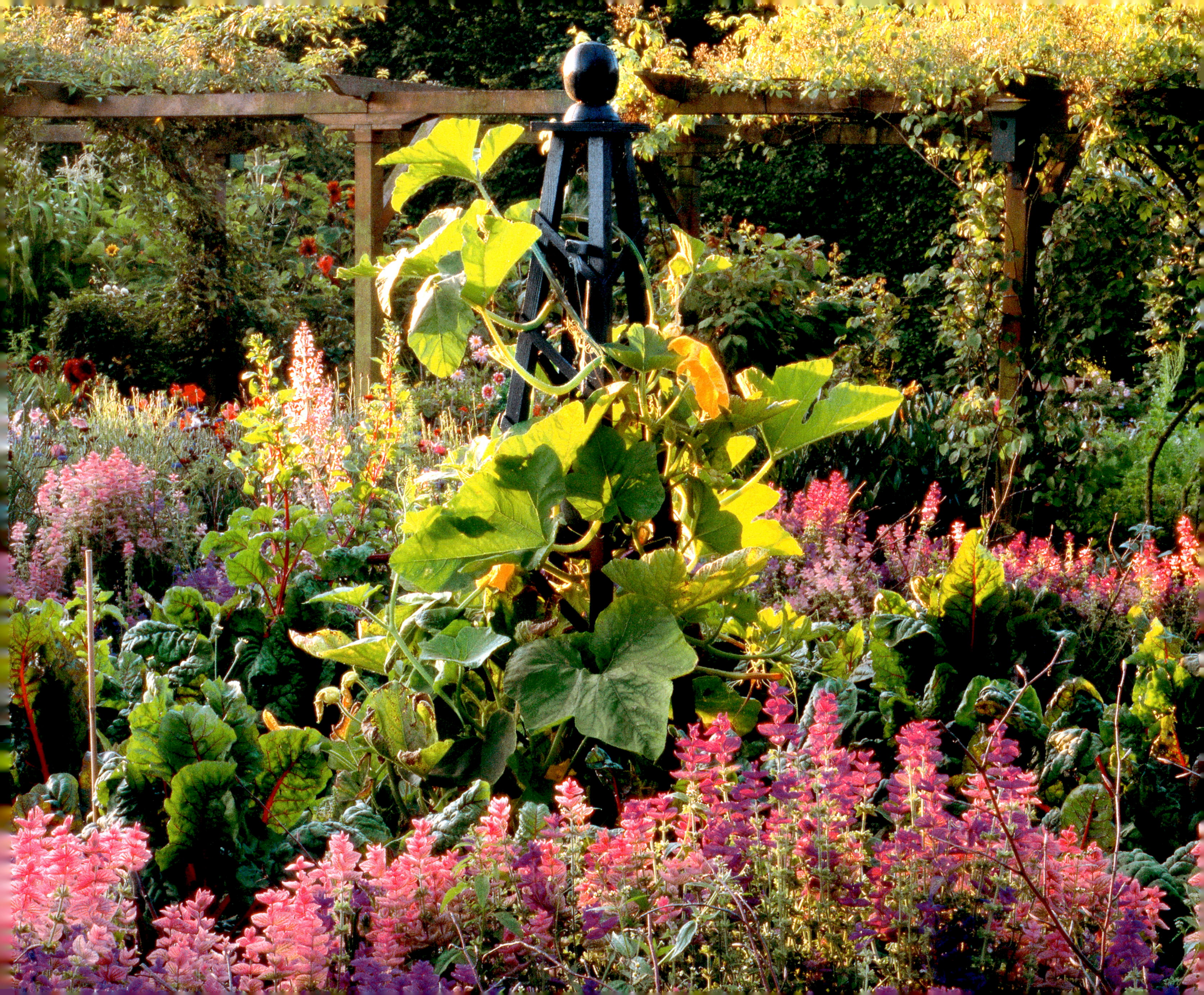

Karrenbank als origineller Schattenplatz

Dass eine edle Sitzbank im Garten nicht nur ein komfortables und funktionales Möbel ist, wusste man schon in den Gärten der Renaissance und des Barock, wo man Bänke gerne ans Ende einer Blickachse, in Heckennischen sowie ins Buchs- oder Blumen-Parterre als Blickfang integrierte. Obwohl das Klima nicht gerade zum permanenten Aufenthalt im Freien einlädt, wurden Bänke auch später in England zu einem zentralen Thema der Gestaltung. Im ganzen Inselreich kristallisierte sich ein Kanon von einem guten Dutzend Modellen heraus, von denen viele bis heute nachgebaut werden und dank ihrer klassischen Schönheit bereits Rang und Funktion von Skulpturen einnehmen.

Blickfang: Karrenbank

Der Reiz des Unerwarteten und die Überraschung über Machart und Form sind es wohl primär, die den Blick auf dieser Karrenbank ruhen lassen. An ihre einstige mobile Funktion in einem Park erinnert nur noch ihr Rad, das sie für einen einigermaßen bequemen Ortwechsel prädestinierte. In dieser grünen Nische flankiert von Buchstopiary dürfte sie jedoch ein festes Plätzchen gefunden haben. Auch der Ausblick auf ein herrschaftliches Gartenornament und das strahlende Tulpenbeet geben dieser Sitzbank eine gestalterische und funktionale Berechtigung, nach dem Grundsatz, dass ein Sitzplatz immer dort lokalisiert werden sollte, wo dem Auge und den Sinnen besondere Attraktionen geboten werden.

Variante: Eine Baumbank als Blickfang

Eine runde Bank um ein Solitärgehölz wird schon aufgrund ihrer Einzelstellung von vielen Blickwinkeln aus im Visier liegen. Während sich einfache Naturholzbänke ohne Rückenlehne eher zurückhaltend präsentieren, werden weiße Bänke in kunstvollem Design sofort alle Blicke auf sich ziehen und den Garten zugleich um einen eleganten Blickfang bereichern. Von der Baumbank selbst bieten sich wiederum viele Ausblicken auf den Garten und Sie können zugleich wählen, ob Sie im Schatten oder auf einer anderen Seite in der Sonne sitzen möchten.

Variante: Eine Duftbank als Blickfang

Eine rein ästhetische Bank, die nur als Blickfang gedacht ist und zum Riechen, aber nicht zum Sitzen einlädt, hat Vita Sackville-West für den Kräutergarten in Sissinghurst konzipiert. Diese Bank wurde gemauert und ihre Sitzfläche mit nichtblühender Römischer Kamille (*Chamaemelum nobile* 'Treneague') bepflanzt. Ein bezaubernder Akzent, der aus der Nähe auch mit einem würzigem Duft-Bouquet für die Nase verwöhnt.

Garten: De Heeren van Bronckhorst, NL
Foto: Jürgen Becker

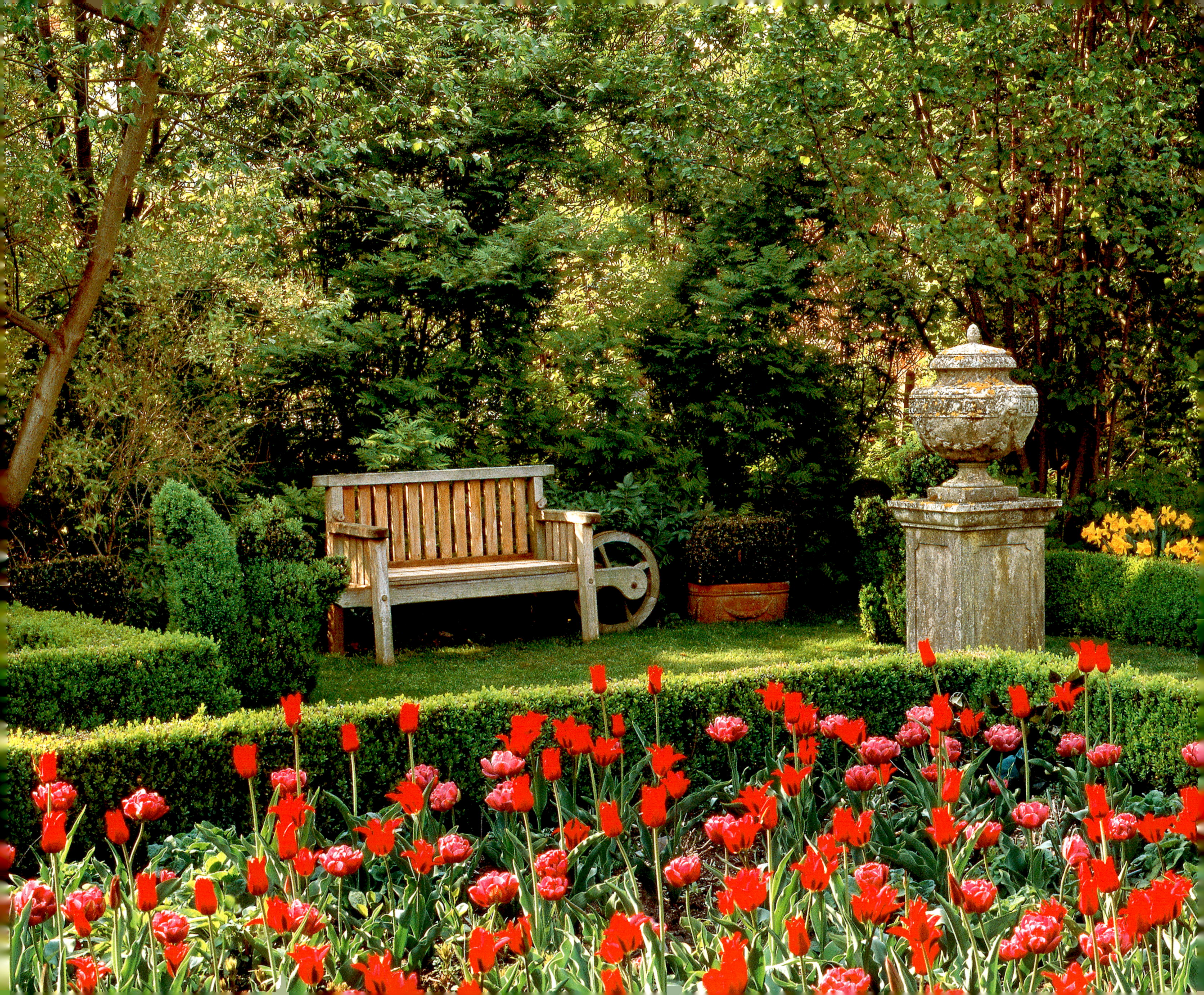

Bemooste Bank als Kleinod im Schatten

Neben ihrem komfortablen Nutzen unterstreichen und beeinflussen Bänke auch mit ihrer Erscheinung Stil und Stimmung der grünen Welt und ziehen obendrein Blick und Aufmerksamkeit auf sich.

Bänke in architektonischen Gärten

In formalen Gärten sollen sich kunstvolle, ornamentale Bänke markant als formschöner Blickfang von der Bepflanzung abheben. Daher setzt man sie gerne in das Zentrum oder an das Ende von Blickachsen, vor oder in Schnitthecken, neben Beete oder Zierbecken. Diesen Effekt des von der Natur losgelösten Gartendekors können Sie noch durch kontrastive Farben wie Weiß oder Blau unterstreichen.

Bänke in romantischen Gärten

In frei gestalteten, wildhaft-romantischen Gärten strebt man hingegen eher die Verwobenheit mit der Natur an. Darum bevorzugt man Bänke aus Naturmaterialien wie Holz, Stein oder Steinguss. Diese Sitzmöbel fügen sich zwischen Sträucher, in Nischen von Stauden- oder Gemüsebeeten oder unter überhängenden Gehölzen umso malerischer ein, je mehr sie mit den Pflanzen in Bezug treten und von ihnen umspielt werden.

Historische Steinbänke

Sie tragen das nostalgische Flair herrschaftlicher Pracht und Vergänglichkeit in unser Pflanzenreich. Heutzutage sind sie als frostfeste Steinguss-Repliken in vielen Formen und Größen relativ günstig erhältlich. Doch ihr Nutzwert als bequemes Sitzmöbel ist eher sekundär und steht hinter ihrer primären Glanzleistung zurück, als pittoreskes Gartenornament Gartenszenen in allen Jahreszeiten zu verzaubern. Denn selbst im Winter tupfen sie Akzente und Anklänge von Wohnlichkeit und entspanntem Genießen in den Garten. Von ihrer wohl schönsten Seite zeigen sie sich jedoch an feuchten, schattigen Plätzen, wo Moos und Flechten ihnen schon bald die Patina verwunschener Natürlichkeit verleihen.

Tipps zur Gestaltung mit Steinbänken

- Da Bänke aus Stein und Steinguss ein beträchtliches Gewicht aufweisen, sollten ihre Träger auf einem mindestens 50 cm tiefen betonierten Punkt- oder Streifenfundament ruhen.
- Bestreichen Sie neue Stein- oder Steinguss-Bänke mit Buttermilch oder Joghurt, dann setzen sie an feuchten Schattenplätzen besonders schnell Moos und Flechten an.
- Sehr reizvoll sehen auch aus Klinkern gemauerte Bänke aus, deren Sitzfläche aus einer eingelassenen begrünten Pflanzwanne besteht.

Garten-Design: Charlotte und Jacob Zwaan, NL
Garten: 't Hof Overwellingen, NL
Foto: Jürgen Becker

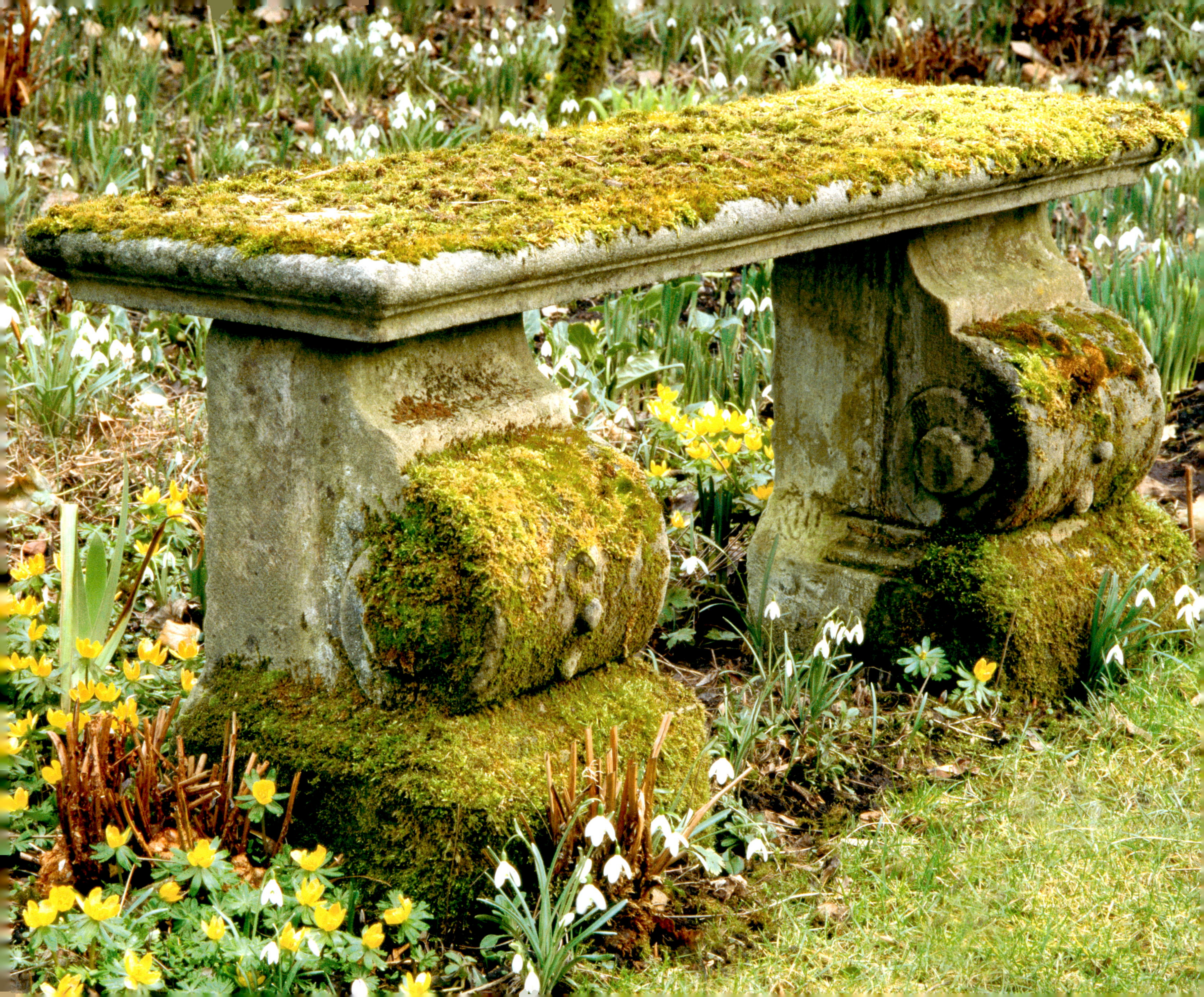

Der Weg ist das Ziel

Dieses Wegkreuz innerhalb eines alten Kräutergartens zeigt, dass durch feinsinnige Gestaltung auch der Weg selbst zum ornamentalen Blickfang werden kann. Der kleine Putto in seiner Mitte mit der Wasserschale für Vögel dominiert zwar anmutig in seinem Zentrum, ist jedoch zierlich genug um nicht mit der grafischen Wirkung von Weg und Rondell zu konkurrieren oder diese gar zu stören.

Beeteinfassungen

Was wären architektonische Gärten ohne exakt eingefasste Beete! Präzise Rahmen verleihen Beeten Struktur und unterstreichen mit linearer Akkuratesse das architektonische Design des Gartenplans. Mit Vorliebe nutzt man immergrünen Buchs (*Buxus sempervirens* 'Suffruticosa') dafür, der in scharfkantigen Minihecken, als halbrund getrimmte Bordüren oder wie eine Perlenkette in Form aufgereihter grüner Kugeln Beete mit einem erhöhten plastischen Wall säumen kann. Er erzeugt in Sonne, Halbschatten und Schatten rund ums Jahr ruhige Bilder von beständiger Ordnung. Als immergrüne Alternativen in sonniger Lage kommen Halbsträucher wie Gamander (*Teucrium chamaedrys*), Heiligenkraut (*Santolina chamaecyparissus*), Rauke (*Ruta graveolens*) und Lavendel (*Lavandula angustifolia*) in Frage. Daneben können auch Platten, Klinker, Halb- oder Rundhölzer sowie nostalgische Einfassungselemente aus Gusseisen Beete in Zaum halten.

Eher bandartigen Dekor-Charakter haben hingegen flache Einfassungen, wie diese Rasenstreifen, sowie gepflasterte Rahmen. Sie erfordern allerdings einen hohen Pflegeaufwand wie regelmäßiges Mähen und penibles Abstechen der Rasenkanten, der sich noch erhöht, wenn eine zweite Bordüre, wie diese braune Erdrinne, die Rasenbänder begleitet. Hier muss zusätzlich regelmäßig Unkraut gejätet werden, es sei denn, man bringt Rindenmulch aus.

Der doppelt eingefasste Weg

Markante Beeteinfassungen schenken unruhigen Bepflanzungen wie den kleinblättrigen Kräutern einen ruhigen Rahmen. Wie diese Rasenstreifen akzentuieren sie jedoch auch den Weg, zumal, wenn sie sich mit ihm auf einem Niveau befinden, während die leicht abgesenkten Erdrinnen ihn obendrein noch plastisch hervortreten lassen. Neben den Höhendifferenzen tragen aber auch die Texturunterschiede, die groben Texturen des Weges und die zunehmend feineren der Einfassungen, dazu bei dieses Wegkreuz in einen dekorativen Eyecatcher zu verwandeln.

Garten: Trewithen, GB
Foto: Jürgen Becker

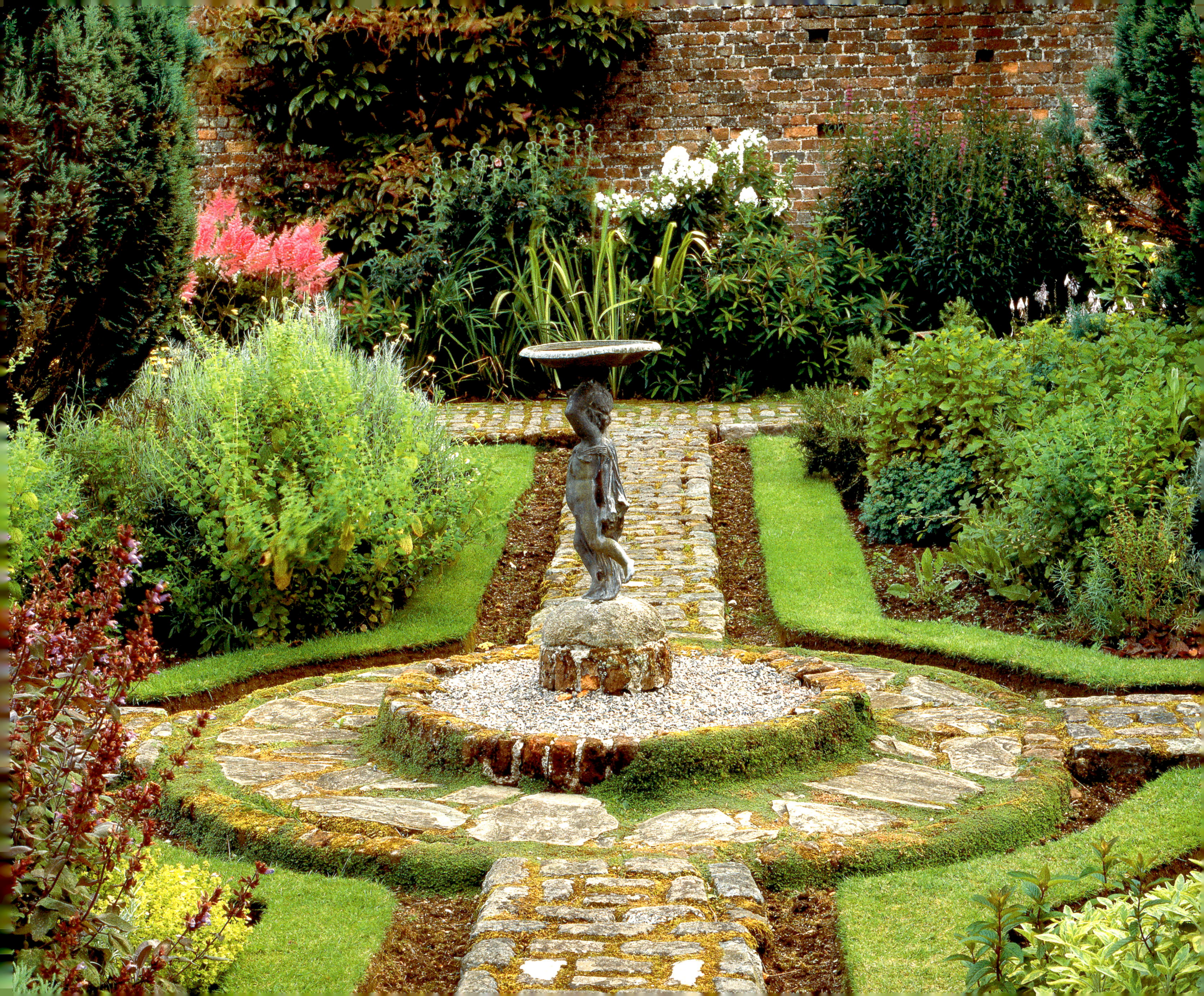

Hausbaum – Akzent auf schmuckem Fuß

Als Schattenspender und Windbarriere, als stimmungsvoller Blickfang durch die Jahreszeiten, ja sogar als Schutz vor Unwetter und bösen Geistern bezaubern uns Hausbäume seit Jahrtausenden. Die imposanten Solitärgehölze strahlen Ruhe und Kraft aus und verleihen dem Haus eine unverwechselbare Atmosphäre.

Wohlüberlegt auswählen

Entscheiden Sie sich möglichst für einen Laubbaum, da er mit Austrieb, Blüte, Frucht und Laubfärbung den Verlauf der Jahreszeiten erlebbar macht. Das Gehölz sollte in seiner späteren Größe, das heißt in Höhe und Kronendurchmesser, aber auch in Aussehen und Wirkung mit dem Gebäude harmonieren. Steht viel Platz zur Verfügung, so passen in ländliche Bereiche oder zu einem Domizil im Landhausstil:

- Sommerlinde (*Tilia platyphyllos*, siehe rechts)
- Winterlinde (*Tilia cordata*)
- Berg- oder Spitzahorn (*Acer pseudoplatanus, Acer platanoides*)
- Rosskastanie (*Aesculus hippocastanum*)
- Esche (*Fraxinus excelsior*)
- Stiel- oder Traubeneiche (*Quercus robur, Quercus petraea*)
- Nutzgehölze wie Hochstämme von Birne, Apfel, Pflaume
- mächtige Walnuss (*Juglans regia*), deren Laub obendrein Mücken vertreibt

Für kleinere Anwesen im ländlichen Bereich wird man hingegen eher Rot- oder Weißdorn (*Crataegus laevigata* 'Paul's Scarlet', *Crataegus monogyna*), Eberesche (*Sorbus aucuparia*) oder Quitte (*Cydonia oblonga*) bevorzugen. Ist Platz eindeutig Mangelware, empfehlen sich so genannte Kugelbäume, deren Höhe zwischen 3 und 6 m variiert, wobei die Krone kugelig kompakt bleibt, wie zum Beispiel Kugel-Robinie (*Robinia pseudoacacia* 'Umbraculifera'), Kugel-Steppenkirsche (*Prunus fruticosa* 'Globosa'), Kugel-Ahorn (*Acer platanoides* 'Globosum') oder Kugel-Trompetenbaum (*Catalpa bignonioides* 'Nana').

Der dekorative Fuß

Hausbäume, die rund ums Jahr im Zentrum der Aufmerksamkeit liegen, sollten auch im Wurzelbereich einen hübschen Eindruck bieten. In diesem Beispiel machte man sich die Eigenschaft der Linden zunutze aus Stamm und Fuß häufig Seitentriebe zu bilden. Gleichmäßig gestutzt legen diese Jungtriebe sich wie ein schmucker Ring um den Fuß. Die Alternative besteht darin, die Gehölze gleich nach dem Setzen mit Schattenstauden zu unterpflanzen. Bei älteren, eingewurzelten Bäumen (vor allem bei Flachwurzlern) erweist sich dies oft als schwierig. Sie können aber den Wurzelbereich von Efeu überziehen lassen und ein schönes Gartenaccessoire zur Auflockerung hineinstellen.

Garten-Design: Lisa und Joachim Winkler, D
Garten: Lisa und Joachim Winkler, D
Foto: Jürgen Becker

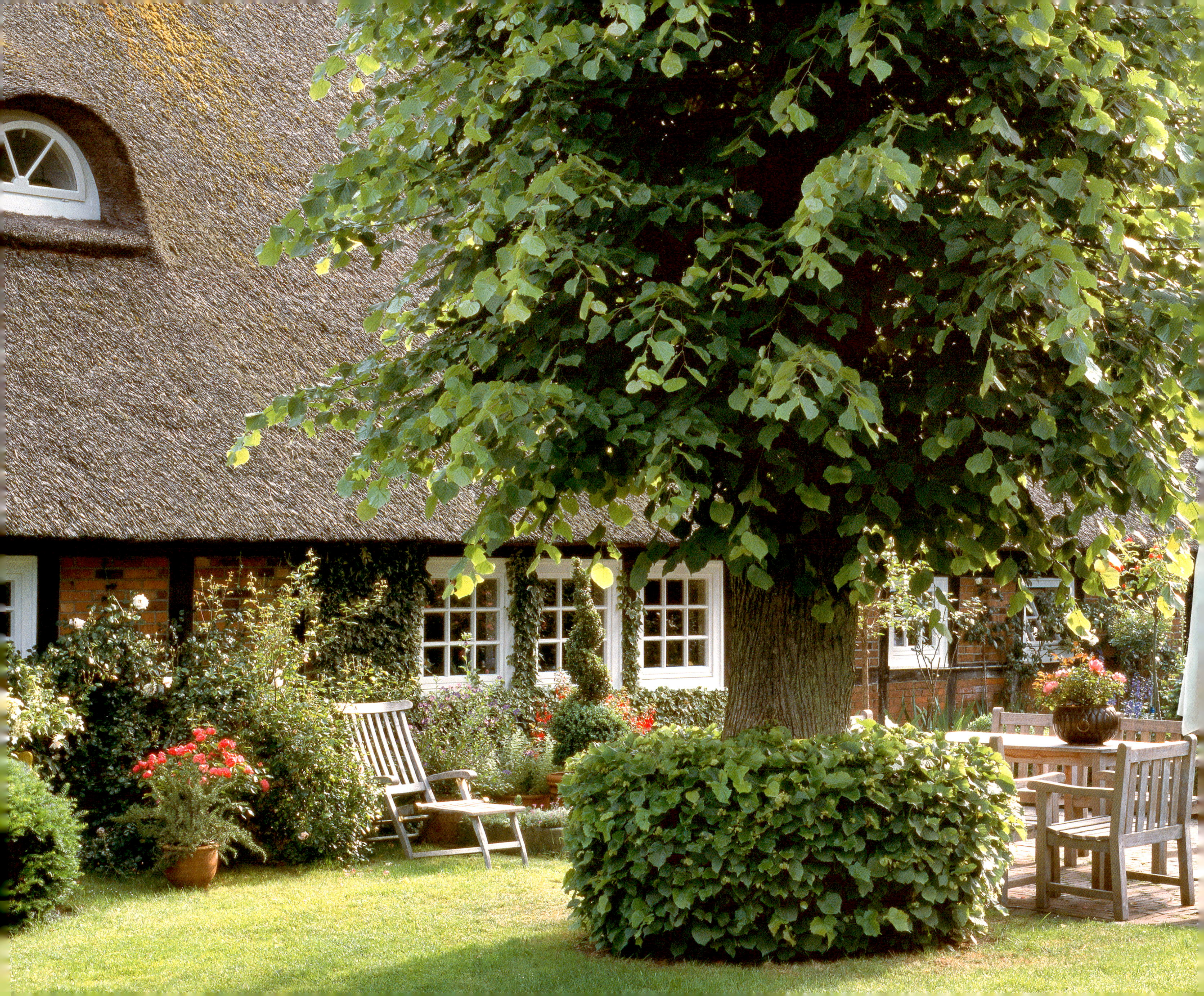

Tonnenhäuschen in romantischer Verkleidung

Für Mülltonnen, die Stiefkinder der Gartenästhetik, heißt die Patentlösung Verkleiden oder Verstecken. Die Tonnen aus dem Blickfeld zu holen und in einem Häuschen unterzubringen eröffnet wesentlich mehr hübsche Gestaltungsmöglichkeiten, als sie direkt mit Dekofolie zu bekleben oder gar farbig anzumalen.

Tonnenhäuschen in einer Gartenecke

Wenn das Häuschen im Eingangsbereich steht, sollte es unbedingt in Stil und Farbe passend zum Zaun oder Haus gestaltet und dekoriert werden. Im vorliegenden Beispiel befindet sich der Tonnenschrank seitlich am Haus mit direktem Anschluss an den Garten. Dies ermöglichte es den Gartenbesitzern das Häuschen stilistisch eng mit der floralen Welt zu vernetzen.

Ein Rahmen aus Vierkanthölzern, dessen hintere Streben an der Hauswand festgedübelt wurden, gibt das Gerüst des nach vorne abfallenden Minischuppens vor. Während man die Seitenwände fest installierte, erhielt die Front zwei Türrahmen, die mit jeweils zwei massiven Scharnieren an den Kanthölzern befestigt wurden. Das reizvolle Flechtwerk ist auch für Laien einfach herzustellen. Dazu schneidet man frische Triebe von Weide, Haselnuss oder, sofern Sie es farbiger wünschen, vom Sibirischen Hartriegel (*Cornus alba* 'Sibirica', rote Triebe) oder vom Gelbholz-Hartriegel (*Cornus stolonifera* 'Flaviramea') auf gleiche Länge. Zwei halbierte Rundholzlatten werden zu beiden Seiten der „Fensterrahmen" angenagelt, die dritte fixiert man am oberen und unteren Rahmen genau in der Mitte. Um sie herum spreizen Sie nun im Flechtverfahren nach dem Motto 1 über 1 unter die Triebe ein. Für das Dach einen Lattenrost aufnageln und mit alten Ziegeln abdecken. Weißer Mauerpfeffer (*Sedum album*) und Moos fühlen sich sichtlich darauf sehr wohl.

Weitere Verschönerungsideen

Tonnenhäuschen im Eingangsbereich bedürfen besonders sorgfältiger Gestaltung. Oft handelt es sich um langweilige Betonkästen, aber auch die können Sie

- farbig streichen und ihnen mit witzigen Mustern etc. Leben verleihen
- durch eine Dachbegrünung verschönern
- bei Flachdächern einfach eine Pflanzwanne in der Dachgröße aufsetzen
- notfalls hinter immergrünen Schnitthecken verstecken
- mit Kletterpflanzen beranken
- oder mit mobilen Sichtschutzelementen aus dem Blickfeld rücken.

Garten-Design: Meneer Vermeer Tuinen, NL
Garten: Ruud Vermeer, NL
Foto: Modeste Herwig

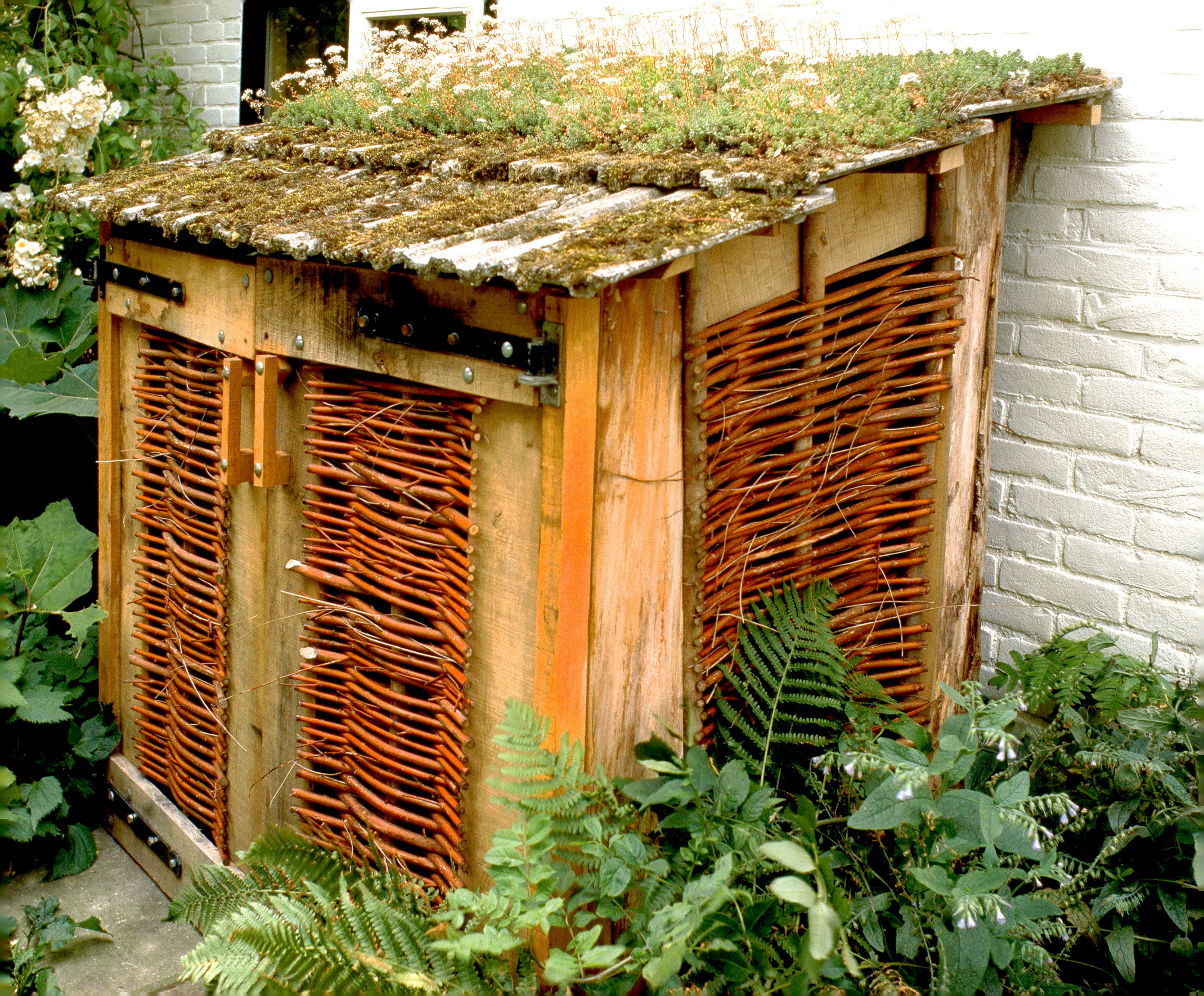

Sammel-Kabinett der Gartenleidenschaft

Schön und praktisch zugleich ist diese Sammelstelle nützlicher Metallbehälter. Gießkannen, Eimer und Wannen verwandeln eine düstere Schattenecke in einen aparten Blickfang. Und wie so oft lässt die Einheitlichkeit des Materials die unterschiedlichen Formen umso mehr hervortreten. Ein weiterer Vorzug eines solchen Arrangements liegt in der praktischen offenen Ablage. Denn dadurch sind die Geräte, denen Wind und Wetter nichts anhaben können, schnell zur Hand und ebenso schnell wieder ordentlich verstaut.

Sammelstücke als Gartendekor

Entdecken Sie die Lust am Sammeln. Ganz sicher hatten die Besitzer dieses Gartens die hübschen nostalgischen verzinkten Metallgefäße nicht auf Anhieb zur Hand, sondern trugen sie vermutlich über Jahre zusammen. Flohmärkte und Gartentauschbörsen sind die Orte, wo alte Geräte erworben werden können.

Die Möglichkeiten sind vielfältig. Alte Gartengeräte können unter dem trockenen Vordach eines Gartenhäuschen nostalgisches Flair verbreiten, während eine schöne Korbsammlung wunderbar in ein ländliches, rustikales Ambiente passt. Sehr elegant oder romantisch wirken Topf- und Kübelarrangements aus edler frostfester Terracotta, auf die man zugleich als Depot beim Einpflanzen zurückgreifen kann.

Variante: ein Pflanztisch als „Sammelvitrine"

Gerade in Gärten mit Platzmangel sollte jedes Gartenelement möglichst zwei Funktionen erfüllen. Ein an die Gartengrenze oder an die Sichtschutzmauer angebauter attraktiver Pflanztisch kann sich in diesem Sinn als stimmungsvoller Blickfang und Arbeitsplatz zugleich erweisen. Eine geräumige Arbeitsfläche ermöglicht es bequem auszusäen, zu pikieren oder ein- und umzupflanzen, während Regale Handgeräte, Gießkannen, Pflanzgefäße beherbergen und im besten Falle auch noch einen regengeschützten Stauraum für Gartenschuhe, Dünger, Pflanzenschutzmittel und Substrate offerieren. Windlichter und Laternen, Pflanzen in Töpfen, eine alte Keramikvase oder Kanne mit ein paar Blumen aus dem Garten, kleine wetterfeste Gartenfiguren, aber auch Fundstücke aus der Natur, wie Schneckenhäuser, ein Vogelnest oder ungewöhnliche Steine und Wurzeln können einen solchen Arbeitsplatz – der natürlich auch in großen Gärten nicht fehlen sollte – in eine romantische Augenweide verwandeln.

Garten-Design: Riet Brinkhof, Joop van den Berk, NL
Garten: De Brinkhof, NL
Foto: Jürgen Becker

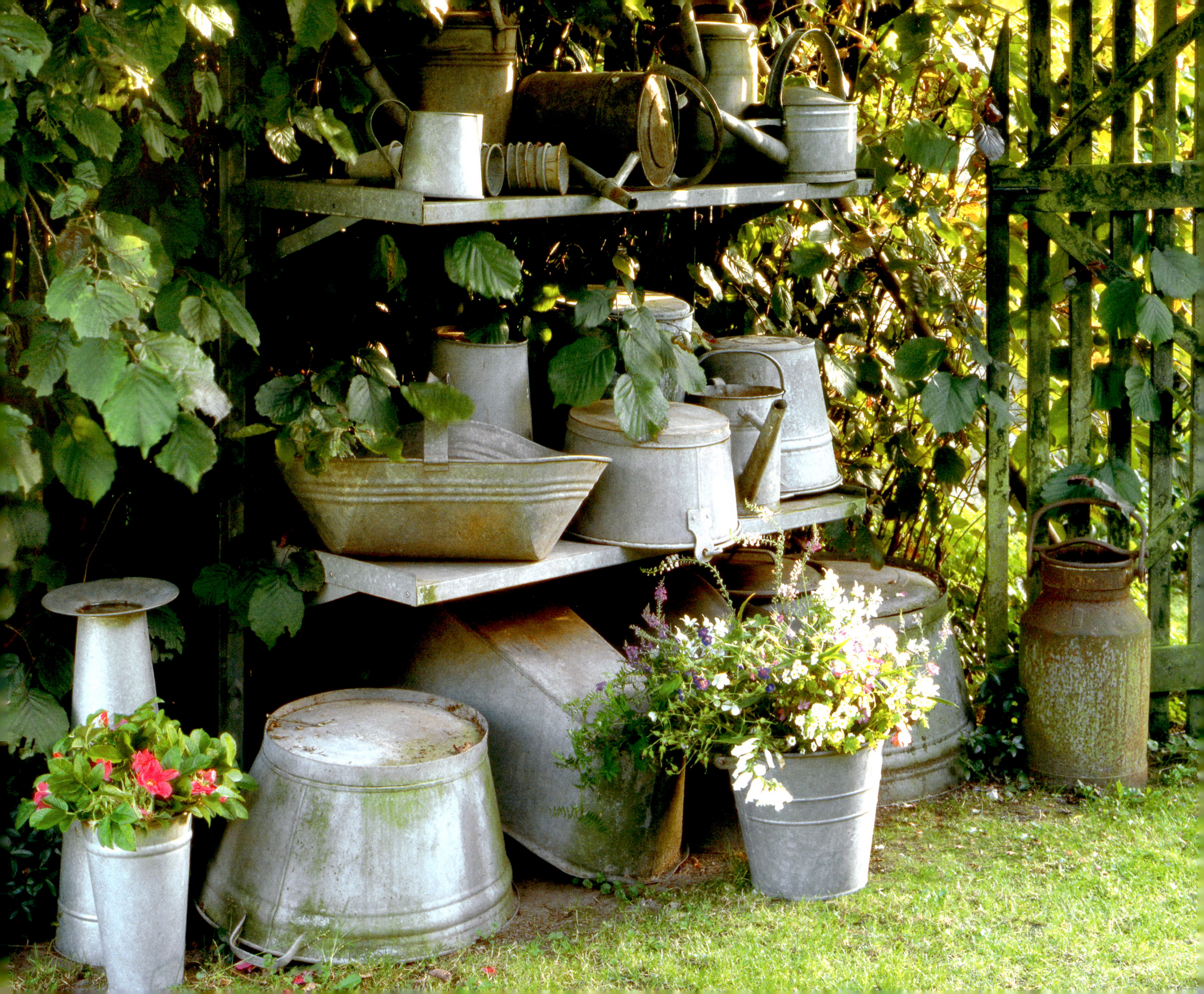

Figurenbrunnen mit badenden Nanas

Welches Element könnte besser passen zur ausgelassenen Lebenfreude der drallen Nanas, den üppig-vitalen Geschöpfen von Niki de St. Phalle, als das Lebenselement Wasser? Und wer ließe sich nicht anstecken vom feucht-fröhlichen Badespaß der neckischen Damen, deren Hautfarben Weiß, Gelb und Schwarz sie möglicherweise als Vertreter der ganzen Menschheit zu erkennen geben.

Figurenbrunnen als Blickfang

Ein riesiger Figurenbrunnen wie dieser benötigt natürlich auch ein großzügiges Umfeld. Die weite Fläche des Zierbeckens mit der schmalen Einfassung und dem hohen Wasserspiegel erinnert nicht zufällig an einen Pool und harmoniert als horizontales Gegengewicht mit den riesigen Figuren und ihren üppigen Proportionen. Auch bei abgeschalteten Wasserspielen erfüllen sie über das große Niveau des Wasserspiegels hinaus den ganzen Gartenbereich mit der Dynamik ihrer Bewegungen und der Farbigkeit ihrer Formen. Selbst wenn der Rhododendron im Hintergrund außerhalb der Blütezeit nur sein dunkles Dauergrün zeigt, kommt dies den Damen entgegen, denn ihr farbenfrohes Outfit hebt sich davon besonders gut ab und überstrahlt dabei den ganzen Gartenraum. Dieses Wasserballett im Grünen erwacht vollends zu klangvoller Lebendigkeit, sobald die Pumpen unter jeder Figur das Wasser in funkelnde Fontänen verwandeln, die wie sichtbar gewordene Energiebahnen den Raum über dem Wasserspiegel beleben.

Was zu vermeiden ist

Ein solcher Brunnen lebt ganz aus sich heraus, Pflanzen und Fische würden hier nur stören. Wer jedoch einen Teich mit Fischen und Seerosen wünscht, sollte auf mächtige Wasserspiele verzichten, denn prasselnde Fontänen belasten die Fische und ständig benässte Schwimmblattpflanzen kümmern. Nur wenn diese Teiche sehr groß sind, sind Wasserspiele in einer abgelegenen Ecke (aber nicht in der Mitte des Beckens) möglich. Gegen sanfte Schaumsprudler oder Speier, die Wasser tröpfelnd, leise rinnend oder in weichem Strahl entlassen, ist hingegen selbst in kleineren Teichen nichts einzuwenden.

■ ■ Tipps zur Gestaltung

Stille Wasserflächen und Gartenteile lassen sich durch bunte Accessoires ebenso wie durch farbige Brunnenfiguren beleben. Dabei sollten die Figuren auch bei abgeschalteter Pumpe, also ohne faszinierende Wasserspiele, den Raum über dem Wasserspiegel optisch füllen. Installieren Sie eine Beleuchtung, damit sich auch an lauen Sommerabenden Gartenbesucher an diesem Badespaß erfreuen können. Besonders gelungen ist hier die inhaltliche Verzahnung von Brunnenbecken und Wasser speienden Figuren. Da der Pool nicht wie ein Brunnenbecken, sondern eher wie eine Riesenpfütze gestaltet ist, erzählt die ganze Anlage eine Geschichte vom fröhlichen Übermut plantschender Nanas.

Garten-Design: Avantgarden, B; Skulpturen: Niki de St. Phalle, F
Garten: Snijder, B
Foto: Jürgen Becker

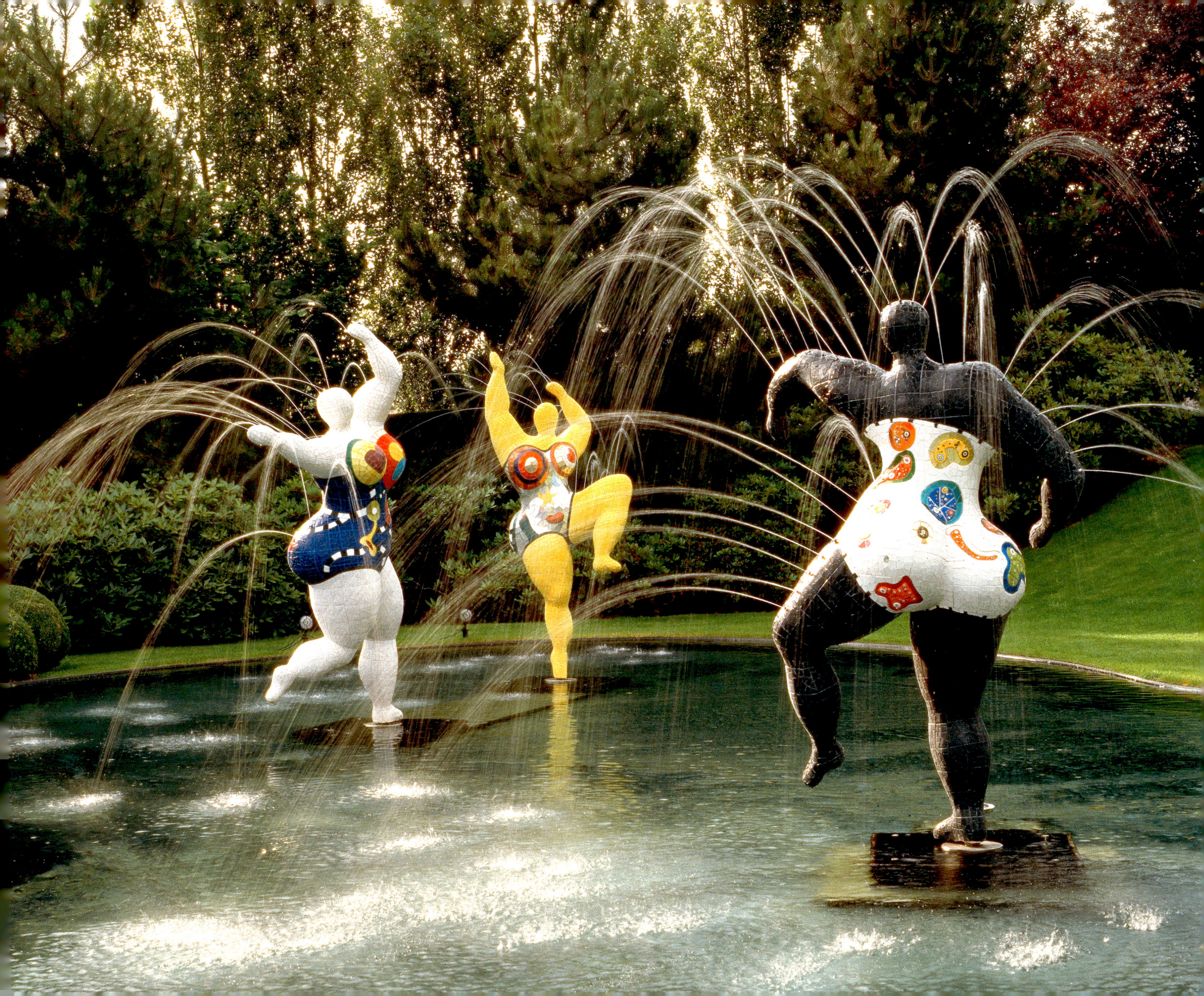

Schmucke Formspiele am Terrassenrand

Da sich der Erholungswert einer Terrasse auch an ihrem ästhetischen Genuss bemisst, sollte ihre Gestaltung immer einen sinnenfrohen Anblick bieten. Während man in Stadtgärten und kleinen bis mittelgroßen Gärten den Freisitz gerne mit einem von Frühjahr bis Herbst beschwingt blühenden Beet umrahmt, das je nach Bedarf durch edle Ziersträucher oder Kletterpflanzen an Rankgerüsten auch noch für den nötigen Sichtschutz sorgt, können Besitzer großer Gärten auch zu anderen Lösungen greifen.

Dauerhaftes Grün als Rahmen

In diesem großen Garten benötigt man an der Terrasse keinen eigenen Wind- oder Sichtschutz, da die hohen Gehölze rund ums Grundstück diese Aufgabe übernehmen. Bodeneben geht der Klinkerbelag des Freisitzes in das samtige Grün der Rasenfläche über, die sich ihrerseits als optimaler ruhiger Hintergrund für alle Höhenelemente auf der Terrasse bewährt. Da die Gartenbesitzerin auf ein rahmendes Beet vor der Terrasse verzichtete, stellte sich ihr die Aufgabe die harte Nahtstelle zwischen Pflaster und Rasen aufzulockern. Sie fand eine originelle Lösung, indem sie ihren Freisitz mit großen und kleinen Buchskugeln einfasste, die in Aussparungen des Klinkerbelags fußen. Die Vorteile liegen auf der Hand: Im Unterschied zu Blumenbeeten verlangen die Buchskugeln wenig Pflegeaufwand und bezaubern sogar im Winter mit ihrem grünen Ping-Pong. Da sie sich trotz der punktuellen Anordnung für das Auge zu einem Rahmen schließen, verleihen sie der Terrasse neben elegantem Charme auch das Gefühl von Geborgenheit. Von den Formierungskünsten der Gartenbesitzerin zeugt auch das immergrüne Lorbeerbäumchen mit seinem spiraligen Stamm.

Dauerhafter Gartenschmuck

Dort, wo sonst meist Blumenbeete das Auge beglücken, untermalen hier ausdrucksvolle, winterfeste Accessoires die immergrünen Buchs-Skulpturen mit einer kunstvollen Note. Da sie vorwiegend in rostig-erdigen Tönen gehalten sind, harmonieren sie wunderbar mit dem Klinkerbelag und bereichern die Terrasse mit neuen Formen. Schlanke Stelen mit bepflanzten Vasen tupfen aufstrebende Dynamik zwischen die behäbigen Kugeln, während die graziösen Ornamente des rostigen Eisengitters vor allem im Kontrast zum Einheitsgrün des Rasens ihre Wirkung erzielen. Verspielt darf an ihnen eine Weinrebe entlangturnen. Ein praktischer Aspekte: Durch Verlagerung der gesamten Randgestaltung auf die Terrasse kann der Rasen problemlos bis zur Kante gemäht werden.

Garten-Design: Petra Neschkes, D
Garten: Petra Neschkes, D
Foto: Jürgen Becker

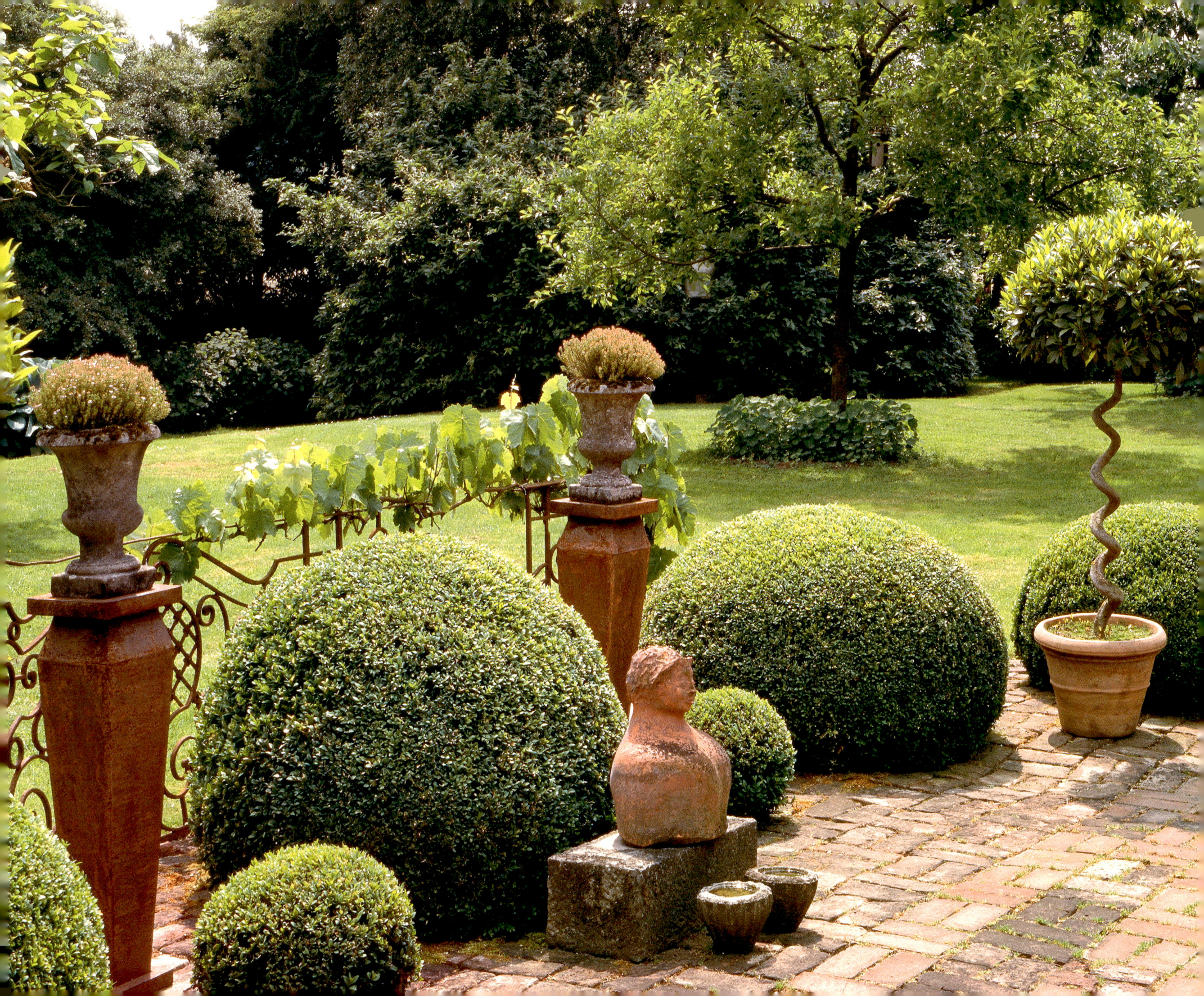

Ein Bonsaibäumchen als zentraler Blickfang

Dieser bezaubernde Garten veranschaulicht auf beispielhafte Weise, dass es weniger auf die Größe von Objekten ankommt als vielmehr auf die ausgeklügelte Dramaturgie ihrer Gestaltung, um sie als Akzent in Szene zu setzen. Hier die wichtigsten Gestaltungskriterien, die ein Bonsaibäumchen, also einen grünen Zwerg, in einem großen Gartenraum zum Mittelpunkt erheben.

Bogen und Durchgang als Spannungsportal

Bögen und Durchgänge sind wie offene Türen. Sie gewähren zwar einen Einblick in einen unbekannten Raum, allerdings nur in Ausschnitten. Dies macht neugierig und erzeugt Spannung. In diesem Garten fungiert ein weiter Rosenbogen als anmutiges Tor und Raumteiler und gestattet Einblicke in die Tiefe des dahinter liegenden Gartenbereichs. Für diese Aufgabe können Sie aber auch andere Gartenelemente einsetzen, wie zum Beispiel

- eine Pergola mit begrünten oder verblendeten Teilen
- eine Schnitthecke mit rundbogigem oder eckigem Ausschnitt
- zwei von beiden Seiten eingeschobene Gehölzkulissen
- zwei von beiden Seiten eingeschobene Mauern oder Sichtschutzelemente, die zur Mitte oder zu den Gartengrenzen hin auch diagonal abfallen können
- oder einen nach allen Seiten geöffneten Pavillon, der allerdings zu beiden Seiten hin in Hecken oder Gehölze eingebunden ist und dadurch den Blick wie durch einen romantischen Baldachin lenkt.

Das zentrale Teppichbeet als Präsentations-Tablett

Wie der Rosenbogen, so ist auch das rechteckige Teppichbeet genau nach der Mittelachse des Gartens hin ausgerichtet und füllt mit seiner Breite optisch den Durchgang des Rosenbogens. Zum dichten immergrünen Teppich verwandelt es Efeu, der durch Schnitt in Form gehalten wird und Ende Mai/Anfang Juni von den violetten Kugelköpfen des Iranlauchs (*Allium aflatunense*) kapriziös überbaut wird. Ohne je farblich mit den randlichen Beeten zu konkurrieren bildet dieses Beet auch den Mittelpunkt des vorderen Gartenteils, während es sich vom hinteren Gartenbereich aus als ruhiger Blickfang erweist.

Grünes Juwel auf markantem Block

Als Akkord (ebenfalls auf der Mittelachse) entpuppt sich das Bonsaibäumchen (*Zelkova serrata*), das sich im Herbst herrlich verfärbt. Wirkungsvoll bringt der rostrote Metallblock seine Krone genau ins optische Zentrum des Rosenbogens und auf die richtige Höhe vor das helle Rasengrün.

Garten: Frank Linschoten, Pieter Baak, NL
Foto: Jürgen Becker

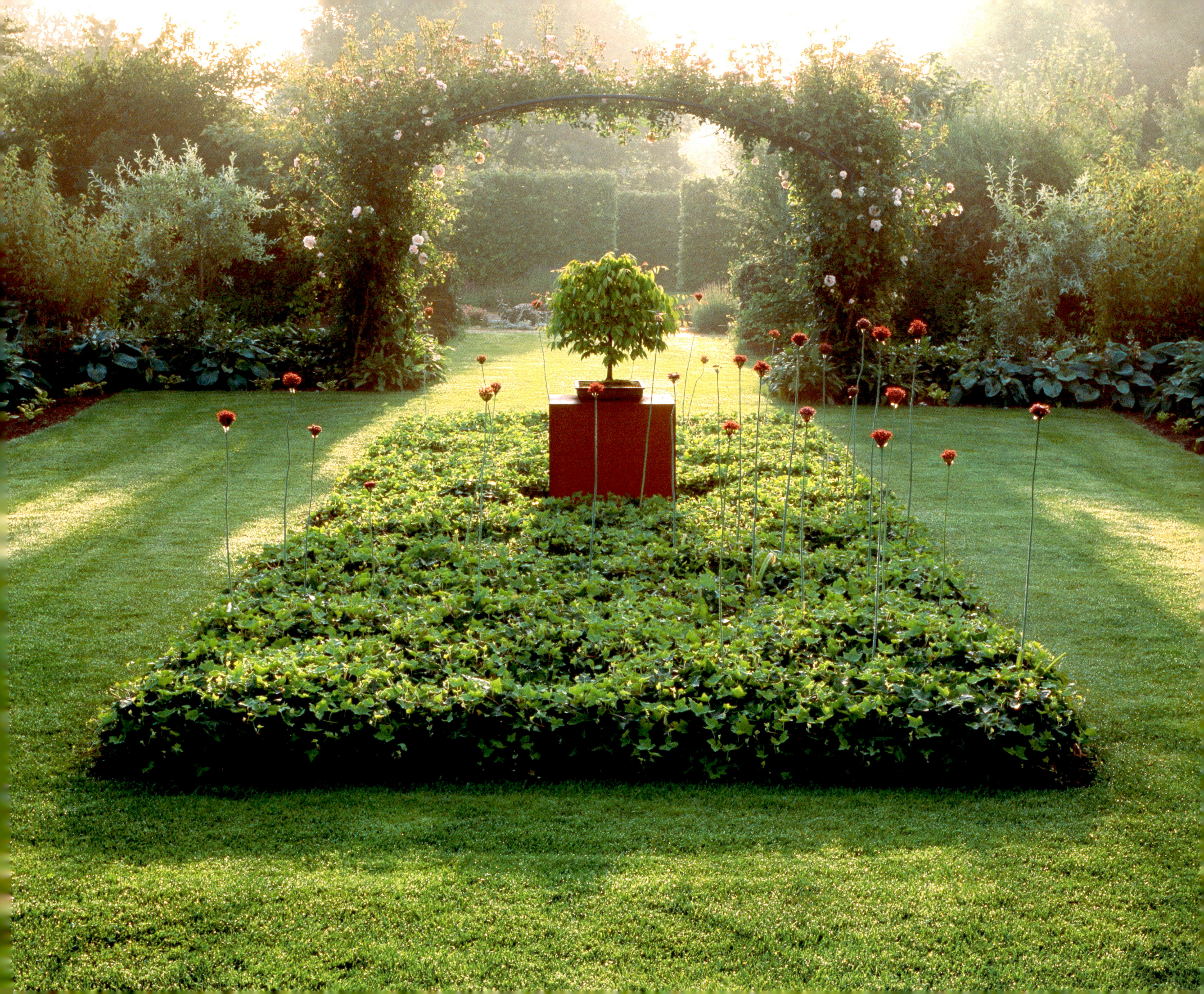

Feinsinnige Spiele mit Farben, Formen und Texturen

Installierte Gartenelemente, mobile Accessoires und Pflanzen konkretisieren mit ihren Farben, Formen und Texturen das Repertoire der Gartengestaltung. Denn Gartenerfolg stellt sich nicht einfach mit der Entscheidung für einen Rosenbogen oder eine Pflanze ein. Erst die Festlegung auf Material und Form des Bogens oder eine detaillierte Sortenwahl setzen gestalterische Prinzipien und Strukturen in malerische Stimmungsbilder und stilvolle Atmosphäre um.

Gartengestaltung bedeutet demnach: mit Farben umzugehen wie ein Maler, mit Linien, Ornamenten, Strukturen zu gestalten wie ein Grafiker und Formen haptisch fühlbar zu machen wie ein Bildhauer. Beispielhaft für die faszinierenden Möglichkeiten steht dieses in seiner Farbgebung und bewegten Rhythmik kunstvolle Staudenbeet, dem markante Eichenkuben mit Farbe und Form ein Gerüst verleihen – die ihrerseits den Gartenliebhaber befähigen über die Pflanzen hinwegzuschreiten oder sich mitten zwischen sie zu setzen.

Garten-Design: Andy Sturgeon, GB
Chelsea Flower Show, GB
Foto: Modeste Herwig

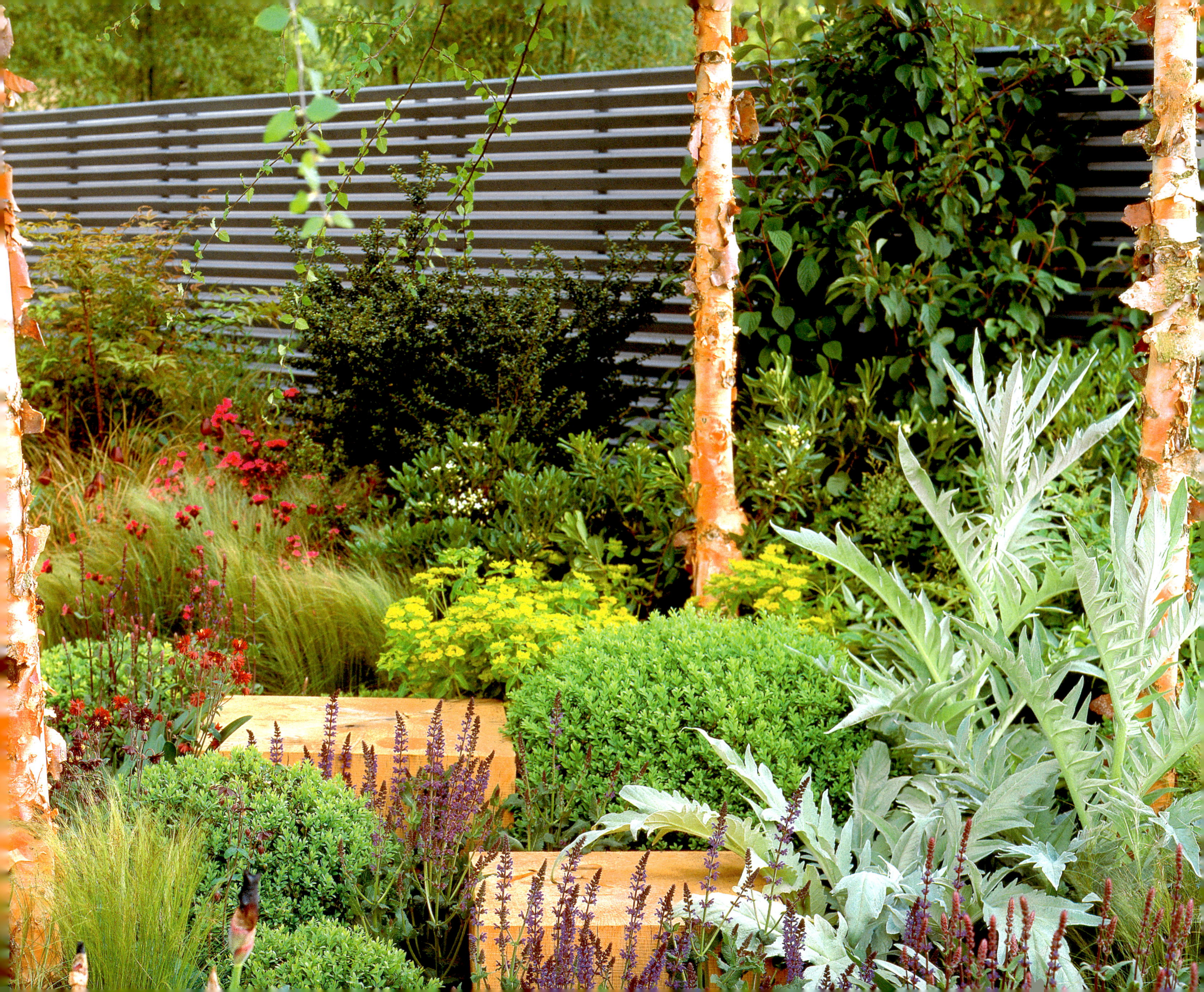

Sommerlanges Blütenband in Rot und Blau

Diesem Pflanzen-Duo gelingt es ein ganzes Sonnen-Beet von Juni bis September mit einem zweifarbigen Blütenreigen zu überziehen. Dabei bewahrheitet sich die Maxime von der Einheit der Gegensätze, denn die Hauptakteure, die sich zu diesem harmonischen Bild vereinen, stehen sich gleich in drei Aspekten kontrastiv gegenüber.

Staude und Sommerblume

Einjährige Sommerblumen nutzt man in Staudenpflanzungen gerne als Lückenfüller, wenn beispielsweise Stauden früh einziehen wie der Türkische Mohn (*Papaver orientale*) oder durch Frost oder Krankheit ausgefallen sind. In diesem Blütenband, das sich in voller Sonne zwischen einer Buchshecke und einem Weg erstreckt, ist die Kombination von ein- und mehrjährigen Blumen jedoch keine Notlösung, sondern hat System. Pflanzen Sie in einem solchen Fall die Stauden großzügig auf Lücke, so dass im April/Mai die vorkultivierten Sommerblumen noch dazwischen Platz finden. Während man in formalen Parks immer noch gerne zweifarbige Bepflanzungen in regelmäßigen Ornamenten anlegt, bei denen sich der individuelle Charakter der Pflanzen dem Design unterzuordnen hat, bezieht diese Gestaltung in seine freie, unregelmäßige Wüchsigkeit auch das dekorative Laub der roten Sterndolde (*Astrantia major* 'Claret') mit ein.

Grundfarben und Volltöne

Die rote Sterndolde ist eine robuste, blühfreudige Staude, die nach dem Rückschnitt des ersten Flors schnell erneut Blüten über dem gefiederten Laub ansetzt. Auch ihr blauer Partner, der einjährige Mehlsalbei (*Salvia farinacea* 'Victoria'), ist ein kleines Blühwunder. Nur selten sieht man allerdings die Kombination der beiden Grundfarben Rot und Blau, die vor allem als Volltonfarben den Eindruck von Nähe und Präsenz bewirken. In großen Gärten kommen solch kräftige Farben optimal zur Wirkung, während kleine damit schnell „voll" erscheinen. In der Sonne entfalten diese Farben ihre ganze Leuchtkraft, während sie an absonnigen Plätzen eher flau und düster wirken. Die Bepflanzung wird besonders interessant, wenn Sie eine Farbe als Leitton häufiger einsetzen (hier rot) und die zweite kontrastierend eintupfen.

Runde Köpfchen – lange Finger

Der aparte Reiz dieser Bepflanzung beruht aber auch auf den gegensätzlichen Blütenformen – den runden Köpfchen der Sterndolde und den langen, aufrechten Blütenquirlen des Mehlsalbeis.

Garten-Design: Piet Oudolf, NL; Arne Maynard, GB
Chelsea Flower Show, GB
Foto: Modeste Herwig

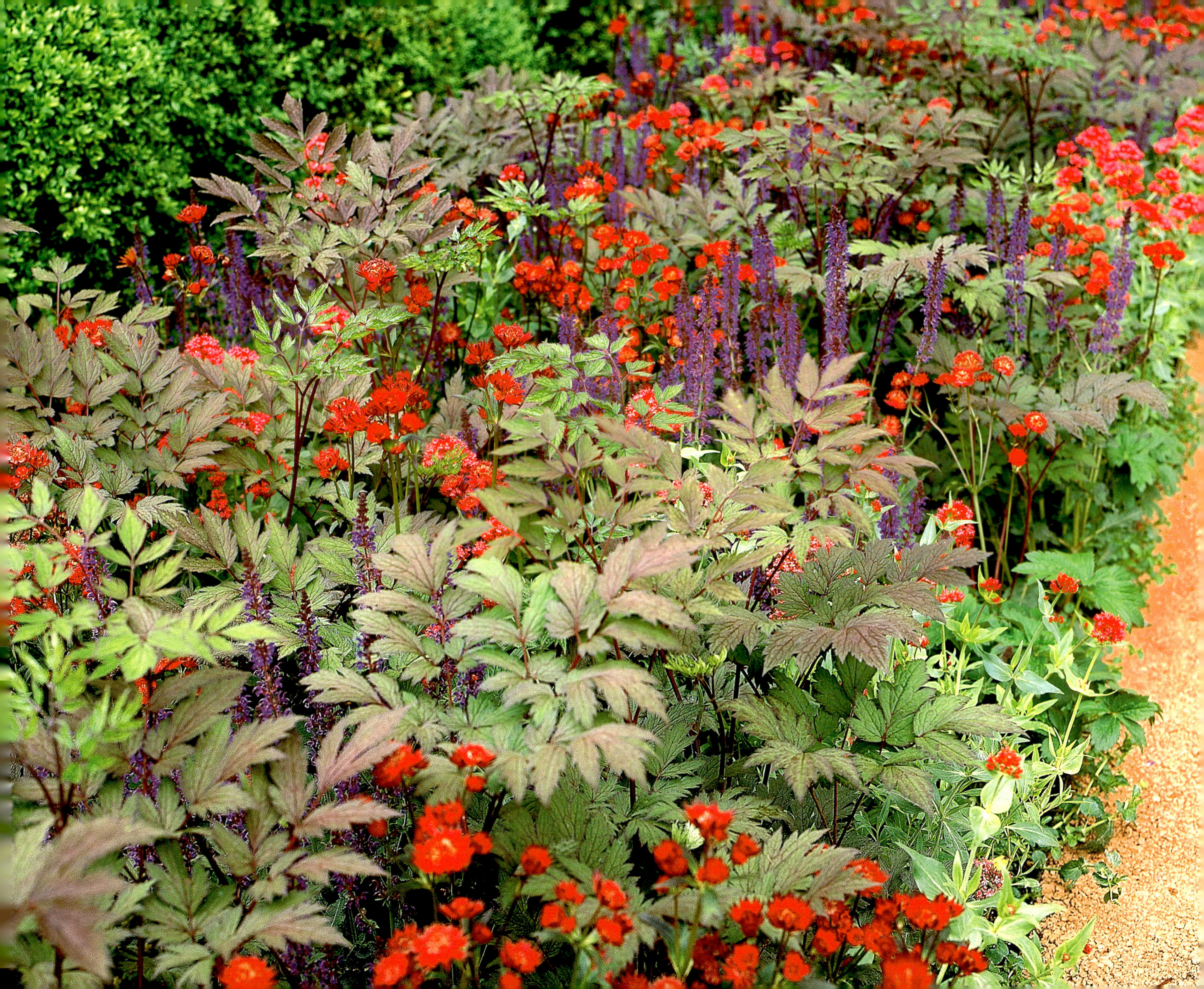

„Harfe und Pauke" im Schatten

Mit dem Kontrast von „Harfe und Pauke" beschrieb Karl Foerster das Zusammenspiel der gegensätzlichen Wuchsformen von filigranen, aufrechten Gräsern und behäbigen, wuchtigen Blattschmuckstauden. Auch wenn diese Schattenbepflanzung gräserlos ist, so verwirklicht doch der straff aufrechte Trichterfarn (*Matteuccia struthiopteris*) mit seinen graziös gefiederten Wedeln das Prinzip der Harfe, während die großblättrigen Funkien (*Hosta*) das Bild der Pauke erfüllen.

Grün in Grün – und doch nicht langweilig

Generell gilt Grün als die Farbe der Blätter und wird im Vergleich mit den bunten Blüten viel zu wenig beachtet. Dabei präsentieren die meisten Pflanzen ihr Laub über einen viel längeren Zeitraum als ihre Blüten. Vor allem in halbschattigen und schattigen Bereichen, in denen Blütenpflanzen eher rar, aber Blattschmuckpflanzen in großer Auswahl vorhanden sind, lassen sich reizvolle und vielschichtige grüne Bepflanzungen kreieren. Dabei haben Sie die Möglichkeit nicht nur mit verschiedenen Grüntönen, sondern auch mit Blattmerkmalen wie Form, Größe und Textur zu spielen. Denn gerade bei Bepflanzungen mit reduzierter Farbigkeit treten Formen und Texturen umso deutlicher hervor.

Kontrastreich inszeniert

Diese Bepflanzung wird als dramatisch und sehr spannend erlebt, da sich Farne und Funkien in allen Blatteigenschaften stark voneinander unterscheiden:

- In der Farbe setzt sich das Hellgrün kräftig gegen Blaugrün ab.
- In der Form betonen die länglich-eleganten Wedel die Vertikale, während sich die runden bis herzförmigen Funkienblätter horizontal ausrichten.
- In der Größe dominieren die Farnwedel deutlich vor den Funkien.
- Und auch die Texturen zeigen starke Gegensätze. Texturen beschreiben eine Zusammenschau von Größe, interner Blattuntergliederung und Oberflächenqualitäten des Blattes. Diese Qualitäten teilt man gerne in die fünf Texturstufen sehr fein, fein, mittel, grob und sehr grob ein. In dieser Bepflanzung würde man die ledrigen, ungeteilten Blätter der Funkien eher als grob, die weichen Fiederblätter des Farn als fein und das ahornähnliche Laub der Wachsglocke (*Kirengeshoma palmata*, hinten) als mittel bezeichnen.

Tipp zur Gestaltung

Mit ihrer großflächigen, schlichten Form und ihren warmen Erdtönen setzt die Terrakotta-Amphore einen Akzent, der die Bepflanzung mit seiner Farbe belebt und mit seiner Form beruhigt.

Garten: De Wiersse, NL
Foto: Jürgen Becker

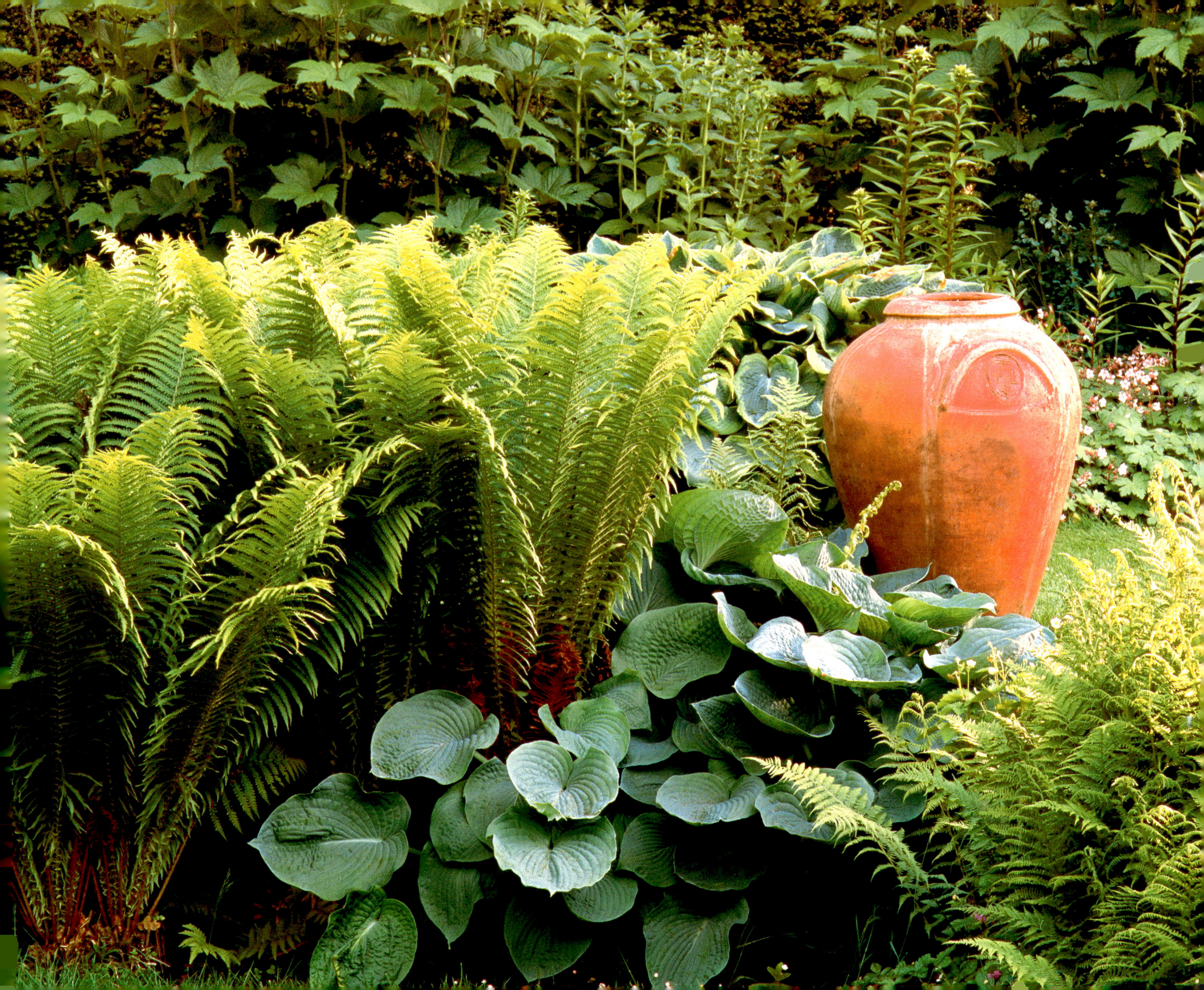

Kieselsteine als ornamentaler Bodenbelag

Wie ein dekorativer Teppich verleiht ein edler Bodenbelag dem Garten Wohnlichkeit und macht große wie kleine Flächen zu kunstvollen Schmuckstücken. Dieses Gartenbeispiel zeigt, dass gerade Kieselsteine von hohem ästhetischem Reiz und äußerst vielfältig einsetzbar sind. Natürlich kann man ganze Flächen auf extravaganteste Weise mit ihnen pflastern. Da sie aber nur bedingt belastbar und bei Nässe rutschig sind, und obendrein Möbeln wenig Standfestigkeit bieten, sollte man sie auf stark benutzten Flächen im Material-Mix mit anderen Belägen kombinieren oder sie in weniger beanspruchten Bereichen wie Zierelemente verwenden.

■ ■ Tipps zum Verlegen von Kieselstein-Vignetten in einen Plattenbelag

- Graben Sie das Feld 10–15 cm tief aus.
- Füllen Sie es bis 5 cm unter die Plattenoberfläche mit einer Sand-Zement-Wasser-Mischung (2 Teile Sand, 1 Teil Zement) und lassen Sie dieses Fundament trocknen.
- Dann darauf Sand und Zement trocken vermischen und ausbringen.
- 4–6 cm große Kieselsteine im vorgesehenen Muster eindrücken. Achten Sie auf kräftige Farbkontraste. Auch Ränder und Böden zerschlagener Tontöpfe machen sich sehr schön in Kieselstein-Mosaiken.
- Alles mit reichlich Wasser sanft einschlämmen und trocknen lassen.

Ornamentale Kieselstein-Girlanden

Der runde Sitzplatz wurde hier von Klinkern wie mit einer Rollschicht eingefasst, während man das Rondell selbst mit gelblich abgetöntem Beton füllte. Anschließend drückte man in den noch weichen Beton flach hintereinander Kieselsteine zu Blüten- und Rankenmustern nach Jugendstil-Manier. Dies alles verleiht der Fläche florale Beschwingtheit und gewährt Tisch- und Stuhlbeinen dennoch plane Stellflächen. Damit die Kiesel übrigens festen Halt finden, sollten sie mindestens 2,5 cm tief im Füllmaterial eingebettet sein.

Kieselstein-Muster im Material-Mix

Im Randbereich hingegen ließen die Gartenbesitzer ihrer Freude am Experimentieren freien Lauf. Zwischen Trittsteinen und unregelmäßig verlegten Klinkern erfüllen Kieselsteine da ganz unterschiedliche Funktionen:

- Sie fungieren als Füll- und Verbindungsmaterial zwischen Trittsteinen und Klinkern und zeigen, dass sie eng an eng schräg eingelassen wie aneinander geschichtete Eier wirken.
- Mit ihrer Schmalkante hochkant verlegt greifen sie in Variation das strahlenförmige Blütenmuster des Rondells auf.
- Und zwischen den Klinkern beweisen sie, dass sie durch einheitlich horizontale oder vertikale Ausrichtung auch die Optik von Fliesen oder Platten imitieren können.

Chelsea Flower Show, GB
Foto: Modeste Herwig

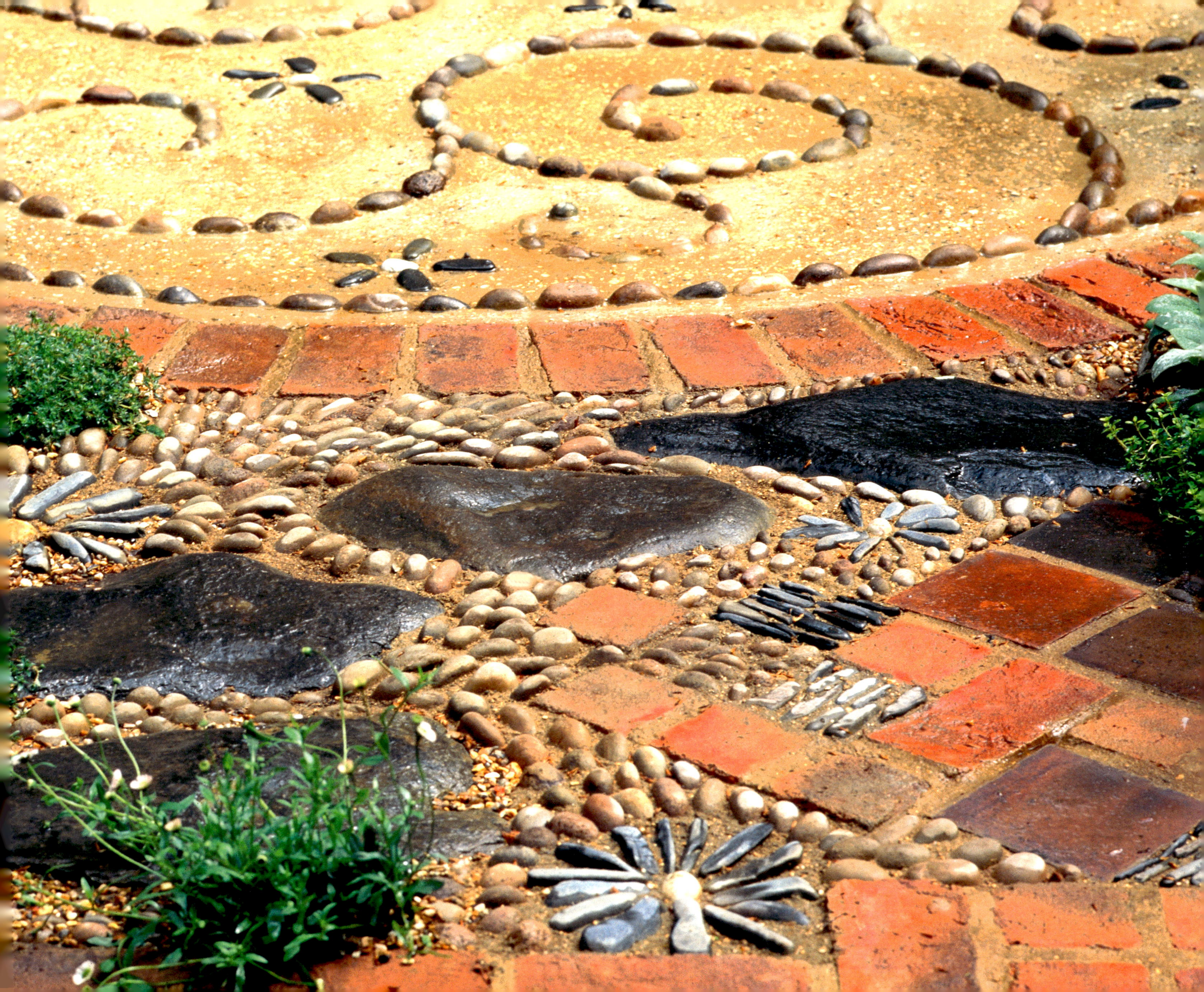

Lebhaft strukturiertes Sommerblumenbeet

Nur allzu oft begegnet man der vorgefassten Meinung, Sommerblumen, also ein- und zweijährige Gartenblumen, zeichneten sich durch fantastischen Blütenreichtum in vorwiegend kräftigen Farben aus. Dies trifft tatsächlich für viele Vertreter dieser Gruppe zu, lässt jedoch die einjährigen Ziergräser und Blattschmuckpflanzen außer Acht. Wie dieses Beispiel eines reinen Sommerblumenbeetes zeigt, lassen sich aber gerade mit den wenig beachteten Gräsern und Blattschmuckpflanzen sehr aparte bis ungewöhnliche Bepflanzungen entwerfen – vorausgesetzt ihnen steht ein Beet mit nährstoffreichem, humosem Boden in sonnig-geschützter Lage zur Verfügung. Und Experimentierfreudige können im Folgejahr nach Belieben die Bepflanzung variieren – oder auch alles ganz anders machen.

■■ Sortentipp zur Gestaltung

Die schnittverträgliche Sommerzypresse (*Bassia scoparia* ssp. *scoparia*) kann auch zu einjährigen Kegeln oder Beeteinfassungen gezogen werden. Während die Sorte 'Childsii' grün bleibt, verfärbt sich 'Trichophylla' im Herbst in leuchtendes Rot.

Formenreiche Strukturen

Wie bei Staudenrabatten werden auch hier die Pflanzen in Höhen gestaffelt gepflanzt. Im Hintergrund dominiert der exotisch wirkende Rizinus (*Ricinus communis*), der mit seinen riesigen, rötlich-grünen Blättern über 2 m hoch werden kann. Vor diesem imposanten Hintergrund haben sich zu einem heiteren Formkontrast das einjährige Federborstengras (*Pennisetum setaceum*) mit seinen überhängenden, langen, rötlich überhauchten Ähren und die lindgrüne, dichtbuschige Sommerzypresse (*Bassia scoparia* ssp. *scoparia*) zusammengefunden.

Eingesprenkelte Farbtupfer

Wie zufällig wirken die abwechslungsreich eingeklinkten Blütenpflanzen, deren Höhen sich ebenfalls nach vorne verringern. Zwischen dem Rizinus öffnet die Amerikanische Flockenblume (*Centaurea americana* 'Jolly Joker') ihre violetten Blütenköpfchen, während davor die rote Gartenlobelie (*Lobelia* × *speciosa*) ihr Feuerwerk entzündet. Den Vordergrund vergoldet die Färberdistel (*Carthamus tinctorius* 'Treibgold') mit sonnigen Tönen, kontrastreich begleitet von den weißwolligen Blüten des silbrigen Mehlsalbeis (*Salvia farinacea* 'Silber'), der ebenso wie die weißen Zwergmargeriten (*Hymenostemma paludosum*, links) wie auf Erkundung durchs ganze Beet wandert.

Garten: Botanischer Garten, Universität Düsseldorf, D
Foto: Jürgen Becker

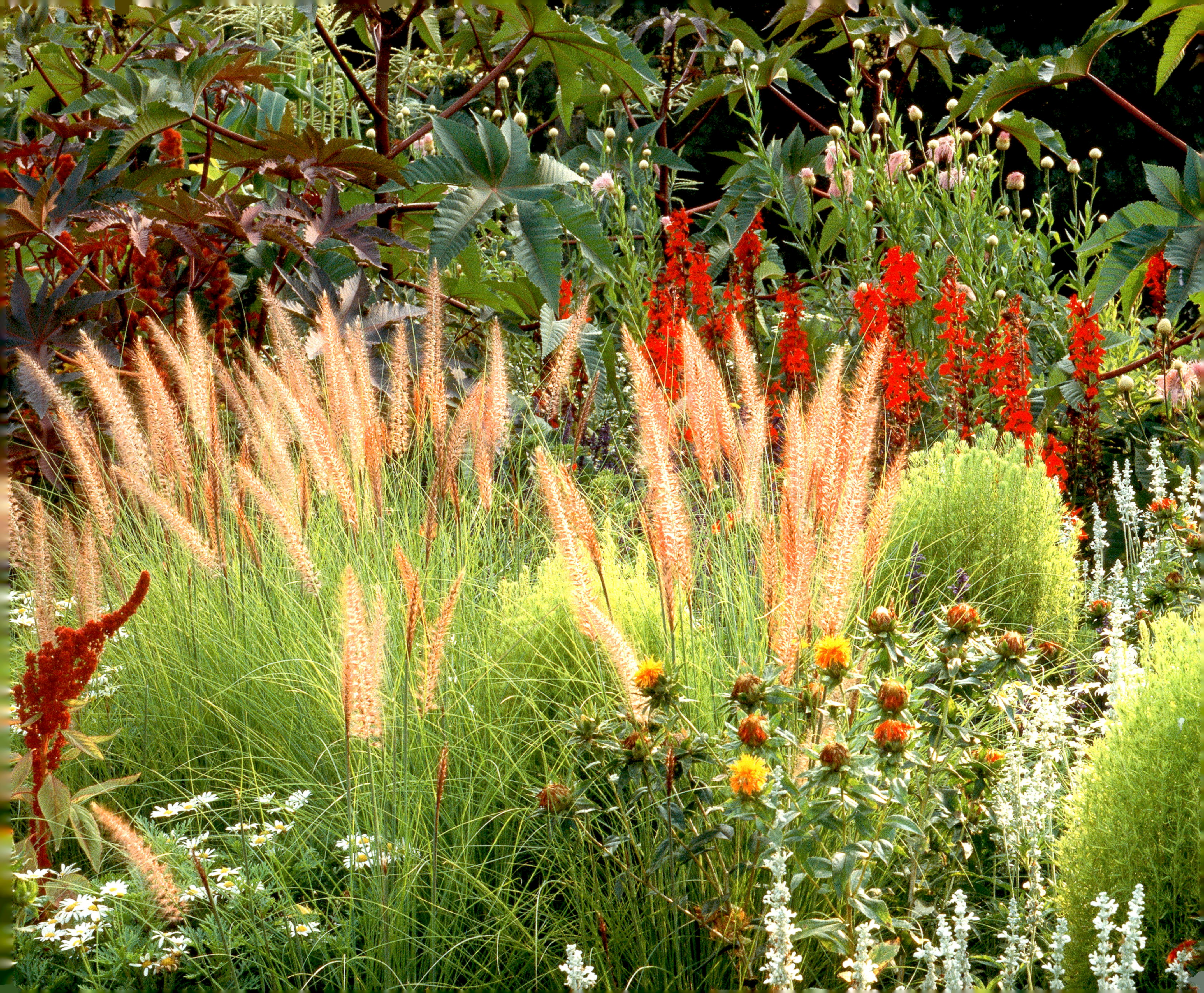

Mondscheingarten in Silber und Weiß

Dieser elegante Sonnengarten verzaubert nicht nur tagsüber durch seine ätherische Extravaganz. Gerade nach Sonnenuntergang entwickelt er ein magisches Eigenleben und beginnt auf geheimnisvolle Weise zu erstrahlen. Der Grund liegt darin, dass seine dominanten Farben Weiß, Silber und Grau mehr Licht reflektieren als absorbieren. Wer vorwiegend abends Zeit findet, seinen Garten zu genießen, ist deshalb gut beraten, sich diese Farben in Sitzplatznähe zu holen. Aber auch als eigener Gartenteil, den Nachtschwärmer in der Dämmerung durchwandern, oder als Gartenhintergrund, den man feenhaft fluoreszieren sieht, fasziniert eine Bepflanzung in diesen Tönen.

Der metallische Glanz von Silber und Grau

Silbrige und graue Blätter sind das Ergebnis feiner Härchen oder Wachseinlagerungen, die Stängel und Blattoberflächen vor Wind und Sonne schützen. Alle silbernen und graulaubigen Pflanzen sind deshalb Sonnenanbeter. So wünscht auch dieses feinsinnige Staudenarrangement, das sich zu beiden Seiten des Weges bis in die Tiefe des Gartens erstreckt, einen vollsonnigen Platz. Obwohl in dieser Bepflanzung rund um die Sonnenuhr Weiß, Silber und Grau dominieren, kommt die Kühle der Töne erst durch eingestreute warme Kontrastfarben richtig zur Geltung. Gerade der Gegensatz der Erdfarben des Klinkerbelags und das sonnige Gelbgrün des einjährigen Mutterkrauts (*Tanacetum parthenium* 'Aureum', vorne) und der nur im gemäßigten Klima gut gedeihenden hohen Palisaden-Wolfsmilch (*Euphorbia characias*, hinten), ja selbst die cremegelben Blütchen des Gestreiften Grasschwertels (*Sisyrinchium striatum*, vorne rechts) unterstreichen die metallische Kühle der silbernen und graublauen Pflanzen. So versilbern die behaarten Blätter und Blüten des Wollziests (*Stachys byzantina*) zusammen mit den bauschigen Pulks des Heiligenkrauts (*Santolina chamaecyparissus*) den Wegrand, während im Hintergrund die hohe Eselsdistel (*Onopordum acanthium*) mit ihrem bizarren blaugrauen Laub die Aufmerksamkeit auf sich zieht.

Lichtgestalten in Weiß

Gerade die gestaffelte Anordnung von Weiß verleiht dieser Bepflanzung auch abends optische Tiefe. So setzt die weiße Spornblume (*Centranthus ruber* 'Albus') zusammen mit dem cremegelben Gestreiften Grasschwertel dem Vordergrund ein Glanzlicht auf, das der weiße Fingerhut (*Digitalis purpurea* 'Alba') im Mittelgrund wiederholt, während eine Strauchrose im Hintergrund mit ihrem Blütenreigen Weiß gleich in Kaskaden ergießt.

Garten: Manor House, GB
Foto: Modeste Herwig

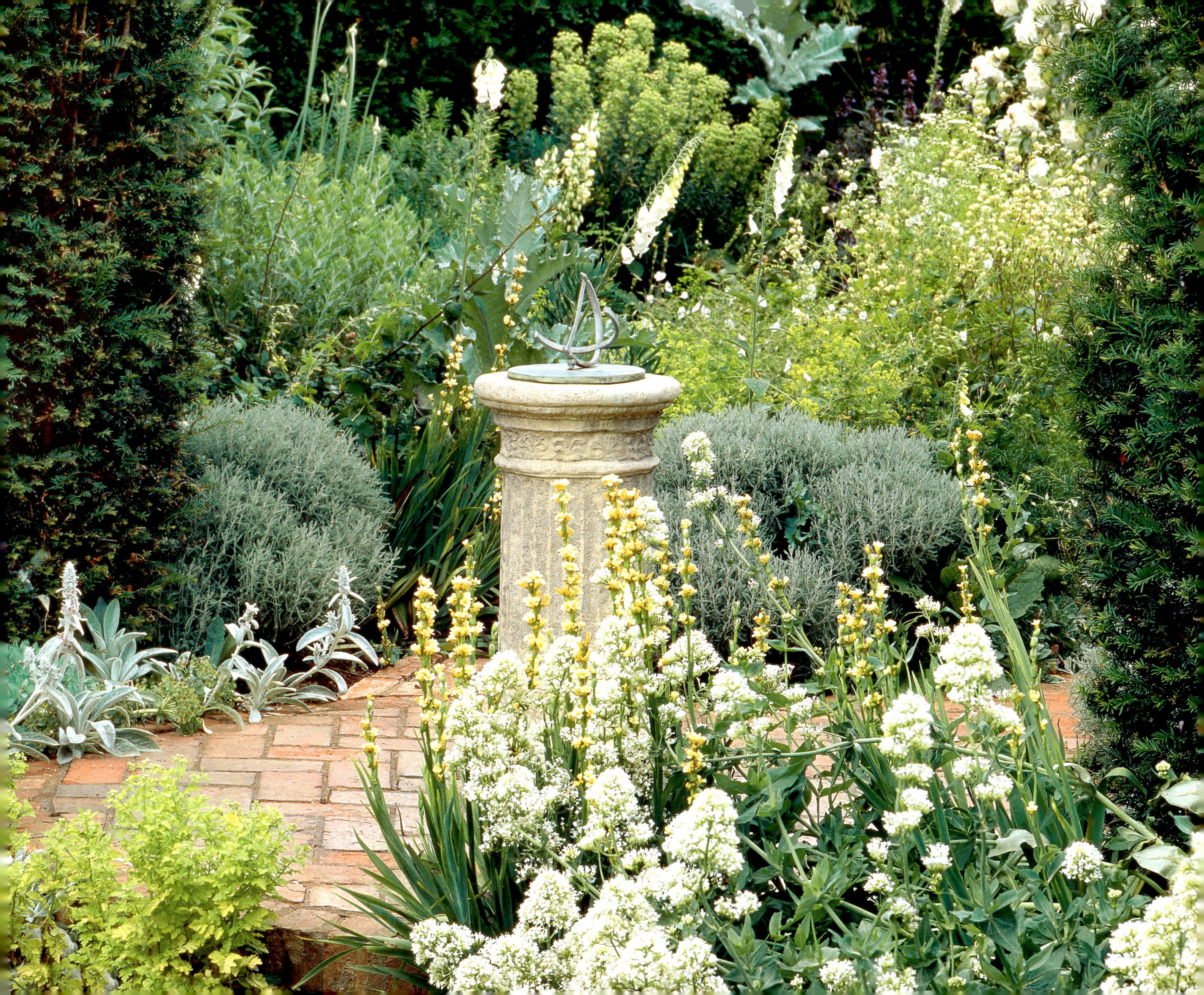

Rosen und ihre zuverlässigsten Begleiter

Nur zu gerne sehen wir der „Königin der Blumen" alles nach! Wir erfüllen ihre hohen Ansprüche an Boden, Standort und Pflege, verzeihen ihre Labilität gegenüber Schädlingen und Pilzkrankheiten und lieben sogar ihren kapriziösen Wuchs, wenn immer wieder Triebe und Blüten aus der Reihe tanzen! Ja, versierte Gartenliebhaber verstehen es sogar, diese Eigenschaft als Schönheitsmerkmal herauszukehren, indem sie durch ein formbetontes Umfeld den Blütenarabesken der Rosen anmutig zur Wirkung verhelfen.

Immergrün und immer treu

Wie selbstlose Verehrer, die der Dame ihres Herzens ergeben zur Seite stehen, aber dabei stets im Hintergrund bleiben, so verhalten sich immergrüne Gehölze meist an der Seite von Rosen. Bringt der Gartenliebhaber sie durch Schnitt in eine disziplinierte Ordnung und Form oder verleiht er ihnen sogar Figur, hebt sich vor ihrem ruhigen, dezenten Grün der freie Wuchs und die Lebendigkeit der Rosen umso malerischer ab. So auch bei diesem Rosenbeet, in dem die klaren Formen und Grüntöne von Buchs (*Buxus*) und Eibe (*Taxus*) die gelblich-weiße, muschelrosa überhauchte Beetrose 'Gruß an Aachen' hinreißend in Szene setzen.

Buchs als Fassung und Rahmen

Ob rechteckig oder halbrund getrimmt, niedrige Einfassungen aus Buchs ordnen sich Rosen stets unter. Sie bilden gleichzeitig einen einheitlichen Rahmen, der der unbekümmerten Wüchsigkeit der Rosen eine ruhige Basis verleiht. Darüber hinaus kaschieren diese Buchseinfassungen mit ihrem frischen, dichten Grün die oft kahlen, löchrigen „Füße" der Rosen.

Eibenwände als ruhiger Hintergrund

Gerade weiße oder pastellfarbene Blüten treten vor einem dunklen Hintergrund wie ätherische Lichtgestalten hervor. Das dunkle Blaugrün formierter Eibenhecken oder -säulen verstärkt durch seine ruhigen Texturen diesen Effekt und hebt sich zugleich belebend vom wärmeren Buchsgrün ab.

Buchsskulptur als gleichwertiger Partner

Sobald Buchs jedoch skulpturhafte körperliche Züge annimmt, dann – das beweist dieses Beet – avanciert er augenblicklich zum gleichwertigen Partner der Rosen oder dominiert sie gar. Lassen Sie sich von diesem Beispiel auch zu eigenen fantasievollen Buchsgestalten oder freien Formen anregen. An ein stilisiertes, überdimensionales Vögelchen erinnert diese Buchsfigur aus Kugel und Sockel, das mit geöffnetem Schnabel den Duft der Rosen und weißen Lilien einzuatmen scheint.

Garten: Hidcote Manor, GB
Foto: Modeste Herwig

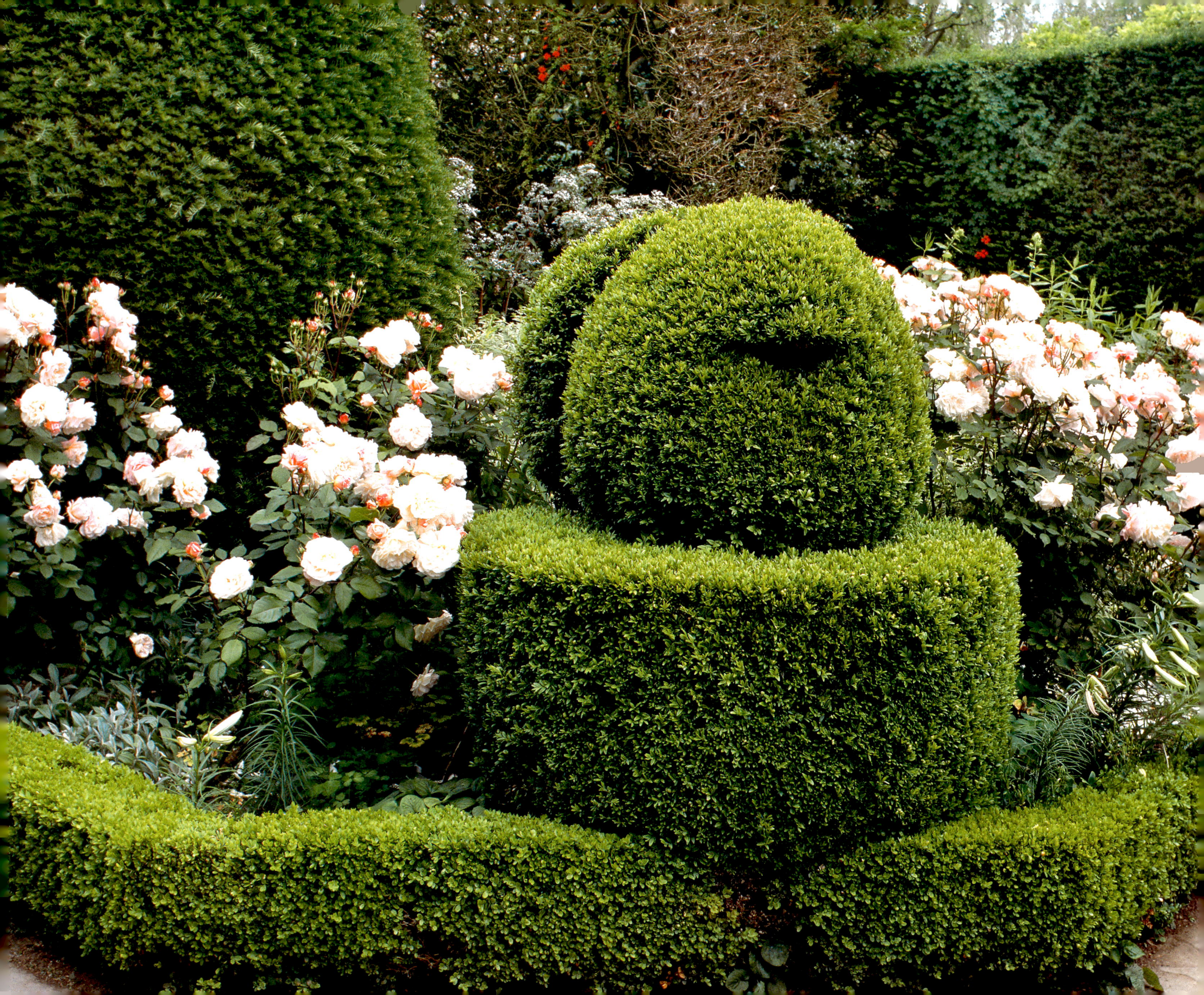

Blütenkerzen in Komplementärkontrasten

Die Gestaltung dieses heiteren Frühsommerbeetes beruht auf einer ebenso schlichten wie wirksamen Pflanz-Formel: starke Farbkontraste verteilt auf ähnliche Blütenformen. Während im Beispiel auf Seite 160/161 eine einfarbige Bepflanzung als ruhige Basis unterschiedliche Blattformen und -texturen hervorhob, verleihen hier ähnliche Blütenformen der Bepflanzung trotz lebhafter und kontrastreicher Blütenfarben eine gewisse Einheitlichkeit. Die Lage des Beetes vor der sonnigen, windgeschützten Mauer ist wie geschaffen für die hochwüchsigen, schlanken Stauden, wie den blauen und violetten Rittersporn (*Delphinium*-Hybriden), die gelben Königskerzen (*Verbascum olympicum*), das violettrosa Purpurleinkraut (*Linaria purpurea* 'Canon Went', links) und die orangefarbenen Fackellilien (*Kniphofia*-Hybride 'Express', rechts). Farbgleich stimmt auch die Mauerbegrünung mit dem gelben Jelängerjelieber (*Lonicera caprifolium*) in das Junikonzert des Beetes ein.

Ein Beet mit Komplementärfarben

Komplementärfarben basieren auf den Grund- oder Primärfarben Rot, Gelb und Blau. Es handelt sich dabei um kontrastierende Farbpaare aus einer Grundfarbe und der sich aus der Mischung der beiden anderen Grundfarben ergebenden Sekundärfarbe. Der Komplementärpartner von Rot ist also Grün, von Blau ist es Orange und von Gelb Violett. Für dieses Staudenbeet wählte man gleich zwei Kontrastpaare, zum einen die Paarung Violett/Violettrosa und Gelb, zum anderen das Duo Orange und Blau. Sehr anschaulich zeigt diese Bepflanzung ferner, dass man innerhalb einer Farbe zusätzlich deren Helligkeitsstufen variieren kann, zum Beispiel von Dunkel- zu Hellblau, von Sonnen- zu Cremegelb. Die spannendsten und kontrastreichen Gruppenbilder entstehen durch Gestaltung mit volltonigen Grund- und Komplementärfarben. Sind die Farbpaare hingegen pastellzart aufgehellt, wirken Bepflanzungen eher poetisch und romantisch.

Das Prinzip der Verschränkung

Die Farbgestaltung dieser Rabatte lässt sich also aus der Verknüpfung von zwei Komplementärpaaren verstehen. Wer will, kann aber auch die Verschränkung von zwei komplementären Farbverläufen sehen – also von benachbarten Farben aus dem Farbkreis. Da gibt es den kühltonigen Verlauf von Violettrosa über Violett zu Dunkel und Hellblau, der die warmtonige Variante durchzieht, die von Cremegelb über Sonnengelb zu Orange changiert – mit einem vorwitzigen Scharlachtupfer in der Mitte.

Garten: Waterperry Garden, GB
Foto: Modeste Herwig

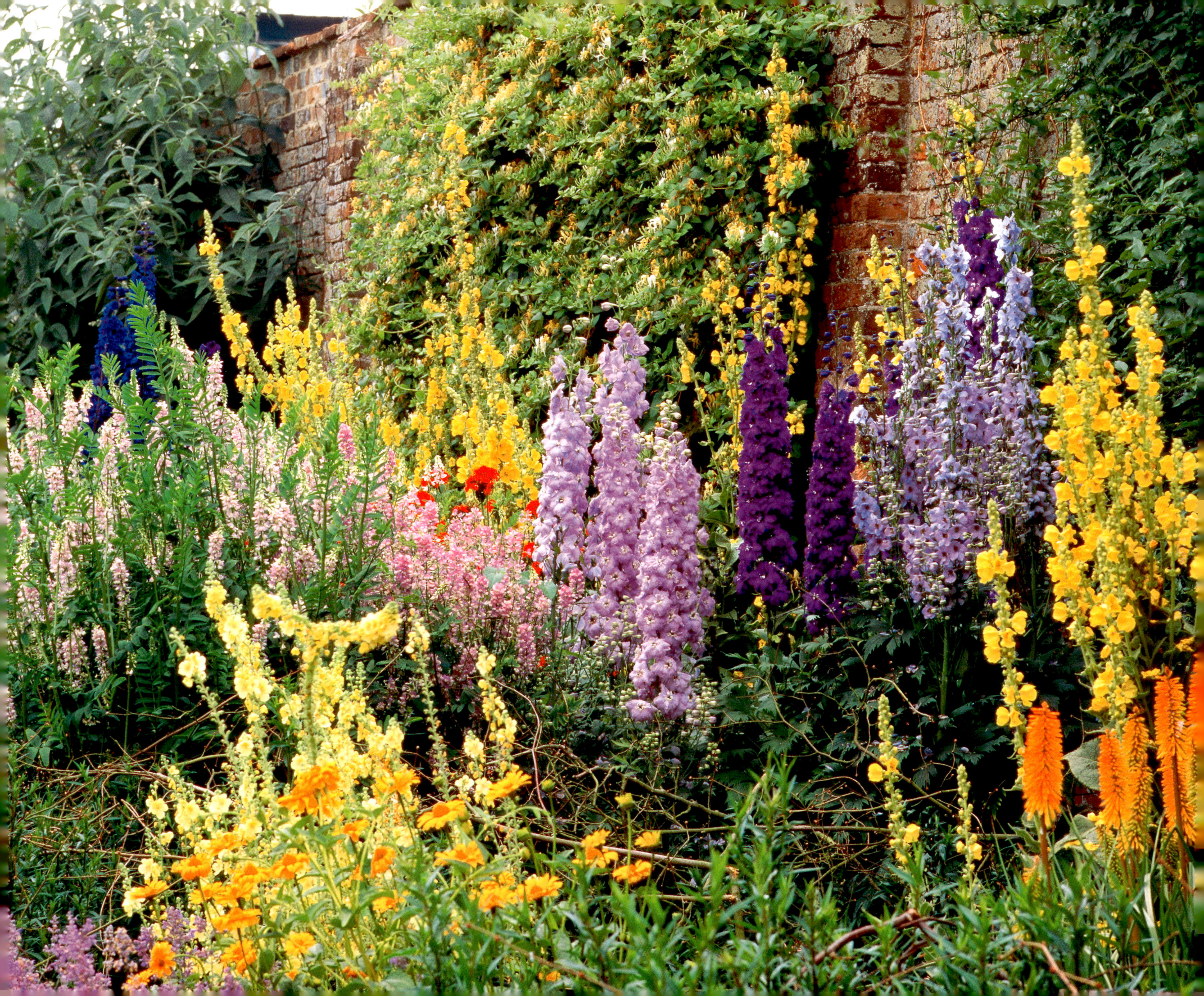

Gourmet-Beet mit farbigen Kräutern und Gemüse

Schon lange ist die These „Zierbeete sind attraktiv, Nutzbeete sind nützlich" überholt. Denn neue, farbenprächtige Züchtungen von Gemüse und Kräutern ermöglichen es die feinen Küchenschätze in höchst gefälliger Form im Beet zu arrangieren.

■ **Tipps für Gemüse und Kräuter, die Farbe ins Beet bringen**

Gemüse: Blauer Kohlrabi (wie 'Azur Star', 'Blaro', 'Kolibri'), gelb- oder blauhülsige Buschbohnen (wie 'Golddukat', 'Hildora', 'Rocdor' oder 'Purple King' und 'Purple Teepee'), violetter oder grüner Blumenkohl (wie 'Grafitti' oder 'Universal'), bunter Stielmangold (wie 'Bright Lights', gelb, orange und rot oder 'Rhubarb Chard', rotstielig), blauer Brokkoli (wie 'Violet Queen' oder 'Rosalind'), burgunderrote Gartenmelde (*Atriplex hortensis* 'Red Plume'), Rotkohl und die vielen rotlaubigen Salate.

Kräuter: Gelbgrüne Zitronenmelisse (*Melissa officinalis* 'Variegata'), gelb-gefleckte Ingwerminze (*Mentha* × *gentilis*), gelbbunter und silbriger Zitronenthymian (*Thymus* × *citriodorus* 'Aureus' und 'Silver Queen'), gelber Oregano (*Origanum vulgare* 'Aureum') usw.

Sommerlang schön

So lautet das Konzept für dieses Gemüse-Kräuterbeet, das von Mai bis zum Herbst durch dauerhafte Präsenz besticht. Dass die Bepflanzung eine ganze Saison durchsteht, liegt daran, dass der buntlaubige Salbei (*Salvia officinalis* 'Purpurascens', links, und 'Tricolor', Mitte) im Vordergrund winterhart und mehrjährig ist und für kein Gericht vollständig abgeerntet wird. Ebenso wie die einjährigen Gewürztagetes (*Tagetes tenuifolia* 'Lemon Gem', vorne rechts), von denen für Salate, Fischrezepte und andere Gerichte immer nur einige Blüten oder Blätter benötigt werden. Der Hintergrund des Beetes ist hingegen höherem Gemüse vorbehalten, das ebenfalls eine ganze Saison als Kulturzeit benötigt. So korrespondiert das Dunkelviolett des Grünkohls 'Redbor' herrlich mit den Tönen des Salbeis, während ihn selbst die silbergrauen Blätter von Cardy und Artischocke in Farbe und Textur kontrastieren und überbauen.

Variable Beete mit Kulturfolgen

Im Unterschied zu dieser Bepflanzung gibt es jedoch auch Gemüse und Kräuter, die schon nach kurzer Kulturzeit abgeerntet werden, wie Blattsalate, Kohlrabi oder Kräuter wie Schnittlauch und Petersilie. Damit die Beete danach nicht unansehnlich brach liegen, sollten Sie rechtzeitig eine dekorative Folgekultur planen, zum Beispiel mit rotem Brokkoli, zartgrünem Fenchel, buntem Mangold oder Salaten.

Garten-Design: Alitex Glasshouse Comp., GB
Chelsea Flower Show, GB
Foto: Modeste Herwig

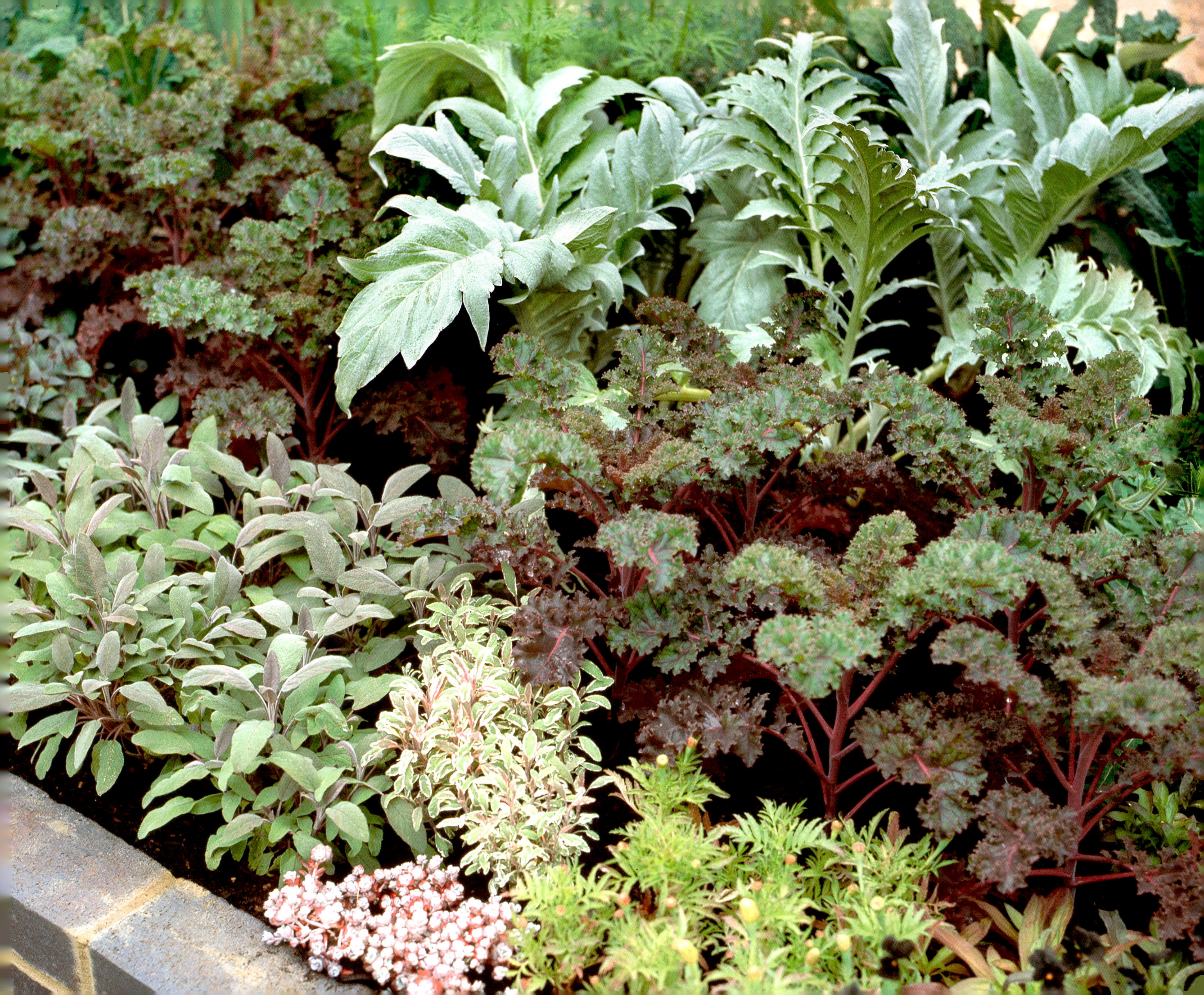

Gestylte Schlichtheit und gepflanzte Form

Ein kleiner von Mauern umgebener Innenhof lässt sich nach diesem Vorbild in eine Atmosphäre der Abgeschiedenheit tauchen. Dabei scheint das formstrenge puristische Design, das nur gerade Linien in vertikaler und horizontaler Ausrichtung kennt und auf jede weiche, geschwungene oder diagonale Linienführung verzichtet, Anleihen an uralten Garten-Traditionen zu machen. So greifen die rinnenartigen Becken in diesem weltentrückten Raum ein Muster aus maurischen Innenhöfen auf, während die Spalierverkleidungen der Einfassungsmauer an japanische Papierwände erinnern.

Spiegelnde Wasserbecken

Wie hier so ist Wasser in modernen Gärten einer der wichtigsten Bestandteile. Selbst in puristischer Linienführung belebt es kleinste Räume durch Spiegelungen der Pflanzen und der Farben des Himmels. In diesem Gartenhof ist das stehende Wasser in seinen schlichten Becken Bestandteil des Spiels mit Flächen in unterschiedlicher Form, Oberflächenqualität und Farbe und erfüllt als ruhende Tiefe, als Spiegel und glitzerndes Band den Garten mit meditativer Ruhe. Zugleich erhöht es für Pflanzen und Menschen wohltuend die Luftfeuchtigkeit im baulichen Ambiente.

Grüne, pflegeleichte Baukastenarchitektur

Gleichförmig wie Baukastenelemente werden auch die Pflanzen in diesem Entwurf eingesetzt. Zugunsten einer geometrischen Formensprache beschränkt sich die Pflanzenwahl auf Gehölze und die Farbe Grün. Die Platanen (*Platanus* × *hispanica*) lassen allerdings an ihrem Laub, das sich im Herbst herrlich gelb färbt, den Wandel der Jahreszeiten erleben, während die Buchsquader zu ihren Füßen das kleine Gartenreich mit dauerhaftem Grün beleben. Damit die Platanen ein gleichmäßiges Blätterdach ausbilden, befestigt man horizontal auf Höhe der Verzweigungsstelle jeder Krone ein großes, spalierähnliches Gerüst, an dem man die Triebe entlangführt und störende kappt.

Gedankenzentrum

Auch wenn ihm laute Fernwirkung fehlt, so ist doch zweifellos das silberne Schwimmobjekt der tiefgründige Mittelpunkt des Gärtleins. Rätselhaft wie der Stein der Weisen oder der Heilige Gral mutet sein silber-metallisches Äußeres an, dessen überwirklicher Glanz verstärkt darauf hinweist, dass sich dieses Objekt als einziges im ganzen Garten durch unregelmäßige und abgerundete Formen auszeichnet. Als magisch und unberechenbar erweist sich auch sein Driften auf dem Wasser, das es aus dem Kalkül des Konzepts herauslöst und zu einem Spielball der Meditation macht.

Garten-Design: George Carter, GB
Chelsea Flower Show, GB
Foto: Modeste Herwig

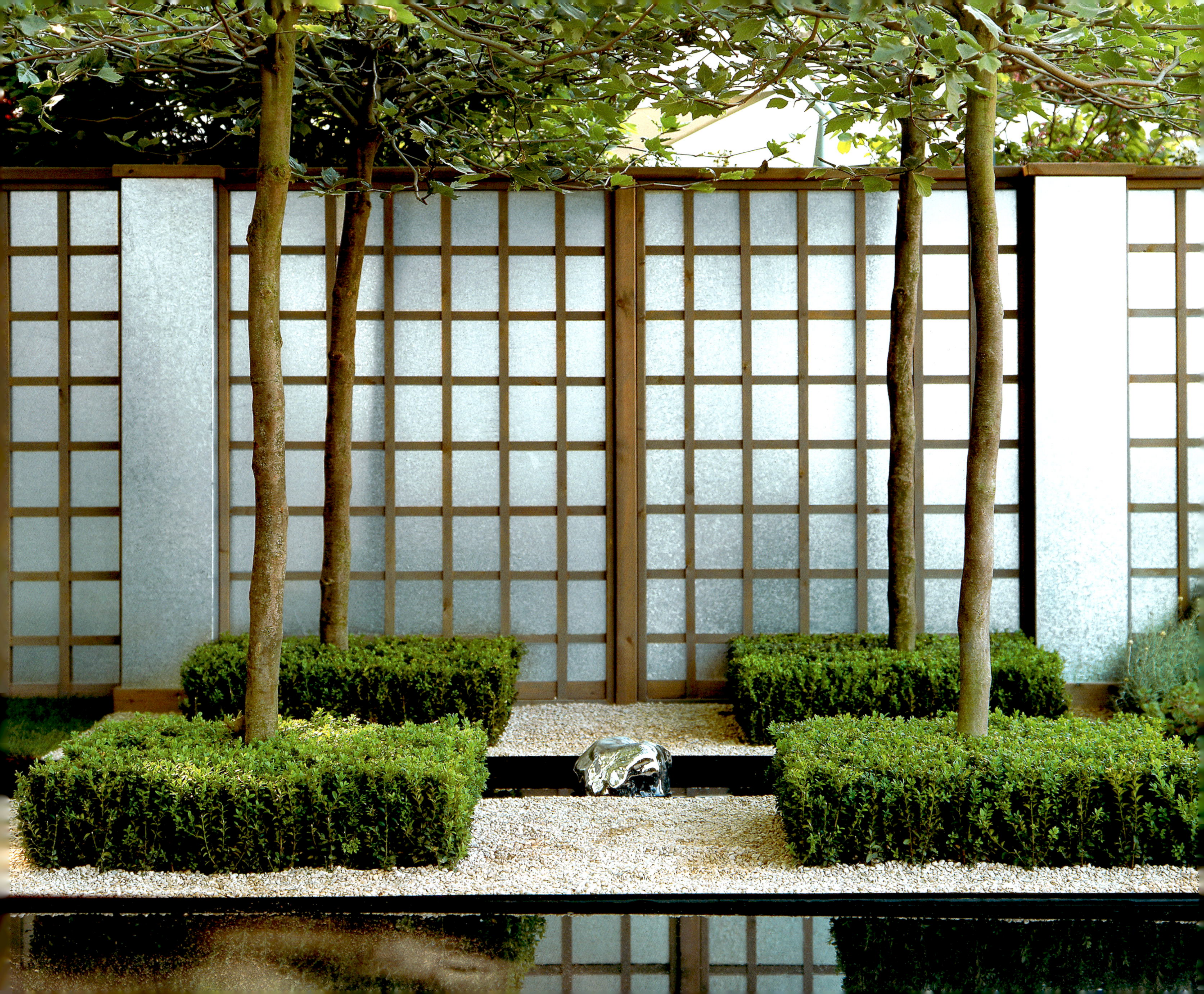

Gepflanzte Dynamik mit Winterpräsenz

„Minimum d'effort – maximum d'effet" lautet ein Prinzip, das bei gelungener Umsetzung nicht nur im Geschäftsleben Erfolg verspricht, sondern auch bei der Gartengestaltung große Wirkung zeigen kann. Voraussetzung sind gute Pflanzenkenntnisse und sorgfältige Planung. Auch wenn dieses Beispiel sehr natürlich und fast wie zufällig wirkt, so illustriert es doch, dass drei verschiedene Pflanzen genügen, um eine höchst dramatische Wirkung zu erzielen. Mehr noch: Die hier ausgewählten Pflanzen faszinieren nicht nur durch einen vorübergehenden Auftritt wie die meisten Blütenpflanzen, sondern erweisen sich rund ums Jahr als attraktiver Gartenschmuck, der statt Leere und Öde sogar den Winter mit frischer Farbigkeit erfüllt.

Der immergrüne Hintergrund

Aufrecht und hoch mit überhängenden Halmen wächst dieser Bambus (*Phyllostachys bissetii*) heran, der nicht nur anpassungsfähig und pflegeleicht, sondern auch sehr winterhart ist. Da er sehr dicht mit immergrünen Blättern besetzt ist, eignet er sich hervorragend als Sichtschutz. Wegen seiner regen Ausläuferbildung sollte man ihn jedoch unbedingt mit einer Wurzelsperre pflanzen. In diesem Garten lenken zwei Exemplare um eine Ecke und können dabei sowohl eine Mauer kaschieren wie einen Gartenteil ab- oder ausgrenzen. Selbst im Winter verliert das immergrüne Riesengras nichts von seiner Präsenz und bezaubert mit reifüberzuckerten Blättern und Halmen. Bei anhaltender Trockenheit sollte man es allerdings an frostfreien Tagen ausgiebig gießen.

Fließende Dynamik

Bewegt wie die Kaskaden eines Wasserfalls mutet in dieser einfachen Bepflanzung das Japanische Federborstengras (*Pennisetum alopecuroides*) an, dessen rötlich-braune, wollige Ähren ab September erscheinen. Im Spätherbst färben sich die überhängenden Halme maisgelb und überdauern so den ganzen Winter. Die fünf prächtigen Exemplare hier wurden außerhalb der Rhizomsperre des Bambus gepflanzt und ergeben zusammen mit dem Bambus traumhafte Winterbilder. Erst im März/April schneidet man die Halme zurück, damit der neue Austrieb Licht und Luft erhält. Die kurzfristige Lücke kann mit robusten Narzissen überbrückt werden.

Ein grün-roter Teppich

Den Weg flankiert ein Teppich aus Weißem Mauerpfeffer (*Sedum album* 'Coral Carpet'), der sich im Spätherbst und Winter kupferrot färbt und damit ebenfalls das Farbspektrum der vierten Jahreszeit bereichert.

Garten-Design: Loek Hoek, NL
Garten: Nelis, NL
Foto: Modeste Herwig

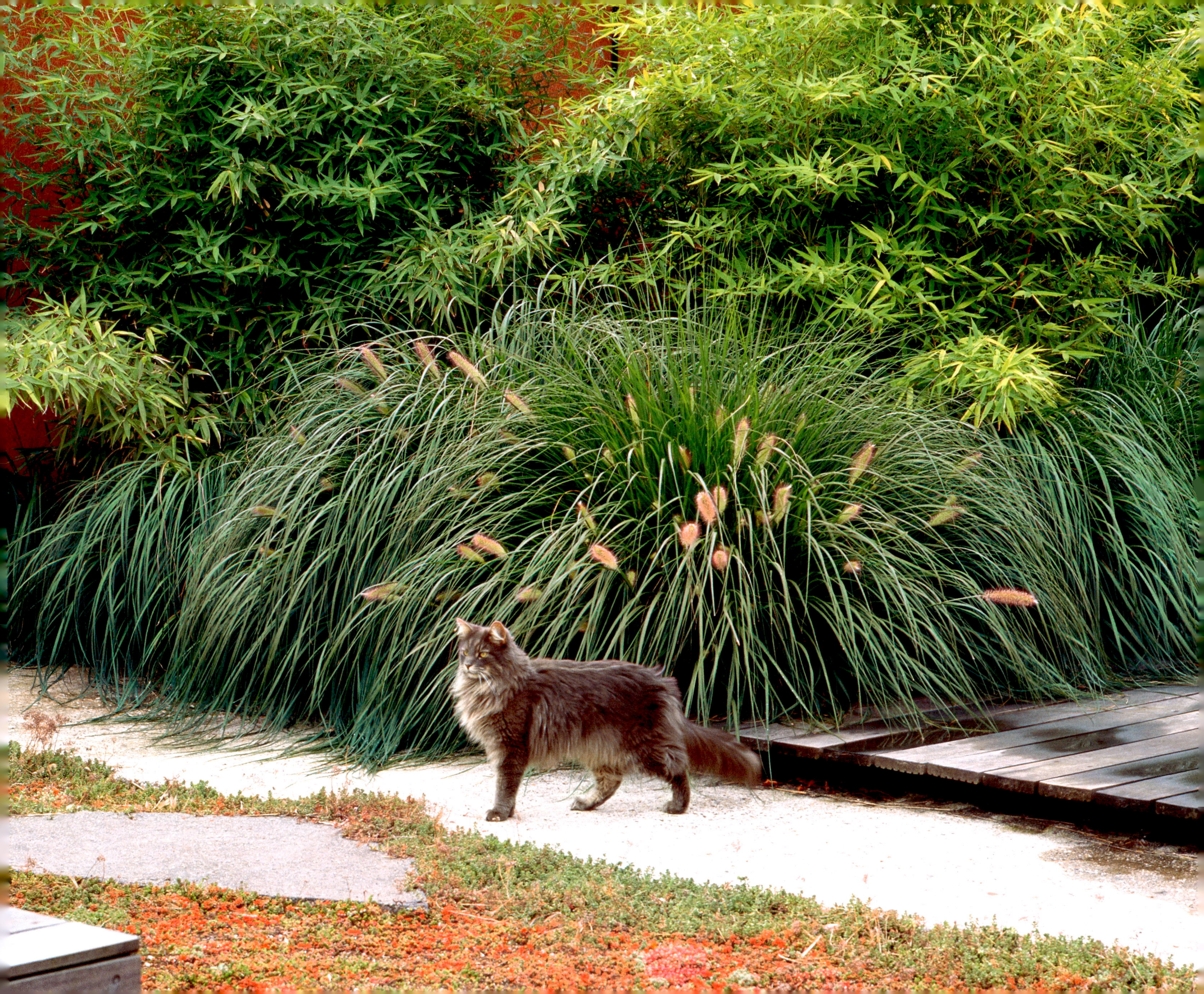

Böden in variabler Flächengestaltung

In kleinen Gärten, in denen anstelle von Rasen und Beeten viel Raum für die Terrasse und befestigte Flächen zur Verfügung steht, in Innen- und Gartenhöfen, aber auch in größeren Gärten mit Gartenbereichen, in denen die Bepflanzung zugunsten befestigter Flächen zurückgedrängt ist, kann die Ausgestaltung des Bodens mit Farben, Formen und Texturen so vielfältig erfolgen, wie dies mit Pflanzen möglich ist. Allerdings findet eine in Farben und Materialien abwechslungsreiche Bodengestaltung wie im Garten rechts nur dann ihre Berechtigung, wenn die Bepflanzung relativ spärlich und zurückhaltend ist. Beides sollte möglichst nicht miteinander konkurrieren.

Polygonale Trittplatten

Ein kleines Arsenal an Möglichkeiten der Flächengestaltung zeigt dieser Garten auf kleinstem Raum. Dass das Beispiel dennoch nicht unruhig und überladen wirkt, liegt an der harmonischen Farbwahl, die sich ganz auf mediterrane Töne beschränkt und diese jeweils bestimmten Bereichen zuordnet. So wird die Sandfläche oberhalb der kleinen Treppe durch unregelmäßige Bruchplatten als Trittsteine im gleichen Farbton strukturiert. Auch Rasenflächen kann man auf diese Weise einfach und wirkungsvoll unterteilen und begehbar machen.

Besonders attraktiv sehen polygonale Platten aus, wenn man sie nach fernöstlichem Vorbild zweireihig, aber unregelmäßig zu einem geschlossenem Wegband verlegt, dessen Fugen Gras, Moos oder Kies füllen. Einem solchen begehbaren Schmuckband verleiht man oft auch geschlossene Konturen, indem man den Plattenweg noch zusätzlich zu beiden Seiten mit in Reihen verlegten Pflastersteinen einfasst.

Blaue Fliesen

Der Bruch frostfester Fliesen ist oft günstig zu erhalten. Hier wurden blaue Exemplare am Fuß der Treppe flächig wie zu einer Wasserfläche vereint. Durch die unterschiedlichen Fliesenformate ergeben sich recht unterschiedliche Fugenabstände, die die Fläche in sich sehr unruhig erscheinen lassen.

Rötlich gefärbtes Klinkerpflaster

Sehr viel ruhiger wirkt das mit relativ gleicher Fugenbreite verlegte rötliche Pflaster neben der Treppe. Es zeigt eine Verlegevariante, die man gerne bei Klinkerpflaster nutzt, indem man die Klinker mal hochkant mit der Schmalseite nach oben, mal mit der Breitseite nach oben anordnet.

Garten-Design: Meneer Vermeer Tuinen, NL
Garten: Vermeer, NL
Foto: Modeste Herwig

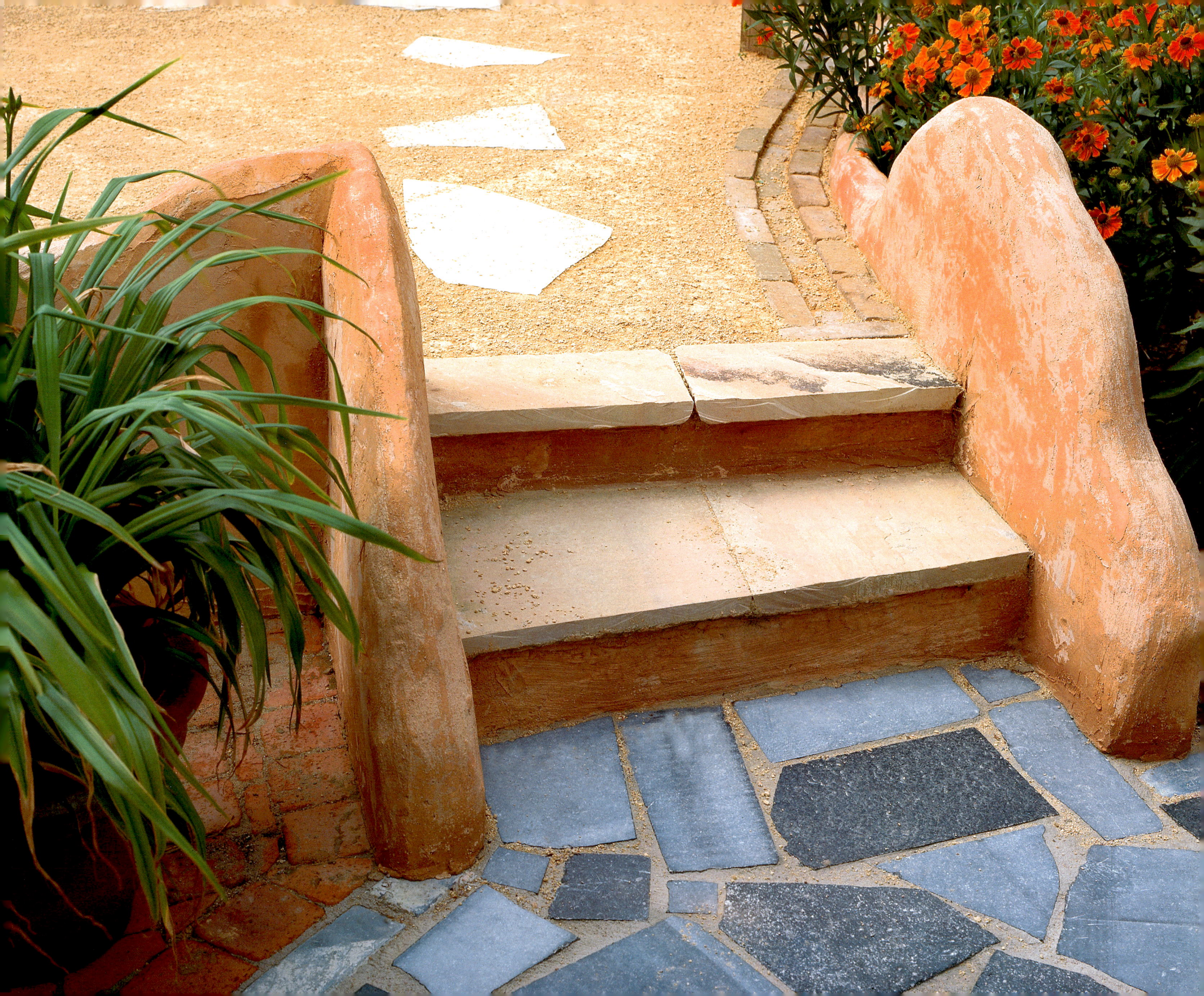

Frühsommer-Rabatte in Volltönen

Mut zur Farbe beweist dieses Blumenbeet, dessen Dreiklang Rot-Blau-Weiß aus Freude an heiterer Buntheit um die gelben Einsprengsel von Steppenkerzen (*Eremurus*-Hybriden) erweitert wird. So überraschend deren Farbe ist, so harmonisch fügen sich die von unten nach oben aufblühenden Kerzen mit ihrer Form in die Kombination ein, da auch Fingerhut und Rittersporn lange, imposante Blütenschäfte aufweisen.

Die Bepflanzung

Ein höhengestaffelter Aufbau sowie eine Mischung von Stauden und Sommerblumen sind die Grundlagen dieses fröhlichen Blumenbeets, das von Mitte Mai bis Anfang Juli durch seine Farbenpracht bezaubert. Dass es trotz seiner kräftigen Volltöne nicht kunterbunt wirkt, liegt an der Verteilung und Gewichtung der Farben. Selbst bei einer Bepflanzung in nur zwei Farben sollten Sie eine Farbe immer stärker gewichten, also häufiger verwenden. Bei diesem Beet liegt der Schwerpunkt auf dem Rot der verschiedenen Pfingstrosen (*Paeonia officinalis* und *Paeonia-Lactiflora*-Hybriden) und des einjährigen Klatschmohns (*Papaver rhoeas*). Die zweite Stelle der Farbhierarchie nimmt in diesem Beet Blau ein, das die unermüdlich blühende Katzenminze (*Nepeta* × *faassenii*) im Vordergrund und der Rittersporn (*Delphinium*-Hybriden) einbringen. Nur eingetupft hingegen ist das Sonnengelb der Steppenkerze (hinten) sowie Weiß, das an weitere Pfingstrosen (*Paeonia-lactiflora*-Hybriden) und Fingerhut (*Digitalis purpurea* 'Alba') gebunden ist.

■■ Tipps zur Kombination von Einjährigen und Stauden

Besonders bei der Neuanlage von Beeten, wenn die Stauden noch wenig entwickelt sind und einen großen Abstand zueinander aufweisen, sind Sommerblumen mit ihrer langen Blütezeit bezaubernde Füllsel. Diese Aufgabe erfüllt auch der Klatschmohn zwischen niedriger Katzenminze im Beetvordergrund und höheren Pfingstrosen im Beetmittel- und -hintergrund. Bei der Neuanlage sät man die Sommerblumen besser nicht direkt ins Beet, sondern zieht sie vor oder kauft vorkultivierte Pflanzen, da diese sich zwischen den heranwachsenden Stauden besser behaupten und schneller zu blühen beginnen. Viele werden sich dann wie der Klatschmohn in den Folgejahren durch Selbstaussaat munter behaupten und müssen im Frühjahr lediglich ausgedünnt und in Zaum gehalten werden. Sehen Sie sich deshalb die Keimlinge und Jungpflanzen der Sommerblumen genau an, damit Sie sie im nächsten Frühjahr erkennen und nicht als Unkraut jäten.

Garten: Ilmington Manor, GB
Foto: Modeste Herwig

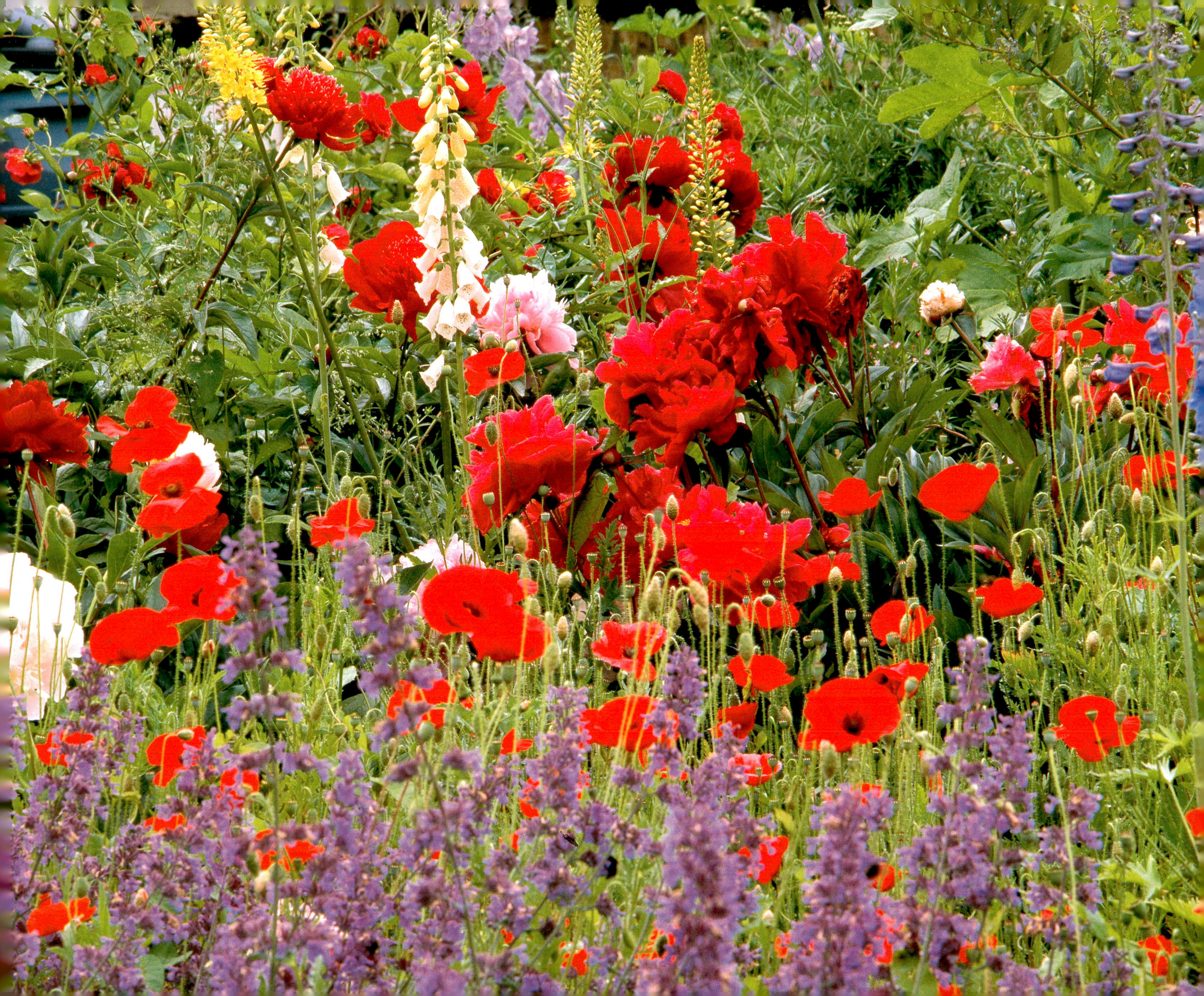

Sommerlang blühendes Beet in Weiß-Gelb-Blau

Beete in diesem Farbdreiklang tragen erfrischende Leichtigkeit und den duftigen Lebensimpuls wärmender Sonnenstrahlen in den Garten. Kein Wunder, handelt es sich doch um die Farben des Frühlings, in denen dieses Stauden-Arrangement allerdings von Juni bis August erblüht. Wer die Abwechslung liebt und dennoch seinen Garten oder ein Beet in diesen Sommerfarben wünscht, kann bei der Frühjahrsbepflanzung immer noch auf den Farbverlauf Gelb, Orange und Rot oder den Dreiklang Weiß, Rot, Blau ausweichen.

Die Pflanzenwahl

Voraussetzung für das Gedeihen der farbenfrohen Stauden ist ein nährstoffreicher, tiefgründig-durchlässiger Boden an einem geschützten, warmen Platz in voller Sonne. Den Vordergrund des Beetes beherrscht ein mächtiger Pulk der Goldenen Inkalilie (*Alstroemeria aurea*), deren Goldgelb die cremeweiße, gelblich überhauchte Färberkamille (*Anthemis tinctoria* 'Sauce Hollandaise') mit ihren Blütenköpfchen aufnimmt. Als dynamischer Formkontrast schießen die gelben Blütenkolben der Fackellilie (*Kniphofia-Hybride* 'Goldfinch') wie Raketen über die Bepflanzung hinaus. Vor dem rahmenden Hintergrund der Sträucher und Ziergräser zieht ein Storchschnabel ein leuchtend blaues Band durch das ganze Beet. Hierfür eignen sich der großblütige Himalaja-Storchschnabel 'Gravetye' (*Geranium himalayense*) oder die Hybride 'Johnson's Blue'.

Einpflanzen und pflegen

Inkalilien sind immer noch relativ selten in unseren Gärten vertreten, da die subtropischen Amaryllisgewächse in rauen Regionen nicht winterhart und auch sonst manchmal heikel sind. Die Goldene Inkalilie (*Alstroemeria aurea*) hat sich dabei mit ihren leuchtend gelben oder orangefarbenen Sorten als die härteste Art erwiesen. Pflanzen Sie ihre fleischigen Rhizome ab April 15–25 cm tief. Schützen Sie den Austrieb vor Schnecken und stützen Sie die Pflanzen den Sommer über, wenn sie sich als nicht standfest erweisen. In milden Regionen die Triebe im Spätherbst handbreit über dem Boden abschneiden und den Wurzelstock mit Laub und Reisig abdecken. In kalten Regionen sollten Sie ihn besser aus der Erde nehmen und wie Dahlienknollen überwintern.

Die extravaganten Blüten der Fackellilien schneidet man nach dem Verblühen nah am Boden ab. Als Winterschutz sollten Sie das immergrüne, schilfartige Laub locker zusammenbinden und den Wurzelbereich mit Laub oder Rindenmulch und Reisig abdecken.

Garten: Merriment, GB
Foto: Modeste Herwig

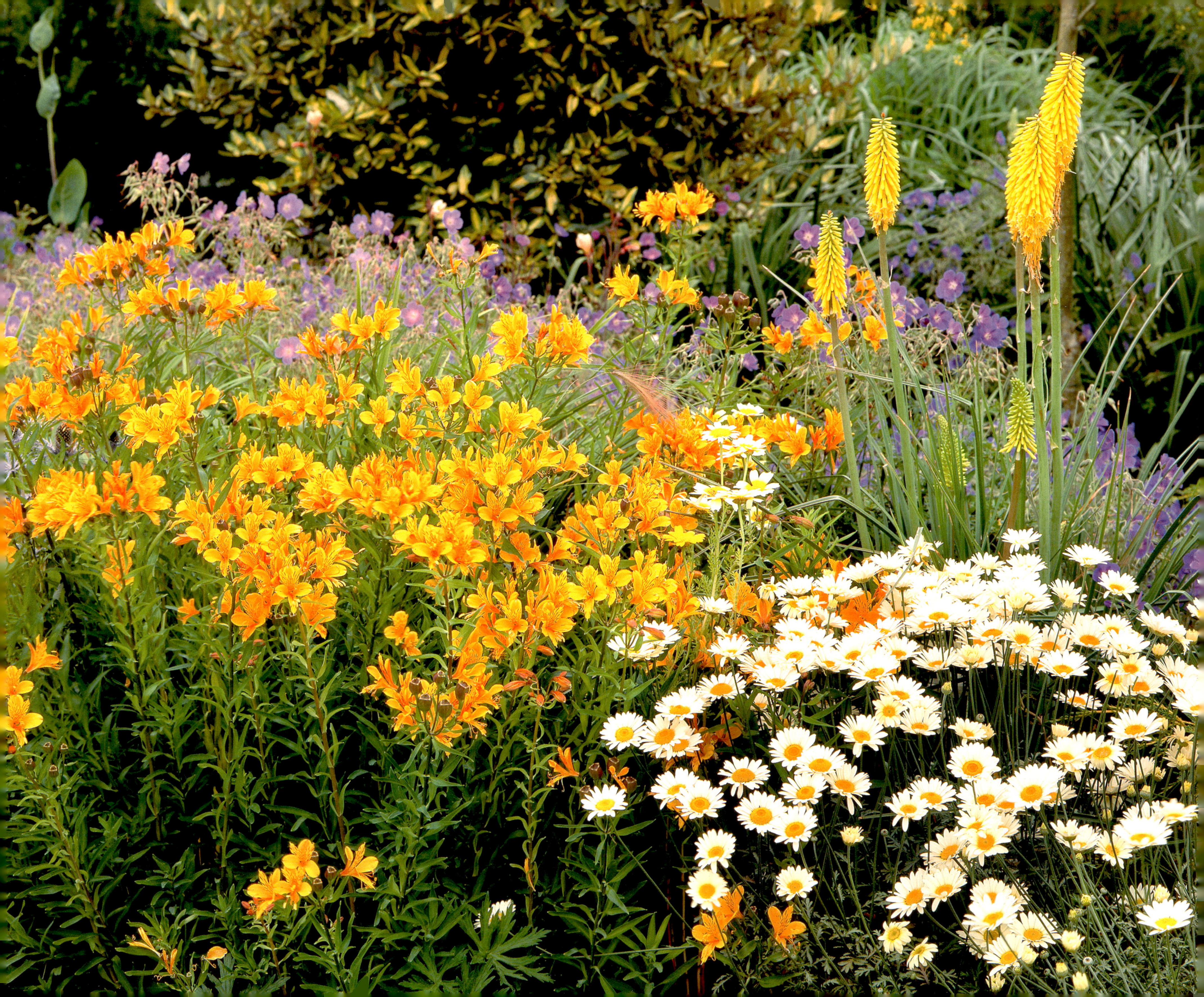

Blüten und Ambiente in farblichem Bezug

Ganz nah vor der Terrasse und an geschützten Sitzplätzen will man den ersten Frühlingsflor am liebsten genießen. Dies lässt sich leicht verwirklichen durch eine duftige Schar von Frühlingsblumen in Terrassen- und Sitzplatznähe. Zu einer meisterlichen Augenweide wird die Bepflanzung dann, wenn sie nicht einer momentanen Laune oder Begeisterung entspringt, sondern wie hier farbliche Bezüge zu Terrasse und Sitzplatz herstellt.

Gepflanzte Farbkommunikation

Auswahl und Pflanzung der Zwiebeln der Frühlingsblumen erfolgt im Spätsommer oder Herbst. Dabei machen sich Planung und gründliche Information bezahlt. Kaufen Sie Blumenzwiebeln für Terrassenbeete nicht en passant im Supermarkt. Treffen Sie die Auswahl sehr bewusst, denn durch Sorten mit aufeinander folgenden Blütezeiten können Sie die Blühdauer des Beetes enorm verlängern. Wählen Sie vor allem auch die Farben sehr überlegt! Im Beispiel rechts harmoniert das scharlachrote-orangefarbene Tulpenbeet vor dem Sitzplatz erfrischend mit den Erd- und Ockerfarben der Wände und bildet gleichzeitig einen sehr lebhaften Komplementärkontrast zur mächtigen blauen Sitzgruppe. Durch eingestreute Blausterne (*Scilla sibirica*) im Tulpenbeet wird er sogar nochmals aufgegriffen.

Die hier versammelten Tulpen blühen je nach Sorte von Ende März bis Ende Mai, präsentieren dabei ihren bezaubernden Formenreichtum und verströmen obendrein süßen Duft. Im Folgenden die Sorten in der Reihenfolge ihres Blühens:
- Prinses Irene (rechts, orange, rot geflammt, 30 cm hoch)
- Orange Emperor (geöffnete Schalenblüten, 40 cm, duftend)
- Dillenburg (gelb-orange mit rosa Hauch, 60 cm, stark duftend)
- Orange Favourite (gelb-orange geflammte Papageientulpe, 50 cm hoch und süß duftend)

Schnelle Farbdekoration

Durch den Kauf vorgezogener Traubenhyazinthen (*Muscari armeniacum*), die einfach in blau glasierte Untersetzer gepflanzt werden, erfordert die ungewöhnliche und doch schlichte, auf die Farben von Tisch und Bänken abgestimmte Tischdekoration relativ wenig Aufwand und Zeit.

Farb-Vernetzungs-Varianten

Zu jeder Jahreszeit können sich die Farben der Pflanzen im Beet, Gefäß, Gesteck oder in der Vase nicht nur auf Wände und Mobiliar beziehen, sondern auch Töne von Sitzkissen und Tischdecke aufgreifen oder in Kontrast zu ihnen treten.

Keukenhof, NL
Foto: Modeste Herwig

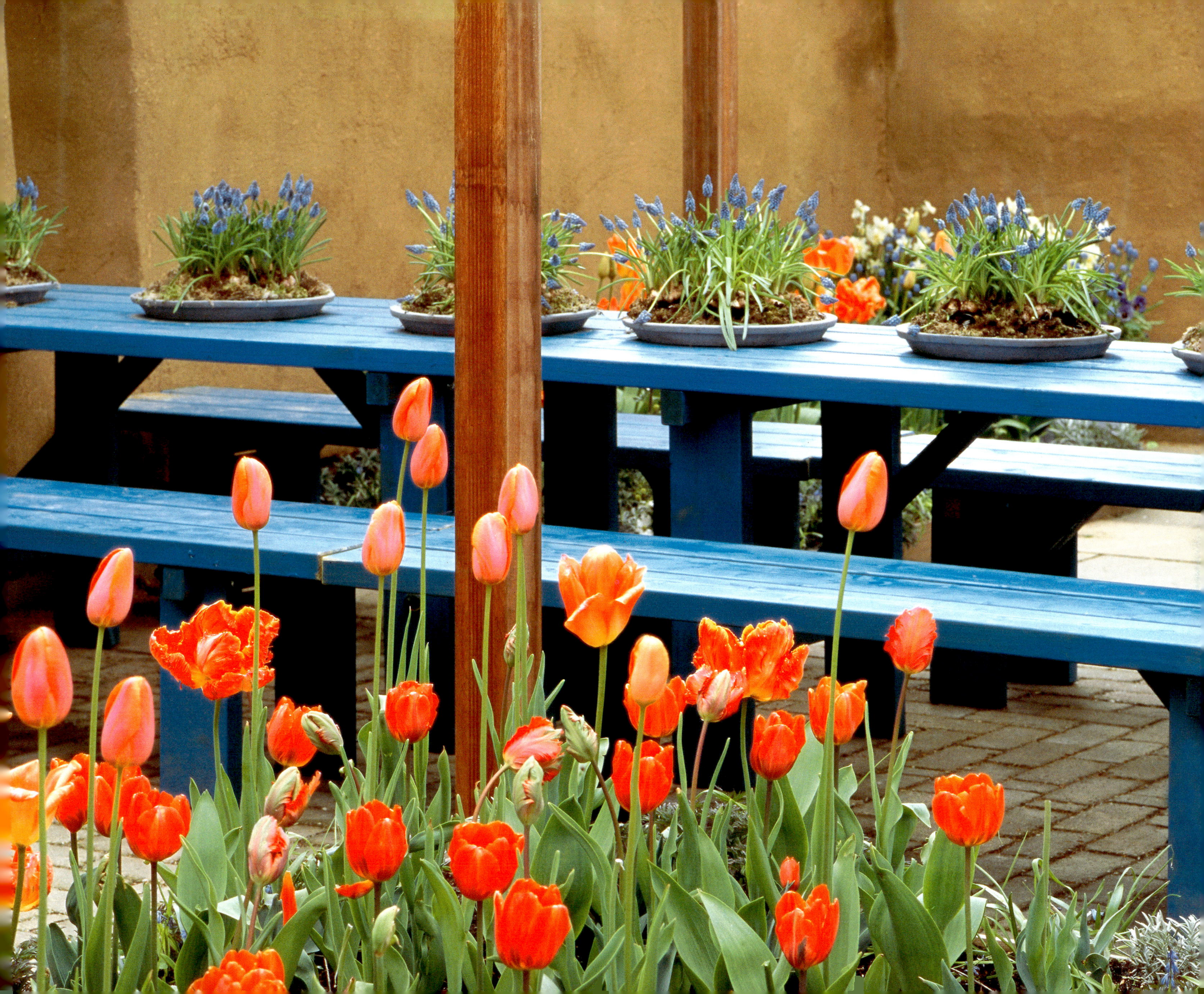

Dachgarten mit mobilen „Anbaumöbeln"

Ganz oben zu wohnen mit einem angrenzenden Dachgarten zählt zu den Top-Wunschträumen vieler. Wer eines dieser heiß begehrten Wolkenkuckucksheime ergattert hat, muss es aber oft zu seinem großen Bedauern aus beruflichen Gründen schon nach wenigen Jahren wieder aufgeben oder möchte die Gestaltung des Dachgartens verändern, weil das Single-Dasein inzwischen in ein Familienleben übergegangen ist. Für all diese Fälle, in denen die Gestaltung des Freiluftrefugiums mit einem hohen Maß an Mobilität und Flexibilität gepaart sein sollte, ist dieses Beispiel wie geschaffen.

Multifunktionalität und Flexibilität

Für einen Dachgarten, der Winden und jedem Wetter ausgesetzt ist, wurden diese blauen, weißen und orangefarbenen Kastenelemente entworfen, die sich ganz nach Belieben im Schutz hoher Elemente und Rückwände arrangieren lassen. Diese Rückwände mit integrierten runden Lampen und eingebauten Pflanzkästen schirmen Zugluft, Wind und Einsicht von außen ab. Die Pflanzen in den weißen, standardisierten Pflanzcontainern erhalten dadurch ein windgeschütztes Heim. Die orangefarbenen Boxen dienen hingegen als Sitzbank und entpuppen sich mit aufklappbarem Deckel als Aufbewahrungsmöbel für Sitzkissen, Klappstuhl, Klapptisch, Gartenutensilien usw. Da alle „Möbel" frei beweglich sind, kann man sie beliebig umgruppieren und wechselnden Bedürfnissen anpassen.

Holz und Farbe

Sämtliche Installationen dieses Freiluftzimmers wurden aus Holz gefertigt und mit witterungs- und UV-beständigen Farben gestrichen. In die Pflanzcontainer müssen tiefe Pflanzwannen aus Kunststoff, Weißblech oder Aluminium eingelassen werden, die Wasserabzugslöcher benötigen und auf einer Auffangschale stehen, deren Volumen auch Sickerwasser nach einem längeren Dauerregen aufnehmen kann. Die Aufbewahrungsboxen müssen rundum wasserdicht sein, benötigen aber Lüftungsschlitze, damit die Textilien darin nicht zu stocken beginnen. Bei Dachgärten, die in voller Sonne liegen, sollte man die Farbe Weiß behutsam einsetzen um das Auge nicht zu blenden.

Bunte Möbel – grüne Pflanzen

Zu allen Jahreszeiten geben die farbigen Quader frisches Hellblau und Orange vor. Die Pflanzen fügen sich in dieses Konzept der Farbflächen mit ausschließlichen Grüntönen von Bambus, Farnen und anderen Blattschönheiten.

Garten-Design: Natalie Charles, GB
Chelsea Flower Show, GB
Foto: Modeste Herwig

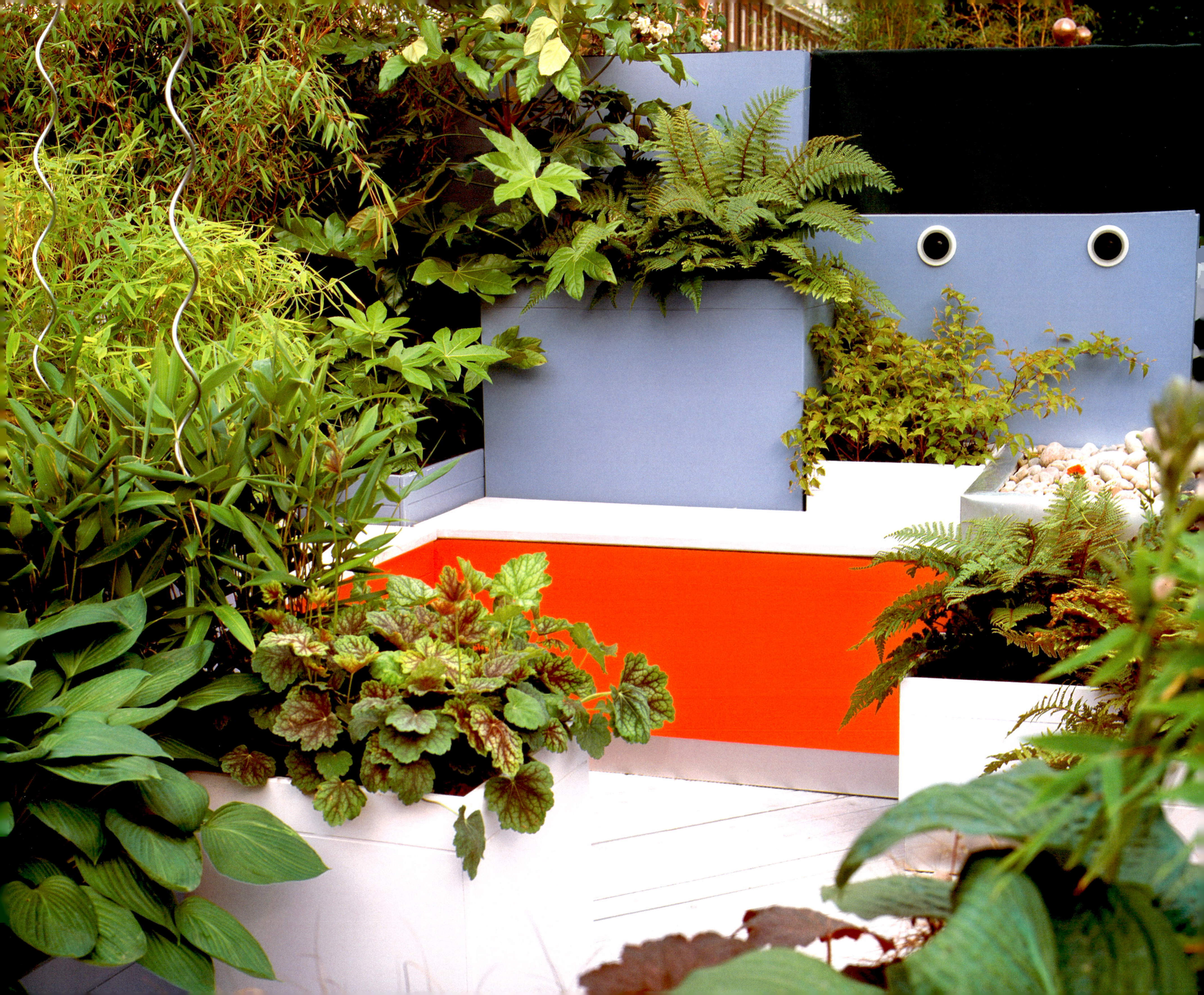

Feuchtbiotope – das Reich der Blattgiganten

Bei naturnahen Teichen sind Sumpfzone (mit einem schwankenden Wasserstand bis 10 cm) und Feuchtzone (mit dauerfeuchtem Boden ohne stehende Nässe) unverzichtbare Bestandteile der Randgestaltung. Da sich hier eine neue, erstaunliche Vielfalt von Pflanzen und Tieren ansiedeln lässt, lohnt es sich für Pflanzen- und Naturliebhaber den Teich großzügig an einer oder an zwei Seiten für ein Sumpfbeet auszubuchten – oder aber bei Platzmangel ein solches Feuchtbiotop ganz ohne Teich im Garten anzulegen. In diesem Beispiel führt der Holzsteg trockenen Fußes darüber hinweg und dennoch mitten durch seine beeindruckende Pflanzenwelt.

Die Bepflanzung

Die rechts versammelte Pflanzen-Gesellschaft liebt feuchte Böden und toleriert auch permanente Staunässe. Von Juni bis Anfang September leuchten die violettroten Blütenkerzen des Blutweiderichs (*Lythrum salicaria*) hinter den überhängenden Ähren der Riesensegge (*Carex pendula*). Dennoch wird die ganze Szenerie von den imposanten Blattschirmen des bei uns nicht winterharten Mammutblatts (*Gunnera tinctoria*) bestimmt. In feuchtem, aber nicht staunassen Boden gedeihen jedoch viele andere riesenblättrige Stauden, auf die Sie ausweichen können, zum Beispiel:

- Zierrhabarber (*Rheum palmatum*), 2–2,5 m
- Tafelblatt (*Astilboides tabularis*), 1,3–1,5 m
- Schildblatt (*Darmera peltata*), 1–1,2 m
- Pestwurz (*Petasites hybridus*), 1–1,2 m
- Ligularie (*Ligularia*-Arten, -Sorten), 0,8–2 m

Tipps zum Bau eines solitären Sumpfbeets

Heben Sie eine Mulde 30 cm tief in der gewünschten Biotop-Größe und -Form aus und dichten Sie den Grund mit einer Teichfolie oder Tonziegeln ab. Ein Untergrund mit verschiedenen Tiefen führt zu unterschiedlichen Wasserstandshöhen, was eine besonders eindrucksvolle Pflanzenvielfalt ermöglicht. Nun die Mulde mit einer Mischung aus Rhododendron- und Teicherde auffüllen und die Pflanzen direkt einpflanzen. Bei einem isolierten Sumpfbeet müssen Sie in Hitzephasen und bei anhaltender Trockenheit Wasser nachfüllen. Anders ist es, wenn das Sumpfbeet aus einem Teich gespeist wird. Dazu müssen Sie eine wesentlich größere Teichfolie verlegen, auf die auch das Feuchtbiotop gebaut wird, allerdings auf einem erhöhten Bodenniveau.

Garten-Design: Catriona Andrews, GB
Hampton Court, GB
Foto: Modeste Herwig

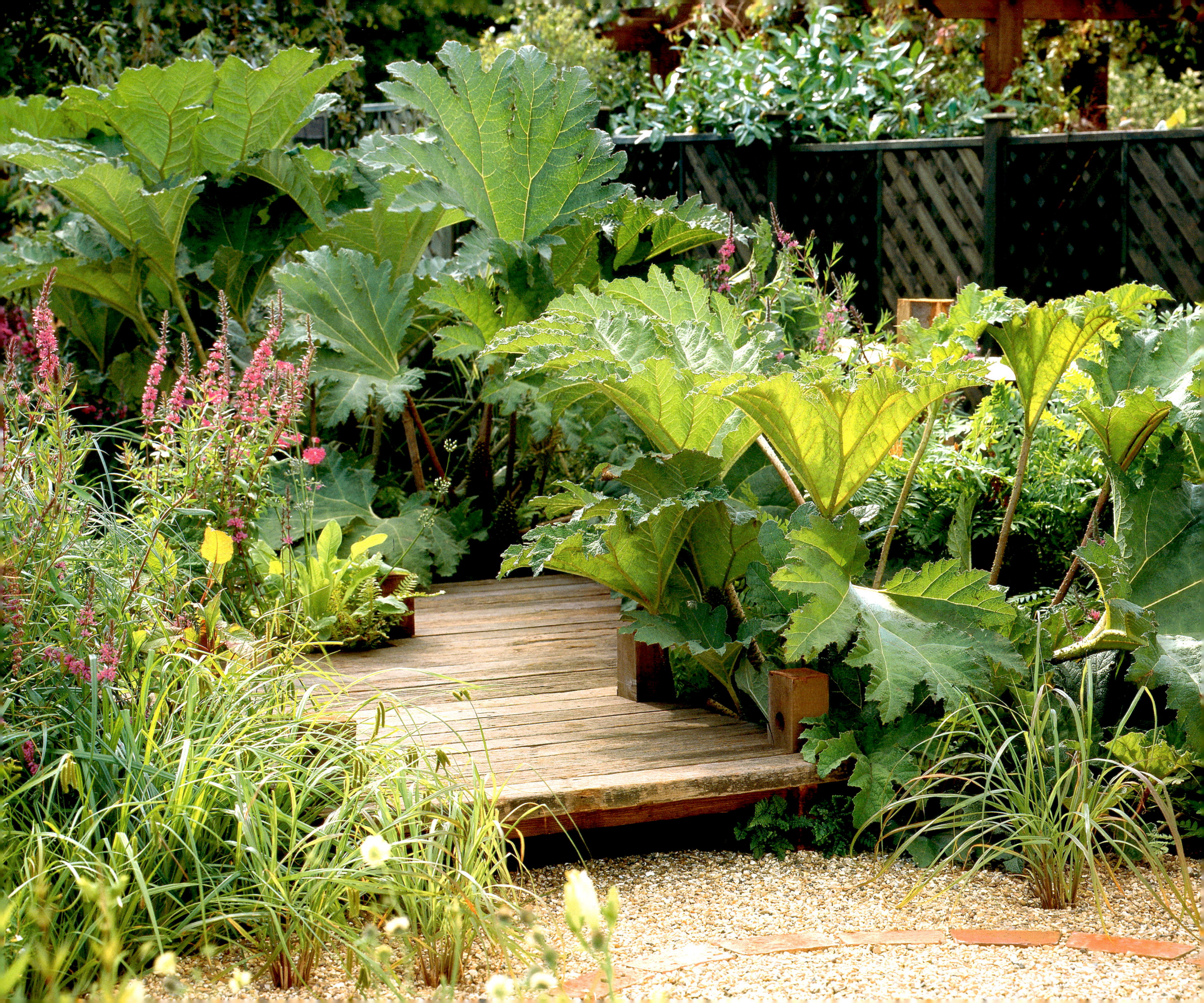

Sitzplatz in gewagtem Grau

Vor dem Einsatz einer Farbe im Garten lohnt es sich, über deren Wirkung gezielt nachzudenken, denn der Mensch ist ein stark farborientiertes Wesen. Die Farbe Grau, die an diesem Sitzplatz großflächig Anwendung findet, ist in Gärten äußerst ungewöhnlich. Wie Schwarz und Weiß gilt sie als unbunte, diffuse Farbe und kommt in der vegetativen Welt nur selten und zwar als Laubfarbe, nicht jedoch als Blütenfarbe vor. Kein Wunder, dass Grau mit dem Unlebendigen in Verbindung gebracht wird und Assoziationen an Metall, Stein, aber auch Architektur weckt. Folgerichtig setzt diese Gestaltung sie auch als Kontrast zum belebten Garten am baulichen Menschenwerk, dem weitläufigen Sitzplatz, ein.

Integration ins Umfeld

Soll möglichst viel Gartenfläche für einen großen Teich zur Verfügung stehen, wird man den Sitzplatz an den Gartenrand verlegen. Meist sorgen dann hohe Gehölze für einen stimmungsvollen Wind- und Sichtschutz. Dieser Garten befindet sich in der glücklichen Lage, die grüne Gehölzkulisse vom Nachbargrundstück sozusagen frei Haus geliefert zu bekommen. Geschickt bezieht die Gestaltung sie in ihr Konzept mit ein, indem sie sich mit einer „schlanken" Einfriedung aus hölzernen Sichtschutzelementen begnügt, die die grünen Baumkronen nicht verstellen. Viel Platz und Sonne stehen dadurch diesem Freizeitareal zur Verfügung, das zwischen Teich und Bepflanzung im Vordergrund sowie den hohen Bäumen im Hintergrund wie in eine grüne Welt eingebettet zu sein scheint.

Der Sitzplatz als graue Guckkastenbühne

Der räumliche Eindruck einer Bühne ergibt sich daraus, dass der Sichtschutz auch seitlich umläuft. Vorbildlich überspielen dabei die Gehölze links das abrupte Ende der Einfassungselemente. Drei verschiedene Holzelemente, glatte Rechtecke, gerahmte Stücke sowie Würfelelemente gestalten die Wand abwechslungsreich. Während Farbsitzplätze den Farbschwerpunkt meist durch Mobiliar, Textilien, Gefäße und Bepflanzung vorgeben, sind hier alle Wandelemente und der Bodenbelag in metallisch wirkendem, homogenem Grau gehalten. Dies lässt die Koordinaten unserer Orientierung etwas verschwimmen, so dass man sich weltentrückt, wie in einer abgeschirmten Grauzone empfindet. Farblich passen dazu die grauen Aluminium-Rahmen des modernen Mobiliars sowie die markante Stein-Stele. Da jedoch Licht und Schatten das Grau modulieren, erscheint der Sitzplatz, der sich über die ganze Breite von Teich und Rahmenbepflanzung erstreckt, in unterschiedlichsten Nuancen.

Lebensvolle Bepflanzung

Vor dem großen Refugium mit seinem stillen, erregungslosen Grau heben sich Teich und Bepflanzung umso strahlender ab. Die Farbe setzt nicht nur das Purpurviolett des Blutweiderichs (*Lythrum salicaria*), sondern auch das Blau des Hechtkrauts (*Pontederia cordata*) im Teich, ja selbst die filigranen, muschelrosa Blütendolden der Schwanenblume (*Butomus umbellatus*) ausdrucksvoll in Szene.

Garten-Design: Henk Weijers, NL
Garten: Weerman, NL
Foto: Modeste Herwig

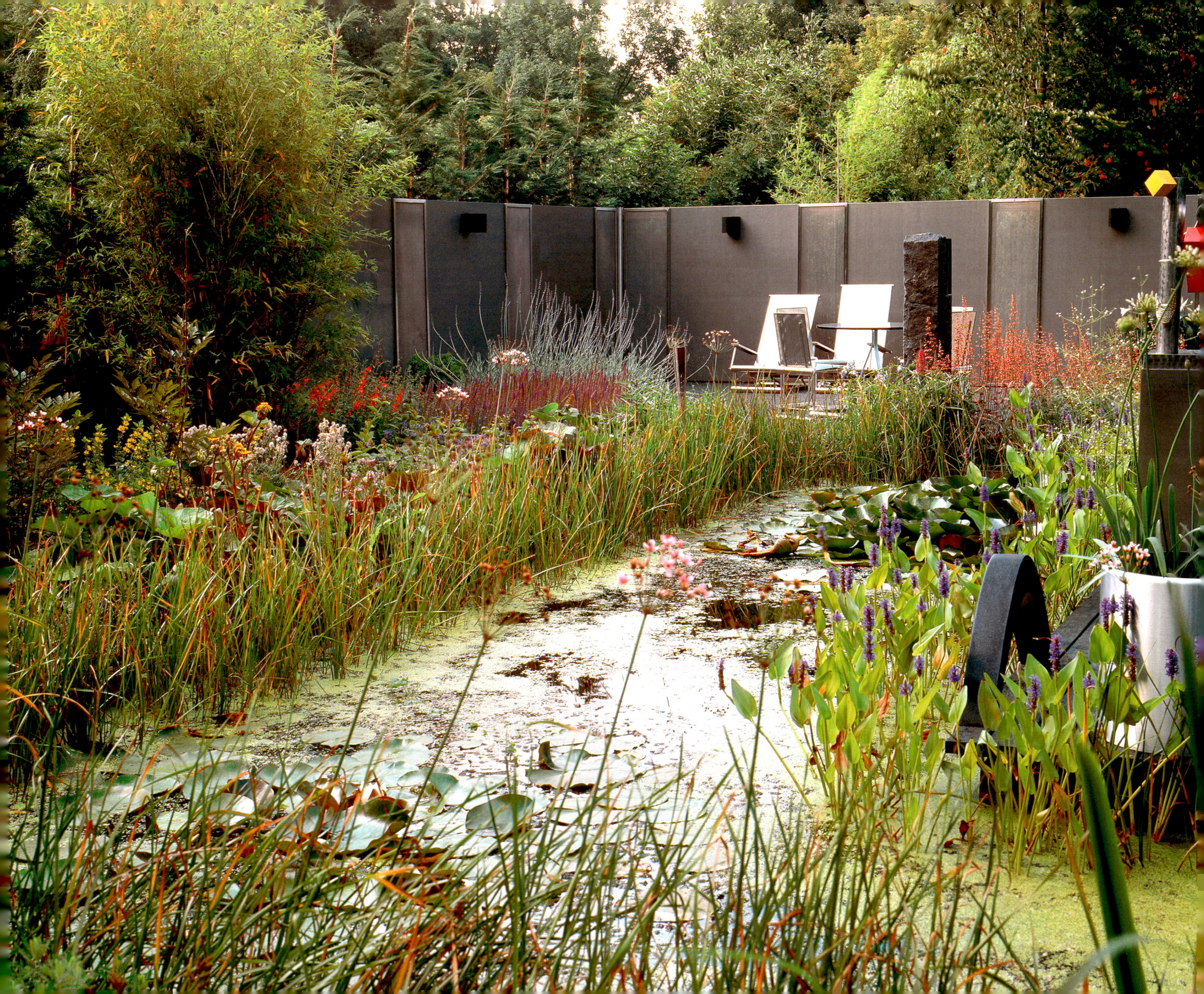

Sitzplatz mit formprägendem Bodendesign

Befestigte Sitzplätze sind gestaltete Lebensbereiche, deren Stil und Flair aus dem Zusammenspiel von Form, Belag und Mobiliar resultiert – und natürlich auch von ihrer Einbindung in den Garten.

Die Form
Der Grundriss hat maßgeblichen Anteil an der Wirkung eines Freiluftdomizils. Soll sich der Sitzplatz eher unaufdringlich in den Garten einfügen und der Bepflanzung den Vortritt lassen, wird man eine rechteckige Basis bevorzugen. Wer jedoch beabsichtigt den Sitzplatz wie in diesem Garten als ausdrucksvollen Blickfang in Szene zu setzen, sollte ein Rondell als Fundament wählen, denn von der kreisrunden Geschlossenheit geht eine zentrierende Kraft aus, die die Aufmerksamkeit sogartig anzieht und den Sitzplatz zu einem Anziehungspunkt macht.

Der Belag
Noch immer werden die reizvollen Verlegearten und Muster von Pflastersteinen, Klinkern, Holzplanken und Kieselsteinen viel zu wenig genutzt. Bei diesem Sitzplatz entschied man sich für einen Material-Mix aus Kleinsteinpflaster und exakt zugeschnittenen Holzplanken aus Bangkirai, einem tropischen Hartholz, das ohne Imprägnierung wetterbeständig ist und silbergrau verwittert. Häufig wählt man für Kreisflächen kleinformatige Baumaterialien wie Pflaster, Klinker oder Kieselsteine, da sie sich besonders leicht und gleichmäßig den Rundungen anpassen, und verlegt sie in konzentrischen Kreisen. Die Wirkung solcher Rondells ist sehr statisch. Bei diesem Sitzplatz entschied man sich hingegen für ein sternförmiges Layout, indem man die Kreisfläche in acht Segmente unterteilte und sie strahlenförmig mit Holzplanken einfasste. Dies verleiht der Fläche eine nach außen gerichtete Bewegtheit, die den Blick in den Garten überleitet. Den kleinen Innenkreis des Rondells vermag Kleinsteinpflaster wunderbar gleichmäßig und doch abwechslungsreich zu füllen.

Das Mobiliar
Während das Holzplanken-Design sich strahlend nach außen öffnet, offenbart die Ausstattung des Sitzplatzes eine gegenläufige Tendenz. Der runde Tisch wie der in seinem Mittelpunkt fixierte Sonnenschirm betonen das Zentrum des runden Platzes. Die Ausrichtung der Stühle zum Mittelpunkt hin verstärkt den Eindruck, als wollten sie alle Kräfte nach innen sammeln. So betont die Kreisform der Sitzgruppe sehr harmonisch die runde Basis und bildet zusammen mit dem Belag ein sehr ausgewogenes Verhältnis introvertierter und extrovertierter Energien.

Garten-Design: Konrad Wittich, D
Garten: Suhrborg, D
Foto: Jürgen Becker

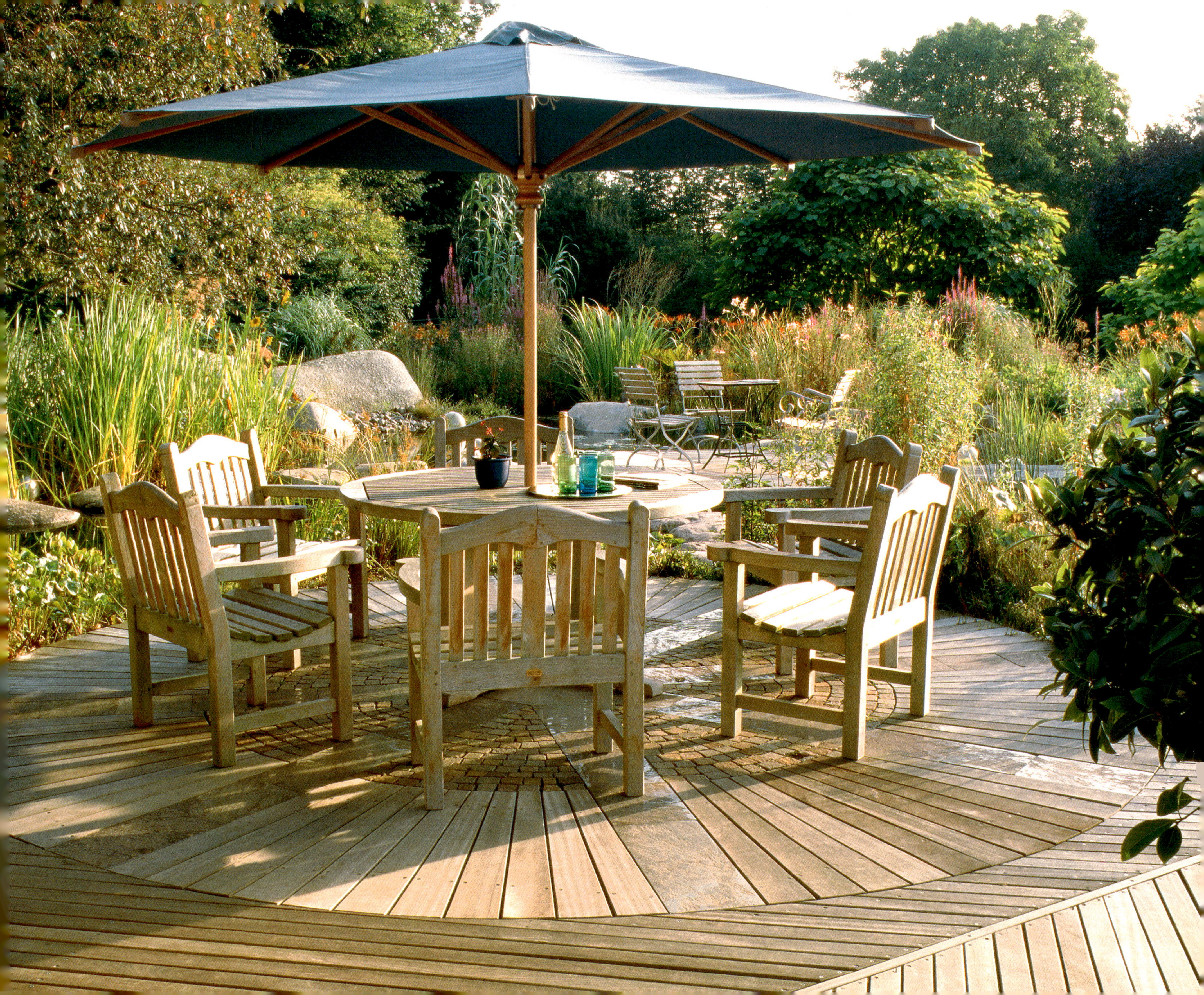

Staudenbeet in Sonnenfarben mit Silbereffekten

Die unbeschwerte Heiterkeit eines Sommertages lässt sich wohl kaum malerischer einfangen als in dieser wohl geplanten Staudenpflanzung. Um die Pflanzen rund ums Jahr pflegen zu können sollten Sie solch großflächige Beete noch vor dem Bepflanzen durch Trittsteine in gut begehbarem Abstand überall zugänglich machen.

Pflanzprinzip und Farbenwahl

Anders als in den klassischen Staudenrabatten, in denen die Pflanzen nach Höhen, Blütenfarben und -formen in Blöcken oder „drifts" (nach Gertrude Jekyll) gruppiert werden, wurden sie hier vereinzelt gesetzt und wirken dadurch wie aus dem Füllhorn Fortunas hingestreut. Dabei gehen die Farben wie auf einem Gemälde ineinander über, ein Eindruck, der sich noch dadurch verstärkt, dass statt harter Kontrastfarben ein Farbverlauf von Hellgelb über Orange zu Braunrot im Beet dominiert. Ein Ordnungsprinzip erhält der Blütenteppich dadurch, dass sich die Pflanzen dieses Farbverlaufs wie ein warmtoniges Band durchs Beet ziehen, das in sich nochmals durch den rhythmischen Einsatz hoher, markanter Pflanzen (wie den Königskerzen) strukturiert wird. Diese dürfen sich auch einmal im Mittel- und Vordergrund zeigen. Auf die klassische Höhenstaffelung kann allerdings verzichtet werden, da einzelne hohe Pflanzen die Sicht auf niedrigere dahinter nicht behindern. Wie zufällig hingetupft sehen auch die kühlen Silber- und Blaukontraste aus, die das warme Band flankieren und sich hie und da auch mit ihm vermengen dürfen.

Die sonnenfarbenen Tonangeber

Als Ordnungshüter innerhalb des warmtonigen Bandes fungiert die aparte, violettäugige Königskerze (*Verbascum*) 'Cotswold Queen', die nach dem Verblühen von hohen, noch knospigen Steppenkerzen (*Eremurus*) abgelöst wird. Um sie herum tummeln sich die cremegelbe Schafgarbe (*Achillea*) 'Moonshine', rote und orangefarbene Sorten der Nelkenwurz (*Geum coccineum*), die dunkelroten Blütenköpfchen der Knautie (*Knautia macedonica*) sowie die cremegelben, noch nicht ganz geöffneten und über den ganzen Stängel verteilten Blüten des Gestreiften Grasschwertels (*Sisyrinchium striatum*).

Die kühlen Begleiter

Edlen Silberglanz tupfen Edelrauten (*Artemisia ludiviciana* 'Silver Queen' und 'Valerie Finnis') ein, die blauen Beistand von verschiedenen Arten und Sorten des Salbeis (*Salvia*) und der Katzenminze (*Nepeta*) erhalten.

Garten-Design: Jane Hudson, Erik de Maeijer, GB
Chelsea Flower Show, GB
Foto: Modeste Herwig

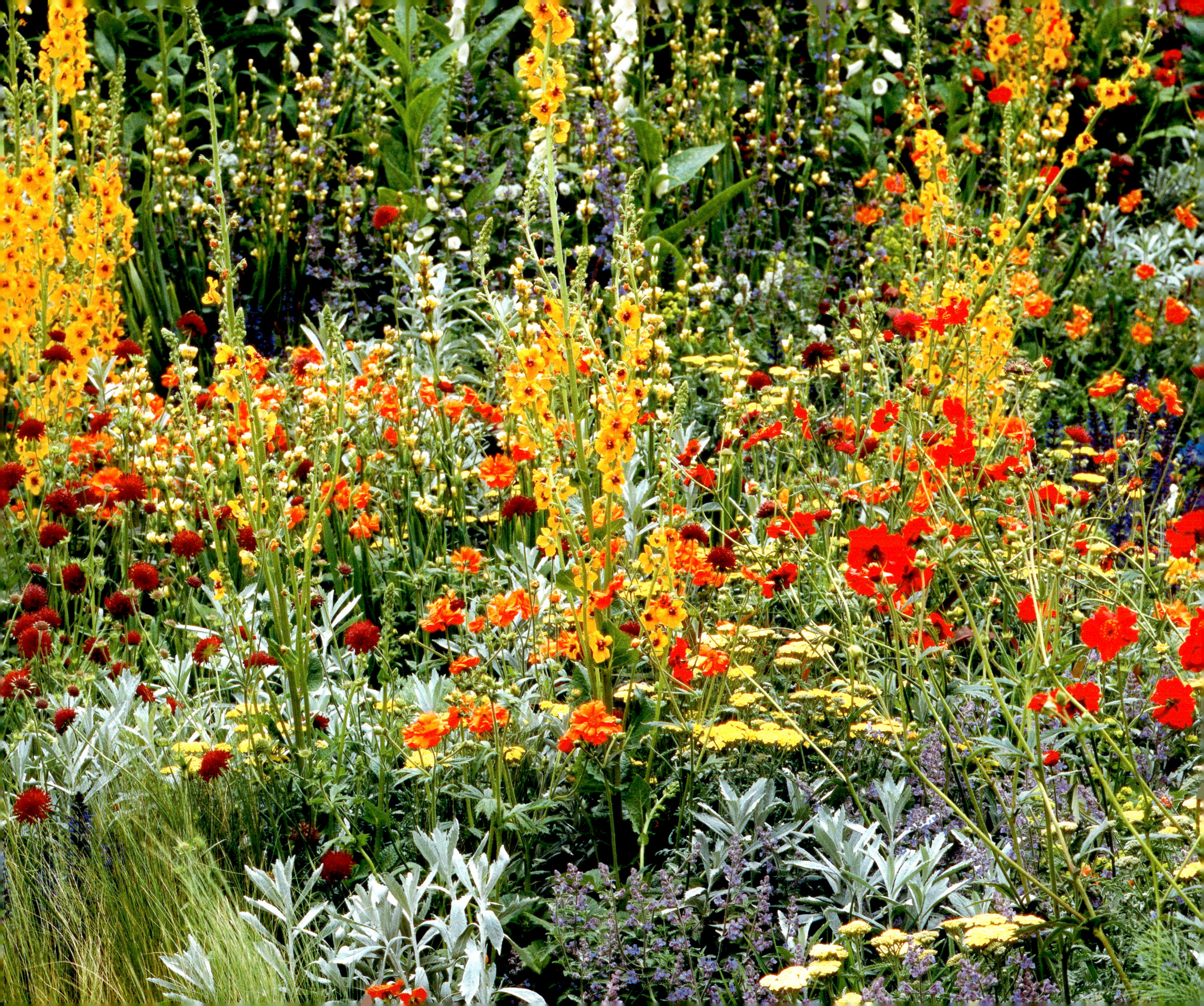

Wildhaftes Staudenbeet mit Winteraspekten

Mächtige Staudenrabatten mit solch imposanten, naturhaften Stauden benötigen ein entsprechend großzügiges Umfeld um ihre Pracht zu entfalten. Dort überraschen sie mit Robustheit und faszinieren durch ihren duftigen Charme und ihre subtilen Blütenformen und -farben. Wer gar ein Beet für geeignete Gräser und spätblühende, standfeste Stauden reserviert, wird im Winter auf keinen leeren, öden Garten blicken, sondern kann ihren Zauber in verwandelter Form genießen, wenn Raureif und Schnee sie versilbern.

Stauden und Gräser Ton-in-Ton

Die farbharmonische Staudenrabatte trägt die Handschrift des niederländischen Gartendesigners Piet Oudolf und benötigt eine Beettiefe von mindestens 2 m. Vor dem Grün einer Schnitthecke oder freiwüchsigen Gehölzkulisse heben sich ihre Rosé-Töne ausdrucksvoll ab. Je mehr Sonne sie erhalten, desto intensiver entwickelt sich die Herbstfärbung der Gräser.

Ab Juni erwacht diese Rabatte nach und nach zum Leben und zieht dann zunehmend die Aufmerksamkeit von den allmählich abblühenden Frühsommerbeeten auf sich. Der Blütenreigen beginnt mit den zierlich beperlten Ährchen des Nickenden Perlgrases (*Melica nutans*, vorne links) und den großen, duftenden, rosa Blüten des bis 1,8 m hohen Mädesüß (*Filipendula rubra* 'Venusta Magnifica') im Hintergrund. Langsam schiebt sich dann im Juni/Juli der in schwungvoller Welle gepflanzte Purpurdost (*Eupatorium maculatum* 'Atropurpureum') auf 1,8 m in die Höhe um ab August über purpurfarbenen Stängeln seine weinroten Blütenschirme zu entfalten. Zuvor schon intonierten davor der Kerzenknöterich (*Bistorta amplexicaulis* 'Rosea'), das Chinaschilf (*Miscanthus sinensis* 'Malepartus') mit silbrig-rosa Blütenrispen und das straff aufrecht wachsende Reitgras (*Calamagrostis* × *acutiflora* 'Karl Foerster') den Blütenreigen.

Grazile Wintergestalten

Die rosa Blüten des Mädesüß verfärben sich im Herbst in ein schönes Kastanienbraun und halten auf festen Stängeln bis weit in den Winter hinein. Besonders attraktiv sieht in dieser Zeit jedoch der Purpurdost aus, dessen Blätter dekorativ am Stängel verschwärzen, während die Blütenstände filigran ausdünnen. Vor dieser sich verdunkelnden Staudenkulisse erstrahlen bereits im Herbst Chinaschilf und Reitgras in atemberaubendem Gelbbraun bis Maisgelb und halten, wenn nicht Schnee sie niederdrückt, bis zum Frühjahr,

Garten-Design: Piet Oudolf, NL
Garten: Anja und Piet Oudolf, NL
Foto: Jürgen Becker

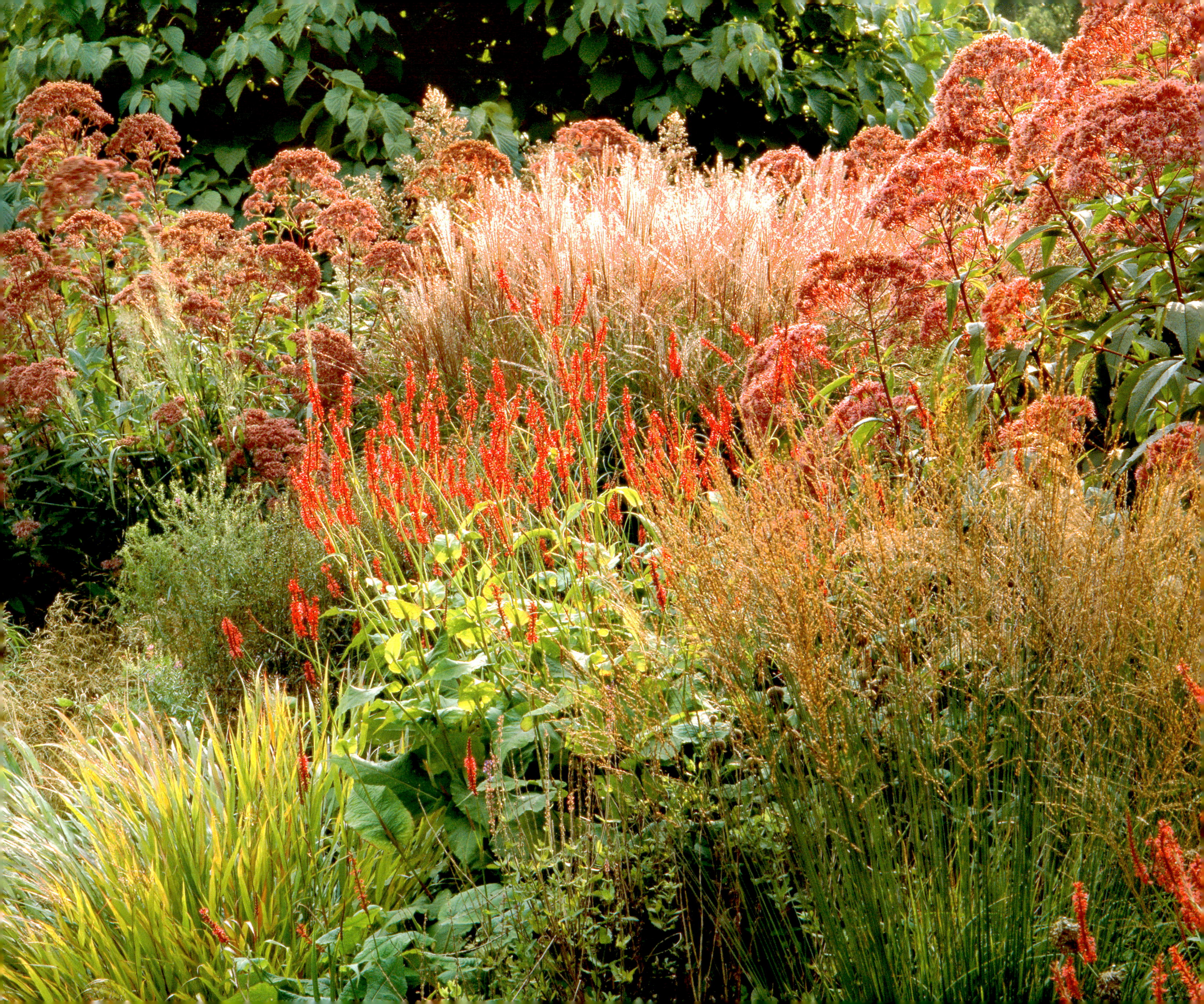

Pflegeleichtes Terrassenbeet in Dauergrün

Monochrome Beständigkeit

Die Farbigkeit von Beeten ist fast immer an bestimmte Jahreszeiten gebunden, weil wir uns meistens von zauberhaften Blüten und ihren Blühphasen abhängig machen. Wer hingegen mit Blattfarben und -formen gestaltet, umgeht diese Hürde und kann sich meist von Frühjahr bis Herbst an den gepflanzten Arrangements erfreuen. Mit noch längerer Attraktivität können dies nur immer- oder wintergrüne Gehölze, Stauden und Gräser toppen, die auch noch dem fahlen Winter dauerhaftes Grün entgegensetzen. Übrigens: Als immergrün bezeichnet der Fachmann Laub, das mehrere Vegetationsperioden überdauert, während wintergrüne Blätter zwar den Winter überstehen, jedoch im Frühling ersetzt werden.

Auf die Lage kommt es an

Durch seine kleinteilige und lebendig strukturierte Oberfläche wirkt dieses Efeubeet alles andere als langweilig und legt sich mit den „glatt" getrimmten Buchskugeln als ruhiger Rahmen um die Terrasse. Sein reizendes Spiel mit Formen und Texturen bietet dem Betrachter Abwechslung ohne jedoch mit der Farbenpracht der angrenzenden Rabatten zu konkurrieren. Besonderen Zauber gewinnt ein solches Beet im Winter, wenn der Raureif Buchskugeln und Efeulaub durch kunstvolles Überzuckern grün-silbrige Plastizität verleiht. Allerdings eignet sich der Schatten liebende Efeu nur für Terrassen, die nach Nordosten, Nordwesten, Westen oder Norden ausgerichtet sind. Auch bei anhaltenden Kahlfrösten sind winter- und immergrüne Pflanzen in Südlagen sehr häufig dem Tod geweiht. Treffen Sie also Ihre Pflanzenwahl mit Bedacht!

■■ Winter- und immergrüne Stauden

- Günsel (*Ajuga reptans*), Bodendecker
- Blaukissen (*Aubrieta*-Hybriden), Bodendecker
- Kupfer-Elfenblume (*Epimedium* × *warleyense*), Bodendecker
- Christrose (*Helleborus niger*, *Helleborus*-Hybriden)
- Bartiris (*Iris-Barbata*-Hybriden)
- Lavendel (*Lavandula angustifolia*)
- Liriope (*Liriope muscari*), Bodendecker
- Ysander (*Pachysandra terminalis*), Bodendecker
- Gartensalbei (*Salvia officinalis*, mit grünbunten Sorten)
- Heiligenkraut (*Santolina chamaecyparissus*)
- Porzellanblümchen (*Saxifraga* × *urbium*), auch andere Saxifragen
- Dachwurz (*Sempervivum*-Hybriden)
- Kleines Immergrün (*Vinca minor*), Bodendecker

Garten-Design: Arend Jan van der Horst, B
Garten: Anneke und Job Meinhardt, B
Foto: Jürgen Becker

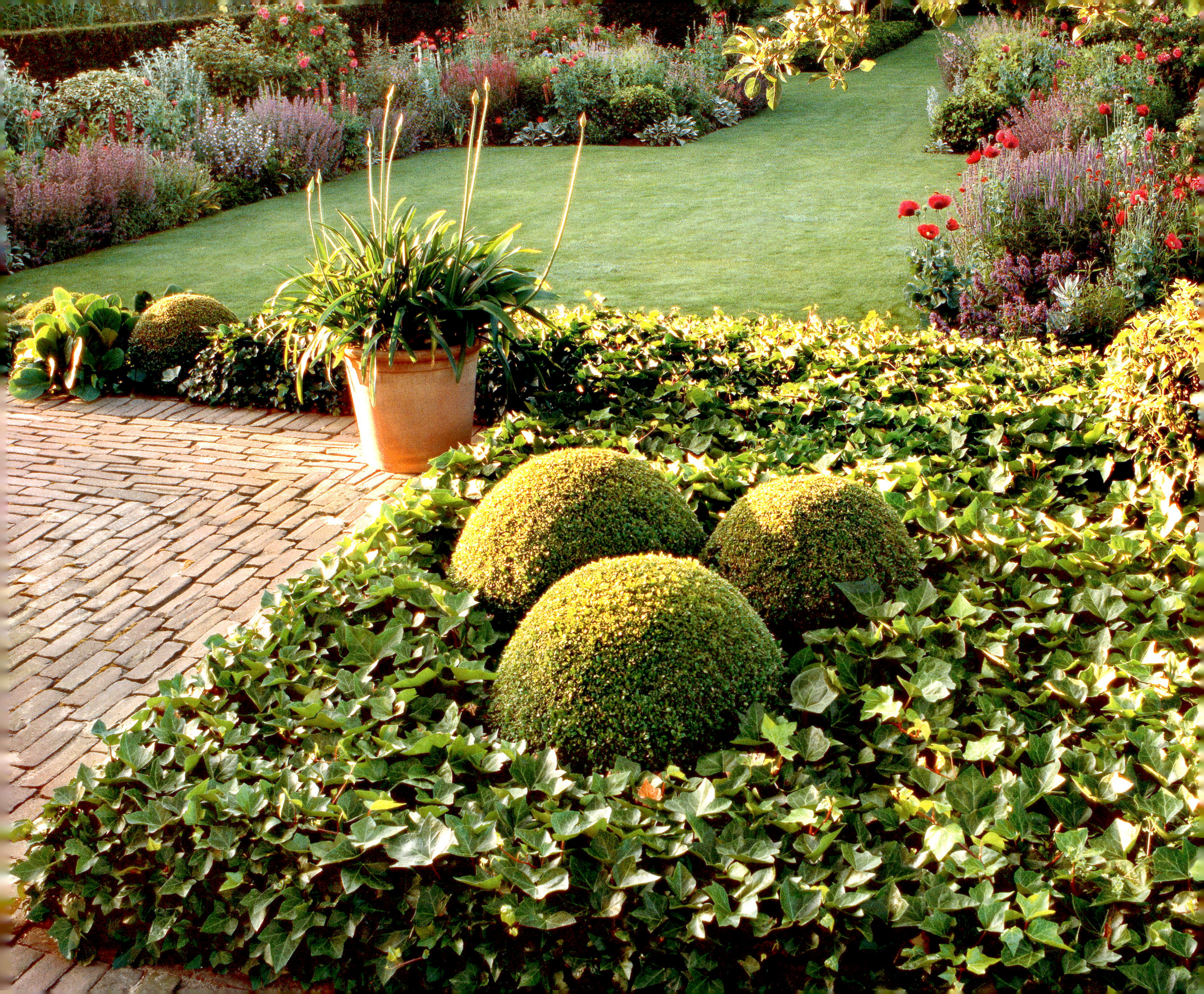

Treppauf, treppab durchs bunte Blumenmeer

An den beweglichen Panzer eines Gürteltiers erinnert diese beeindruckende Treppe, die sich in einem weichen Bogen durch das farbenfrohe Blumenmeer zieht. Ungewöhnlich leicht und wie frei schwebend wirkt diese große Treppe dank der offenen Fugen, die das Ablaufen von Wasser ermöglichen.

Eine Treppe als farbige Dauerstruktur

Eine Treppe wie diese muss in Größe, Form, Steigung und Verlauf von einem Fachmann genau an die örtlichen Gegebenheiten angepasst werden. Danach berechnen sich auch Größe und Form der einzelnen Stufen. Sehr kostspielig und edel in Material und Bau ist diese flach ansteigende Treppe. Ihre flächigen, schuppenförmigen Stufen sind nahezu unverwüstlich. Die handbearbeiteten Spezialanfertigungen aus feinkörnigem blauen Granit mit dem eleganten Charakter von Legestufen weisen aus Sicherheitsgründen formschön abgerundete Kanten auf.

Wer sich eine ähnlich Treppe im Garten wünscht, kann einen Fachmann beauftragen, nach dessen Entwurf die Stufen auch aus abgetöntem Beton gegossen werden können. Bedenken Sie aber auch, dass die Treppe in ihren Proportionen zur Größe des Gartens und seiner Nutzung passen sollte. In einem repräsentativen Vorgarten am Hang hat ein solcher Aufgang sicher seine Berechtigung. Bei einem Hanggarten hingegen, der eher als privates Refugium genutzt wird, wird man der Treppe vermutlich weniger gern so viel Platz zur Verfügung stellen. Statt stetig flach ansteigender Plattenstufen bieten gerade bei langen Treppen weniger tiefe Stufen im Wechsel mit größeren Podesten eine optische Auflockerung und die Möglichkeit zu einem Atem holenden Zwischenstopp oder gar für einen kleinen Sitzplatz.

Kontrastive Farbverteilung

Da die Treppe kein Geländer hat, gibt sie einen unverstellten Blick auf die reizvolle Bepflanzung frei und illustriert zugleich das Durchsetzungsvermögen und die Wirkung unterschiedlicher Farbverteilung. In Farbe, Form und Textur dominieren die einfarbigen Stufen über das grazile, bunte Blütenmeer zu beiden Seiten. Dort setzte man die Pflanzen nicht in Gruppen, sondern einzeln, so dass sie in impressionistischer Verwobenheit die Farbschwere der Stufen auflockern. Kleinteilig pointillistisch verteilte Farben können neben großen, einheitlichen Flächen jedoch nur dann ein adäquates Gegengewicht bilden, wenn man sie in gleicher oder noch größerer Flächigkeit präsentiert.

Garten-Design: Jane Hudson, Erik de Maeijer, GB
Chelsea Flower Show, GB
Foto: Modeste Herwig

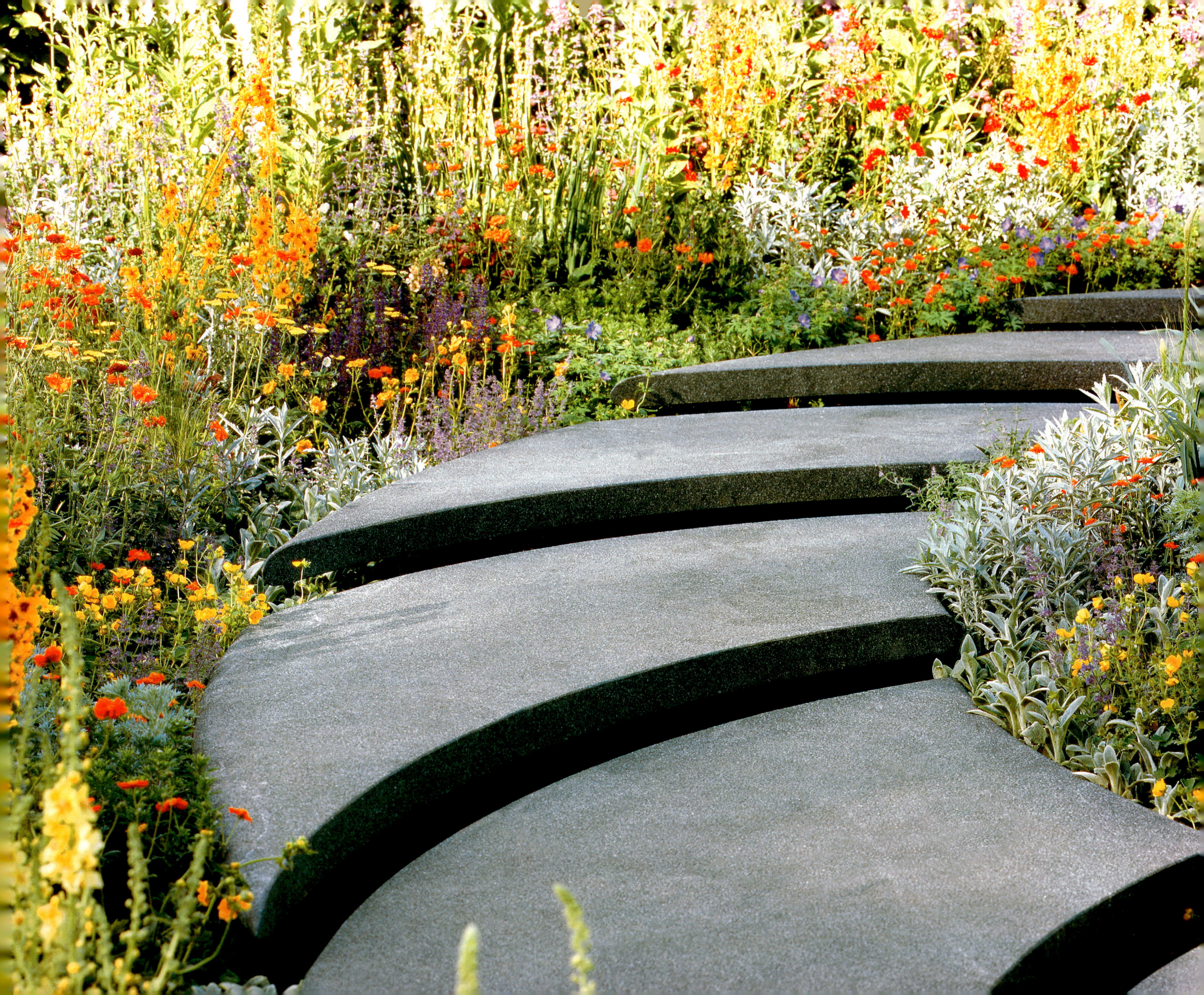

Mixed Border in kühlen Farben

Von Purpurrot über Violett bis Blau reicht das Farbspektrum dieser gemischten Rabatte (Mixed Border), in der sich sowohl Stauden wie auch Kräuter und Gehölze ein malerisches Stelldichein geben.

Kennzeichen der Mixed Border

Ziel der Mixed Borders ist es das Auge rund ums Jahr mit abwechslungsreichen und attraktiven Bepflanzungen zu verwöhnen. Deshalb kann man in diese Schmuckbänder neben Stauden und Gehölzen auch Rosen, Gräser, Zwiebel-, Sommerblumen, Kräuter und Gemüse integrieren. Diese Pflanzen werden vorwiegend höhengestaffelt gepflanzt, so dass sie mit ansteigender Silhouette vom Weg aus gut sichtbar sind. Dabei kommt es nicht nur auf eine ausgewogene Gestaltung mit Farben und Formen von Blüten, sondern auch von Blättern und Wuchsformen an.

Rabattengestaltung Schritt für Schritt

Wichtiger als das Pflanzen ist die Planungsphase, in der die Ansprüche und Eigenschaften der Pflanzen berücksichtigt und auf ihre Nachbarn abgestimmt werden.

- Planen Sie als Erstes das Grundgerüst der Gehölze, die rund ums Jahr dauerhafte Präsenz zeigen. Dies können Rosen oder Ziersträucher sein. In diesem Beispiel entschied sich die Gestalterin für immergrüne formierte Gehölze wie Buchskugeln und Eibensäulen, die mit ihren geschlossen Formen Ruhe in die Pflanzenvielfalt tragen und dem Beet auch im Winter eine dauergrüne Struktur schenken.
- Legen Sie dann durch die dominierendsten Stauden die Höhepunkte fest. Im Juni/Juli sind es hier die Rittersporne (*Delphinium*), die im Mittel- und Hintergrund mit ihren Farben und Wuchsformen dem Beet Bewegtheit und Rhythmik verleihen. Nach ihrem Rückschnitt werden andere Stauden ihre Funktion übernehmen.
- Um die Leitstauden herum wogen in unterschiedlich großen Gruppen die niedrigeren Begleitstauden, die bei gleicher Blütezeit das Blütenmeer verstärken. Noch besser ist es freilich, wenn sie wie der purpurfarbene Blutweiderich (*Lythrum salicaria*, hinten) oder die Knautie (*Knautia macedonica*, vorne) mit ihren dunkelroten Köpfchen die Blütezeit phasenübergreifend verlängern. Dafür eignen sich auch Zwiebel- und langblühende Sommerblumen.
- In den Vordergrund kommen immergrüne Polsterstauden (hier silberlaubige Nelken), niedrige Dauerblüher wie Hornveilchen (*Viola cornuta*) oder auch Herbststauden wie die Astern daneben. Aber auch dauerpräsente Blattschmuckstauden wie der Purpursalbei (*Salvia officinalis* 'Purpurascens', vorne) bilden raffinierte Beetabschlüsse.

Garten-Design: Madeleine van Bennekom, NL
Garten: De Kempenhof, NL
Foto: Jürgen Becker

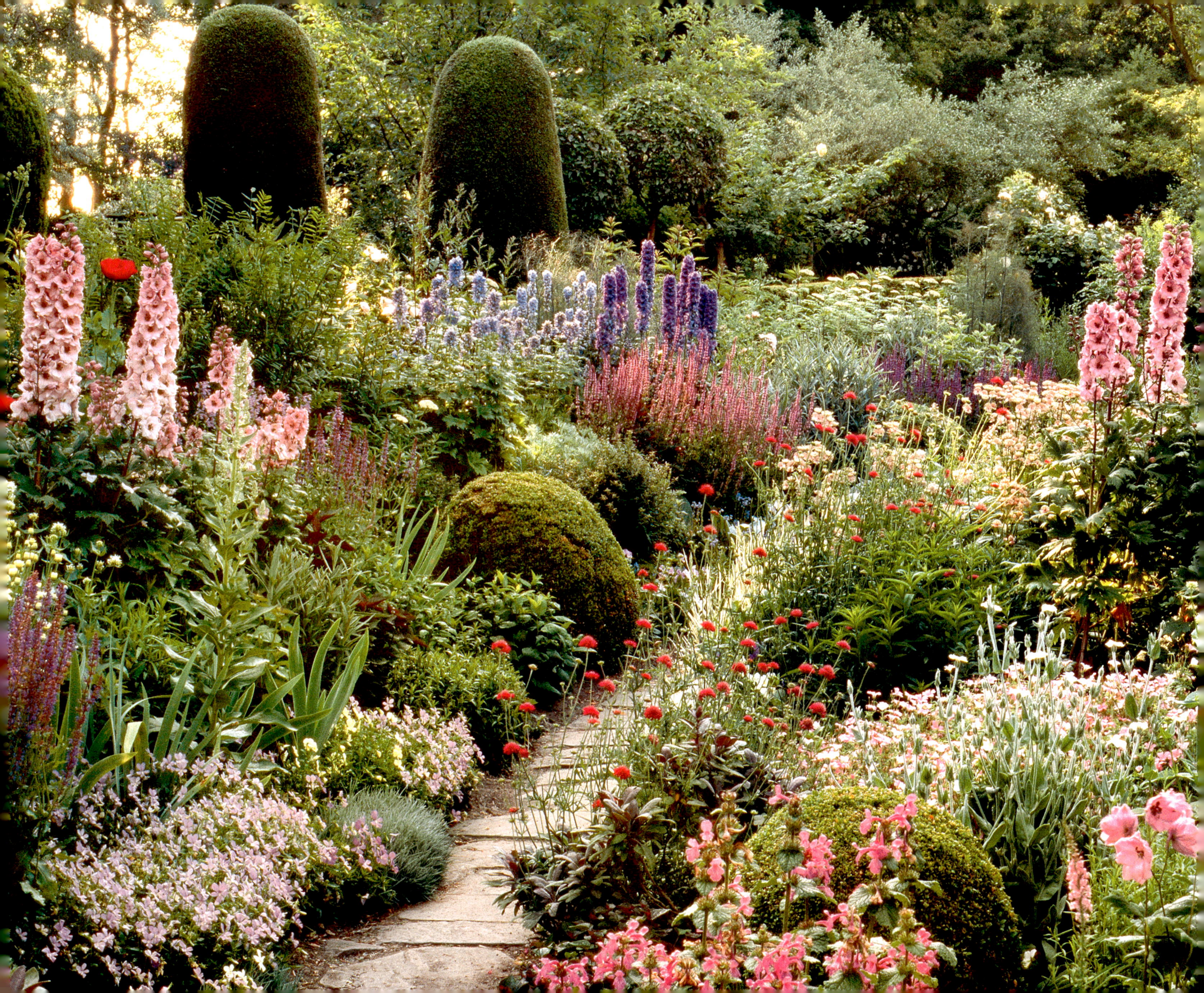

Goldenes Sommerblumenbeet

Wirkung und Einsatz gelb-oranger Beete.

Es stimmt: Farben wirken ansteckend und dieses Beet in Gelb und Orange, das nur einjährige Sommerblumen beherbergt, ist inszenierter Optimismus und birst förmlich vor überschäumender Lebenskraft und -lust. Einfarbige (monochrome) Beete kommen in der Natur kaum vor und faszinieren uns deshalb auf ganz besondere und – je nach Farbe – auf ganz eigene Weise. So ist die ätherisch-luftige Wirkung eines weißen Beetes nicht mit der träumerisch-verhaltenen einer blauen Bepflanzung und schon gar nicht mit diesem heiter-gelben Blütenmeer zu vergleichen. Warmes Gelb und Orange schieben sich stets nach vorne, so dass gelbe Beete in der Regel wuchtiger und größer erscheinen, als sie eigentlich sind. Aufgrund dieser raumfüllenden Ausstrahlungskraft eignen sie sich gut für mittlere und große Gärten. In Minigärten hingegen sollte man besser auf sie verzichten, damit sie nicht den kleinen Gartenraum erschlagen.

Bepflanzung und Pflanzen

Zu beiden Seiten begleiten gelb-orange Sommerblumen den Pfad und verwandeln diesen Bereich in einen Garten der Heiterkeit, über dem beständig die Sonne zu strahlen scheint. Technisch handelt es sich um Rabatten für eine Saison, die sich durch Höhenstaffelung und vor allem durch akzenthafte Rhythmisierung auszeichnen. Große Pulks von hohen und halbhohen Sonnenblumen (*Helianthus annuus*) setzen die bestimmenden Akkorde, während zu ihren Füßen in lockerer Höhenstaffelung von links nach rechts höhere kugelig-gefüllte Tagetes (*Tagetes-erecta*-Hybriden), halbgefülltes Mädchenauge (*Coreopsis grandiflora* 'Early Sunrise'), einjähriger Sonnenhut (*Rudbeckia hirta* 'Marmelade'), niedrige gefüllte Tagetes (*Tagetes-patula*-Hybriden) zweifarbige einfache Tagetes (*Tagetes-tenuifolia*-Hybriden im Beet-Vordergrund) und kleinblütiger, bodendeckender Husarenknopf *(Sanvitalia procumbens)* eine vielblütige Begleitung intonieren, die in der rechten Rabatte noch zweifarbige Sorten von Mädchenauge (*Coreopsis tinctoria*) und Sonnenhut (*Rudbeckia hirta*) begleiten.

■■ Tipp für ein gelbes Beet als heilsame Bodenkur

Da Sonnenblumen und streng riechende Tagetes am besten in Verbindung mit Ringelblumen (*Calendula officinalis*) Böden biologisch aktivieren, können Sie mit solch gelben Beeten müde Böden (zum Beispiel nach Monokulturen von Rosen) regenerieren, so dass Sie nach 2–3 Jahren wieder Rosen pflanzen können.

Garten: Botanischer Garten, Universität Düsseldorf, D
Foto: Jürgen Becker

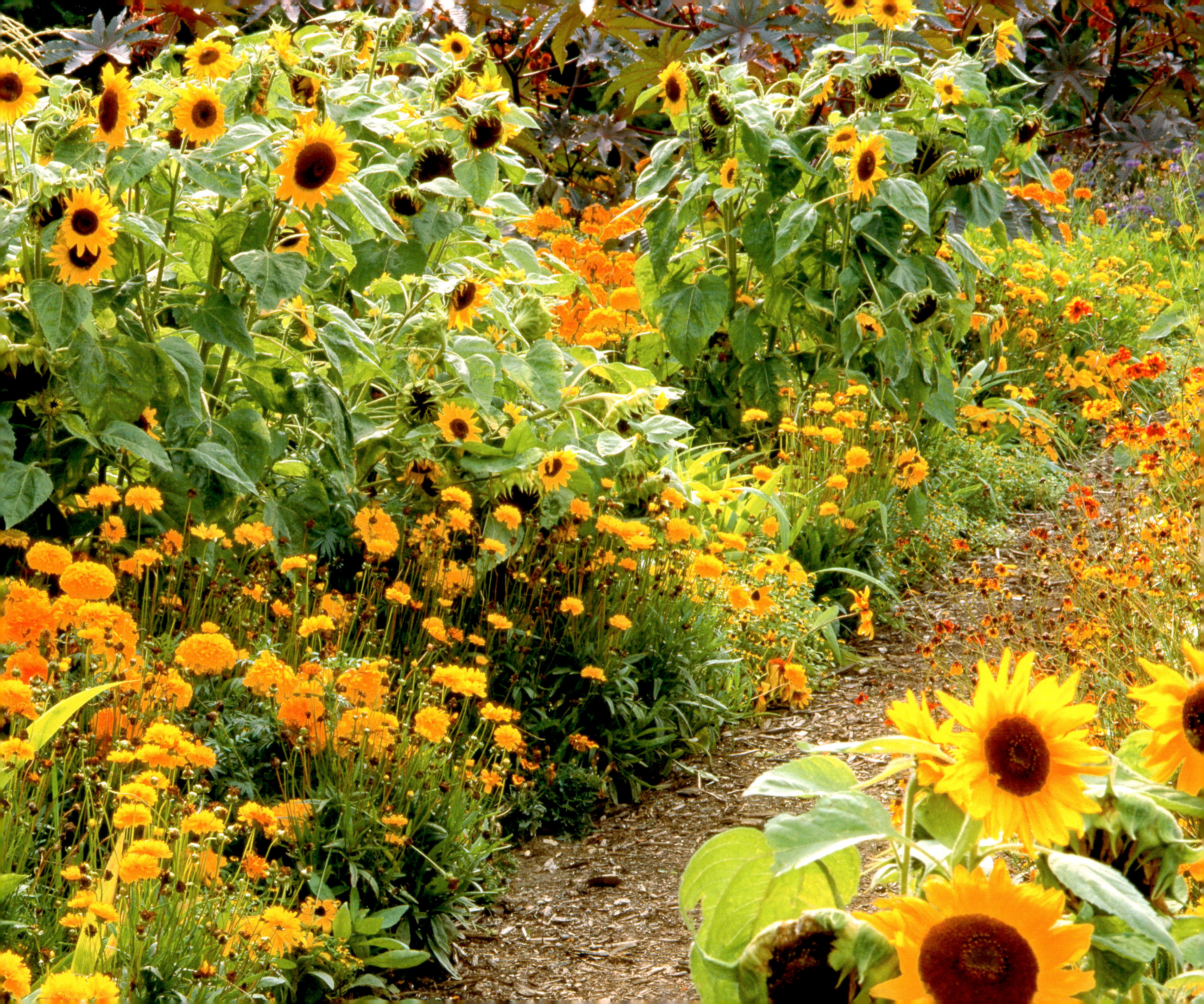

Teppich und Raumteiler für jede Jahreszeit

Die meisten Gestaltungsbeispiele und Pflanzideen konzentrieren sich auf den Garten im Frühjahr, Sommer und Herbst. Erst seit einigen Jahren rückt auch das Interesse an winterlichen Aspekten in den Vordergrund. In dieser Zeit, in der farbenfrohes Blühen und krautiges Wachstum dem Frost erlegen sind, verleihen nur drei Komponenten dem leeren Gartenraum eine innere Struktur und Atmosphäre:

- bauliche Gartenelemente und winterfeste Accessoires
- sommergrüne Gehölze, die den Garten vertikal untergliedern und ihn mit den linearen Strukturen ihrer kahlen Äste bereichern
- immergrüne Gehölze und Stauden, die den Garten vertikal oder horizontal unterteilen, ihn aber auch zugleich mit fülligen Formen, Figuren und Dauergrün schmücken. Damit zählen Immergrüne rund ums Jahr zu den multifunktionalsten Strukturbildnern unter den Pflanzen. Wer also eine Bepflanzung nur mit ihnen kreiert, schafft wie in diesem Beispiel, ein Beet von Jahreszeiten unabhängiger Präsenz.

Immergrüne Efeumatte

Überall im Halbschatten oder Schatten, selbst dort, wo der Boden durch Bauschutt, dichter Durchwurzelung, ja selbst durch Kanaldeckel usw. verschlossen ist, ist Efeu (*Hedera helix*) der optimale Bodendecker. Im Unterschied zu Stauden kann er an günstiger Stelle gepflanzt werden und ungünstige Bodenverhältnisse einfach mit seinen langen Ranken überspielen. Verzagen Sie nicht, wenn er anfangs zögerlich wächst – es ist nur die Ruhe vor dem „Wachstumssturm". Wer dann exakte Beetkanten wie hier wünscht, muss ihn mehrfach im Jahr durch Schnitt zur Ordnung rufen. Reizvolle Gartenbilder ergeben sich, wenn sich Efeu nicht nur unter Gehölzen ausbreitet, sondern auch an ihnen emporklettern darf. Sogar auf Jahreszeitenaspekte müssen Sie nicht verzichten. Versenken Sie einfach im Herbst Zwiebeln unter dem Efeu, zum Beispiel von Kaiserkronen (*Fritillaria imperialis*), Narzissen oder wie hier Zierlauch-Kugeln (*Allium aflatunense*) für den Frühling oder von Türkenbund-Lilien (*Lilium martagon*) für Blüten im Juni/Juli über dem Grün.

Eiben als Kulisse und Kragen

Exakt auf gleiche Höhe wurden die Eiben (*Taxus baccata*) hier getrimmt und erfüllen dabei mehrfache gestalterische Aufgaben. Als raumteilende Wand grenzen sie Gartenräume ab, zugleich aber fungieren sie als ruhige Kulisse für das lebhaft texturierte Efeubeet. Ringförmig wie ein Guglhupf um den Baum bezogen werden sie hingegen zu einem dicken Kragen, der skulpturale Wirkung gewinnt und mit dem Baum zum Blickfang wird.

Garten-Design: Erik de Waele, B
Garten: De Sy, De Smet, B
Foto: Jürgen Becker

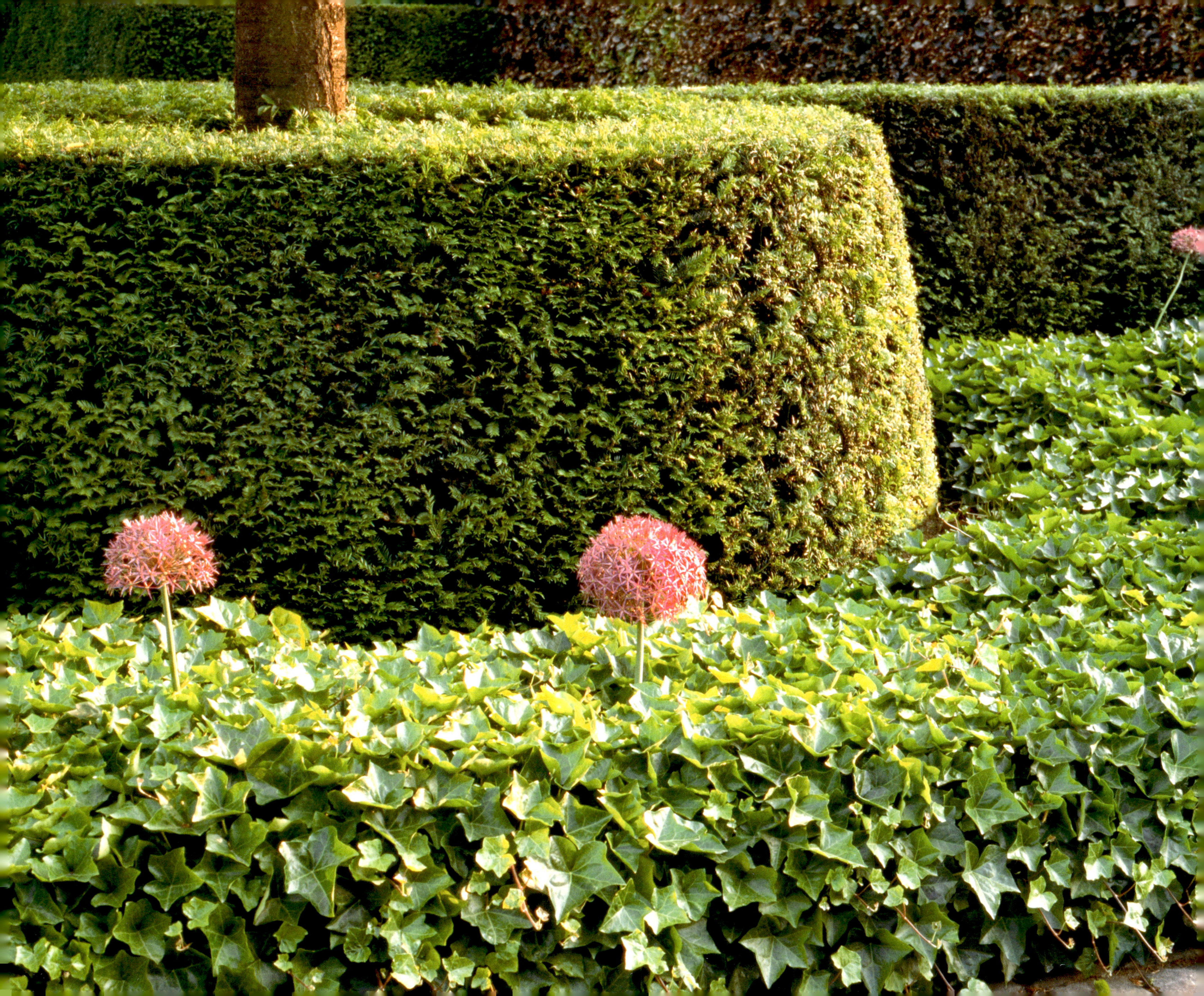

Opulentes Spätsommerbeet in warmen Tönen

Im Zentrum dieses Beetes steht mit der Sonnenbraut (*Helenium*-Hybriden) eine der pflegeleichtesten und attraktivsten Prachtstauden des Spätsommers, die sich mit ihren vielen reichblühenden Sorten als wunderbar vielseitig und kombinationsfreudig erweist. Die zahlreichen Sorten blühen ein- oder mehrfarbig in den satten Spätsommerfarben Gelb, Orange, Rot und Braunrot – alle mit einer auffallenden samtig-gelben bis braunschwarzen kugeligen Mitte. Das Sortenspektrum wartet mit unterschiedlichen Höhen von 0,6–1,5 m sowie frühen (Juli), mittleren (August) und späten (September) Blütezeiten auf, so dass eine geschickte Kombination Beeten nicht nur traumhafte Farbverläufe, sondern auch einen langen Blütenreigen vom Sommer bis in den Herbst beschert.

Ansprüche und Verwendung

Die Sonnenbraut ist ein wahres Sonnenkind und eine beliebte Bienenweide, die stilistisch gleichermaßen in ländliche wie städtische Gärten passt. Ein lockerer, humoser Boden, der gut feucht und nährstoffreich ist, spornt sie zu enormem Blütenreichtum an. Besonders malerisch präsentiert sich die Staude in sonnigen Beeten, in Rabatten, am Teichrand oder am Zaun.

Sonnenfarben aus dem Malkasten

Mit beschwingtem Farbverlauf von Gelb über Orange zu Kupferrot und Rotbraun zeigt *Helenium* hier schon fast das ganze Spektrum und die Intensität seiner Farben. Seine Staudennachbarn stimmen mit heiterem Sonnengelb in diese Farbharmonien etwas zeitversetzt ein, so dass sie die Gesamtblütezeit der Bepflanzung verlängern. Während die Nachtkerzen (*Oenothera tetragona*, links) schon abgeblüht sind, beginnt im Hintergrund die Goldrute (*Solidago*-Hybriden) gerade erst ihr Goldgelb zu entfalten, wobei ihre filigranen Rispen die rundlichen Körbchen-Blüten der Sonnenbraut erfrischend kontrastieren.

Metallische Blatteinsprengsel

Solche Farbverläufe aus benachbarten Tönen des Farbkreises, aber auch Ton-in-Ton-Kombinationen, die mit verschiedenen Helligkeitsstufen einer einzigen Pflanze spielen, entwerfen besonders ausgeglichene, stille Gartenbilder. Diese erscheinen im Nu lebhafter, wenn man sie mit Weiß oder wie hier mit Silbertönen auffrischt. Dauerhaft durch alle Blütezeiten hindurch zieht sich der Silberschein der Edelraute 'Silver Queen' (*Artemisia ludoviciana*), die nicht durch Blüten, sondern durch ihre länglichen, silbrigen Blätter das Beet mit ihrer farblichen Kontraststruktur belebt. Die starkwüchsige Staude muss jedoch in Zaum gehalten werden.

Garten-Design: Ton ter Linden, NL
Garten: Ton ter Linden, NL
Foto: Jürgen Becker

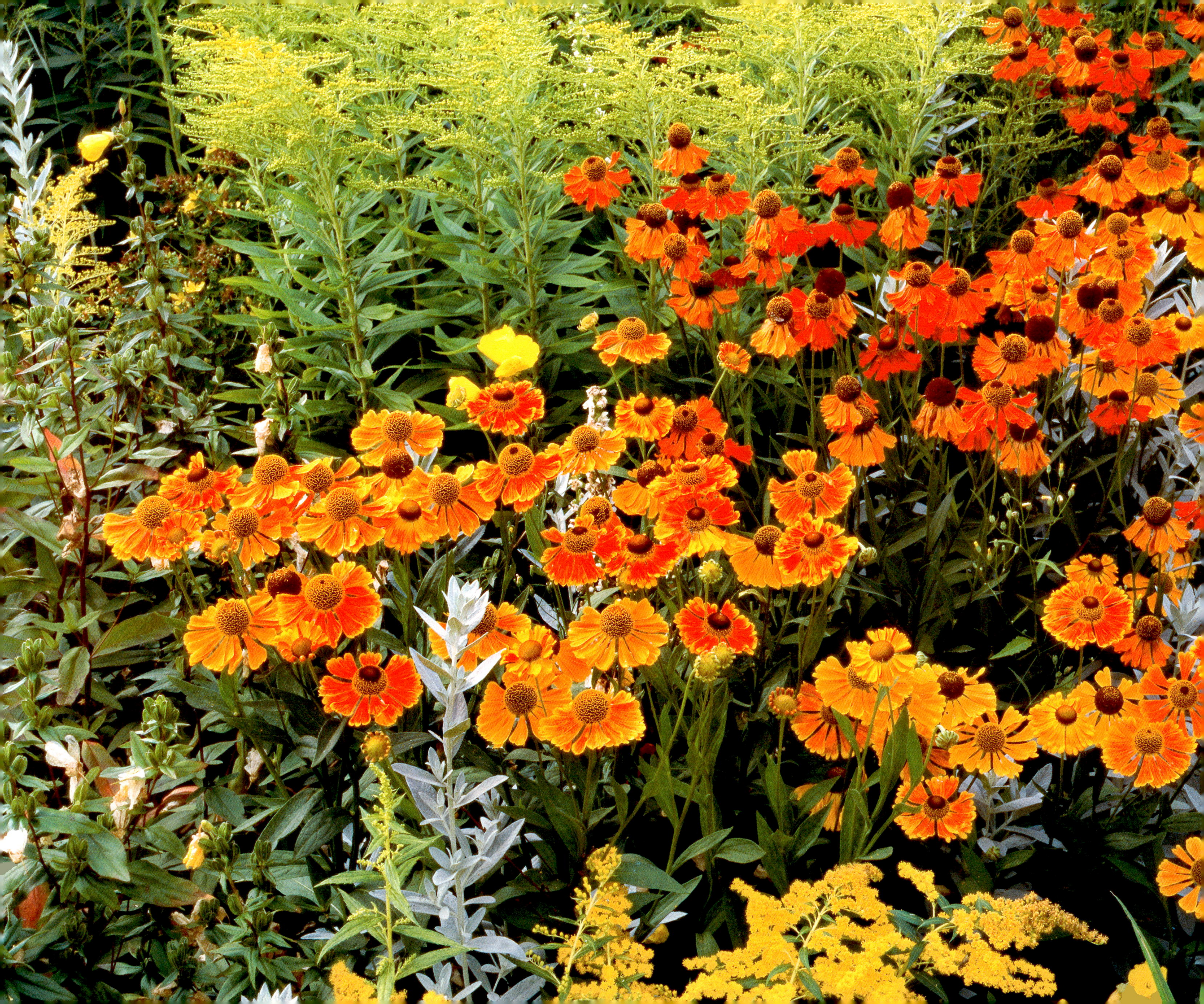

Formstabiles Beet als Raumteiler

Beete müssen sich nicht immer an Wände, Mauern, Zäune oder Hecken anlehnen, sie können sich auch innerhalb des Gartens als eigenständige, formbildende Elemente behaupten, die die Fläche mit ihrem Grundriss oder Höhenaufbau unterteilen. Inselbeete und Gehölzinseln vermögen durch eine gestaffelte Anordnung der Gartenwelt Tiefe und Räumlichkeit zu verleihen, während seitlich eingeschobene Beete wie Kulissen die Gartenfläche strukturieren und dabei neue Gartenzimmer dekorativ abtrennen.

Ein Beet als ornamentaler Riegel

Seitlich in den Gartenraum hineinragende Beete können wie hier rechteckig, blasenförmig, oval oder länglich sein. Sind sie niedrig bepflanzt, untergliedern sie wie Schmuckbänder oder Teppiche die Gartenfläche in der Horizontalen. Je höher die Bepflanzung jedoch ausfällt, desto stärker gliedern sie den Garten auch räumlich und berauben ihn seiner überschaubaren Zentriertheit. In diesem Garten wählte die Gartendesignerin eine schmale Eibenhecke als raumteilendes Höhenelement, die mit ihrer schlichten Form und der einheitlichen Farbe mit den Einfassungshecken korrespondiert. Als beständige grüne Wand verbirgt sie zu allen Jahreszeiten den dahinterliegenden Gartenteil, bereichert den Garten auch im Winter durch ihr beständiges Grün und erweist sich rund ums Jahr als ruhiger Hintergrund, an den sich Beete und Rabatten anlehnen können.

Die Bepflanzung des Beetes

Als Spiel mit Formen erweist sich nicht nur das grüne Eibensegment, Formspiele finden auch auf dem begleitenden Beet statt. Zu einem aparten Teppich in Silber und Braunrot verweben sich Wollziest (*Stachys byzantina* 'Silver Carpet') und das rotlaubige Purpurglöckchen (*Heuchera micrantha* 'Palace Purple'), das sich von Juli bis August mit cremeweißen Blütchen an bis 60 cm hohen Rispen schleierartig überzieht. Das Besondere dieses Stauden-Duetts ist nicht nur ihre farbliche Ausdruckskraft, sondern auch die Tatsache, dass ihr Laub den Winter über besteht und somit selbst unter einer Schneedecke die Struktur des Beetes plastisch abzeichnet. Erst recht gelingt dies der formbeständigen Buchskugel im Hintergrund, während die benachbarte einmal blühende Strauchrose 'Fritz Nobis' im Frühsommer mit überwältigendem Blütenreichtum und zartem Duft, im Herbst hingegen durch reichen Hagebutten-Ansatz für saisonale Intermezzi sorgt. Im Winter lichtet sie aus, so dass die Eibenhecke noch markanter hervortritt.

Garten-Design: Ann de Witte, B
Garten: Hoke Roker, B
Foto: Jürgen Becker

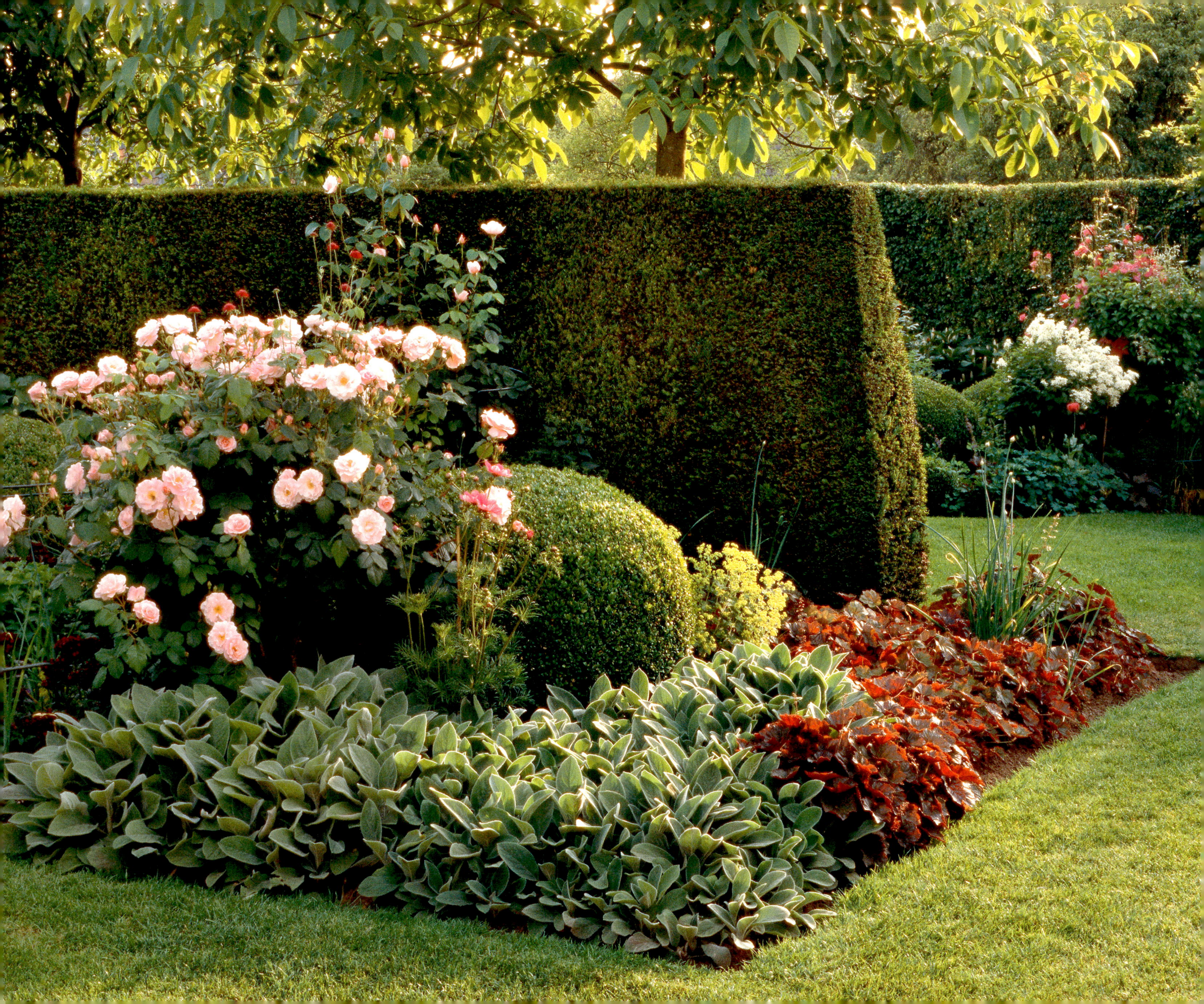

Farbarabesken mit Kletterrosen am Haus

Planung, rückbezügliche Abstimmung mit anderen Pflanzen und Gartenelementen sowie kenntnisreiche Pflanzenwahl sind die Kriterien erfolgreicher Gartengestaltung. Dies gilt im Hinblick auf Farben wie Formen – auch, wenn das Ergebnis noch so ungezwungen oder natürlich aussieht. Farbabstimmung ist das Thema dieses ländlichen Idylls, in dem sich die betörend duftende Ramblerrose 'Lykkefund' zu einem Ausflug auf ein altes Schuppendach begeben hat.

Kräftige Mauerfarben – zarte Rosentöne

Stimmen Sie die Blütenfarben von Kletterrosen und Ramblern unbedingt auf die Farben der Mauern oder Wände ab, vor denen sie sich entfalten. So verdankt die einmal blühende Ramblerrose 'Lykkefund' mit ihren halb gefüllten, rahmweißen Blüten, die in großen Büscheln erscheinen, einen Großteil ihrer duftigen Zaubers der blauen Hauswand und den dunkel abgetönten Dachziegeln, die sie so überschäumend in Szene setzen. Vor einer weißen Hauswand würde sich der Blütenreigen weit weniger strahlend abheben. Bereits dunkelgrau verputzte Wände oder Klinkermauern besitzen genügen Kontrastfarben für weiße oder pastellzarte Kletterrosen. Wenn sich die Ramblerrose 'Lykkefund' dann im Herbst mit kleinen Hagebutten überzieht, bietet sie dem Gartenfreund vor dem Blau der Hauswand zum zweiten Mal einen farbenfrohen Anblick. Durch richtige Pflanzenwahl können Sie die Kunst der Farbabstimmung noch weiter verfeinern. So sieht zum Beispiel vor einer Mauer in gedecktem Gelb die großblütige Ramblerrose 'Alberic Barbier' besonders hinreißend aus, weil sich das Gelb der Wand im Inneren ihrer cremegelben Blüten wiederholt.

Weiße Mauern – farbige Rosen

Weiße Mauern und Wände, aber auch weiße Zäune lassen sich durch rote Kletterrosen erfrischend beleben, während Blüten in Rosa, Gelb und Apricot eher romantisch zarte Dornröschen-Szenerien entwerfen.

■ ■ Pflanztipps für Kletter- und Ramblerrosen am Haus

Pflanzen Sie Kletter- und Ramblerrosen nie vor Südwände. Die Hitze abstrahlenden Wände und die dortige Lufttrockenheit führen schnell zu einem Befall mit Spinnmilben und Rosenzikaden. Zahlreiche Rambler-Sorten eignen sich gar nicht zum Begrünen von Wänden. Da Rosen besonders reich blühen, wenn ihre Triebe horizontal geführt werden, sollten Sie sie an Fassaden mit Fenstern immer unter die Fenster pflanzen. Die Triebe werden dann zunächst waagerecht unter dem Fenster und erst anschließend nach oben geleitet.

Garten-Design: Riet Brinkhof, Joop van den Berk, NL
Garten: De Brinkhof, NL
Foto: Jürgen Becker

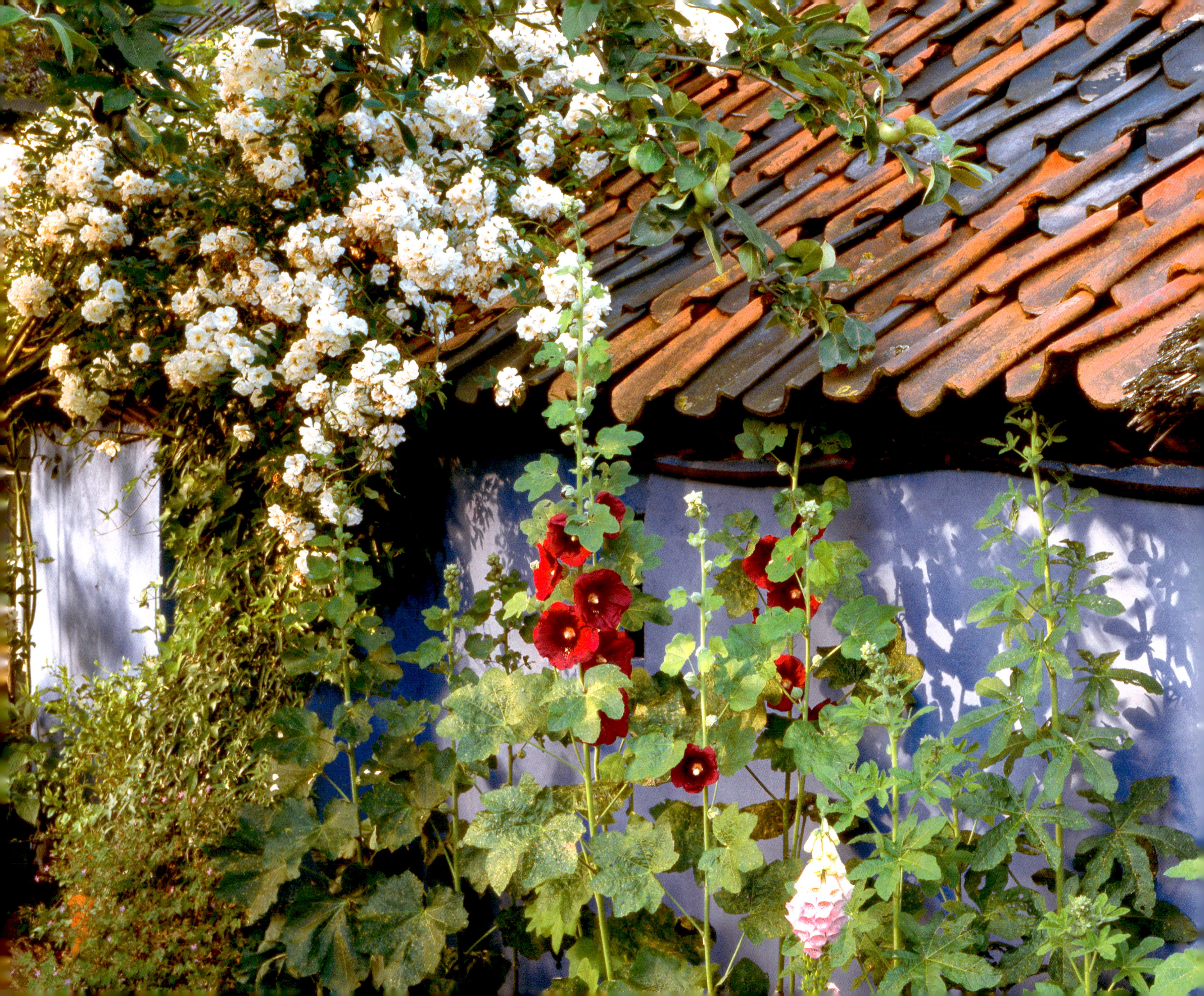

Terrasse mit Kieselstein-Mosaik

Die Sonne lacht dem Besucher vom Himmel und vom Boden entgegen auf dieser erhöhten Terrasse, deren Halbrund von einer kunstvoll getrimmten Buchseinfassung aus weichen Wogen und aufsitzenden Kugeln eingefasst wird. Mit großen und kleinen, hellen und dunklen Flusskieseln entwarfen und verlegten die Gartenbesitzer dieses fantasievolle Kunstwerk, das eine große Fläche mit Motiv, Textur und Farben prägt. Jahr für Jahr können sie nun die Freude über das gelungene Werk immer wieder aufs Neue genießen.

Vorbereitungen

Diese Sonne ist wie alle Kieselsteinpflaster ein Unikat, denn sie wurde genau in die zur Verfügung stehende Fläche eingepasst. Damit diese Süd-Terrasse, die großer Hitze wie kalten, schneereichen Wintern und obendrein häufiger Nutzung ausgesetzt ist, all diesen Belastungen gut standhält, sollte sie ein frostsicheres Betonfundament erhalten, in das gleichzeitig die rund verlegten Kantsteine eingelassen werden. Wichtig ist bereits beim Planen und Errichten des Fundaments an die Entwässerung zu denken. Damit Regen und Taunässe abfließen können, gibt es zwei Möglichkeit:

- Die ganze Terrassenfläche, also bereits auch das Betonfundament, leitet das Wasser vom Haus durch ein Gefälle von 2–2,5 % weg.
- Alternativ können Sie die Fläche zur Kreismitte hin absenken und statt eines Mittelsteines einen Gully einsetzen. Da ein solcher Abfluss die Ästhetik des Pflasters beträchtlich stört, entschieden sich die Gestalter dieses Mosaiks für die schräge Entwässerung.

Wer schon ein Kieselsteinpflaster verlegt hat, weiß, wie viele Steine es „schluckt". Sorgen Sie also großzügig vor, denn mitten im Verlegen sollte man nicht pausieren. Damit sich zweifarbige Muster gut von einander abzeichnen, sollten die Farben der Steine einen deutlichen Farbunterschied aufweisen.

Ausführung

Bringen Sie auf dem gut ausgetrockneten Betonfundament 5–8 cm hoch eine trockene Sand-Zementmischung (2 Teile Sand, 1 Teil Zement) aus, die ebenfalls das Entwässerungsgefälle einhält. Zeichnen Sie das Verlegemuster in das geglättete Bettungsmaterial ein. Verlegen Sie dann das Pflaster von der Mitte aus. Dabei die Kiesel mit engen Fugen so tief eindrücken, dass ihr Überstand 0,5 bis 1 cm beträgt. Mit einer Setzlatte oder einer langen Wasserwaage immer wieder Niveau und Gefälle überprüfen. Zum Schluss das Pflaster sehr gründlich mit Wasser einschlämmen und mehrere Tage abtrocknen lassen.

Garten-Design: Friedrich Hechelmann, D
Garten: Friedrich Hechelmann, D
Foto: Jürgen Becker

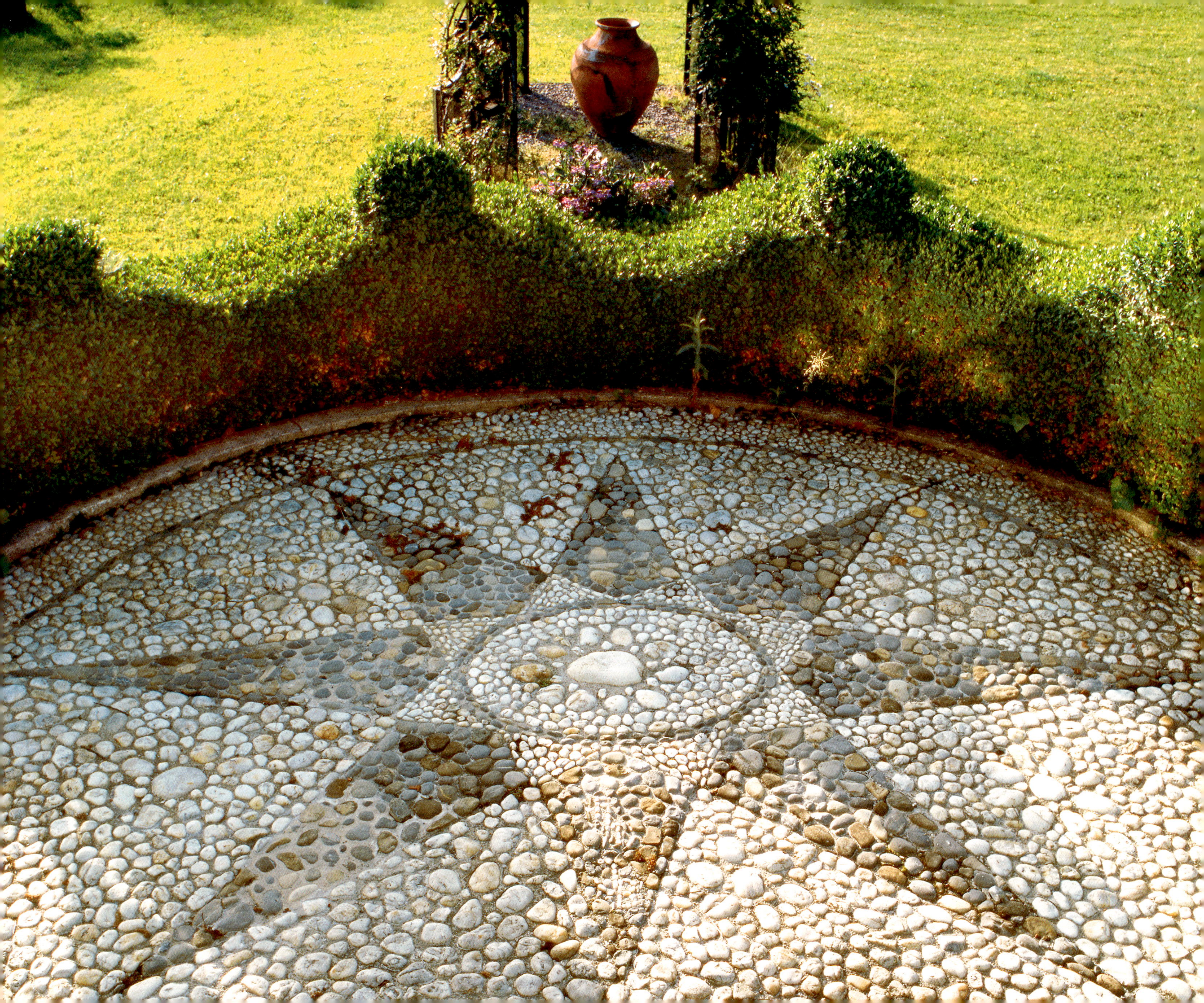

Schmeichelndes für die Sinne

Gestaltungsideen, die mit möglichst vielseitigem Gartengenuss verwöhnen, sind das Thema dieses Kapitels. Zum Auftakt gleich ein moderner meditativer Lustgarten, der aufs Feinsinnigste strenges Formen- und Texturendesign mit mediterranen Sinnesfreuden verbindet. Das bauliche Grundkonzept beruht auf schlichten rechteckigen Feldern, die symmetrisch um das zentrale Wasserbecken angeordnet sind und die in unterschiedlichen Höhen zueinander in Beziehung treten. So architektonisch und statisch der Aufbau des Gartens ist, so sehr will die Füllung der Flächen Seele und Sinne berühren. Kies ist nicht umsonst eines der beliebtesten Materialien fernöstlicher Zen-Gärten, das anstelle vielfältiger Sinneseindrücke durch Reduktion die Entleerung der Sinne fördert. Wer diesen kontemplativen Weg beschritten hat, wird vom würzigen Duft der Lavendelbeete umso intensiver berührt. Und gar das Wasser im Becken, in dem sich der Himmel mit all seinen Nuancen spiegelt, wird wie ein magischer Kraftquell immer wieder die Blicke auf sich ziehen und die Seele vom Ballast des Alltags befreien.

Garten-Design: Dick Beijer, NL
Garten: Janssen, NL
Foto: Modeste Herwig

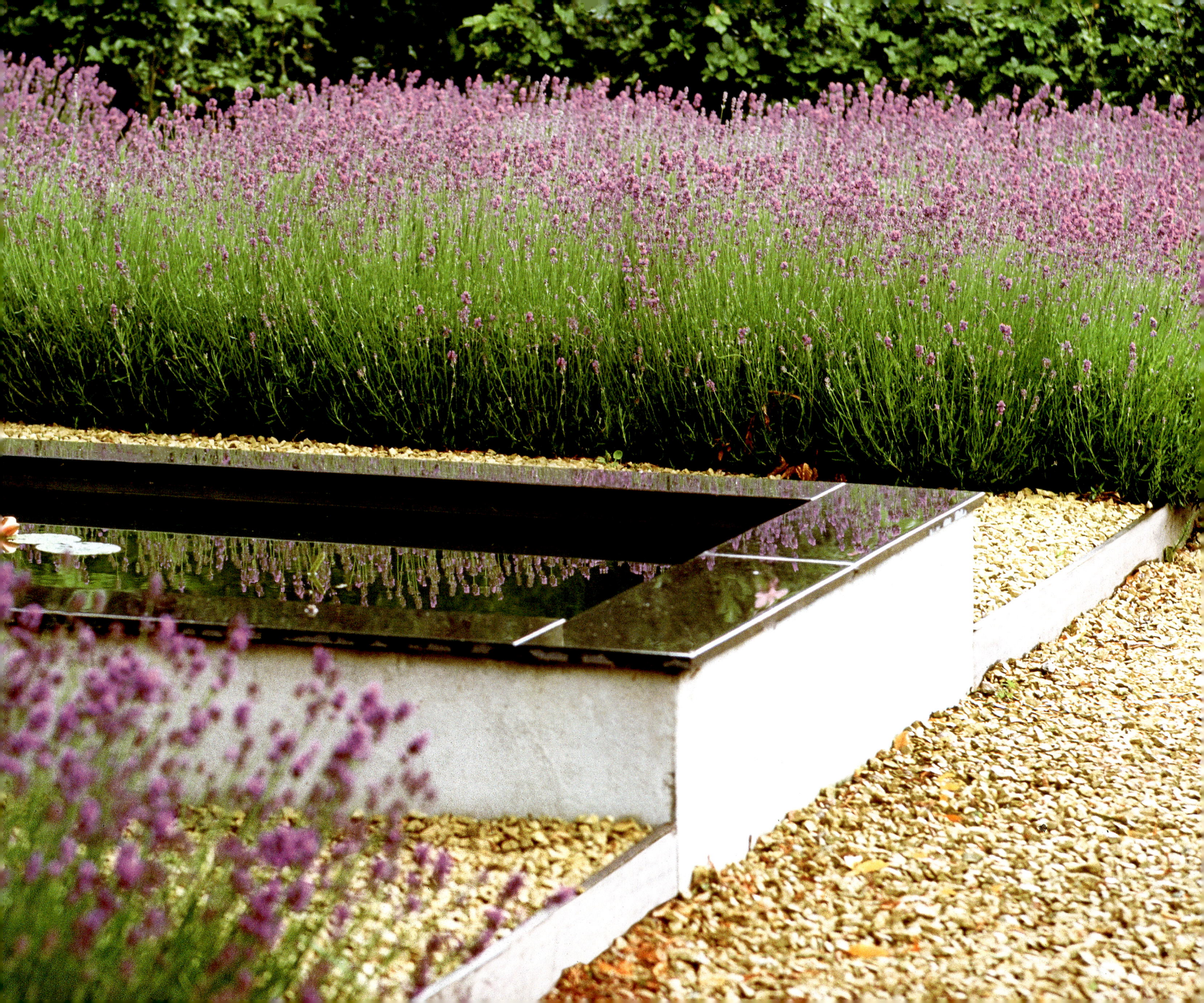

Duftsitzplatz im Kräutergärtlein

Wer sich beim Umgang mit Kräutern von der Vorstellung befreit, sie müssten, da sie ja Nutzpflanzen sind, zusammen mit dem Gemüse oder in einem eigenen Beet in Reih und Glied kultiviert werden, ist auf dem besten Wege, ihren romantischen Charme zu entdecken. Gestalten Sie mit Kräutern doch einmal wie mit Zierpflanzen, und Sie gewinnen eine neue Kategorie an faszinierenden, würzigen Duftpflanzen hinzu, deren Blätter und Blüten obendrein Gerichte und Tees mit ihren Aromen bereichern können.

Idyll im Kräuter-Hag

Diese sonnige Sitzbank lädt regelrecht dazu ein in Kräuterdüften zu entspannen und verwöhnt das Auge zugleich mit der Vielseitigkeit seiner Rahmenbepflanzung. Rings um die schlichte Holzbank wurden vorwiegend mediterrane Kräuter angesiedelt, die besonders intensiv duften und Sinne und Fantasie ein wenig in jene Gefilde entführen, in denen das entspannte Lebensgefühl des Südens regiert. Oregano (*Origanum vulgare*), Sauerampfer (*Rumex acetosa*) und bronzefarbener Gewürzfenchel (*Foeniculum vulgare* 'Atropurpureum') flankieren die Bank zur rechten Seite, während rückseitig Lavendel (*Lavandula angustifolia*) das gepflanzte Duftbouquet mit seiner krautig-würzigen Herznote bereichert. Zur linken Seite wiederholen sich Kräuter von gegenüber, in die sich das frische Aroma verschiedener Minzen und der balsamische Wohlgeruch der Rosen vermengt. Berücksichtigen Sie beim Gestalten mit Kräutern deren Winterhärte. So benötigen manche, wie Oregano und Gewürzfenchel, in rauen Lagen eine Reisigabdeckung als Winterschutz, andere subtropische oder gar tropische Kräuter, wie zum Beispiel Zitronenverbene (*Aloysia triphylla*), Rosmarin (*Rosmarinus officinalis*), Ananassalbei (*Salvia rutilans*) oder Zitronengras (*Cymbopogon*-Arten) müssen sogar im Haus überwintert werden. Man kultiviert sie daher am besten gleich als Kübelpflanzen, die man in Kräuter- und Duftpflanzungen wunderbar integrieren kann.

Ein Duftteppich zu Füßen

Ganz besonderen Charme entfaltet in dieser sonnigen, duftumwölkten Kräuterecke der nur 5 cm hohe, von Juni bis Juli blühende Sand-Thymian (*Thymus serpyllum*), dessen Sorten 'Albus' (weiß), 'Coccineus' (dunkelrosa) und 'Splendens' zwischen den Fugen der Wegplatten genügend Lebensraum für ihre polsterförmige Ausbreitung finden. Das Raffinement der Bepflanzung vervollständigt weiß-bunter Gartensalbei (*Salvia officinalis* 'Tricolor') daneben, dessen Triebspitzen die Pinktöne aufgreifen.

Garten: Idencroft, GB
Foto: Modeste Herwig

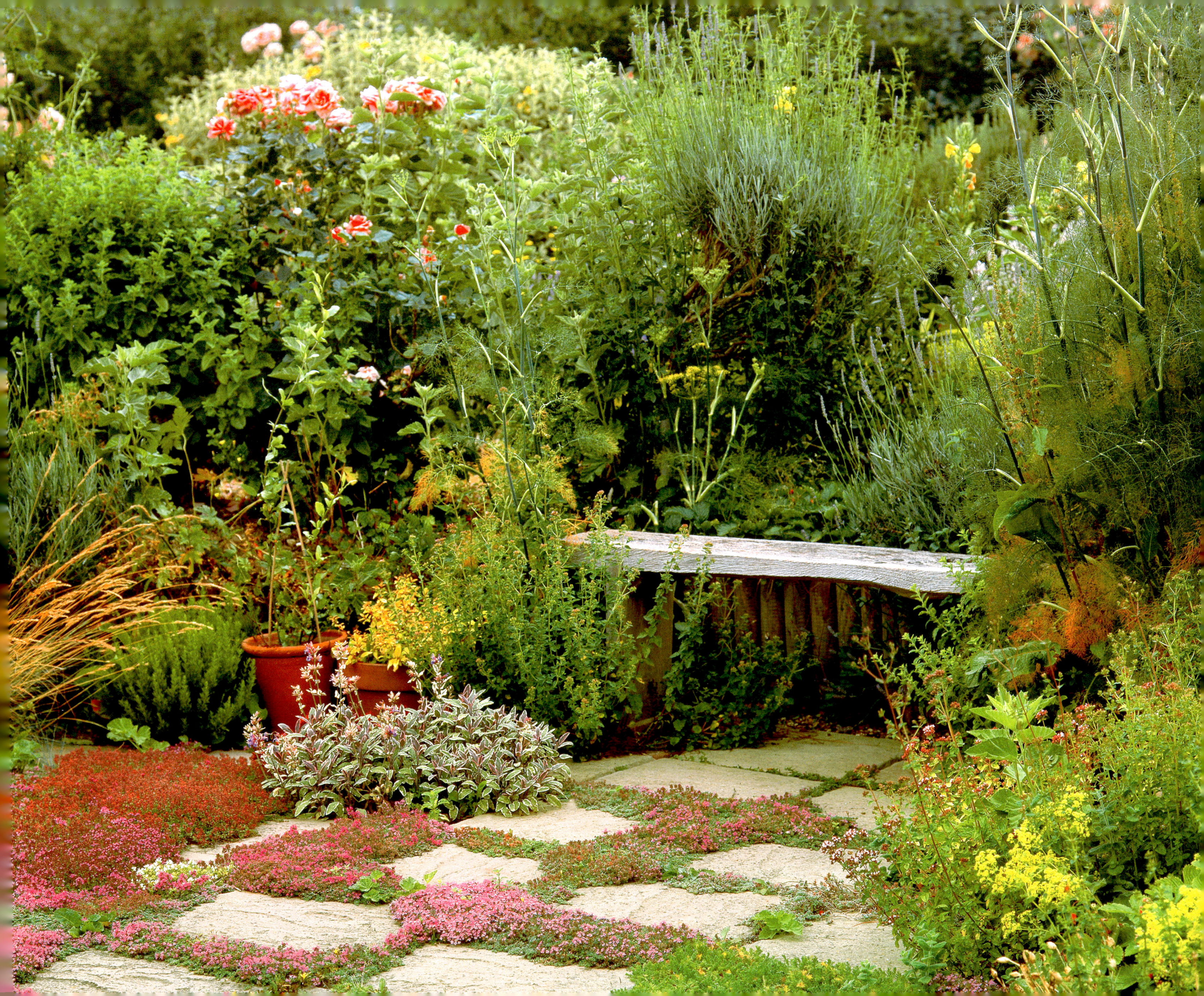

Rosenverbrämter Sitzplatz am Wasser

Gärten der Sinne leben von der Potenzierung der Reize. So erweist sich dieser kleine, runde Sitzplatz mit unverstelltem Blick auf den Teich und seine Pflanzenpracht nicht nur als ein Platz in der ersten Reihe – ganz nah an einem alten Baum gelegen, der von duftenden Ramblerrosen eingesponnen ist, bietet er zu einer anderen Zeit auch noch die Möglichkeit, rosenumrankt deren Schönheit und Duft aus der Nähe zu genießen.

Refugien der Muße und Entspannung am Wasser

Wo Wasser im Garten ist, darf ein Sitzplatz nicht fehlen, der es ermöglicht die vielfältigen sinnlichen Erscheinungsformen dieses Elements, die meditative Ruhe eines Wasserspiegels, sein magisches Glitzern, Murmeln und Plätschern, aber auch seine faszinierende Pflanzen- und Tierwelt zu genießen. Um Wasser in seinen Facetten erlebbar zu machen, sollten Seerosen und andere Wasserpflanzen höchstens ein Drittel der Wasseroberfläche überziehen. Der Rest wird freigehalten für Spiegeleffekte, Kräuselmuster und „Wellenschliff". Auf Wasserniveau gelegene Sitzplätze sollten möglichst nahe am Teich liegen und nischenartig in die Uferrandbepflanzung integriert werden. Diese Regel vernachlässigte man hier bewusst. Einmal, weil der Teich, um von möglichst vielen Stellen aus einsehbar zu sein, keine größere Uferrandbepflanzung erhielt, zum anderen, weil man den Sitzplatz, indem man ihn an den unweit vom Teich gelegenen alten Baum anlehnte, mit Geborgenheit und dem Luxus blühender Stauden und Rosen ausstatten konnte.

Verquickung von Komfort und Pflanzengenuss

Dieser kleine Sitzplatz bildet eine besonders gelungene Einheit von Pflasterfläche und Bepflanzung, die sich beide – wie Ying und Yang – zu einem geschlossenen Rondell vereinen. Ein gepflasterter Halbkreis steht für den Sitzplatz zur Verfügung, während sich in dem offenen Boden der zweiten Hälfte der alte Baum, daran emporrankende Ramblerrosen sowie die Bodenfeuchte und Halbschatten liebende Unterpflanzung aus Trichterfarn (*Matteuccia struthiopteris*), blauen Sibirischen Schwertlilien (*Iris-sibirica*-Hybriden) und Wiesenknöterich (*Bistorta officinalis* 'Superbum') ein bezauberndes Stelldichein geben. Dem Gartenliebhaber aber bietet dieses Refugium zum Blick auf den Teich auch Blüten und Blattschönheiten aus nächster Nähe sowie zur Blütezeit der Ramblerrosen süßen Duft, der sich aus den herabhängenden Ramblertrieben märchenhaft von oben ergießt.

Garten-Design: Architekturbüro Landschaft + Garten, Solingen, D
Garten: Gilles, D
Foto: Jürgen Becker

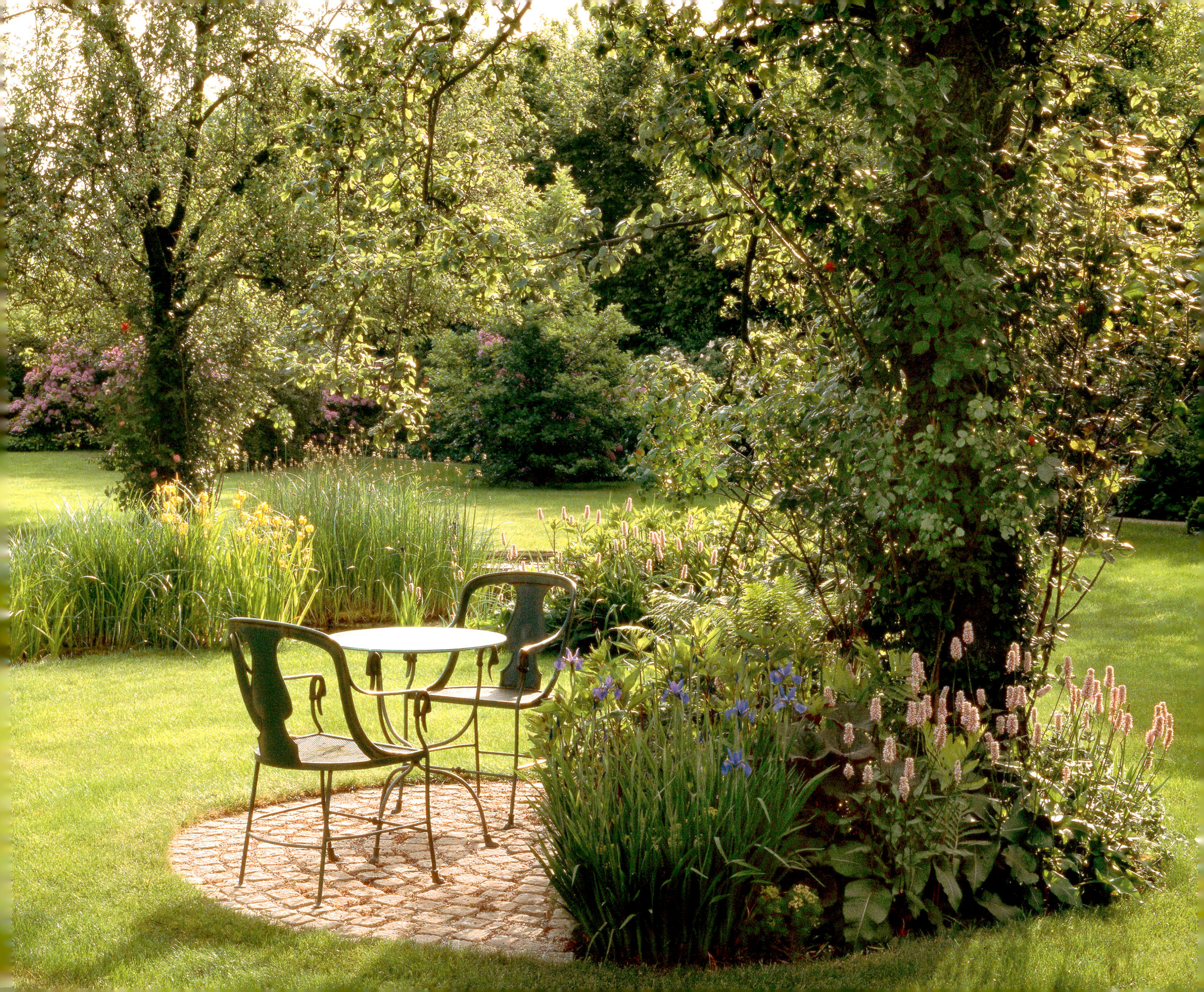

Ein großer Sitzplatz mit lauschigen Nischen

Große Refugien mitten im Garten verlangen viel gestalterisches Know-how. Zum einen sollten sie sich harmonisch ins übrige Gartengrün integrieren und schöne Ausblicke in den Garten bieten, zum anderen aber auch Geborgenheit, Intimität und Sichtschutz gewähren und dabei selbst zu einer reizvollen Attraktion werden.

Wohnlichkeit durch Sichtschutz

Der nebenstehende Garten zeigt, dass ein großzügiger Bodenbelag und einheitliches Mobiliar den Sitzplatz mit Stil und nobler Wohnlichkeit krönen. Heimeligen Wohlfühlcharakter verleihen ihm letztendlich jedoch Pflanzen, die ihm Rückendeckung und Seitenschutz gewähren und ihn als Rahmenpflanzung gleichzeitig mit dem Garten vernetzen. Während in formalen Gärten Schnitthecken, Pergolen, Paravents oder Spalierwände dies auf architektonische Weise erfüllen, genügen in einem freigestalteten, großen Garten oft Einzelgehölze, Gehölzgruppen, überhängende Riesengräser oder mächtige Stauden, die einen geschlossenen Rahmen nur andeuten. Setzen Sie die Pflanzen jedoch mit Bedacht, damit sie nicht nur effektiv abschirmen, sondern dazwischen auch Durchblicke gestatten und Blickachsen auf Gartenhöhepunkte gezielt freihalten.

Einbindung in den Garten

Großflächige Sitzplätze sind wie Terrassen dominante architektonische Plattformen. Diesen Tablett-Effekt können Sie verhindern, indem Sie die Fläche in sich durch Insel- oder Hochbeete, Brunnen, Wasserrinnen oder -spiele unterteilen. In unserem Beispiel löste man den Wunsch nach einer großen Freiluftoase, die geselliges Beisammensitzen und zugleich Platz zum Sonnen bietet, sehr geschickt auf andere Weise. Im Grundriss des Sitzplatzes, der auf einem großen Rechteck basiert, dessen Ecken jedoch Rechtecke aussparen, sind alle Vorzüge bereits angelegt. In diese ausgesparten Ecken pflanzte man als Rahmen und Sichtschutz hohes Chinaschilf (*Miscanthus sinensis*, vorne rechts) und immergrünen Gartenbambus (*Phyllostachys nigra*, hinten rechts, *Phyllostachys bissetii*, vorne links), die mit ihren dekorativen Unterpflanzungen aus Storchschnabel (*Geranium*, vorne rechts) und immergrünem silbergrauen Heiligenkraut (*Santolina chamaecyparissus*, hinten rechts) eine geschützte Nische zum Sitzen entstehen lassen. Ganz nah an den Pflanzen und zwischen ihnen versteckt verspricht dies auch in großen Gärten lauschige Mußestunden. Und damit eine so mächtige grüne „Insel" nicht unvermittelt im Garten aufragt, stimmt das Mammutblatt (*Gunnera manicata*), eine imposante Blattschönheit, die geschützt überwintert werden muss, als Vorhut den Besucher bereits optisch darauf ein.

Garten-Design: André van Wassenhove, NL
Garten: D'Hoore, B
Foto: Modeste Herwig

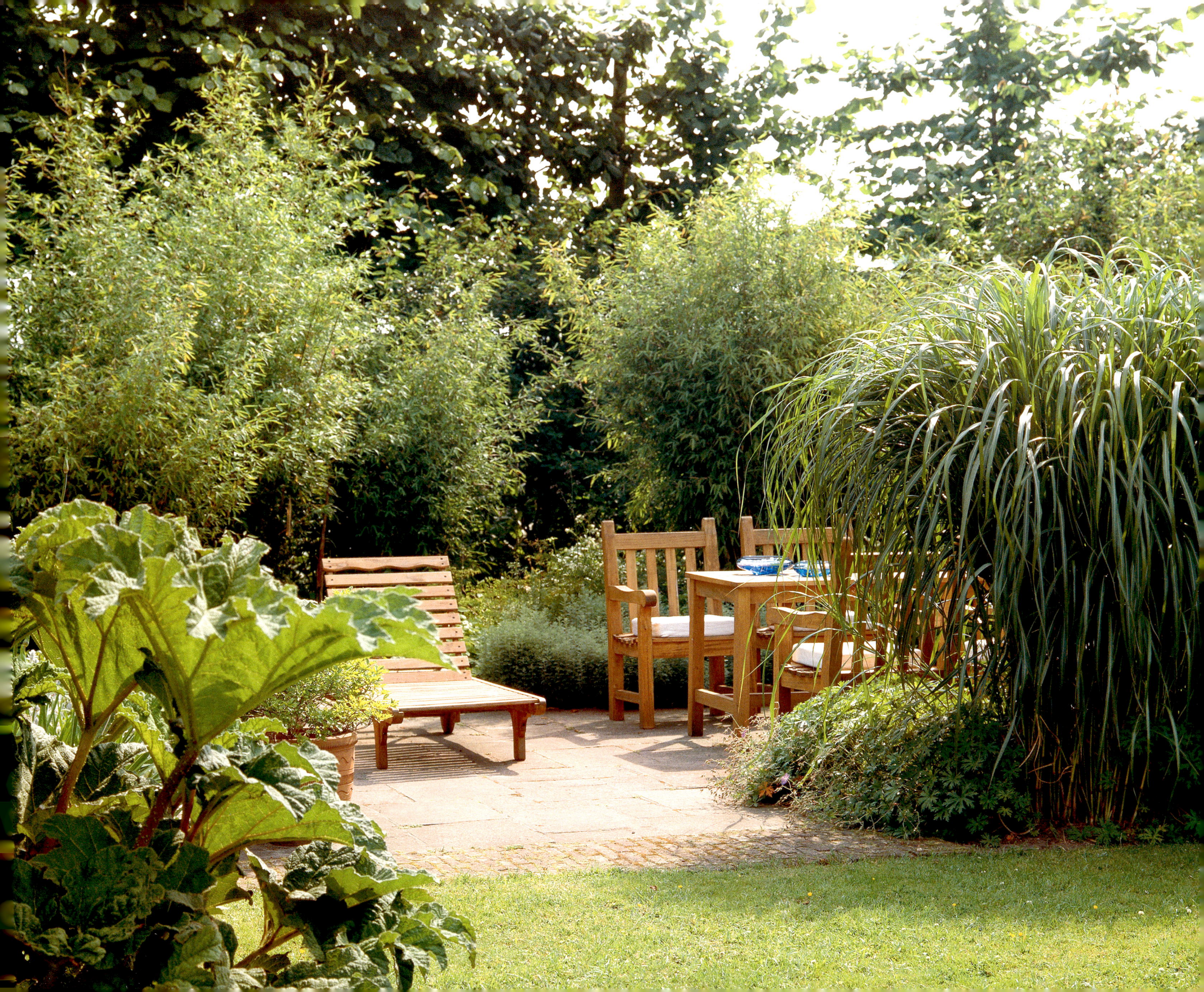

Duftender Empfang am Gartentor

Ein Garten kann wohl kaum romantischere Willkommensgrüße entbieten als durch einen rosenumrankten Eingang. Die Wirkung des herkömmlichen Rosenbogens über dem Gartentor lässt sich aber noch ästhetisch verfeinern und dabei gleichzeitig in seiner Wirkung intensivieren, wenn statt des Bogens gleich ein dekorativer Laubengang oder mehrere hintereinander gesetzte Rankbögen voller Rosenduft in den Garten geleiten.

Die Einheit von Tor und Rankgerüst

Auch wenn die Kletterrosen, wie in unserem Beispiel, ihre Rankhilfen mit den Jahren üppig überwuchern, so kann das Auge dennoch fast immer erkennen, wenn das Eingangstor und die Rankgerüste des Laubengangs in Material, Farbe und Stil eine Einheit bilden. Ein ähnlich geschlossener Eindruck ergibt sich auch, wenn sich Laubengang und Gartentür in der Form ähneln. So finden in diesem Beispiel die zierlich-luftigen, rechteckigen Eingangstüren aus weiß gestrichenen Holzlatten ihr Pendant in den weißen Kanthölzern und Spalierteilen des ebenfalls rechteckig überdachten Laubengangs. Anmutig heben sich die Rosen davon ab und empfangen Besucher mit Blüten und verführerischem Duft in Augen- und Nasenhöhe. Je weiter der Durchgang ist, desto eher kann man Rosen auch an die Innenseite der Rankhilfen pflanzen, wodurch sich ihre reizvolle Schönheit noch besser genießen lässt.

Gestaltungsvarianten

Während das transparente Gartentor den Blick in den Garten gestattet, können Gartenportale aber auch hermetisch mit der Form des Laubenganges abschließen oder nur ein kleines, dekoratives Guckloch freilassen. Malerisch sehen Bogengänge mit abgerundeten Überdachungen aus und Gartentüren, die diese Rundung in entgegengesetzter Richtung aussparen, so dass sich zwischen Gartentür und Bogengang ein runder Durchblick ergibt. Wer will, kann auch reizvolle Korrespondenzen durch gleiches Material erreichen, zum Beispiel durch moderne Stahlgerüste und Stahltüren oder als rustikale Variante, durch Tür und Laubengang aus Knüppelholz. Und natürlich verbindet auch die einheitliche Farbe Elemente wie Tür und Laubengang miteinander. Gerade im Winter nach dem Blätterfall treten diese Farben dann verstärkt hervor. Das Weiß in diesem Garten kann deshalb nach Belieben auch durch andere Farben, die gut mit den Blütenfarben der Rosen harmonieren, wie zum Beispiel Blau, Grau, Dunkelrot, Violett oder Schwarz, ersetzt werden.

Garten: La Bussola, NL
Foto: Jürgen Becker

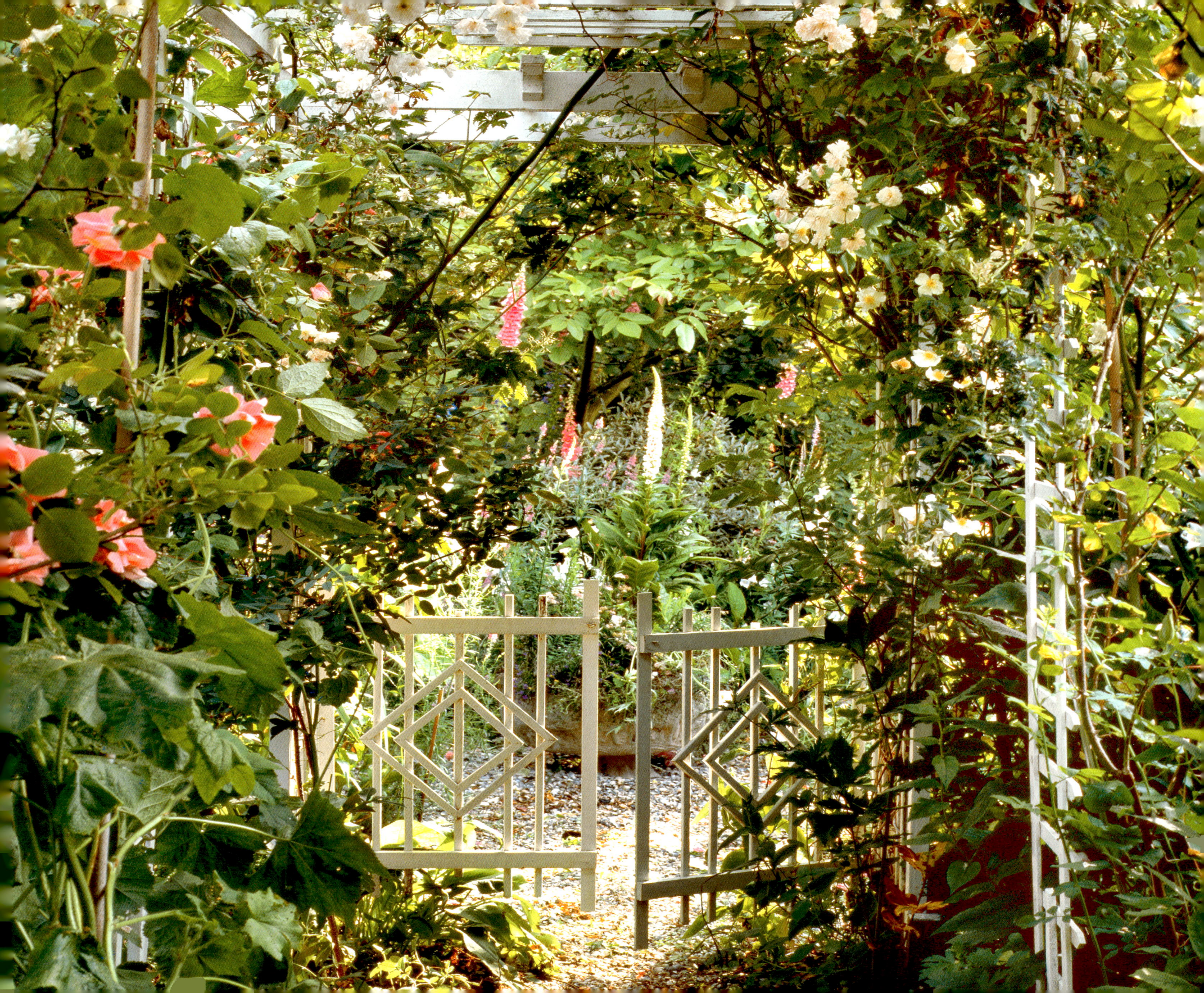

Von der Holzbrücke zum Rosensitzplatz

Oft bedarf es einer einzigen Idee, um aus einem herkömmlichen Ambiente eine ins Auge fallende Besonderheit zu machen. Ähnlich verhält es sich bei dieser Brücke, die sich über ein tief unten wie in einem Burggraben liegendes Gewässer spannt.

Luftiger Sitzplatz für Schwindelfreie

Eine Verkehrsader war die schlichte Holzbrücke wohl nie, denn sonst wäre vermutlich niemals der Gedanke aufgekommen, sie nicht nur als Weg über das Wasser, sondern auch als romantischen Sitzplatz zu nutzen. Was die schlichte Holzbrücke aus ihrem Schattendasein befreite, ist ausschließlich das weiße Holzgeländer. Man gab sich nämlich nicht damit zufrieden das Geländer aus soliden Kanthölzern zu fertigen, ihm ein dekoratives Rautenmuster einzuverleiben und alles in herrschaftlichem Weiß erstrahlen zu lassen. Die frappante, extravagante Idee besteht darin das Geländer über der Brücke auszukragen, um dort auf jeder Seite eine in den freien Raum hinausragende Sitzbank unterzubringen. Dies führte zu einem ebenso ungewöhnlichen wie schmucken Bild und zu dem Vorteil, dass dies die Breite der Brückenpassage keinen Zentimeter verschmälert oder beeinträchtigt. Stellt man dann einen Tisch zwischen die Bänke, so ergibt dies den kuriosesten Sitzplatz, den man sich denken kann. Schwindelfrei sollte der Gast hier allerdings schon sein, um aus seiner luftigen Höhe das direkt unter ihm fließende Wasser genießen zu können. Andererseits bietet dieser Sitzplatz neben diesem Kick des Besonderen an heißen Tagen sicher auch ein besonders luftiges und luftfeuchtes Plätzchen.

Der Rosenflor

Vom Uferrand zu beiden Seiten schickt je eine Kletterrose ihre mit roten Blüten besetzten Triebe zum Geländer hinauf um es girlandenartig zu umspielen. So kann man vom Sitzplatz aus das Faszinosum Wasser unter sich sowie die Schönheit der „Königin der Blumen" neben sich bewundern. Das weiße Geländer mit seinen Sitzbänken wird jedoch durch die Rosen ins umgebende Grün eingebunden und verliert seine sterile Baulichkeit.

■ Tipp: Rote Climber- und Ramblerrosen

- 'Chevy Chase' (einmalblühender Rambler, 4–6 m)
- 'Colonia' (öfterblühender Climber, bis 3 m)
- 'Dortmund' (öfterblühender Climber, bis 4 m)
- 'Dublin Bay' (öfterblühender Climber, bis 3 m)
- 'Excelsa' (öfterblühender Rambler, 3 m)
- 'Flammentanz' (einmalblühender Climber, bis 5 m)
- 'Sympathie' (öfterblühender Climber, bis 3 m)
- 'Tradition' (öfterblühender Climber, bis 3 m)

Garten-Design: Ghyczy, NL
Garten: Ghyczy, NL
Foto: Jürgen Becker

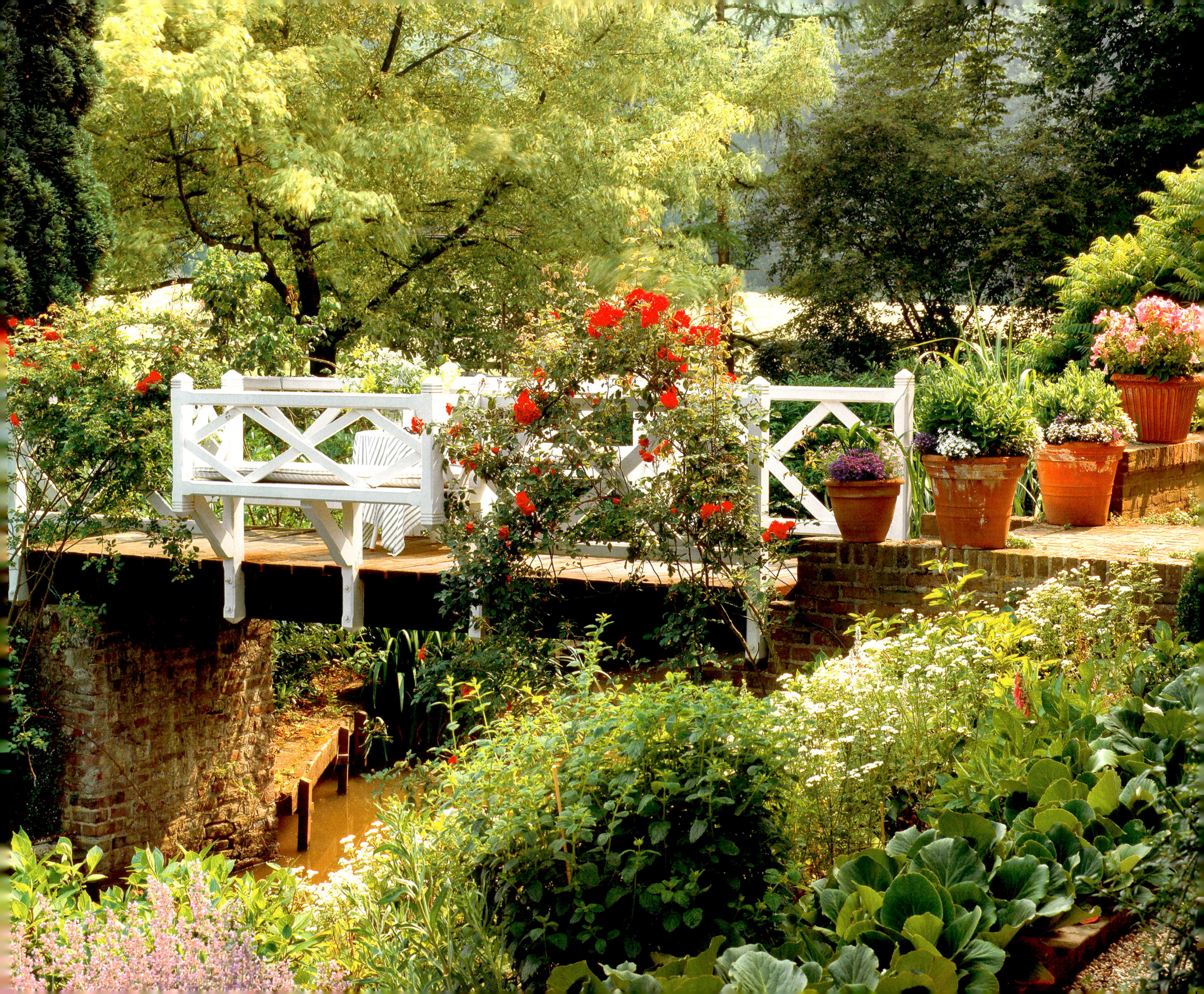

Weißer Senkgarten für Nachtschwärmer

Abgesenkte Sitzplätze und Senkgärten bieten eine ungewöhnliche Atmosphäre von Geborgenheit und Intimität und lassen die Pflanzen aus nächster Nähe und einem neuem Blickwinkel besonders intensiv erleben. Leider gehen diesem Genuss größere Erdbewegungen voraus. An einem abfallenden Gelände erweist sich der Aufwand als geringer, wenn man sich mit einem abgesenkten Sitzplatz begnügt, für den man in den Hang eine halbrunde oder eckige Einbuchtung einlässt. Ein rundum abgesetzter Garten kann aber als eigener Gartenbereich auch in ein ebenes Gelände eingelassen werden.

Tradition und Merkmale von Senkgärten

In der Mitte des 16. Jahrhunderts errichtete man bereits in Hampton Court einen der ältesten Senkgärten. Heutige Senkgärten orientieren sich meistens an einem der vielen Vorbilder, die der kongeniale Mitarbeiter Gertrude Jekylls Edwin Luytens zwischen 1901 und 1910 konzipierte.

Senkgärten sind in der Regel um 50–200 cm abgesenkte Gartenbereiche von runder oder rechteckiger Form, die von Terrassenbeeten und Wegen in einer oder verschiedenen Höhen eingerahmt werden. Diese Beete werden durch Futtermauern abgestützt. Damit auch auf dem obersten Level die Pflanzen prächtig gedeihen, schützt man Gärten dieser Art – wie auch in unserem Beispiel – rundherum gerne mit Schnitthecken oder Mauern. Das Zentrum der Gärten erhält meistens einen Akzent, wie ein Wasserbecken mit Fontäne, ein Schmuckbeet, eine Sonnenuhr oder eine Vogeltränke. Senkgärten sind Gärten der Sinne, da sie die Pflanzen in den Terrassenbeeten vom Parterre aus in ungewohnter Nasen- und Augenhöhe erleben lassen. Im 17. Jahrhundert bevorzugte man deshalb Duftpflanzen, was den Gärten auch den Namen nosegay-gardens verlieh.

Der frühlingshafte Farb- und Duftgarten

Dieser abgesenkte Garten, bei dem man Steinbänke gleich in die Stützmauern integrierte, präsentiert sich im Frühling in elegantem strahlendem Weiß. Während sich auf der Mauerkrone weiße Tulpen verschiedener Gruppen und Höhen tummeln, betören in den Beeten um den Sitzplatz duftende weiße Tulpen und Narzissen Auge wie Nase. Magische Momente lassen sich an diesem Sitzplatz in der Dämmerung erleben, wenn die ätherischen Blüten intensiver zu duften beginnen und zusammen mit den ebenfalls weißen Stühlen geheimnisvoll wie von innen heraus erstrahlen.

Keukenhof, NL
Foto: Modeste Herwig

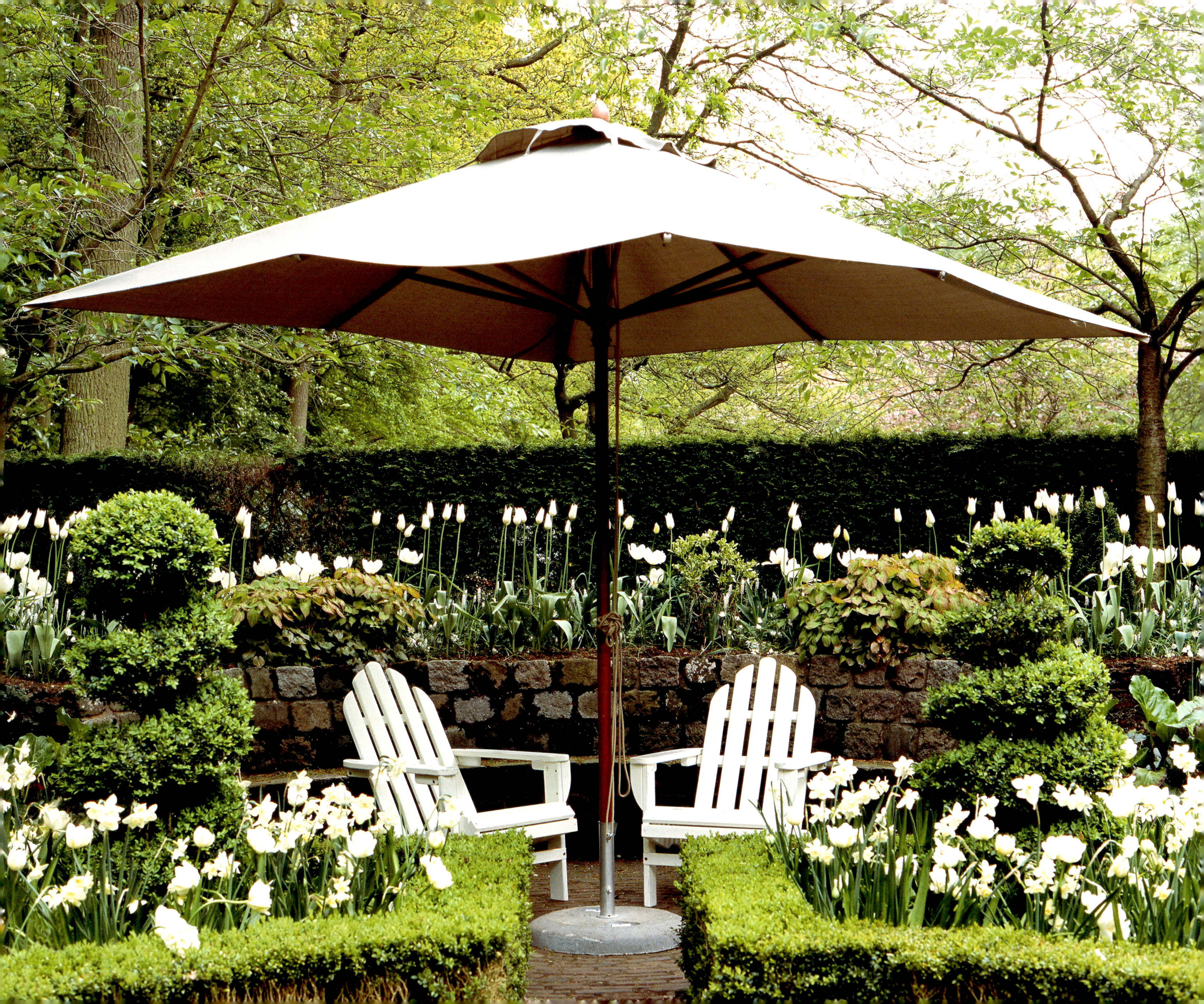

Rosensitzplatz mit „Teichblick"

Geometrische Harmonien, symmetrische Ordnung, klare Linienführung und ausgewogene Proportionen schenken in diesem kleinen, formalen Garten der Seele Frieden, während duftende Stauden und Rosen sowie ein stiller Wasserspiegel die Sinne in ein Paradiesgärtlein entführen. Thematisch beschäftigt sich dieser Garten mit den gleichen Motiven wie der auf Seite 220/221, nämlich mit dem Wunsch nach einem Sitzplatz unter duftenden Ramblerrosen, der zugleich einen Blick auf einen Teich gestattet. Während man dort in einem großen Garten eine freie Gestaltung bevorzugte, beweist dieser kleine Gartenbereich, wie sehr sich eine formal-architektonische Gestaltung gerade bei Gärten im Kleinformat bewährt. So können gleiche Wünsche und Gartenelemente zu höchst unterschiedlichen Lösungen führen.

Der inszenierte Rosensitzplatz

Genau am Ende des kleinen Gartens und exakt auf dessen Mittelachse brilliert dieses Rosenboudoir. Da unterschiedliche Höhen kleine Gärten durchwegs größer erscheinen lassen, erhielt die Sitzgruppe eine kleine Empore. Dies machte sie auch im wortwörtlichen Sinne zu einem Höhepunkt, von dem aus man das faszinierende Spiel von Licht und Wasser im Zierbecken besonders gut beobachten kann. Den Sitzplatz selbst flankieren formierte grüne Gehölze, die ihm lauschige Behaglichkeit verleihen. Seitlich hat in überschäumender Lebenslust die wüchsige Ramblerrose 'Bobby James' einen alten Baum vollständig überwuchert, so dass man im Juni/Juli auf dem Sitzplatz wie unter einem Rosen-Baldachin von Blütenduft eingehüllt wird. Vom Haus aus gesehen aber wird der Rosensitzplatz selbst zum Blickfang, der sich in all seiner Pracht im Wasserbecken nochmals spiegelt.

Das Zierbecken als Herzstück des Gartens

Das rundum von Klinkern eingefasste rechteckige Becken des Zierteichs wird nach drei Seiten hin von plastisch hervortretenden Buchseinfassungen, zur vierten Seite hin von der Stufe der Sitzplatz-Empore eingerahmt. All diese Maßnahmen, vor allem auch die einheitlichen Höhen der Bucheinfassungen gaukeln dem Auge ein Pflanzlevel vor, vor dem sich die deutlich tiefer liegende Wasseroberfläche zurückzuziehen scheint, so dass sich beim Betrachter die Illusion eines Senkgartens mit einem vertieft eingelassenen Becken einstellt.

Garten-Design: Trijn Siegersma, NL
Garten: Trijn Siegersma, NL
Foto: Jürgen Becker

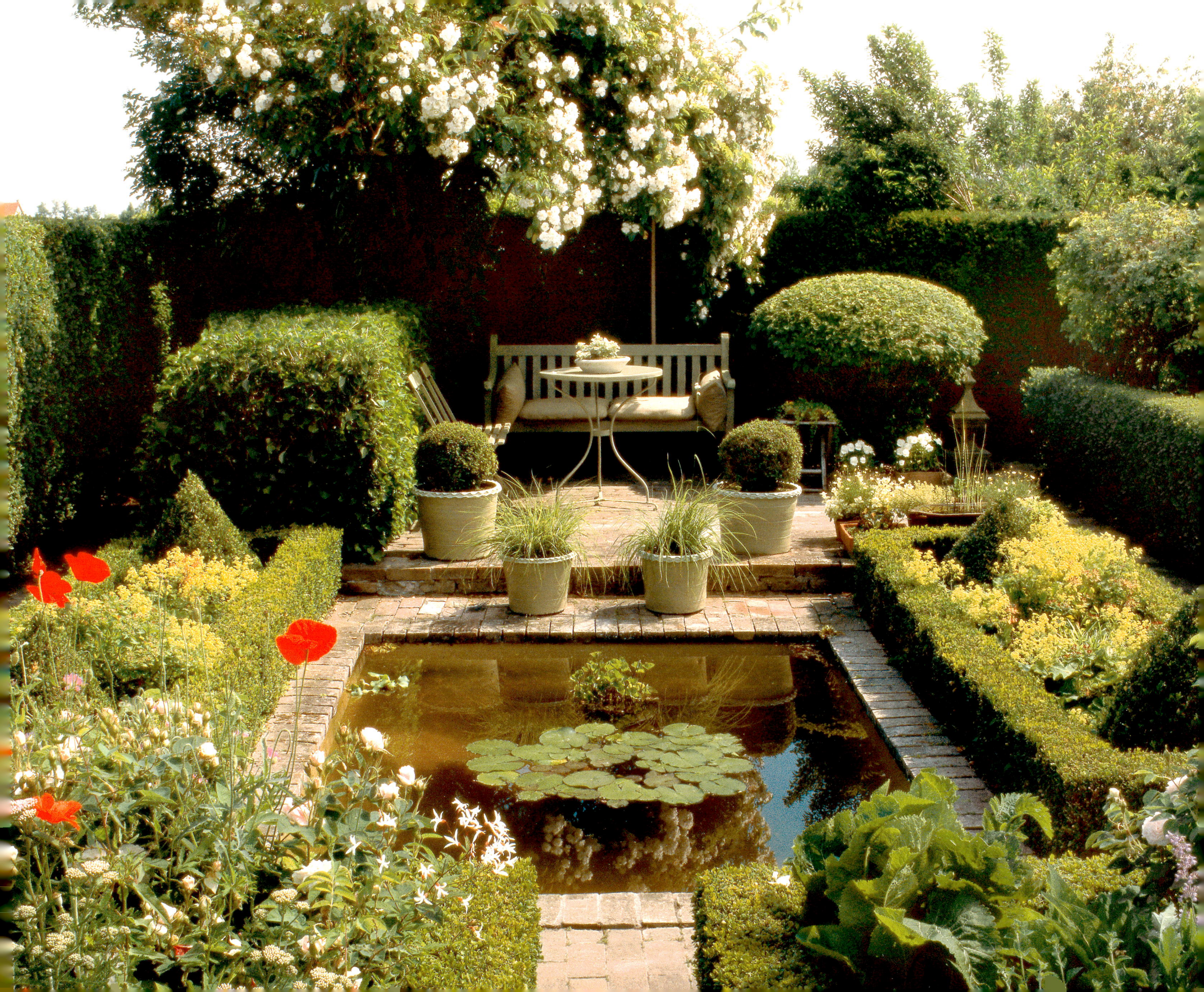

Moderner Jungbrunnen und Rekreationszone

Swimmingpools sind markante Bauelemente, die sich mit vorwiegend geometrischen Formen und blauer oder türkiser Beckenfarbe oft wie ein Fremdkörper vom Garten abheben. Nur selten sieht man lagunenförmige Becken, die sich mit weich geschwungenen oder unregelmäßigen Konturen oder mit integrierten Natursteinen oder Felsblöcken organisch in frei gestaltete Gärten einfügen.

Artifizielle Wellness-Welt

Statt einer Einbindung in den Garten entscheidet sich dieses moderne formale Konzept konsequent für die Konzentration auf den eigenen baulichen Charakter und blendet durch rückwärtigen Sichtschutz aus Cortenstahl und blaue Sonnensegel zumindest zur Hälfte die organische Gartenwelt aus. Damit erfüllt das Design die gestalterische Forderung, Wasserflächen durch einen vertikalen Akzent Halt zu verleihen und rückt das kreisrunde Becken mit seiner belebten Wasserwelt in den Mittelpunkt.

Stilvolle Ausgestaltung

In seinem Platz sparenden, knappen Aufbau von Beckenrand, Sitz- und Liegestufen erinnert diese Pool-Landschaft an eine Bühne oder ein Amphitheater, die sich nur nach vorne zur Außenwelt öffnen. Statt einer Kommunikation mit dem Garten lenkt dieses Konzept die Aufmerksamkeit vielmehr auf das innere Geschehen dieser Spa-Welt. So verband man die notwendige Pool-Technik (den Wasserumlauf mit Filterung und Wasseraufbereitung) mit einer suggestiven Optik. In magischem Sog wird das Wasser durch einen großen runden Trichter abgepumpt, gefiltert, aufbereitet und durch eine Pumpe auf oberes Liegeflächen-Niveau transportiert, von wo es sich über einen glasklaren Vorhang wieder laut plätschernd zurück in den Pool ergießt. Auch für andere Prinzipien der Pool-Gestaltung fand man hier einen neuen Ausdruck:

- Zur Belebung mit attraktiven Akzenten verzichtete man auf Statuen, große Steinblöcke oder formprägnantes Mobiliar. Ein einziges großes Pflanzgefäß aus Cortenstahl steht stellvertretend für alle Akzente und korrespondiert gleichzeitig mit den Sichtschutzwänden.
- Belebendes Grün wurde in den Vordergrund gepflanzt als Übergang zum Garten. Ansonsten ziert in direkter Poolnähe nur eine Sukkulente im bauchigen Gefäß die Anlage. Dies verhindert auf klassische Weise, dass Pflanzenreste in den Pool gelangen.
- Formschöne Treppen führen üblicherweise ins Wasser hinein. Hier geleiten sie von der Liege- über die Sitzfläche zum Pool hinab und verbinden durch ihren diagonalen Verlauf alle Bereiche miteinander.

Garten-Design: Andy Sturgeon, GB
Chelsea Flower Show, GB
Foto: Modeste Herwig

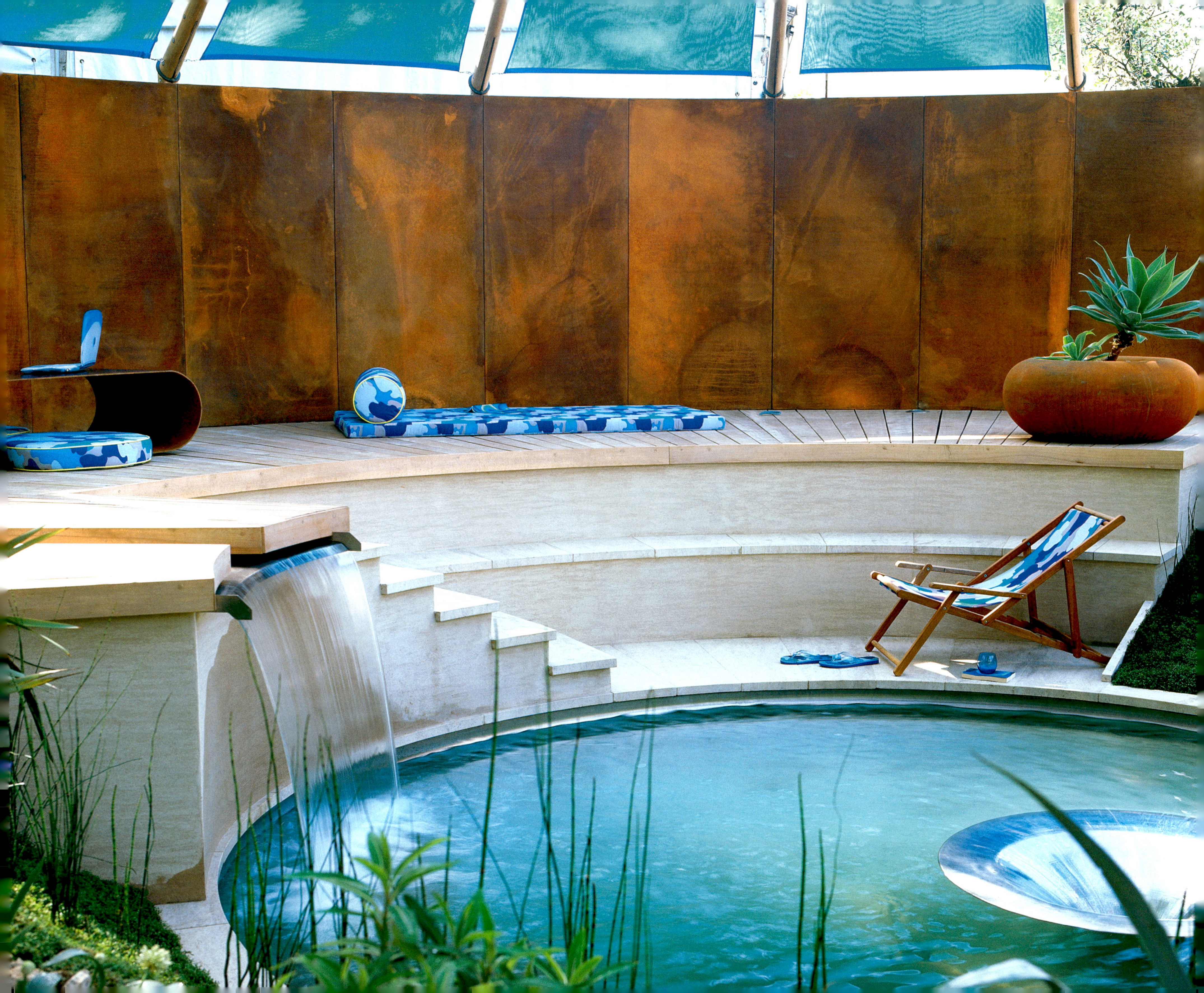

Gartenkomfort in noblem Split-Level-Design

Die Terrasse als Übergang zwischen Haus und Garten ist ein sensibler Bereich, der zwischen beiden vermitteln soll und den Sie je nach Gewichtung dem Wohnen oder dem Garten zuordnen können. Bei diesen Terrassen mit ihren verschiedenen Niveaus erstreckt sich nicht der Garten bis ans Haus, sondern erweitert sich der Wohnbereich des Hauses großzügig in den Garten hinein. Und gleichzeitig können hier verschiedene Familienmitglieder ihre individuellen Wünsche nach Geselligkeit oder Zurückgezogenheit ausleben.

Baulichkeit und Beschaulichkeit

In beeindruckender Stilsicherheit und Konsequenz beschränkt sich dieses Terrassen-Ensemble auf wenige einheitliche Materialien und Farben, die noch dazu – wie auch die Pflanzen – einem strengen architektonischen Konzept untergeordnet werden. Rechteckige Formen und Flächen sowie das Fehlen von weichen Rundungen und Kreisformen prägen dieses Freiluft-Domizil und verknüpfen es damit nahtlos mit der Innenarchitektur des Hauses, deren Weiß wie selbstverständlich auch auf die Wände der Terrasse überfließt. Die bauliche Einbindung erstreckt sich sogar auf das rechteckige Zierbecken, dessen grauer Betonstein nicht nur als Beckeneinfassung, sondern auch bei Mauerkrone, Treppen, Pflasterstrukturierung und Terrassenabstützung Verwendung findet. Eine warmtonige, erdige Note steuert dem baulichen Weiß und Grau der Klinkerbelag von Terrassen und Weg bei.

Bepflanzung

Zu Ausgewogenheit und Harmonie tragen auch die Pflanzen bei. Immergrüne Gehölze wie Buchs (*Buxus sempervirens*) im Kübel und als Teicheinfassung oder Lorbeerkirsche (*Prunus laurocerasus*) als Sichtschutzhecke an der Mauer garantieren durch ihren Schnitt eine dekorative Dauerwirkung, die perfekt ins formale Konzept passt. Für die Freuden einer blühenden Saisonbepflanzung stehen hingegen links und rechts plattenverkleidete Pflanzbeete oder malerische Terrakotta-Gefäße zur Verfügung. Diese Bepflanzung ist sicher nicht die eines Pflanzensammlers, dafür ist sie jedoch pflegeleicht und strahlt Ruhe und gepflegte Eleganz aus.

Ausstattung

Die Naturfarben des Mobiliars (Flechtwerk und Holz) sowie die einheitlichen Textilien (Tischdecke, Sitzkissen) unterstreichen die stilvolle Atmosphäre, die auch bei abendlichem Kerzenschein nichts von ihrem sublimen Komfort und der zurückhaltenden, großzügigen Noblesse verliert.

Garten-Design: Helgard und Volker Püschel, D
Garten: Erlemann, D
Foto: Jürgen Becker

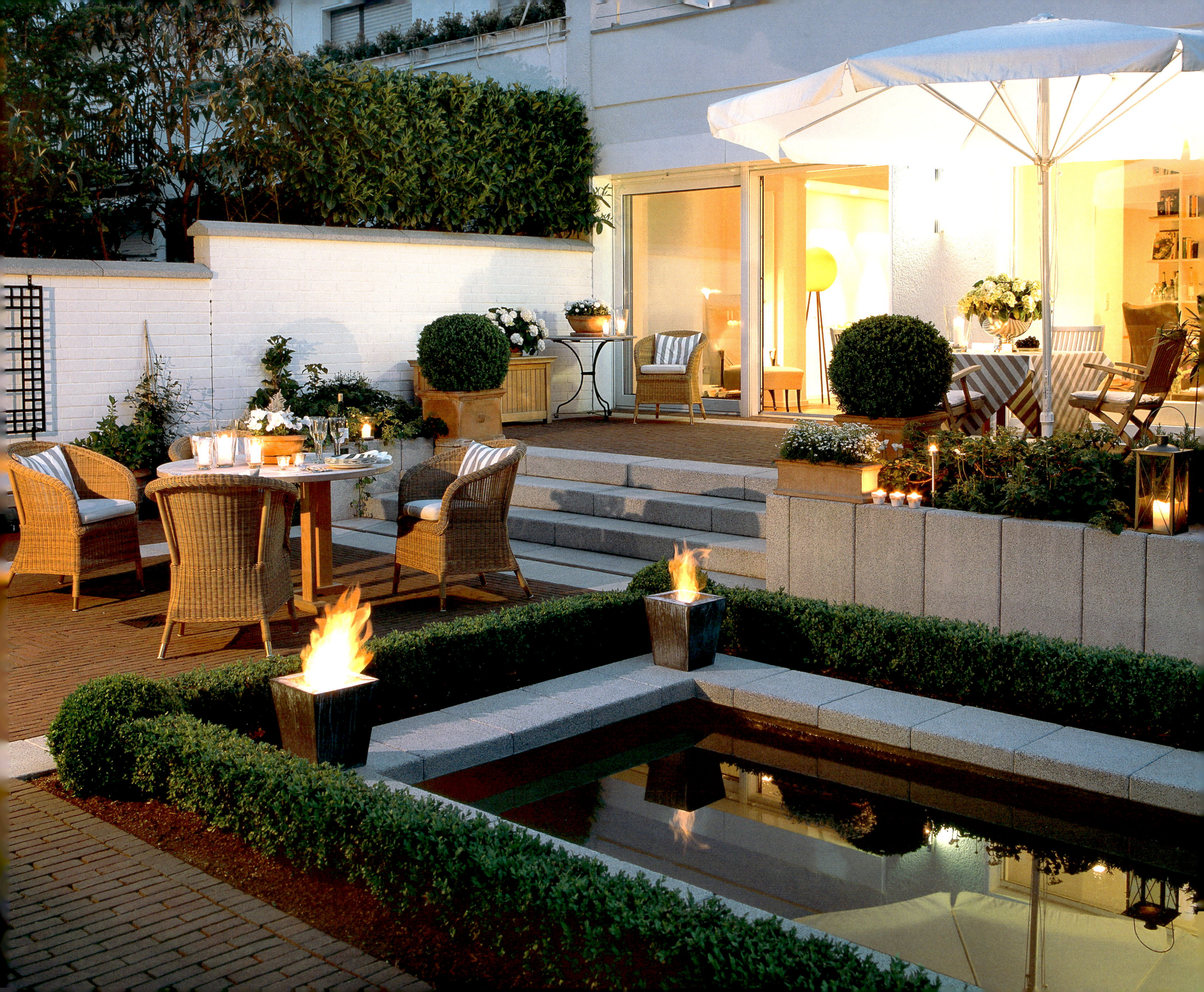

Vom Zauber nächtlicher Illuminationen

Auch die Kunst des Gartengenusses hat ihre Regeln. Während er tagsüber von der Gartengestaltung und der Bequemlichkeit der Gartenmöbel abhängig ist, bestimmt mit der Dämmerung auch die Gartenbeleuchtung das Erleben.

Laternen und Windlichter

Gerade bei der Beleuchtung bieten traditionelle Lichtquellen wie Laternen, Windlichter, Fackeln und Petroleumlampen oft das stimmungsvollste Licht. Dies liegt daran, dass Flammen ein lebendiges Licht aussenden, das flackert und tanzende Schatten wirft. Diese Lichtquellen sind unabhängig von Installationen, leben aber von der Ästhetik ihrer Präsentation. So verzaubert ein schönes Windlicht, eine nostalgische Laterne oder ein Wasserbottich mit Schwimmkerzen die nächtliche Terrasse gleich um ein Mehrfaches.

> **Tipp: Leuchten und Strahler mit Strom oder Solarenegie**
>
> Akzentleuchten erzeugen wie Kerzen eine punktuelle Lichtinsel mit weichem, ungerichtetem Licht. Sie eignen sich zum Erhellen von Wegen, Stufen, Blumenbeeten, Teichen. Von Strahlern geht hingegen ein gebündeltes, gerichtetes Licht aus. So kann man zum Beispiel mit am Boden installierten Spotlights Gehölze, Pergolen oder Lauben sehr dramatisch von unten nach oben in Szene setzen, ohne dass die Lichtquelle sichtbar wird.

Einsatz im Garten

Damit uns der nächtliche Garten nicht als ein dunkles, gähnendes Loch erscheint, können Sie mit punktuellen Lichtquellen geheimnisvolle dramaturgische Akzente setzen. Verteilen Sie diese in die Tiefe des Gartens hinein und auch, wie in diesem Beispiel, in verschiedenen Höhen, damit er als Raum spürbar wird. Bei diesem verführerischen Tête-à-Tête unter der verschwenderisch blühenden Ramblerrose 'La Perle' nutzte man gleich mehrere Möglichkeiten des stimmungsvollen Kerzenlichtes:

- Windlichter erhellen die Tischsituation; wen der Kerzenschein in transparentem Glas blendet, sollte Windlichter mit satiniertem (gefrostetem) oder dunkel gefärbtem Glas wählen.
- Ein ungeschütztes Kerzenensemble am Boden wird nur windstille, laue Nächte durchstehen und bedarf besonderer Aufmerksamkeit.
- Laternen können an Hängestäben den mittleren Staudenbereich erhellen oder, wenn sie wie hier an einem Ast befestigt sind, auch den Stamm eines Baumes, seine Blüten oder Blätter hervorheben.

Garten-Design: Doris Schlaback-Becker, D
Garten: Becker, D
Foto: Jürgen Becker

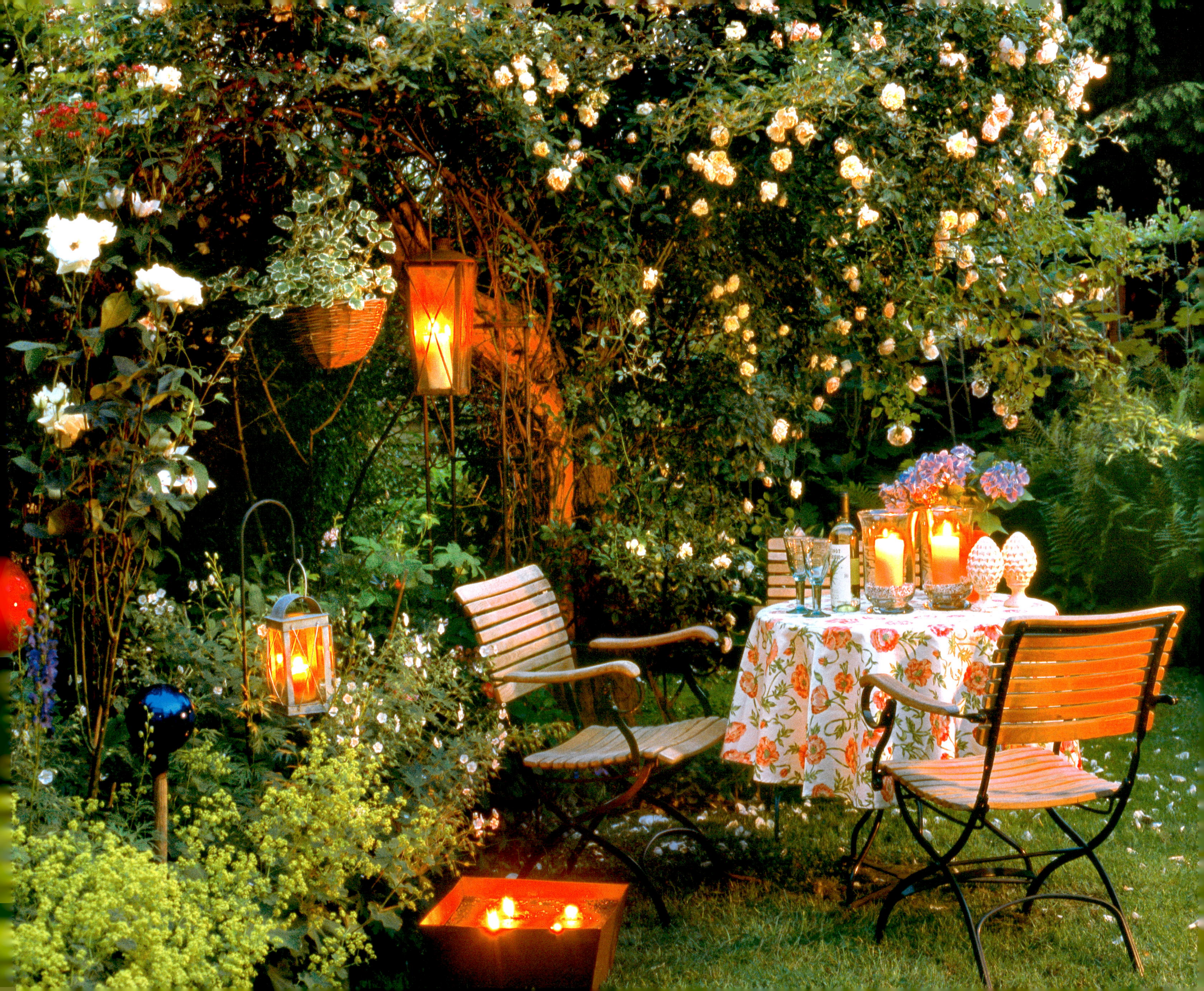

Illusionen und trügerische Spiegelbilder

Auch wenn sich dieses Kapitel „Schmeichelndes für die Sinne" nennt, der in dieser Laube praktizierte Gestaltungs-Trick schmeichelt weniger den Sinnen als vielmehr unserer Fantasie und Vorstellung, indem er den sinnlichen Wahrnehmungen ein Schnippchen schlägt.

Laubenbank mit „Durchblick"

Wer liebt sie nicht, die kleinen Alkovenbänke und lauschig begrünten Lauben, die sich kinderleicht aus einer Spalierwand als Rückseite und einem davor umrahmenden Rosenbogen zusammenbauen lassen! Sobald Clematis und duftendes Geißblatt (*Lonicera*) oder gar Rosen an ihnen emporturnen, ist die Behelfsmäßigkeit im Nu überdeckt. An diesem halbschattigen Platz rankt Efeu an der Laubenbank empor, deren Zugang rosa Petunien zusammen mit einer Hortensie in Gefäßen rahmen. Doch viel stärker als die Bepflanzung fasziniert bei diesem Gartenkabinett der simulierte Durchblick in einen anderen Gartenteil. Was die Fantasie beflügelt und die Neugier anregt, ist tatsächlich jedoch nur ein Trugbild, das ein angebrachter Spiegel zurückwirft. Zugegeben: Man mag dies als „faulen Zauber" bezeichnen, gestalterisch erweist es sich als Glücksfall, denn gerade an den Gartengrenzen angebrachte Spiegel vermögen sowohl Durchblicke wie Durchgänge vorzutäuschen, was den Garten größer erscheinen lässt. Aber auch im Garteninneren können Sie solche reizvollen Vorspiegelungen inszenieren, zum Beispiel bei raumteilenden Schnitthecken.

Weitere illusionäre Finessen.

Durch den geschickten Einsatz von Spiegeln lassen sich Gärten auf die wohl raffinierteste Weise vergrößern, wenn man sie nutzt um Begrenzungen wie Mauern oder Hecken zu „öffnen". Sein und Schein gehen vor allem dann unlösbar ineinander über, wenn man die Spiegel hinter Wandspalieren, Tür- oder Fensterrahmen, in Bögen, Lauben oder Laubengängen installiert, so dass die davorliegenden Elemente ihre Kanten überspielen. Ist dies nicht der Fall, sollten immergrüne Pflanzen wie zum Beispiel Efeu ihre Kanten kaschieren um die Illusion zu vervollkommnen.

■■ **Tipps für mögliche Orte illusionistischer Spiegel**
- in Bögen oder „Fenstern" von Pergolen
- in oder hinter Wandspalieren
- in oder hinter Tür- oder Fensterrahmen vor Mauern
- in Lauben oder am Ende von Laubengängen
- in Heckenfenstern oder zwischen Schnitthecken
- in Trompe-l'oeil-Malereien auf Mauern oder Wänden

Garten-Design: Renate Hendriks-Müller, NL
Garten: Renate Hendriks-Müller, NL
Foto: Jürgen Becker

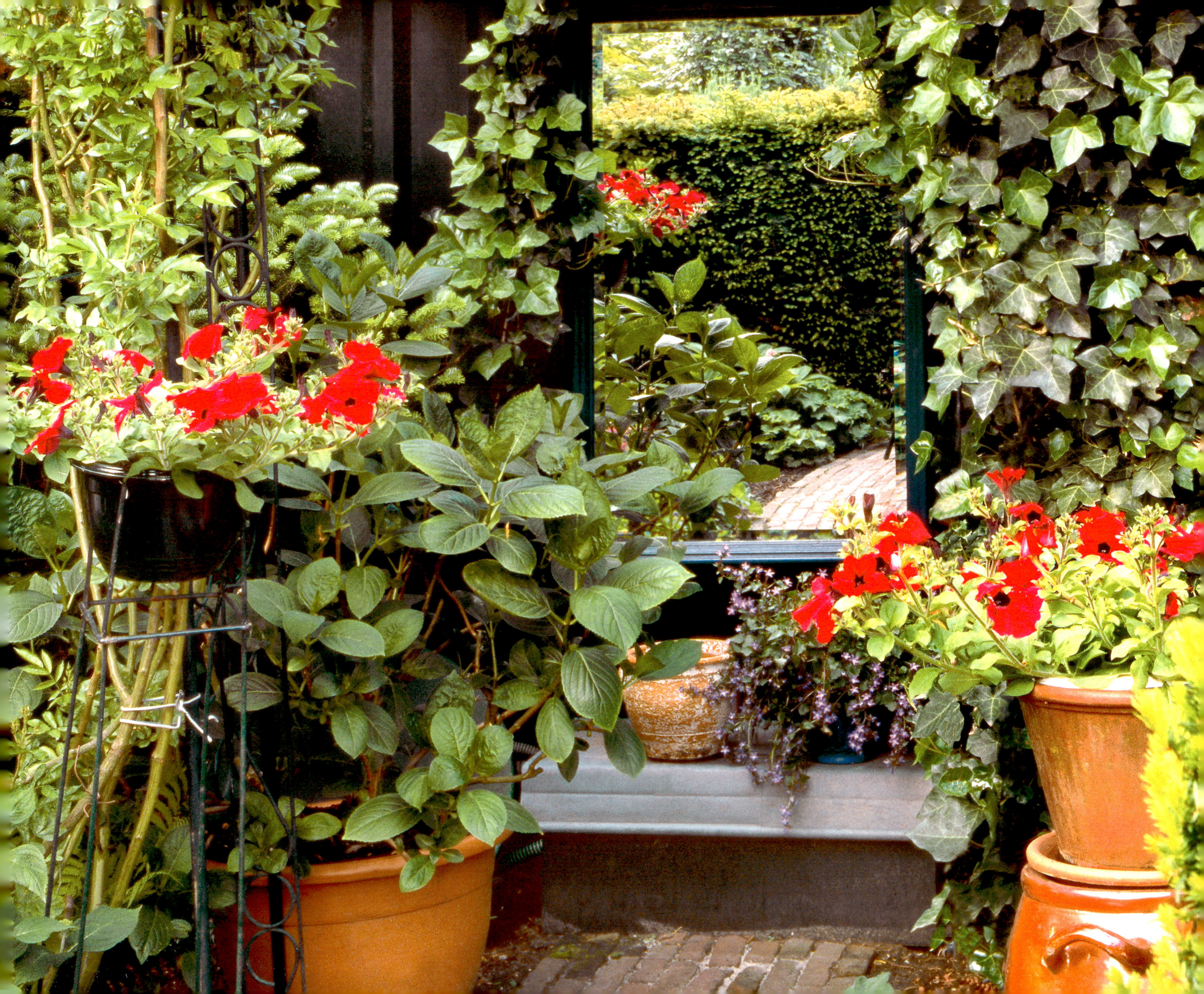

Duftpromenade in sommerlangem Farbenrausch

Das Bepflanzungsschema dieser den Weg flankierenden Beete ist einfach, aber von hinreißender Wirkung. Ein vollsonniger Platz, durchlässige, möglichst sandige Böden und nur zwei Pflanzen-Arten genügen, damit man beim Gang durch den Garten von Juni bis Oktober im betörenden Duft dieses Ton-in-Ton gehaltenen Farbenmeers schwelgen kann.

Das beständige Farbarrangement

Voraussetzung für den rosavioletten Schopflavendel (*Lavandula stoechas*, vorne) mit seinen großen, unfruchtbaren, auf den fruchtbaren Scheinähren aufsitzenden, gezipfelten Tragblättern ist ein ausnehmend mildes Klima. Sonst ist er leider nicht winterhart. In geschützten Weinbauregionen übersteht er die vierte Jahreszeit jedoch mit Winterschutz. Wer in rauen Lagen die Pflanzidee dieses Duftweges aufgreifen möchte, kann ihn durch Lavendel (*Lavandula angustifolia*) ersetzen. Da dieser jedoch wesentlich kürzer, nämlich von Juni bis Juli, blüht, sollten Sie auf etwas länger blühende Sorten, wie 'Hidcote Pink' oder die blaublütige 'Hidcote Blue' und 'Hidcote Blue Strain' ausweichen. Aus kräftigen Pinselstrichen scheint das leuchtende Blauviolett der Katzenminze (*Nepeta* x *faassenii*) hervorgegangen zu sein, die bei optimalen Bedingungen eine intensiv-leuchtende Farbdichte erreicht. Diese ergibt sich aus Größe, Farbintensität und Dichte der Blüten an den Rispen. Prachtvolle Sorten, die sich auch als Wegeinfassung bewähren, sind 'Walkers Low' (bis 60 cm hoch) und 'Six Hills Giant' (bis 50 cm hoch). Damit Katzenminze zuverlässig bis zum Herbst durchblüht, lautet der allgemeine Rat sie nach der ersten Blüte im Juli zurückzuschneiden. Dadurch verursachte Kahlheit und Farbausfälle auf dem Beet lassen sich vermeiden, wenn Sie die Mühe auf sich nehmen nach und nach nur die abgeblühten Triebe herauszuschneiden. Bienen, Hummeln und Schmetterlinge werden Ihnen den köstlichen Gabentisch, den sie ihnen mit diesen Pflanzen bereiten, durch häufige Besuche danken.

Farbwirkung und Pflanzenparfum

Der Gang durch diesen Garten entführt aus dem Alltag und beglückt mit der von den Romantikern proklamierten Synästhesie: dem Verschmelzen mehrerer Sinneseindrücke zu einem untrennbaren Gesamterlebnis. Violett, das sommerlang in duftumwobenen Spielarten den Weg begleitet, weckt meditative Kräfte, inspiriert und gilt als innerlich wie äußerlich reinigende Farbe. Während das pfeffrig-süße Minzaroma der Katzenminze und die kampfrigen Balsamdüfte des Lavendels Seele und Gemüt heiter und gelöst stimmen.

Garten: RHS Garden Wisley, GB
Foto: Modeste Herwig

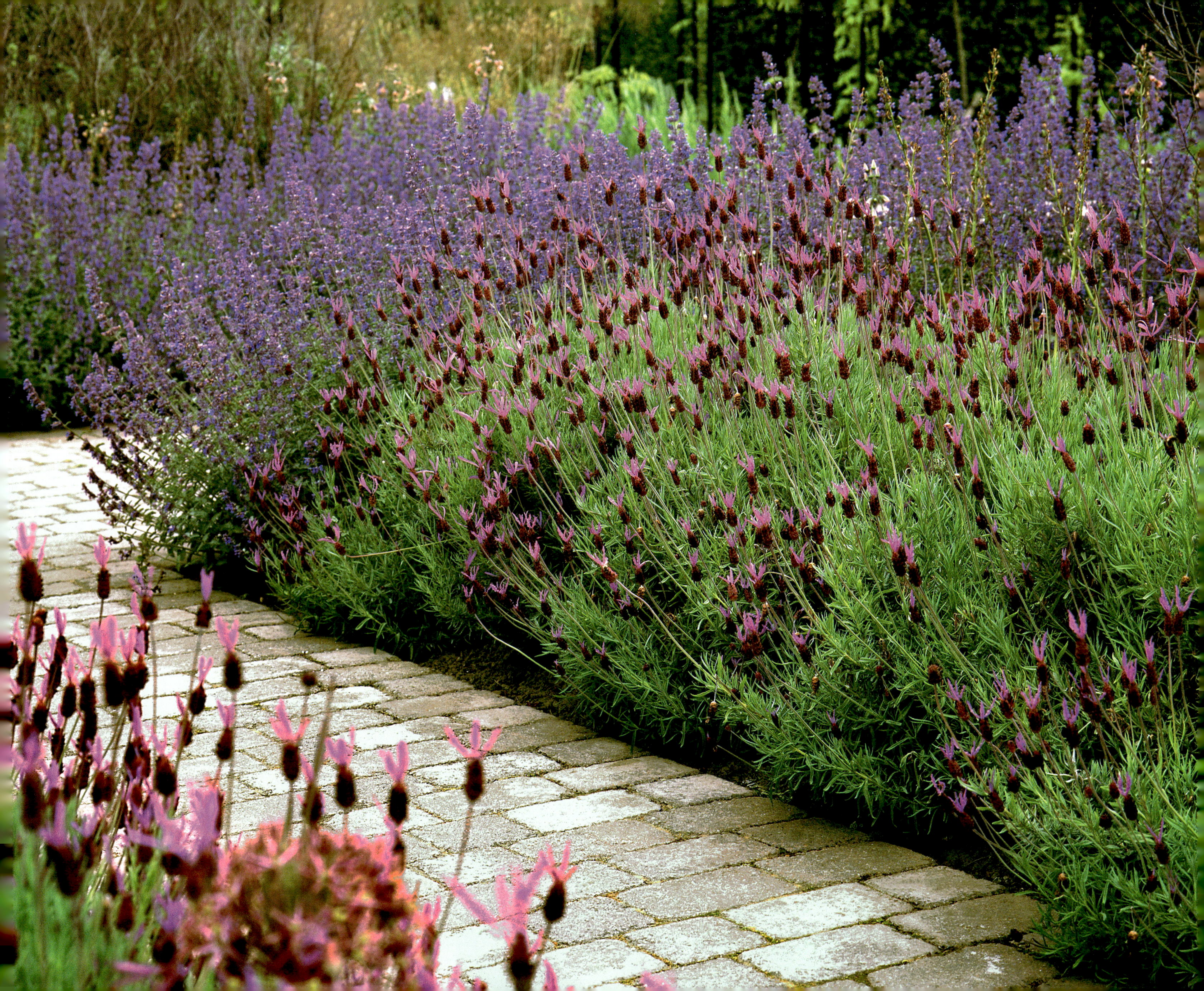

Terrasse mit Wasserspielen

Wasser in einer ganzen Palette vielfältiger Erscheinungsformen umgibt diese Terrasse teils mit stiller Beschaulichkeit, teils mit erfrischender, reger Geschäftigkeit. So wenig überflüssiger Zierrat diese klar strukturierte Allianz von Wasser und Freiluftdomizil belastet, so viel fachmännisches Know-how in Planung wie Ausführung benötigt dieses gelungene Design. An eine ähnliche Gestaltung mit der Kombination mehrerer Wasserelemente vor und auf der Terrasse sowie aufwändigen und kostspieligen Bodenbelägen sollten sich auch versierte Hobbyheimwerker besser nicht wagen, denn zu Beginn stehen gewaltige Erdbewegungen und Baumaßnahmen.

Faszinosum Wasserfläche

Vor dieser Terrasse erstreckt sich ein großer Teich, der gleich von mehreren Sitzplätzen aus betrachtet werden kann. Deren kunstvolle und abwechslungsreiche Bodenbeläge, die mal ein Holzplanken-Design, mal ein schwungvolles Kleinsteinpflaster aufweisen, stehen in apartem Kontrast zu den naturhaften Stauden- und Gräserpflanzungen, die rund um den Teich nicht nur mit duftigem Blütenflor, sondern auch mit ausdrucksvollen Wuchsformen extravagante Gartenszenerien entwerfen. Wo das Ufer sanft auslaufen kann, sind besonders malerische Kombinationen von Pflanzen mit Steinen und Kies möglich. Steilufer hingegen bevorzugt man dann, wenn Sitzplätze oder Wege bis ans Wasser heranreichen sollen. Solche belasteten Steilufer benötigen eine solide Uferrandabdichtung und -befestigung, bezaubern andererseits jedoch mit Spiegelbildern, die bis an den Teichrand reichen.

Quelle

Vom Teich wird das Wasser zur Quellmulde an der Terrasse emporgepumpt, wo es sich wie aus einem Mini-Geysir in das runde Quellbecken ergießt. Wird die Pumpe abgeschaltet und die Quelle außer Betrieb gesetzt, so stellt die Gestaltung durch kreisrundes Pflasterdesign dennoch Bezüge zwischen Quelle und Sitzplatz her.

Wasserrinne

Bei funktionstüchtiger Pumpe fließt das Wasser aus dem Quellbereich in einem halbrunden Bogen um den Terrassenplatz herum um anschließend wieder – mit Sauerstoff angereichert – ins Teichbecken zu münden. Auf seinem Weg aber von der Quelle zum Teich erfüllt das glitzernde und glucksende Rinnsal die Terrasse mit Dynamik und Bewegung und verdeutlicht mit lebhafter Anschaulichkeit die antiken Lehrsätze Heraklits: „Panta rhei – alles fließt, nichts besteht! Du betrittst nie den gleichen Fluss zum zweiten Mal."

Garten-Design: Konrad Wittich, D
Garten: Suhrborg, D
Foto: Jürgen Becker

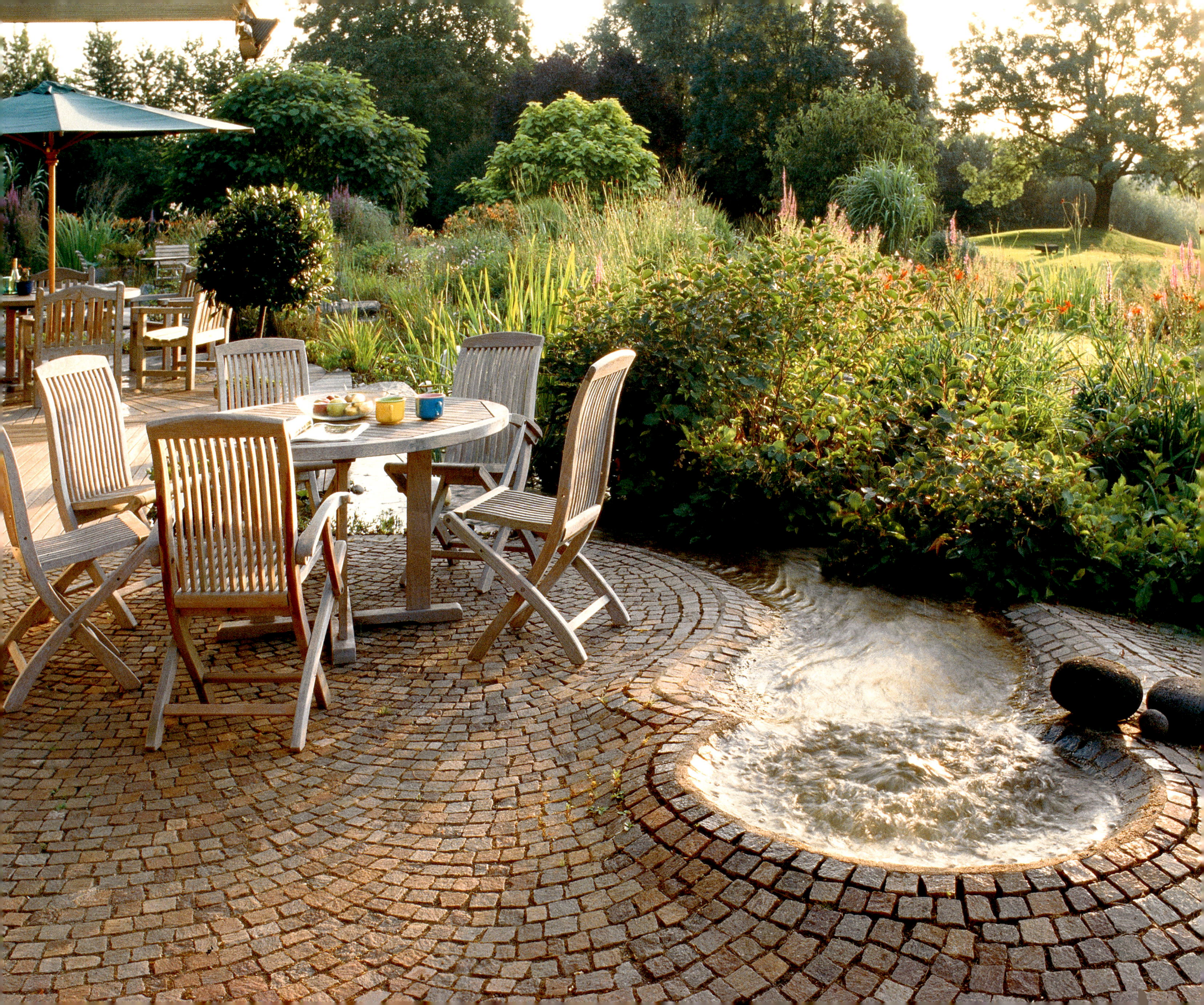

Duftumwobenes Refugium der Gartenlust

Es gibt Investitionen, die erfreuen lebenslang. Dazu gehören edle Pavillons und Gartenhäuschen, die Wohnkultur im Grünen mit neuen Eindrücken und Sinnesfreuden verbinden und dabei ermöglichen aus dem Alltag vorübergehend in ein unbeschwertes Leben inmitten der Natur abzutauchen.

Arrivierte Künstlerklause

Der Kunst, der Schönheit und Naturliebe ist dieses Rosenhaus hoch über dem Garten gewidmet. Liebevoll bis ins Detail ausgestattet ist es ganz von Rosen umrankt, in denen Rotkehlchen brüten, da sie dort außer den Gartenbesitzern kaum jemand stört. Auf der kleinen angeböschten Terrasse vermengt sich der Duft der Rosen mit dem von Lavendel und würzigen Kräutern, während der Blick weit in die Landschaft schweifen kann. Zum Komfort dieser Idylle trägt auch die Ausstattung der Terrasse bei, die komplett vom Tisch über Stühle bis zum Sonnensegel nach Entwürfen des Künstlers und Gartenbesitzers gearbeitet wurden.

Gestaltungsideen für Pavillons und andere Gartenkabinette

Wer mit einem Pavillon oder einem Teehaus eine Oase der Lebenskultur im Garten errichten möchte, sollte sich vorab bei der zuständigen Behörde informieren, denn je nach Bundesland und Rauminhalt ist eine amtliche Genehmigung erforderlich. Achten Sie auch darauf, dass von Anfang an Elektroanschlüsse eingeplant werden.

Aufgrund ihres repräsentativen Charakters benötigen dekorative Kleinarchitekturen immer einen gewissen Freiraum, vor dem sie zur Wirkung kommen. Generell lassen sich fünf Gartensituationen aufzeigen, die für eine Platzierung optimal sind:

- Ein Pavillon kann einen abgelegenen Winkel beleben und von dort aus Garten und Haus in einem neuen Blickwinkel zeigen. Will man ihn nah an die Gartengrenze setzen, sind jedoch regionale Bestimmungen hinsichtlich der Grenzabstände zu berücksichtigen.
- An Teichen verzaubern sie als pittoresker Akzent, der das nötige vertikale Gegengewicht zum Wasserspiegel bildet.
- Auf Erhebungen, Kuppen oder am Hang (wie in diesem Beispiel) kann man von ihnen aus oft herrliche Ausblicke genießen.
- In freigestalteten Gärten entsteht ein kleines Idyll, wenn man einen Pavillon am Rand einer Rasenfläche unter hohen Bäumen errichtet.
- In formalen Gärten bilden sie in einem Wegkreuz oder am Ende einer Blickachse (Allee, Weg) einen attraktiven Akzent.

Garten-Design: Friedrich Hechelmann, D
Garten: Friedrich Hechelmann, D
Foto: Jürgen Becker

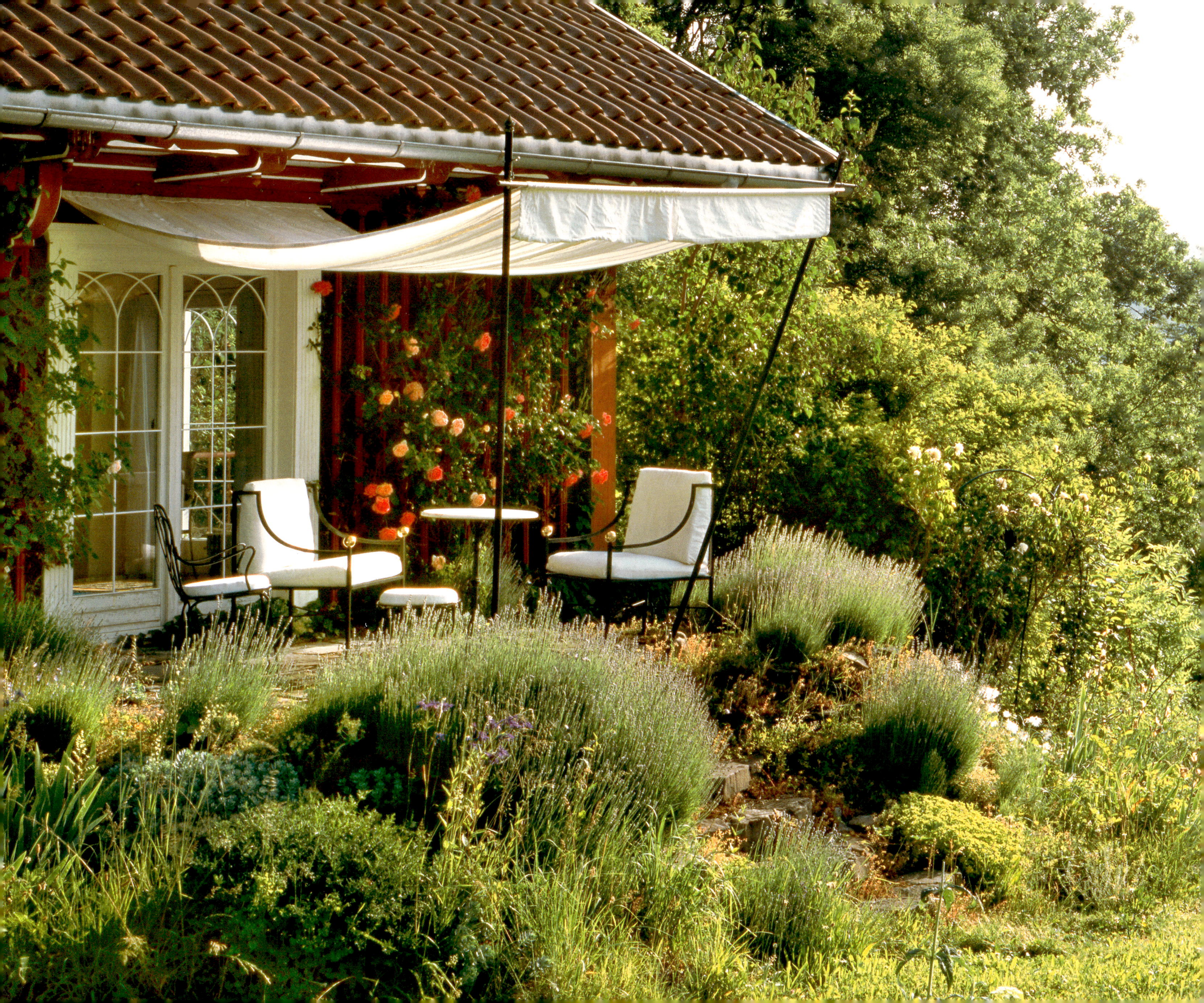

Weitere Bücher des Becker Joest Volk Verlags

Terrassen-Highlights
Romantisch, klassisch oder modern –
die schönsten Gestaltungsideen für Ihre
Traumterrasse
*160 Seiten mit ca. 130 Farbabbildungen,
Pflanztabellen, Tipps und Adressen
Format 30 x 24 cm
Text Jolanda Englbrecht
Fotografie Nik Barlo jr.*
EUR 29,90 (D) / 31,90 (A) / sFr. 49,90
ISBN 3-938100-08-7

Weitere Bücher des Becker Joest Volk Verlags

Der Wellness- und Kräuter-Garten
Die private kleine Oase zum Abschalten
und Regenerieren
144 Seiten mit ca. 85 Farbabbildungen
Format 23,5 x 27,8 cm
Text Dr. Wolfgang Hensel
Fotografie Jürgen Becker
EUR 24,95 (D) / 26,90 (A) / sFr. 41,90
ISBN 3-938100-01-X

Ein Garten fürs Leben
Mit Manfred Lucenz und Klaus Bender
durch das Gartenjahr
168 Seiten mit ca. 160 Farbabbildungen
Format 23,8 x 28 cm
Text Klaus Bender und Manfred Lucenz
Fotografie Jürgen Becker
EUR 29,90 (D) / 31,- (A) / sFr. 50,-
ISBN 3-9808977-3-7
Neuauflage Becker Joest Volk Verlag
März 2004

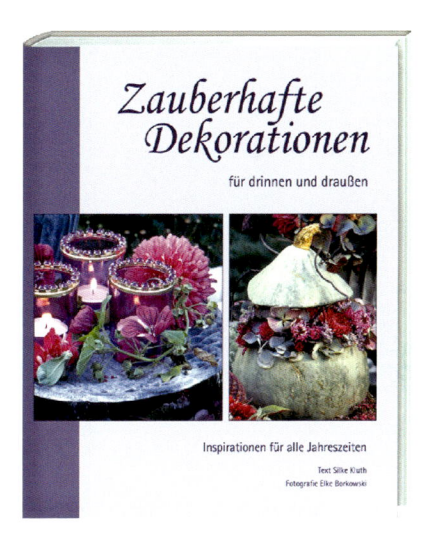

Zauberhafte Dekorationen
für drinnen und draußen
Inspirationen für alle Jahreszeiten
120 Seiten mit ca. 90 Farbabbildungen
Format 23,5 x 27,8 cm
Text Silke Kluth
Fotografie Elke Borkowski
EUR 24,95 (D) / 26,90 (A) / sFr. 41,90
ISBN 3-938100-03-6

Weitere Bücher des Becker Joest Volk Verlags

Prachtvolle Nutz- und Bauerngärten
Kräuter, Gemüse und Schnittblumen –
kulinarische Genüsse in zauberhaften
Beeten
*162 Seiten mit ca. 220 Farbabbildungen,
Pflanztabellen, Tipps und Adressen
Format 30 x 24 cm
Text Wolfgang Hensel
Fotografie Jürgen Becker*
EUR 29,90 (D) / 31,90 (A) / sFr. 49,90
ISBN 3-9808977-0-2

Garten-Highlights
Faszinierende Gestaltungsideen für das
ganze Jahr – Akzente, Blickpunkte und
Arrangements für Ihren Traumgarten
*162 Seiten mit ca. 200 Farbabbildungen,
Pflanztabellen, Tipps und Adressen
Format 30 x 24 cm
Text Wolfgang Hensel
Fotografie Jürgen Becker*
EUR 29,90 (D) / 31,90 (A) / sFr. 49,90
ISBN 3-9808977-2-9

Zauberhafte Cottage- und Landhausgärten
Der Traum vom Leben auf dem Lande –
Ideen und Tipps für Gestaltung,
Dekoration und Pflege
*162 Seiten mit ca. 180 Farbabbildungen,
Pflanztabellen, Tipps und Adressen
Format 30 x 24 cm
Text Dorothée Waechter
Fotografie Elke Borkowski*
EUR 29,90 (D) / 31,90 (A) / sFr. 49,90
ISBN 3 9808977 1 0

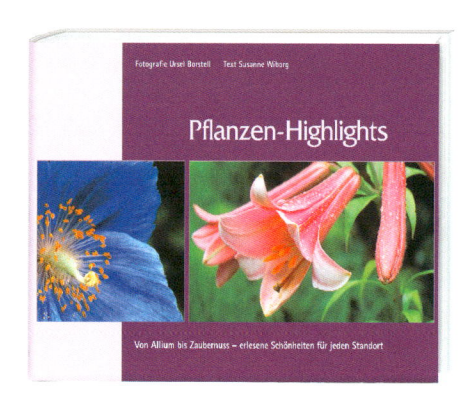

Pflanzen-Highlights
Von Allium bis Zaubernuss – erlesene
Schönheiten für jeden Standort
*208 Seiten mit ca. 200 Farbabbildungen
Format 30 x 24 cm
Text Susanne Wiborg
Fotografie Ursel Borstell*
EUR 34,90 (D) / 35,90 (A) / sFr. 57,90
ISBN 3-9808977-4-5

Weitere Bücher des Becker Joest Volk Verlags

Deko-Highlights
für Garten, Terrasse und Balkon
Zauberhafte Arrangements,
Tischdekorationen und Sitzplätze –
faszinierende Anregungen für
das ganze Jahr
162 Seiten mit ca. 180 Farbabbildungen
Format 30 x 24 cm
Text Gisela Keil
Fotografie Ursel Borstell
EUR 29,90 (D) / 31,90 (A) / sFr. 49,90
ISBN 3-9808977-5-3

Ewige Rose
Ein immer währender Kalender
152 Seiten mit ca. 66 Farbabbildungen
Format 18 x 19 cm
Text Anny Jacob
Fotografie Josh Westrich
EUR 9,95 (D)
ISBN 3-938100-14-1

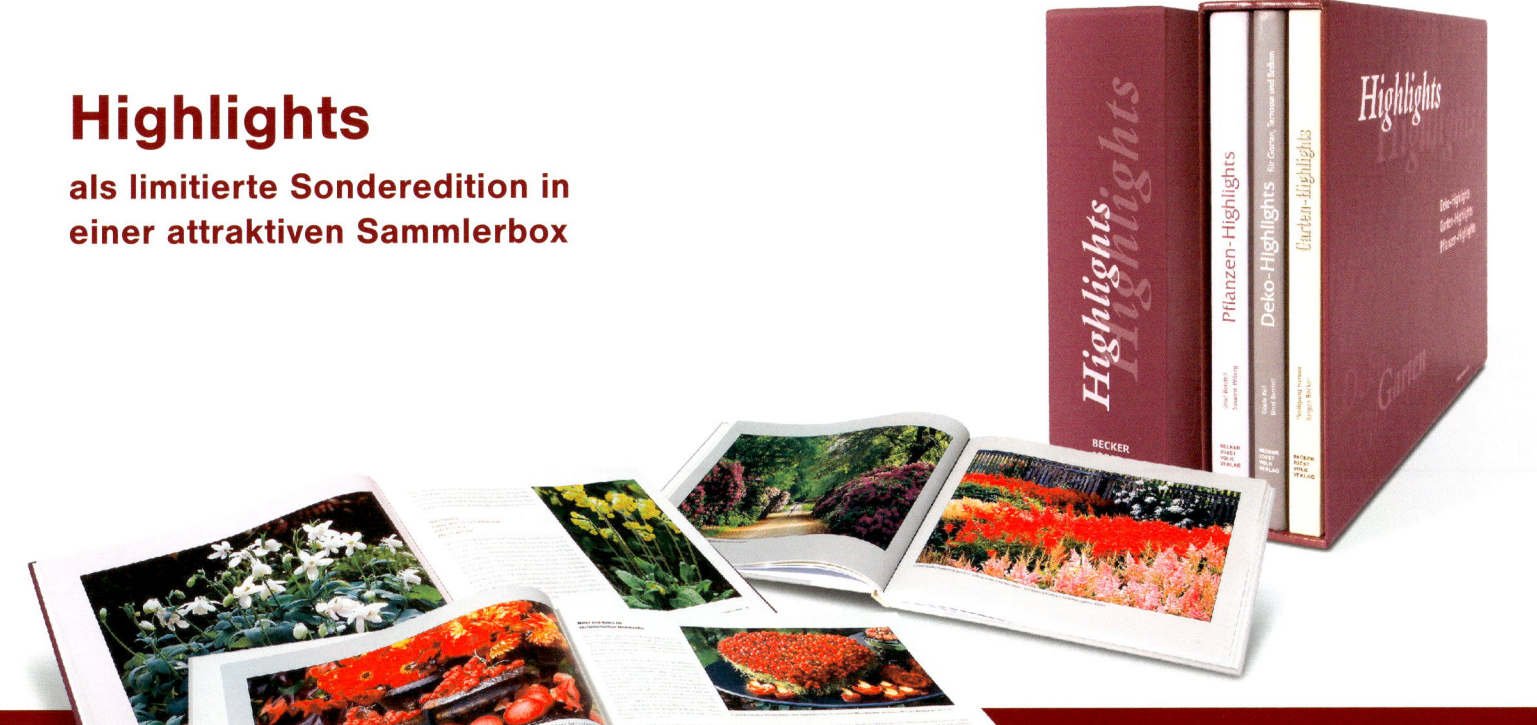

Highlights

als limitierte Sonderedition in einer attraktiven Sammlerbox

- **Pflanzen-Highlights**
- **Deko-Highlights**
- **Garten-Highlights**

3 Bücher 30 x 24 cm im Schuber
Format 31 x 25 x 6 cm
EUR 84,70 (D)
ISBN 3-938100-00-1

Index

A

Acanthus hungaricus 132
Acer campestre 28, 40
Acer palmatum 86, 110
Acer palmatum 'Dissectum Garnet' 110
Acer platanoides 'Globosum' 144
Acer pseudoplatanus 144
Achillea 194
Aconitum 96
Aesculus hippocastanum 144
Agave americana 64
Ajuga reptans 198
Akanthus 132
Akelei 46
Alcea rosea 96
Alchemilla 18, 22, 28, 120
Alchemilla mollis 18, 28, 120
Allium aflatunense 96, 154, 206
Allium cernuum 96
Allium christophii 114
Aloysia triphylla 218
Alstroemeria aurea 182
Amerikanische Flockenblume 164
Amphore 122, 160
Ananassalbei 218
Anemone-Japonica-Hybride 96
Anthemis tinctoria 'Sauce Hollandaise' 182

Apfel 144
Aquilegia-Hybride 46
Arabis caucasica 104
Artemisia 18, 26, 194, 208
Artemisia ludiviciana 'Silver Queen' 194
Artemisia ludiviciana 'Valerie Finnis' 194
Artemisia ludoviciana 208
Artemisia schmidtiana 'Nana' 26
Artischocke 172
Aruncus dioicus 48
Asphodeline lutea 48
Aster 202
Astilbe 96, 110
Astilboides tabularis 188
Astrantia major 'Claret' 158
Atriplex hortensis 'Red Plume' 172
Aubrieta-Hybride 198

B

Bachlauf 86
Balkon 36, 52, 136
Bambus 52, 86, 90, 96, 176, 186
Bambusgerüst 28
Bangkirai 94, 192
Bartiris 28, 198

Basilikum 76
Bassia scoparia ssp. *scoparia* 164
Bauerngarten 30
Baumspaliere 28
Beetrose 'Gruß an Aachen' 168
Berberis thunbergii 'Atropurpurea' 86
Berberis thunbergii 'Atropurpurea Nana' 26
Bergahorn 144
Bergenie 6
Bienenfreund 30
Birke 114
Birne 144
Bistorta amplexicaulis 8, 96, 196
Bistorta officinalis 'Superbum' 220
Blähton 16, 52
Blattsalat 172
Blattschmuckstaude 36, 160, 202
Blauer Kohlrabi 172
Blaukissen 198
Blaustern 184
Blumenbeet 10, 20, 28, 40, 136, 180
Blumenkohl 172

Blutberberitze 26, 86
Blutweiderich 188, 190
Bohne 136
Bongossi 94
Bonsai 154
Borke 30
Bourbonrose 'Blairi Nr. 2' 128
Brokkoli 172
Brunnen 66, 74, 88, 114, 118, 120, 122, 150, 222
Brunnera macrophylla 98
Buche 32, 42
Buchs 6, 10, 12, 22, 40, 52, 88, 112, 126, 132, 138, 142, 152, 168, 234
Buchshecke 20, 112, 158
Buchskugel 6, 12, 108, 112, 116, 126, 132, 152, 198, 202
Bunte Frühjahrsmargerite 48
Buschbohne 172
Butomus umbellatus 190
Buxus 10, 12, 20, 88, 142, 168, 234
Buxus sempervirens 10, 12, 20, 88, 142, 234
Buxus sempervirens 'Suffruticosa' 142
Buxus sempervirens var. *arborescens* 12

Index

C

Calamagrostis × *acutiflora* 'Karl Foerster' 196
Calendula officinalis 204
Campanula latifolia 96
Cardy 172
Carex 110, 188
Carpinus betulus 12, 40, 42, 46, 92
Carthamus tinctorius 'Treibgold' 164
Catalpa bignonioides 'Nana' 10, 18, 144
Ceanothus 70
Centaurea americana 'Jolly Joker' 164
Chamaecyparis lawsoniana 12, 20, 46
Chamaecyparis lawsoniana 'Columnaris' 46
Chamaemelum nobile 'Treneague' 138
Chinaschilf 196, 222
Christrose 198
Cimicifuga 96
Cirsium tuberosum 8
Clarkia unguiculata 72
Clematis 60, 70, 78, 100, 132, 136, 238
Cleome hassleriana 96
Colorado-Fetthenne 14
Convolvulus cneorum 88
Coreopsis grandiflora 'Early Sunrise' 204
Coreopsis tinctoria 204
Cornus alba 'Sibirica' 146
Cornus stolonifera 'Flaviramea' 146
Cortenstahl 50, 232
Corylus avellana 70
Cosmos bipinnatus 96
Crataegus laevigata 'Paul's Scarlet' 144
Crataegus monogyna 144
Currystrauch 88
Cydonia oblonga 144
Cymbopogon-Arten 218

D

Dachgarten 36, 52, 64, 114, 186
Dachplatane 22
Dachwurz 14, 198
Darmera peltata 188
Delphinium 48, 70, 170, 180, 202
Delphinium-Hybride 48, 70, 170, 180
Diamant-Azaleen 124
Dicentra spectabilis 'Alba' 114
Digitalis 28, 96, 114, 166, 180
Digitalis purpurea 28, 114, 166, 180
Digitalis purpurea 'Alba' 114, 166, 180
Dill 76
Donnerwurz 14
Duftgarten 228

E

Eberesche 144
Eccremocarpus scaber 100
Edelraute 18, 26, 194, 208
Edelraute 'Silver Queen' 208
Edelstahl 74
Efeu 6, 32, 60, 104, 108, 144, 154, 198, 206, 238
Eibe 8, 10, 12, 20, 36, 46, 134, 168, 202, 206
Eibenhecke 8, 20, 46, 168, 210
Eiche 70, 94
Eisen 44, 50, 110, 136
Eisenhut 96
Epimedium × *warleyense* 198
Eremurus 180, 194
Eremurus-Hybride 180
Esche 144
Eschscholzia californica 30
Eselsdistel 166
Eukalyptus 88
Euonymus fortunei var. *radicans* 32
Eupatorium maculatum 'Atropurpureum' 196
Euphorbia 28, 72, 114, 166
Euphorbia characias 166
Euphorbia cyparissias 72
Euphorbia polychroma 114
Euphorbie 96

F

Fächerahorn 86
Fackellilie 170, 182
Fagus sylvatica 40, 42, 92
Färberdistel 164
Färberkamille 182
Fargesia murieliae 86
Farn 68, 98, 110, 114, 160, 186
Federborstengras 164, 176
Feldahorn 28, 40
Fenchel 28, 172
Feuerdorn 124
Filipendula rubra 'Venusta Magnifica' 196
Fingerhut 28, 48, 96, 114, 166, 180
Flechtzaun 30, 70
Foeniculum vulgare 'Atropurpureum' 28, 218

Index

Formgehölz 12
Frauenmantel 18, 22, 28, 120
Fraxinus excelsior 144
Fritillaria imperialis 206
Funkie 22, 32, 36, 68, 86, 98, 120, 160

G

Gamander 142
Gänsekresse 104
Gartenbambus 222
Gartenlobelie 164
Gartenmelde 172
Gartensalbei 198, 218
Geißblatt 60, 100, 238
Gelbholz-Hartriegel 146
Gemüse 30, 76, 172, 202, 218
Geranium 22, 28, 32, 48, 56, 182, 222
Geranium × *magnificum* 48
Geranium himalayense 56, 182
Geranium himalayense 'Gravetye' 56
Gestreifter Grasschwertel 166, 194
Geum-Hybride 28, 66
Geum coccineum 194
Gewürzfenchel 218
Gewürztagetes 172

Glas 50, 90, 236
Glyzine 78
Gold-Wolfsmilch 114
Goldene Inkalilie 182
Goldrute 208
Großer Wiesenknopf 8
Grünkohl 'Redbor' 172
Gunnera manicata 222
Gunnera tinctoria 188
Günsel 198
Gusseisen 78, 142

H

Haddonstone 26
Haftkletterer 32
Hagebutte 34, 210, 212
Hainbuche 12, 40, 42, 46, 92
Hasel 70
Hauswurz 14
Hechtkraut 190
Hecke 8, 12, 28, 36, 42, 46, 92, 128
Heckenmyrte 124
Hedera helix 6, 32, 104, 108, 206
Heide 30
Heiligenkraut 48, 64, 142, 166, 198, 222
Helenium 208
Helenium-Hybride 208
Helianthus annuus 204

Helichrysum italicum 88
Helleborus-Hybride 198
Helleborus niger 198
Hemerocallis-Hybride 120
Herbst-Anemone 96
Heuchera 22, 28, 32, 56, 114, 210
Heuchera micrantha 'Palace Purple' 210
Himalaja-Storchschnabel 56
Himalaja-Storchschnabel 'Gravetye' 182
Hochbeet 32, 82, 88, 222
Holzdeck 62, 80, 94
Hornveilchen 202
Hortensie 68, 86, 238
Hosta 22, 32, 36, 68, 86, 98, 120, 160
Humulus japonicus 100
Humus 14
Husarenknopf 204
Hydrangea 68, 86
Hydrangea macrophylla 86
Hymenostemma paludosum 164

I

Ilex × *meserveae* 20
Ilex aquifolium 10, 20, 46
Ilex aquifolium 'Pyramidalis' 46
Ilex crenata 20, 124

Immergrüne 8, 20, 88, 108, 112, 206, 234
Immergrüne Geißschlinge 108
Ingwerminze 172
Innenhof 26, 36, 114, 174
Insel 62
Ionischer Liguster 124
Ipomoea 100
Iranlauch 154
Iris 28, 46, 54, 122, 198, 220
Iris-barbata-Hybride 28
Iris sibirica 54
Iris-sibirica-Hybride 220
Irischer Säulen-Wacholder 46

J

Japanischer Hopfen 100
Japanisches Federborstengras 176
Japanische Stechpalme 20, 124
Jelängerjelieber 170
Juglans regia 144
Juniperus communis 12, 20, 46
Juniperus communis 'Hibernica' 46
Junkerlilie 48

Index

K

Kaiserkrone 206
Kaiserlinde 40
Kalifornischer Mohn 30
Kapillarsperre 58, 80
Kapuzinerkresse 100
Katzenminze 10, 48, 180, 194, 240
Kaukasusvergissmeinnicht 98
Kerzen-Wiesenknöterich 8
Kerzenknöterich 96, 196
Kiefer 34
Kiesbeet 14, 64
Kiesel 68, 84, 96, 126, 162, 214
Kirengeshoma palmata 160
Kirschlorbeer 10
Klatschmohn 180
Kleine Blutberberitze 26
Kleines Immergrün 198
Klettergehölz 32, 100, 108, 136
Kletterhortensie 60
Kletterpflanze 32, 60, 90, 104, 122, 136, 146, 152
Kletterrose 60, 70, 100, 212, 224
Kletterzucchini 136
Klinker 98, 120, 130, 142, 178, 192, 230

Klinkerpflaster 178
Knautia macedonica 56, 194, 202
Knautie 56, 194, 202
Kniphofia-Hybride 'Express' 170
Kniphofia-Hybride 'Goldfinch' 182
Knollige Kratzdistel 8
Kohlrabi 172
Konifere 8, 34, 112
Königskerze 96, 170, 194
Kosmee 96
Kräuter 10, 52, 76, 142, 172, 202, 218, 244
Kräutergarten 76, 138, 142
Kübelpflanze 52, 218
Kugel-Ahorn 144
Kugel-Robinie 38, 144
Kugel-Steppenkirsche 144
Kugel-Trompetenbaum 10, 18, 144
Kupfer-Elfenblume 198
Kürbis 136

L

Lärche 34
Laube 30, 42, 44, 80, 100, 136, 236, 238
Laubengang 18, 78, 224

Laubenulme 44
Lavandula 64, 84, 88, 124, 142, 198, 218, 240
Lavandula angustifolia 64, 142
Lavandula stoechas 84, 240
Lavendel 64, 84, 88, 122, 124, 142, 198, 218, 240, 244
Leyland-Zypresse 20
Ligularia 188
Ligularie 96, 188
Liguster 10, 20
Ligustrum delavayanum 124
Ligustrum vulgare 10, 20
Ligustrum vulgare 'Atrovirens' 20
Lilie 96, 168, 206
Lilium martagon 96, 206
Linaria purpurea 'Canon Went' 170
Linde 28, 40, 144, 208
Liriope 198
Liriope muscari 198
Lobelia × *speciosa* 164
Lonicera 108, 124, 170, 238
Lonicera caprifolium 170
Lonicera henryi 108
Lonicera nitida 124
Lorbeer 152
Lorbeerkirsche 20, 234
Lythrum salicaria 188, 190, 202

M

Mädchenauge 204
Mädesüß 196
Mammutblatt 188, 222
Mandelröschen 72
Mangold 30, 172
Matteuccia struthiopteris 160, 220
Mauerpfeffer 14, 104, 146, 176
Mehlsalbei 158, 164
Melica nutans 196
Melissa officinalis 'Variegata' 172
Mentha × *gentilis* 172
Minze 218
Miscanthus sinensis 196, 222
Miscanthus sinensis 'Malepartus' 196
Mixed Border 202
Moos 110, 140, 146, 178
Mosaik 68, 88, 118, 214
Mosaikpflasterstein 24
Muscari armeniacum 184
Mutterkraut 166
Myrte 124
Myrtus communis 124

N

Nachtkerze 208
Narzisse 20, 176, 206, 228

Index

Naturstein 50, 62, 64, 72, 84, 86, 110
Nelkenwurz 28, 66, 194
Nepeta 10, 48, 180, 194, 240
Nepeta × faassenii 10, 48, 180, 240
Nickender Lauch 96
Nickendes Perlgras 196

O

Oenothera tetragona 208
Onopordum acanthium 166
Oregano 172, 218
Origanum vulgare 172, 218
Origanum vulgare 'Aureum' 172

P

Pachysandra terminalis 198
Paeonia-lactiflora-Hybride 180
Paeonia officinalis 180
Palisaden-Wolfsmilch 166
Papaver orientale 158
Papaver rhoeas 180
Parthenocissus quinquefolia 104
Parthenocissus tricuspidata 54
Patio 26
Pavillon 40, 44, 50, 80, 106, 154, 244

Pennisetum alopecuroides 176
Pennisetum setaceum 164
Pergola 22, 38, 44, 50, 78, 88, 92, 128, 154, 222, 236, 238
Pestwurz 188
Petasites hybridus 188
Petersilie 76, 172
Petunie 238
Pfeiler 14
Pfingstrose 90, 180
Pflanzkasten 24
Pflanztasche 32
Pflanzwanne 52, 128, 140, 146
Pflaster 16, 102, 122, 128, 152, 178, 192, 214
Pflaume 144
Phacelia campanularia 30
Phyllostachys bissetii 176, 222
Phyllostachys iridescens 90
Phyllostachys nigra 222
Plantagenteak 94
Platane 22, 28, 40, 174
Platanus × hispanica 22, 28, 40, 174
Plexiglas 50
Polsterpflanze 24
Pontederia cordata 190
Porphyr 68

Porree 30
Porzellanblümchen 198
Prachtspiere 110
Prunkwinde 100
Prunus fruticosa 'Globosa' 144
Prunus laurocerasus 10, 20, 234
Purpurdost 196
Purpurglöckchen 22, 32, 56, 114, 210
Purpurleinkraut 170
Purpursalbei 202
Pyracantha-Hybride 124

Q

Quercus petraea 144
Quercus robur 144
Quitte 144

R

Ramblerrose 34, 78, 110, 136, 212, 220, 226, 230, 236
Ramblerrose 'Alberic Barbier' 212
Ramblerrose 'Bobby James' 230
Ramblerrose 'La Perle' 236
Ramblerrose 'Veilchenblau' 110
Rasenbeet 24

Rauke 142
Rebengang 30
Reitgras 196
Rheum palmatum 188
Rhizomsperre 176
Rhododendron-Hybride 124
Ricinus communis 164
Riesensegge 188
Ringelblume 204
Rittersporn 48, 70, 170, 180, 202
Rizinus 164
Robinia pseudoacacia 'Umbraculifera' 38, 144
Robinie 70, 94, 144
Rodgersia 96
Römische Kamille 138
Rosa 'Francis E. Lester' 34
Rosa 'Ghislaine de Féligonde' 34
Rosa 'Lykkefund' 34, 212
Rosa 'Paul Noel' 34
Rosa 'Rosendorf Steinfurth '04' 34
Rosa 'Seagull' 34
Rosa 'Super Dorothy' 34
Rosa 'Super Excelsa' 34
Rosa 'Wedding Day' 34
Rosa 'William Allen Richardson' 34

Index

Rosa helenae 34
Rosa longicuspis 34
Rose 10, 34, 136, 168, 202, 204, 212, 218, 220, 224, 226, 230, 238, 244
Rosenerde 34
Rosenhochstämmchen 122
Rosettenpflanze 14
Rosmarin 124, 218
Rosmarinus officinalis 124, 218
Rosskastanie 144
Rotbuche 40, 42, 92
Rotdorn 144
Rotkohl 172
Rudbeckia hirta 204
Rudbeckia hirta 'Marmelade' 204
Rumex acetosa 218
Ruta graveolens 142

S

Säckelblume 70
Salat 52, 172
Salbei 88, 172, 194
Salix alba 70
Salix cinerea 70
Salix purpurea 70
Salix triandra 70
Salix viminalis 70

Salvia 88, 158, 164, 172, 194, 198, 202, 218
Salvia farinacea 'Silber' 164
Salvia farinacea 'Victoria' 158
Salvia officinalis 'Purpurascens' 172, 202
Salvia officinalis 'Tricolor' 218
Salvia rutilans 218
Sand-Thymian 218
Sandsteinguss 26
Sanguisorba officinalis 'Red Thunder' 8
Santolina chamaecyparissus 48, 64, 142, 166, 198, 222
Sanvitalia procumbens 204
Saponaria 104
Sauerampfer 218
Säuleneibe 134
Saxifraga 14, 104, 198
Saxifraga × urbium 198
Schafgarbe 194
Schattenglöckchen 28
Schaublatt 96
Scheinzypresse 12, 20, 46
Schildblatt 188
Schlitzahorn 110
Schmale Stechpalme 46
Schnitthecke 8, 36, 46, 116, 128, 154, 196, 222, 228, 238

Schnittlauch 172
Schönranke 100
Schopflavendel 84, 240
Schwanenblume 190
Scilla sibirica 184
Sedum 14, 16, 104, 146, 176
Sedum acre 16
Sedum album 14, 16, 104, 146, 176
Sedum album 'Coral Carpet' 176
Sedum sexangulare 16
Sedum spathulifolium 14
Segge 110
Seifenkraut 104
Sempervivum-Hybride 198
Sempervivum tectorum 14
Sibirischer Hartriegel 146
Sibirische Schwertlilie 220
Sibirische Wieseniris 54
Silberbusch 88
Silberkerze 96
Sisyrinchium striatum 166, 194
Skulptur 6, 10, 12, 112, 122, 132, 138, 150, 152
Solidago-Hybride 208
Sommerlinde 144
Sommerzypresse 164
Sonnenblume 204
Sonnenbraut 208

Sonnenhut 204
Sorbus aucuparia 144
Spalierbäume 28, 40
Spindelstrauch 32
Spinnenblume 96
Spitzahorn 144
Spornblume 166
Stachys byzantina 166, 210
Stachys byzantina 'Silver Carpet' 210
Stahl 24, 78, 114
Stechpalme 10, 20, 46
Steinbrech 14, 104
Steingarten 36
Steingartenpflanze 24
Steinguss 110, 128, 140
Steppenkerze 180, 194
Sterndolde 56, 158
Sternkugel-Lauch 114
Stiefmütterchen 82
Stieleiche 144
Stielmangold 172
Stockrose 96
Storchschnabel 22, 28, 32, 48, 56, 182, 222
Strauchrose 104, 136, 166, 210
Strauchrose 'Fritz Nobis' 210
Substrat 14, 52
Sukkulente 14, 232

Index

T
Tafelblatt 188
Tagetes 172, 204
Tagetes-erecta-Hybride 204
Tagetes-patula-Hybride 204
Tagetes-tenuifolia-Hybride 204
Tagetes tenuifolia 'Lemon Gem' 172
Taglilie 76, 120
Tanacetum coccineum 48
Tanacetum parthenium 'Aureum' 166
Taschenamphore 14
Taxus 8, 10, 12, 20, 46, 168, 206
Taxus baccata 8, 10, 12, 20, 46, 206
Teich 44, 58, 62, 80, 86, 94, 150, 188, 190, 220, 230, 242
Teucrium chamaedrys 142
Thalictrum aquilegifolium 48
Thuja occidentalis 10, 12
Thuja occidentalis 'Smaragd' 46
Thuje 10, 12, 20, 34, 46
Thymian 84, 122, 218
Thymus × citriodorus 'Aureus' 172
Thymus serpyllum 218
Tilia × vulgaris 'Pallida' 40
Tilia cordata 28, 144
Tilia platyphyllos 144
Ton 16, 50, 196
Torfzement 110
Tränendes Herz 114
Traubeneiche 144
Traubenhyazinthe 184
Trichterfarn 160, 220
Trittstein 58, 62, 178, 194
Trockenmauer 72, 84, 98
Tropaeolum majus 100
Tuffstein 14
Tulpe 82, 104, 184, 228
Tulpe 'Couleur Cardinal' 134
Türkenbund-Lilie 96, 206
Türkischer Mohn 158

U
Ulmus glabra 'Pendula' 44

V
Verbascum 96, 170, 194
Verbascum-Hybride 96
Verbascum olympicum 170
Vinca minor 198
Viola cornuta 202
Vitis vinifera ssp. *vinifera* 92

W
Wacholder 12, 20, 46
Wachsglocke 160
Waldgeißbart 48
Waldglockenblume 96
Walnuss 144
Wassertreppe 54
Weide 30, 32, 70, 146
Weinrebe 152
Weinstock 30, 52
Weißdorn 144
Weißer Mauerpfeffer 14, 176
Wicke 136
Wiesenknöterich 220
Wiesenraute 48
Wilder Wein 54
Winterlinde 144
Wolfsmilch 28, 72, 114, 166
Wollziest 166, 210
Wucherblume 30
Wurzelsperre 34

X
Xanthophthalmum coronarium 30

Y
Ysander 198

Z
Zelkova serrata 154
Ziegel 78, 80, 84, 146
Ziergras 28
Zierlauch 82, 206
Zierrhabarber 188
Zitronengras 218
Zitronenmelisse 172
Zitronenthymian 172
Zitronenverbene 218
Zucchini 136
Zwerg-Edelraute 26
Zwergmargerite 164
Zypressen-Wolfsmilch 72

Weiterführende Literatur

„Gärten auf kleinstem Raum schön gestalten"
Jill Billington, Kaleidoskop-Buch, München (2002)

„Der neue klassische Garten.
Formales Gartendesign der Gegenwart"
Jill Billington, Callwey, München (2002)

„Die Kunst der Gartengestaltung"
John Brookes, Dorling Kindersley, Starnberg (2002)

„Immergrün in Form gebracht.
Buchs & Co mit der Schere gestalten"
Jenny Hendy, Christian, München (2005)

„Richtig Pflastern"
Heidi Howcroft, Callwey, München (2001,)

„Terrassen und Sitzplätze.
Refugien für Gartengenießer"
Gisela Keil, Nik Barlo jr., Callwey, München (2003)

„Gartenglück. Große, kleine und
winzige Gärten voller Phantasie"
Gisela Keil, Gary Rogers,
DVA, München (2002)

„Gärten im Winter.
Inspirationen für die vierte Jahreszeit"
Gisela Keil, Jürgen Becker, DVA, München (2003)

„Die Kunst der Beete. Fantasievolle Gartengestaltung mit Duft, Farben und Formen"
Gisela Keil, Jürgen Becker, DVA, München (2003)

„Faszination Wasser im Garten. Von der
Vogeltränke zum Schwimmteich"
Gisela Keil, Jürgen Becker, DVA, München (2005)

„Kleine Gärten voller Phantasie. Raffiniert
gestalten und stimmungsvoll bepflanzen"
Gisela Keil, Jürgen Becker, DVA, München (2006)

„Romantische Gärten"
Gisela Keil, Christa Brand, Callwey, München (2002)

„Architektonische Gärten und Gartenteile.
Entwerfen und Anlegen"
Roy Strong, Ulmer, Stuttgart (1992)

„Ein Garten der Düfte. Gestalten mit Duftpflanzen. Die attraktivsten Arten im Portrait"
Helga Urban, blv, München (1999)

„Formschnitt. Geeignete Gehölze.
Schnittpraxis für Formen und Figuren"
Dorothee Waechter, blv, München (2005)

„Das Handbuch der Gartengestaltung"
Robin Williams, Christian, München (1997)

„Lebendige Wasser. Wasserläufe und Brunnen"
Winfried zur Hausen, Ulmer, Stuttgart (1998)

Die Fotografen, die Autorin und der Verlag danken den Gartenbesitzern und -architekten, die durch ihre freundliche Unterstützung zum Gelingen dieses Buches beigetragen haben.

Für die unermüdlichen Bemühungen um die außerordentliche Qualität dieses Buches danken wir unseren Mitarbeitern Ilona Schyma, Christiane Elbert, Phoebe Päth, Stephanie Leidig und Justyna Krzyzanowska, Claudia Wilke und Volker Hoebel. Besonderer Dank für den persönlichen Einsatz gilt Siegfried Huck und seinem Team, Klaus Fischer und dem Team von **Wesel Kommunikation Baden-Baden und VVA Kommunikation Düsseldorf** für die fachliche Unterstützung und die Geduld beim Ringen um ein einzigartiges Druckergebnis.

Originalausgabe Becker Joest Volk Verlag

© 2006 Alle Rechte vorbehalten

1. Auflage März 2006 (6.000)

ISBN 3-938100-09-5

Text: Gisela Keil

Fotos: Modeste Herwig, Jürgen Becker

Layout, Typografie, Satz, Bildbearbeitung, Lithografie, Lektorat:

Makro Chroma Werbeagentur, Hilden

Druck: Wesel Kommunikation Baden-Baden / VVA Kommunikation Düsseldorf

Hilden, den 15.02.2006